Wüstenrot Stiftung (Hrsg.)

Wohnvielfalt

Gemeinschaftlich wohnen – im Quartier vernetzt und sozial orientiert

Susanne Dürr, Gerd Kuhn

Inhalt

Vorwort

‚Bezahlbarer Wohnraum in den Städten' ist auf der Agenda öffentlich diskutierter Fragen zur Stadtentwicklung rasant nach oben gestiegen. Ausgehend von der zunächst in Fachkreisen geführten Debatte reagiert die für populäre Themen sensible Politik auf neue Schlagworte wie Gentrifizierung, Mietenexplosion oder Verdrängung. Im politischen Kontext gehören dazu vor allem Vorschläge für regulierende Eingriffe, etwa im Sinne einer Mietenbegrenzung oder für eine Stärkung sozial orientierter Wohnraumbelegung.

Eine wichtige Rolle spielt aktuell, dass sich mit der Zuwanderungswelle 2015/2016 die Lage auf zahlreichen Wohnungsteilmärkten dynamisch verändert hat; viele Fragen, die bis dahin im Hintergrund standen, wurden in das mediale und politische Bewusstsein der Gesellschaft getragen. Fachlich begründet aufseiten der Kommunen, denen eine angemessene Versorgung mit Wohnraum und wichtige Integrationsperspektiven überlassen werden; populistisch genutzt von politischen Akteuren und anderen Gruppierungen, die aus der gestiegenen Zuwanderung und damit verbundenen Problemen möglichst viel Kapital für ihre eigenen Interessen schlagen möchten.

Ohne Zweifel trägt vor allem die Sprunghaftigkeit im Anstieg der Zuwanderung dazu bei, Probleme in der quantitativen Wohnraumversorgung schneller und stärker zu akzentuieren, als es ohne diese Dynamik erfolgt wäre. Das darf jedoch nicht verdecken, dass zahlreiche Entwicklungen, deren Kehrseiten nun zur Verknappung von preisgünstigem Wohnraum in wachsenden Regionen beitragen, andere und zum Teil selbst geschaffene Ursachen haben. Dazu gehört beispielsweise, dass die neue Attraktivität städtischen Wohnens auch auf die Wirksamkeit der Maßnahmen und Strategien vieler Städte zur Stärkung ihrer Wohnfunktion zurückgeht. Die erzielten Erfolge zeigen sich nicht nur quantitativ als wachsende Nachfrage, sondern auch qualitativ in einer Annäherung der Sozialstrukturen von Kernstädten und Umlandgemeinden mit entsprechend positiven Auswirkungen auf die Finanzsituation der Zentren.

Als problematisch erweist sich, dass sich die gestiegene Nachfrage nach dem Wohnen in der Stadt auf bestimmte Standorte mit hohen Lage-, Quartiers- und Umweltqualitäten konzentriert. Hier kommt es zu Verdrängungsprozessen, zu einem besonders für Haushalte mit Kindern zunehmenden Armutsrisiko und bei Neuvermietungen zu erheblichen, allzu oft nicht angemessenen Kostensteigerungen.

Unter dem Eindruck der dadurch ausgelösten Anspannung auf den Wohnungsmärkten wird nun wieder über Förderkulissen für eine Stärkung des sozialen Wohnungsneubaus debattiert und eine Anknüpfung an ‚bewährte Strukturen' vorgeschlagen. Die Politik kann diese Vorschläge bislang nicht in substanziell wirksame Förderprogramme umsetzen. Zum einen, weil die Entwicklung insgesamt ambivalent ist. Zu den wichtigsten Merkmalen der Städte gehört ihre Funktion als Motoren gesellschaftlicher Entwicklung. In Zeiten demografischen und wirtschaftsstrukturellen Wandels ist diese Aufgabe von besonderer Bedeutung; deshalb bleibt es notwendig, die Städte als Wohn- und Lebensort für hochqualifizierte Arbeitskräfte mit nicht familialen Lebensweisen zu stärken und die wachsende Bedeutung urbaner Milieus für wissensbasierte Ökonomien anzuerkennen.

Ein zweiter Grund liegt in der Heterogenität und Gleichzeitigkeit der Entwicklungen. Neben prosperierenden Regionen gibt es eine ebenfalls wachsende

Zahl von Städten, in deren Stadtteilen mit geringer Lage- und Quartiersqualität eine zunehmende, besorgniserregende Entmischung und Überlagerung von ökonomischen und sozialen Problemlagen zu beobachten ist. Die Politik kann sich deshalb nicht nur auf die Verknappung von Wohnraum konzentrieren. Außerdem wäre eine Rückkehr zu früheren Ansätzen sozialer Wohnungspolitik mit einer korrigierenden und steuernden Rolle der öffentlichen Hand zumindest für sich allein betrachtet keine tragfähige Lösung. Zu gering sind die finanziellen Möglichkeiten, zu gering sind die personellen, administrativen Ressourcen und zu gering ist das Reservoir an präventiven, kooperativen Konzepten und Strategien. Solche Konzepte wären angesichts eines zwar funktionsfähigen, aber sehr uneinheitlichen Wohnungsmarktes jedoch erforderlich, um mehr Wohnungen für Menschen mit finanziellen, ethnischen, sozialen oder altersbedingten Zugangsschwierigkeiten zur Verfügung stellen zu können.

Ein dritter Grund ist, dass sich in den verschiedenen Facetten der Reurbanisierung auch grundsätzliche, qualitativ ausgerichtete Fragen rund um das Wohnen und die Lebensqualität spiegeln. Dies zeigt sich deutlich an den vielfältigen Formen gemeinschaftlichen Wohnens. Hier werden vermehrt Fragen des Verhältnisses von Privatheit und Öffentlichkeit, von individuellem Lebensentwurf und kollektiver Verantwortung, von persönlichen Interessen und gelebter aktiver Nachbarschaft behandelt. Immer mehr Projekte fokussieren auf eine stärkere Vernetzung mit dem umliegenden Quartier und versuchen auf diese Weise, auch eine soziale Verantwortung für die Perspektiven und die Lebensqualität im ganzen Quartier zu übernehmen.

Spannend ist, dass in einigen Projekten auch das gerade (wieder) auflebende Thema der Suffizienz neu interpretiert wird: Wie viel individuelle Wohnfläche benötigen wir überhaupt? Wie können wir auf einen insgesamt wachsenden Wohnflächenkonsum reagieren, ohne Abstriche bei der individuellen Wohn- und Lebensqualität in Kauf nehmen zu müssen? Welche Tragweite haben solche Ansätze über die ‚Lage-Hotspots' in den angesagten Quartieren der Wachstums- und Universitätsstädte hinaus, in denen sie mehrheitlich entstehen?

Wir benötigen die Impulse aus diesen Projekten für neue Antworten auf die Engpässe und die sowohl quantitativen als auch die qualitativen Restriktionen in der Wohnraumversorgung. In einem Forschungsprojekt der Wüstenrot Stiftung wurde deshalb an zwölf Fallstudien die soziale, quartiersbezogene Orientierung von gemeinschaftlich oder genossenschaftlich organisierten Wohnprojekten untersucht. Sie stellen dabei teilweise neue Formen sozialer, ethnischer und generativer Mischung her und leisten damit wichtige Impulse zum Aufbau und zur Stabilisierung von Nachbarschaften in den Wohnquartieren. Untersucht wurde deshalb auch die Frage, welchen Beitrag solche Projekte für eine soziale Stabilisierung der Bewohnerstruktur leisten können und welche funktionalen, räumlichen oder organisatorischen Ergänzungen sie für die sie umgebende Stadt bieten.

Augenscheinlich ist, dass sich die Projekte in vielerlei Hinsicht voneinander unterscheiden; dies gilt für ihren Entstehungskontext ebenso wie für ihre Lage, ihre konzeptionelle Ausrichtung und ihre Größe. Auch der Anteil der Kommunen – Konzeptvorgaben, finanzielle wie ideelle Unterstützung, Akzeptanz und Begleitung usw. – variiert deutlich bei den Beispielen, die aus Deutschland, Österreich und der Schweiz stammen.

Prof. Dr. Susanne Dürr und Dr. Gerd Kuhn ist es trotz dieser Vielfalt gelungen, wichtige und analytisch fundierte Erkenntnisse zu gewinnen, die weit über eine deskriptive Beschreibung der Projektmerkmale hinausgehen. Sie liefern wichtige Impulse und Antworten in Hinblick auf die Übertragbarkeit der Beispiele. Die Wüstenrot Stiftung dankt den beiden Autoren der Studie herzlich für ihre ebenso engagierte wie kompetente Forschung.

Herzlicher Dank gilt auch allen Beteiligten aus den Kommunen, Projekten und lokalen Kooperationsformen für ihre Bereitschaft, diese Untersuchung zu unterstützen und ihre Erfahrungen und Erkenntnisse zu teilen. Mit der vorliegenden Veröffentlichung stellt die Wüstenrot Stiftung die Erkenntnisse aus ihrem Forschungsprojekt der Öffentlichkeit zur Verfügung und verbindet damit die Hoffnung, dass daraus möglichst viele neue Impulse für die quantitative wie qualitative Wohnraumversorgung entstehen mögen.

Stefan Krämer, Wüstenrot Stiftung

1 Einführung

1 Vgl. Bundesamt für Bau-, Stadt- und Raumforschung (BBSR) im Bundesamt für Bauwesen und Raumordnung (BBR) (Hg.): Wohnungsgenossenschaften als Partner der Kommunen. Bonn 2016

2 Vgl. Kuhn, Gerd/Harlander, Tilman: Baugemeinschaften im Südwesten Deutschlands. Hg. v. d. LBS-Stiftung Bauen und Wohnen. Stuttgart 2010; Wüstenrot Stiftung (Hg.): Städte und Baugemeinschaften. Bearb. v. Krämer, Stefan/Kuhn, Gerd. Stuttgart/Zürich 2009

In den europäischen Städten entstehen zurzeit gemeinschaftliche Wohnprojekte, die eine enorme Kraft und Lebendigkeit entfalten. Noch vor wenigen Jahren sahen Kritiker in den neuen Wohnprojekten nur periphere Inseln für gemeinschaftssehnsüchtige Nostalgiker. Inzwischen finden gemeinschaftliche Wohn- und Lebensprojekte eine breite Anerkennung. Besonders Genossenschaften[1], aber auch private Baugemeinschaften[2] haben sich als neue Akteure auf einem angespannten Wohnungsmarkt etabliert und werden von Städten und Gemeinden unterstützt.

Die folgende Forschung beginnt mit der Analyse von zwölf gemeinschaftlichen Wohnprojekten. Durch eine systematische Gegenüberstellung werden in den Kapiteln Stadt, Raum, Programm und Organisation allgemeingültige Thesen abgeleitet.

Im Kapitel „Stadt" stehen die Nachbarschaft und damit das räumliche Gebilde Quartier im Fokus. Gemeinschaftliche Wohnprojekte werden in ihrem städtebaulichen Kontext analysiert und es wird danach gefragt, in welcher Wechselwirkung Stadtstruktur, Standorte und die Projekte zueinanderstehen.

Die Gestaltung von Räumen als Handlungsrahmen für verschiedene Akteure steht im Zentrum des Kapitels „Raum". Gerade in kooperativen Wohnprojekten werden die Möglichkeitsräume differenziert gestaltet. Gebäudetypologien und Freiräume, die den neuen Nachbarschaften Potenziale für konkretes Handeln in ihrer räumlichen Umwelt bieten, werden ebenso untersucht wie interne Erschließungssysteme und deren Vernetzung.

Das anschließende Kapitel „Programm" betrachtet die funktionalen Bausteine der untersuchten Projekte. Nicht mehr Abschließung, sondern Begegnung durch Vielfalt ist das prägende Merkmal. Der vielschichtigen Mischung von Wohnen, Arbeiten, Kultur und Versorgung wird daher große Bedeutung beigemessen. In diesem Kapitel werden die Bandbreite des Wohnens, Räume für die Gemeinschaft und funktionale Angebote an das Quartier untersucht.

Rechtsformen, die die Inhalte der Projekte stützen, aber auch Fragen der Finanzierung, die über die allgemeine Förderung hinausgehen, werden im Kapitel „Organisation" erörtert. Gemeinschaftliche Wohnprojekte beruhen stets auf der wechselseitigen Hilfe unter den Mitgliedern. Es haben sich Strukturen der Solidarität entwickelt und neue Ansätze der Beteiligung, die über formalisierte Verfahren hinausgehen. Gemeinschaftliche Wohnprojekte sind inzwischen reiche Experimentierfelder der demokratischen Willensbildung und Mitentscheidung geworden. Es verwundert daher auch nicht, dass sich diese Kooperationsstrukturen in die angrenzenden Quartiere ausweiten.

Eine Matrix gibt einen komprimierten Überblick über die Fallbeispiele und ihre individuellen Eigenarten. Sie stellt darüber hinaus die Verbindung zu den übergeordneten Kategorien Stadt, Raum, Programm und Organisation her. Zentrale Aussagen und Ergebnisse sind im Buchinnenblatt grafisch aufgearbeitet.

Im abschließenden Kapitel wird das Fazit gezogen. Anhand einer grafischen Analyse werden die Ergebnisse vergleichend ausgewertet. In den thesenartigen Schlussbetrachtungen wird nochmals auf die Potenziale gemeinschaftlicher Wohnprojekte verwiesen. Diese Conclusio zeigt die Chancen, aber auch die Grenzen des gemeinschaftlichen Bauens und Wohnens auf.

1.1 Fragestellung

Nach Jahren eines ausgeglichenen Wohnungsmarktes sind „bezahlbare" Wohnungen für viele Wohnungssuchende wieder zu einem Mangelgut geworden. Es wird in den letzten Jahren wieder lebhaft darüber gestritten, wie dauerhaft Wohnraum zu angemessenem Mietpreis hergestellt und gesichert und wie man dem doppelten Charakter der Wohnungen als Wirtschafts- und als Sozialgut gerecht werden kann. Gegenwärtig befindet sich nicht nur der Wohnungsmarkt in einer Krise, sondern auch die Wohnungen selbst genügen nicht mehr den wohnkulturellen und demografischen Ansprüchen. Die Autoren der Publikation und begleitenden Ausstellung „Alle wollen wohnen. Gerecht. Sozial. Bezahlbar"[3] vertreten daher die Auffassung, dass „die tradierte abgeschlossene Familienwohnung" heute nicht mehr den veränderten Bedürfnissen an das Wohnen entspricht.

Es sind inzwischen zwei unterschiedliche Bedürfnisse anzuerkennen und für diese Bedürfnisse entsprechende soziale und bauliche Antworten zu finden: Einerseits dauert der Trend nach mehr Privatheit und Individualität an und wird u. a. durch die hohe Anzahl von Einpersonenhaushalten sichtbar gestützt. Andererseits ist der zunehmende Wunsch einer immer größeren Anzahl von Menschen festzustellen, die in selbst gewählten Gemeinschaften leben möchten. Unklar ist dabei allerdings, ob die heutigen gemeinschaftlichen Wohnprojekte angemessen auf diese beiden Anforderungen reagieren. Fördern die gemeinschaftlichen Wohnprojekte wirklich neue Lebensformen, die zeitgemäßes Wohnen in einer sozial diversifizierten urbanen Gesellschaft ermöglichen, oder bilden sie nur Strukturen ab, die auf einer sozialen Homogenität der Mitbewohner beruhen und sozialräumlich abgeschottet sind, wie einst in den traditionellen Genossenschaftsprojekten vor 100 Jahren?

Diese These von der tendenziellen Fortführung tradierter Modelle vertreten die Herausgeber des Katalogs „Bauen und Wohnen in Gemeinschaft", der anlässlich der gleichnamigen Ausstellung des Deutschen Architekturmuseums 2016 erschienen ist. Sie gehen zunächst auch von der Grundlage veränderter Familienformen aus, die zu einem „Wohnwandel" geführt hätten. Ursache der Veränderungen sei ein Wertewandel. Die Menschen seien nicht länger in traditionellen Institutionen wie Kirche und Sozialstaat gebunden. Die neuen gemeinschaftlichen Wohnprojekte hätten ein „Raumprogramm" entwickelt, das „Individuelles mit Kollektivem" verbindet und Wert auf „geteilte Räumlichkeiten oder Gemeinschaftsgärten" legt. „Es ist kein Wunder, wenn quasi in einer Rückwärtsbewegung ‚Gesellschaft' und ‚sich umeinander kümmern', wenn ‚Nachbarschaft' und ‚Freundschaften' als soziale Netze wieder höher geschätzt werden, wenn Wohnmodelle ‚in getrennten Wohnungen, aber unter einem Dach' attraktiv erscheinen. Hinzu kommt der Wunsch, selbst aktiv auf die eigene Lebenssituation einwirken zu können. Neu ist die Idee freiwilliger Gemeinschaftlichkeit beim Wohnen nicht, vielmehr kennt schon das 19. Jahrhundert einen Wohnungsbau mit Gemeinschaftseinrichtungen und Mitbestimmungsprozessen – es ist eine aktuelle Herausforderung, aus den Erfolgen und Misserfolgen dieser langen Baugeschichte zu lernen."[4]

Aus der hier vorgelegten Analyse der zwölf Wohnprojekte vertreten wir folgende These: Die neuen innovativen gemeinschaftlichen Wohnprojekte reagieren sehr wohl auf wirkungsmächtige Prozesse des gesellschaftlichen Wandels. Sie finden neue soziale wie bauliche Antworten. Sie führen nicht bloß Altes fort, sondern schaffen Neues. Es geht ihnen zumeist nicht um eine „Versöhnung" des „Individuellen mit

3 *M:AI (Museum für Architektur und Ingenieurkunst NRW) (Hg.): Alle wollen wohnen. Gerecht. Sozial. Bezahlbar. Katalog zur Ausstellung. Köln 2016, S. 22*

4 *Becker, Annette/Kienbaum, Laura/Ring, Kristien/Cachola Schmal, Peter (Hg.): Bauen und Wohnen in Gemeinschaft. Basel 2015, S. 10*

dem Kollektiven", sondern um die Anerkennung von „Individualität neben Gemeinschaft". Der Fokus ist in dieser Forschung daher nicht auf das einzelne Projekt gelegt, sondern öffnet sich dem gesellschaftlichen Nahraum, der Nachbarschaft. Es geht damit nicht mehr um sozial homogene, inszenierte Gemeinschaften, sondern um sozial ausbalancierte Kooperationsgemeinschaften in einer sozial, kulturell und ethnisch vielfältigen Gesellschaft. Die ebenfalls architektonisch und städtebaulich ambitionierten Projekte setzen zudem eine Verschränkung der sozialen mit der räumlichen Ebene um.

Sozial orientiertes Wohnen kann heute keineswegs mehr ausschließlich auf die Frage der quantitativen Bedarfsdeckung fixiert werden. Im Fokus steht ebenso die Notwendigkeit der Bildung bzw. Stabilisierung bestehender Nachbarschaften in den Wohnquartieren.

In diesem Buch wird der Blick auf die unterschiedlichen Dimensionen der Quartiersvernetzung und Nachbarschaftsbildung gemeinschaftlicher Wohnprojekte gerichtet. Die gemeinschaftlichen Wohnprojekte, die in diesem Buch behandelt werden, wollen keine alternativen Modelle in selbstbezogenen, homogenen Gemeinschaften mehr sein. Nicht Abschließung, sondern Öffnung ist die neue Qualität dieser Pionierprojekte gemeinschaftlichen Wohnens und Lebens. Sie wollen individuelles Leben ermöglichen, aber auch neue Formen der Gemeinschaft.

1.2 Gemeinschaftliches Wohnen

Da sich in den letzten Jahren neue Wohnformen und Wohnprojekte stark ausdifferenzierten, ist es notwendig, die von uns angewandten Begriffe „gemeinschaftliches Wohnen" bzw. „gemeinschaftliche Wohnprojekte" zu definieren und die sich neu herausbildenden Wohnweisen gegenüber verwandten Wohnformen, wie gemeinschaftliche Wohnformen in institutionellen Häusern, beispielsweise Studentenwohnheimen oder Altenwohnanlagen/Mehrgenerationshäuser oder Kommunen, abzugrenzen.

In einer Publikation des Bundesamts für Bau-, Stadt- und Raumforschung werden gemeinschaftliche Wohnprojekte wie folgt definiert: „Danach sind gemeinschaftliche Wohnprojekte Wohnformen, bei denen mehrere Haushalte an einem Wohnstandort jeweils in separaten Wohnungen leben, sich aber für das gemeinschaftliche Leben, eine gegenseitige Unterstützung oder die Verfolgung eines gemeinsamen Lebensgrundsatzes entschieden haben. Die Projekte bzw. Wohngruppen werden in wesentlichen Bereichen durch die Bewohner selbst organisiert."[5]

Gemeinschaftliches Wohnen stellt letztlich eine Lebensform dar, die sich nicht auf eine bauliche Struktur festlegen lässt; vielmehr stellt dieses Wohnen eine Kooperationsverabredung dar, die zunächst keiner besonderen Baustruktur bedarf. Albrecht Göschel betont, dass gemeinschaftliches Wohnen als Lebensform „die unterschiedlichsten Ausprägungen annehmen kann, die sich also nicht exakt normieren oder verregeln lässt, die aber immer vom Element der wechselseitigen Kooperation, der Unterstützung und Hilfe in alltäglichen oder auch besonderen, anspruchsvollen Lebenssituationen bestimmt ist".[6]

Da sich unter dem Begriff „gemeinschaftliche Wohnprojekte" viele unterschiedliche Wohn-, Bau- und Trägerformen sowie Lebensweisen subsumieren, ist es notwendig, die vielfältigen Dimensionen einzugrenzen. Nur so kann die Prägnanz der Projekte herausgearbeitet werden.

Die von uns untersuchten Wohnprojekte wollen eine soziale Abschließung vermeiden. Dies hat zur Konsequenz, dass sie Personengruppen mit Zugangsschwierigkeiten im Wohnungsmarkt in ihren Projekten integrieren müssen. Sie bewegen sich zudem deutlich von ihren Wurzeln fort: Während traditionelle gemeinschaftliche Wohnprojekte sich primär dem unmittelbaren Wohl der Mitglieder des Wohnprojekts verpflichtet fühlen – das Genossenschaftsgesetz definiert dies als zentrale Aufgabe –, suchen die neuen Kooperationsgemeinschaften nach Formen der Vernetzung urbanen Wohnens im gesellschaftlichen Nahraum des Quartiers.[7] Der Prozess der Vergemeinschaftung basiert dabei auf einer aktiven Teilhabe und auf selbstbestimmtem Handeln sowie selbsttätigem Gestalten.

Entsprechend ihres Selbstverständnisses entwickeln die Initiatoren („Anstifter") veränderte Formen der Beteiligung. Üblicherweise werden die zukünftigen Bewohner bereits im Planungsstadium einbezogen. Einige Projekte öffnen sich bereits in einem sehr frühen Stadium der Projektentwicklung zur Nachbarschaft und fordern zum Beispiel in Workshops zu aktiver Teilnahme auf. Während formalisierte Formen der Beteiligung üblich sind, variieren darüber hinausgehende Mitgestaltungsmöglichkeiten deutlich.

In der Nutzungsphase wird oftmals eine aktive Teilhabe an der Ausgestaltung des Alltagslebens erwartet. Es besteht eine große Palette von freiwilli-

5 *Bundesamt für Bau-, Stadt- und Raumforschung (BBSR) (Hg.): Neues Wohnen – Gemeinschaftliche Wohnformen bei Genossenschaften. BBSR-Sonderveröffentlichung. Bonn, 2014, S. 17*

6 *Göschel, Albrecht: Gemeinschaftliches Wohnen: (K)ein neuer Wohnungsmarkt? vhw FW 5/2010, S. 247*

7 *In ihrer Forschung zur Selfmade City nennt Kristien Ring als ersten von zehn Punkten der Selfmade-Qualitäten vor sozialen Hausgemeinschaften die nachbarschaftliche und urbane Interaktion: Vgl. Ring, Kristien/ Eidner, Franziska: Selfmade City. Senatsverwaltung für Stadtentwicklung und Umwelt. Berlin 2013, S. 28–47. Im DAM-Katalog „Bauen und Wohnen in Gemeinschaft" wird weiterhin der Fokus auf das einzelne Wohnprojekt und nicht auf das Quartier gelegt. Vgl. Kasper, Birgit: Gemeinschaftliche Wohnprojekte – der soziale Aspekt. In: Becker, Annette u. a./Dezernat für Kultur und Wissenschaft/Kulturamt der Stadt Frankfurt am Main (Hg.): Bauen und Wohnen in Gemeinschaft. Basel 2015. Michael LaFond rückte in seiner Forschung „Cohousing Cultures" hingegen stärker die innere „Nachhaltigkeit" und die gegenseitige Vernetzung, wie dies auch das Mietshäuser Syndikat mit dem Konzept der internen Solidarität zwischen den Syndikatsprojekten verfolgt, in den Mittelpunkt. Vgl. LaFond, Michael: Gegenseitig von unseren Wohnformen lernen: eine inspirierende Vielfalt. In: Id22: Cohousing Cultures. Handbuch für selbstorganisiertes, gemeinschaftliches und nachhaltiges Wohnen. Berlin 2012, S. 182–195*

gen Initiativen (Hausgärten etc.) bis zu verpflichtenden Gemeinschaftsarbeiten (Hausdienste). Während Baugemeinschaften[8] das gemeinsame Planen und Bauen als zentrale, gemeinschaftsbildende Erfahrung in den Mittelpunkt rücken und in der Nutzungsphase „normale" Wohnsituationen, d. h. das Leben in abgeschlossenen Wohnungen, anstreben, sehen die meisten neuen genossenschaftlichen Wohnprojekte die gemeinschaftlich genutzten Räume als wesentlich für ihre Wohnform an. Gemeinschaftsräume finden sich deshalb häufiger in genossenschaftlichen Projekten, während diese in Baugemeinschaften optional sind.

Alle hier behandelten Wohnprojekte beruhen auf der Freiwilligkeit und auf der Intention der eigenständigen Gestaltung des Lebensalltags. Es sind selbstgewählte Wohnformen, die häufig auf Selbstorganisation und -verwaltung beruhen. Die Bewohner der untersuchten gemeinschaftlichen Wohnprojekte streben eine gegenseitige Hilfe und eine behutsame Rücksichtnahme an, ohne dass diese helfenden Mitbewohner an die Stelle des städtischen Gemeinwesens („Care-Arrangement") treten wollen. Ebenso beabsichtigen sie nicht, den Sozialstaat aus seiner Sozialverantwortung zu entlassen. Somit grenzen sie sich von Formen des „betreuten" Wohnens ab, deren Grundlage eine verpflichtende Hilfe (in der Regel durch professionelle Dienste) ist.

Die eindeutige Trennung zwischen privatem Wohnraum und projektinternem Gemeinschaftsraum verliert in einigen innovativen Wohnprojekten ihre klaren Konturen. Besonders an den Großwohngemeinschaften und Cluster- bzw. Satellitenwohnungen ist dieser Trend deutlich erkennbar. Wichtig bleibt aber, dass sich diese „neuen Haushalte" (Cluster) zwar selbst organisieren, aber dennoch integrativer Teil der (Haus-)Gemeinschaft bleiben. Durch diese Aspekte unterscheiden sie sich von Kommunen, die privates Wohnen auflösen wollen, oder von institutionellen gemeinschaftlichen Wohnprojekten, wie Wohnheimen, die als „Einrichtungen" für die dort lebenden Personen kein eigenständiges Wohnen in abgeschlossenen Haushalten ermöglichen. Die Wiener „Heime" stellen dabei eine Sonderform dar, da deren Bewohner keine Mietverträge abschließen und „nur" Bewohner einer Unterkunft sind. In der Praxis hat sich allerdings aus dem Heimmodell eine lebendige Form neuen gemeinschaftlichen Wohnens entwickelt.

Zentrales Anliegen der Bewohner dieser Wohnprojekte ist, in allen Lebensphasen eine individuelle Lebensführung zu ermöglichen, bei gemeinschaftlicher Verbundenheit im Projekt und im Quartier. Die gemeinschaftlichen Wohnprojekte zielen also auf eine teilnehmende, integrative und gestaltete Alltagspraxis.

Vertraute Nachbarschaften und gelebte Quartiere

Noch vor 15 Jahren schrieben die Soziologen Ruth Rohr-Zänker und Wolfgang Müller: „Der Stand der stadtsoziologischen Diskussion zur Bedeutung der Nachbarschaften lässt sich auf die Kurzform bringen. Sie hatte eine Vergangenheit, aber keine Gegenwart – die Diskussion ist abgeschlossen […]."[9]

Inzwischen haben Nachbarschaften als soziale Einheiten und Quartiere als räumliche Einheiten jedoch einen enormen Bedeutungszuwachs erhalten. Bereits mit der Studie „Überforderte Nachbarschaften"[10], die Ende der 1990er-Jahre erschien, wurde auf die enormen Problemlagen insbesondere durch die multiplen Überforderungen der Nachbarschaften in Großsiedlungen verwiesen. Durch die Studie ausgelöst, entwickelte sich in den Folgejahren seit 1999 das Bund-Länder-Programm „Soziale Stadt". Es wurde zum wichtigsten Instrument zur Stabilisierung benachteiligter Quartiere vor allem in den Großsiedlungen mit hohen Anteilen an Zuwanderern. Gerade von den sogenannten nicht investiven Mitteln im Sozialbereich gingen die wichtigsten stabilisierenden sozialen Impulse aus. Der Bedeutungsgewinn von Nachbarschaften in den letzten 20 Jahren hat noch andere gesellschaftliche Gründe. So verloren traditionell integrative Instanzen, wie die Familie, gewerkschaftliche Organisationen, christliche Kirchen oder auch der Arbeitsplatz, deutlich an Bedeutung, während in der Gesellschaft der Zweiten Moderne räumliche Nähe und soziale Interaktion auf dem lokalen Maßstab deutlich an Relevanz gewannen.[11] „Quartiere werden die Plattform für die große Integrationsleistung darstellen", so eine GdW-Studie, „die in der Gesellschaft der Zukunft gefragt sein wird".[12]

Eine Nachbarschaft, ist – so die Definition von Bernd Hamm – eine „soziale Gruppe, die primär wegen der Gemeinsamkeit des Wohnortes interagiert".[13] Wohnt man in Quartieren und Dörfern, ist man Nachbar, ob man will oder nicht. Die Qualität nachbarschaftlicher Beziehungen entsteht durch die „faktische Kommunikationsdichte".[14] Die primäre Sozialgruppe Nach-

8 Der Definition von Kirsten Mensch kann in dem wichtigen Punkt „Baugemeinschaften" nicht zugestimmt werden, da die Entwicklungen der beiden letzten Jahrzehnte, besonders in süddeutschen Städten, negiert werden („Unterschied zu Bauherrengemeinschaften, die gemeinsam bauen, um das Eigenheim kostengünstig zu realisieren. Über das Miteinander machen sich diese Bauherren, wenn überhaupt, erst später Gedanken."). Vgl. Mensch, Kirsten: Gemeinschaftliches Wohnen. Der Versuch einer Definition. In: wohnbund-informationen 1/2011, S. 10. Vgl. hingegen Wüstenrot Stiftung (Hg.): Städte und Baugemeinschaften. Stuttgart/Zürich 2009

9 Rohr-Zänker, Ruth/Müller, Wolfgang: Die Rolle von Nachbarschaften für die zukünftige Entwicklung von Stadtquartieren. Expertise im Auftrag der Bundesforschungsanstalt für Landeskunde und Raumordnung. Oldenburg 1998, S. 5 (abzurufen unter: stadtregion.net/fileadmin/downloads/Rolle_von_Nachbarschaften.pdf)

10 Bundesverband deutscher Wohnungsunternehmen (GdW) (Hg.): Überforderte Nachbarschaften. Zwei sozialwissenschaftliche Studien über Wohnquartiere in den alten und den neuen Bundesländern. Berlin 1998

11 Vogelpohl, Anne: Stadt der Quartiere? Das Place-Konzept und die Idee der sozialen Dörfer. In: Schnur, Olaf (Hg.): Quartiersforschung. Zwischen Theorie und Praxis. Wiesbaden 2008, S. 69–86

12 GdW Bundesverband deutscher Wohnungs- und Immobilienunternehmen e. V. (Hg.): Wohntrends 2030. Studie – Kurzfassung. Berlin 2013, S. 8–9

13 Hamm, Bernd: Betrifft: Nachbarschaft. Düsseldorf 1973, S. 18

14 Hamm, Bernd: Nachbarschaft. In: Großstadt. Soziologische Stichworte. Opladen 1998, S. 173

barschaft ist – anders als beispielsweise die Familienbande – an den Ort der Wohnung gebunden.

Integrative Wohnprojekte bilden bereits durch das gemeinsame Planen und Bauen *vertraute Nachbarschaften*; die Personen lernen sich in der Regel bereits vor dem Einzug kennen und haben die Stärken und Schwächen ihrer zukünftigen Nachbarn frühzeitig erfahren. Ihre Nachbarschaft beruht meistens auf ähnlichen Interessen und Werten. Ganz anders verhält es sich in *gefügten Nachbarschaften*, die sich erst durch den Einzug bilden. Diese Nachbarschaft entsteht zunächst alleine durch die Tatsache der Gemeinsamkeit des Wohnortes, der durch Einzug in eine Wohnung vollzogen wird. Positiv könnte von einer Entwicklungsoffenheit gesprochen werden; diese kann von einer flüchtigen Begegnung reichen („Guten Tag, Herr Nachbar") bis hin zu intensiven Beziehungen.

Privatheit und Öffentlichkeit

Zu den Grundpfeilern der traditionellen Stadtsoziologie gehören das Spannungsverhältnis von Privatheit und Öffentlichkeit sowie die Auswirkungen auf die ländliche und städtische Lebensweise. Die Stadt bietet – im Gegensatz zum traditionellen Dorf – ein Sozialsystem der „unvollständigen Integration", so Hans Paul Bahrdt vor einem halben Jahrhundert, ein System, in dem nicht jeder alles über jeden weiß. Formen der Distanz und der Anonymität bilden demnach die Grundlagen für die Entfaltung freier und ungebundener Individualität in der modernen Gesellschaft. Die wechselseitige Gleichgültigkeit – Georg Simmel nannte dies Blasiertheit des Großstädters – wird geradezu als Merkmal urbaner Lebensstile in heterogenen Umwelten angesehen. Sie bildet erst die Grundlage, auf welcher die Freiheit zum Anderssein entsteht. Die ethnische und soziale Mischung in einem Quartier führt nicht zwangsläufig auch zu interkulturellen Beziehungen. Stadtsoziologen wie Hartmut Häußermann betonten, dass „für soziale Kontakte [...] ähnliche Lebensstile, ähnliche Wertorientierungen und ähnliche Einkommen entscheidend"[15] seien. Robert Ezra Park beschrieb einst die Stadt aus kleinen Welten bestehend. Diese würden sich zwar berühren, aber nicht durchdringen.[16] Das probateste Mittel, eine konfliktträchtige Nähe zu Fremden zu vermeiden, sei vielmehr – so die Auffassung der Vertreter der Chicagoer Schule – die Akzeptanz der sozialräumlichen Segregation in den Quartieren. In seinem Buch „Kultur der Stadt" schreibt Walter Siebel: „Urbane Lebensweise und Segregation sind Strategien der Vermeidung von Kontakt."[17] Räumliche Nähe in urbanen Quartieren bewirke demnach keineswegs soziale Nähe und Vertrautheit.

So weit scheint diese Argumentation zunächst plausibel. Wenn aber umgekehrt danach gefragt wird, ob sozial oder ethnisch homogene Gebiete, also räumlich segregierte Quartiere und sozial geschiedene Nachbarschaften in den Städten zu einem friedvollen Zusammenleben führen würden, wird man dies sicherlich nicht bejahen können. Forschungen zur sozialen Mischung in der Stadt[18] oder zu Desintegrationsprozessen kritisieren nachdrücklich Überlegungen zur „binnenintegrativen Segregation" und betonen das Wechselverhältnis von Segregation und Integration: „Je höher der Segregationsgrad, desto niedriger der Integrationsgrad."[19]

Albrecht Göschel glaubt, dass das gemeinschaftliche Wohnen eine intermediäre Instanz darstellt, indem diese Wohn- und Lebensform versucht, die beiden Ebenen Privatheit und Öffentlichkeit „zu integrieren und zu einer neuen Ressource im Übergang zwischen Privat und Öffentlich zu entwickeln, und dies bei Wahrung der beiden Pole Privat und Öffentlich. In jedem Wohnprojekt bleiben die Privatsphäre der Mitglieder und die das Projekt umgebende Öffentlichkeit in vollem Umfang erhalten. Aber zwischen diese beiden Pole wird eine neue Form der Gemeinschaft gelegt, die sich als gleichermaßen durch Empathie wie durch kooperative Verabredung, sowohl durch Anteilnahe als auch durch Verpflichtung getragene erweisen muss."[20] Nach seiner Ansicht hätte es weder in den klassischen Sozialutopien noch in den Alltagsrealitäten der Städte Vergleichbares gegeben. Selbst Wohnformen wie die bekannten Arbeitersiedlungen mit ihrer hohen Dichte an nachbarschaftlichen oder verwandtschaftlichen Beziehungen haben durch ihre strikte Kontrolle des Privatlebens, durch das Fehlen von Öffentlichkeit diesen Punkt, den die Projekte des gemeinschaftlichen Wohnens anstreben, nie ganz erreicht. Als integrierte Stadtdörfer wurden traditionelle Lebensformen aus ländlichen Kontexten in die Städte übertragen. Dort hätten sie ihren „vormodernen" Status nie ganz abgelegt. „In den Projekten des Gemeinschaftlichen Wohnens dagegen sehen wir zurzeit Modernisierungen von Lebensformen, in denen die Polarisierungen des Industriezeitalters – Spaltung in Privat und Öffentlich – durch Bindeglieder überwunden werden, die Pole als solche aber erhalten bleiben." Da die Kooperations-

15 *Häußermann, Hartmut: Segregation in der Stadt – Befürchtungen und Tatsachen. In: vhw FW Juni-Juli 2008, S. 125. (www.vhw.de/fileadmin/user_upload/08_publikationen/studien/PDFs/segregation/Segregation_in_der_Stadt_FW0308Haeussermann.pdf)*

16 *Park, Zit. in: Siebel, Walter: Die Kultur der Stadt. Berlin 2015, S. 370*

17 *Ebenda, S. 371*

18 *Harlander, Tilman/Kuhn, Gerd/Wüstenrot Stiftung (Hg.): Soziale Mischung in der Stadt. Stuttgart 2012; Deutsches Institut für Urbanistik: Nutzungsmischung und soziale Vielfalt im Stadtquartier – Bestandsaufnahme, Beispiele, Steuerungsbedarf. Endbericht. Im Auftrag des Ministeriums für Bauen, Wohnen, Stadtentwicklung und Verkehr des Landes Nordrhein-Westfalen. Berlin 2015*

19 *Heitmeyer, Wilhelm: Versagt die ‚Integrationsmaschine' Stadt? In: Ders. et al.: Die Krise der Städte. Analysen zu den Folgen desintegrativer Stadtentwicklung für das ethnisch-kulturelle Zusammenleben. Frankfurt a.M. 1988, S. 446*

20 *Göschel, Albrecht: Gemeinschaftliches Wohnen. Eine innovative Wohn- und Lebensform. Abzurufen unter: fgw-ev.de/fileadmin/PDF/Beitraege_Vorstand_etc/Vortrag%20Dr%20A%20Goeschel%20-%20Wohnen%20hoch%20drei.pdf (besucht am 24.04.2017)*

beziehungen über die einer traditionellen Nachbarschaft deutlich hinausgehen, „entsteht hier eine neue Lebensform, die ohne Einschränkung als innovativ anzusehen ist".[21]

Gemeinschaft und Gesellschaft

In den letzten Jahrzehnten haben sich die gesellschaftlichen Determinanten grundlegend geändert. Besonders das Verhältnis von Individuum zur sozialen Gruppe wurde neu austariert. Indem sich der oder die Einzelne im sozialen Verband neu verorten und vernetzen, werden sich neue Kulturen nachbarschaftlicher Beziehungen entwickeln und entfalten. Es gibt einige wesentliche Kriterien, die diesen tief greifenden Wandel charakterisieren.

Individualisierung

Individualisierung wird hier nicht als Zustand, sondern als ein Prozess des „Vereinzelt-Werdens" verstanden. Ulrich Beck betonte in den letzten Jahren stets, dass Individualisierung bedeute, „wählen zu können, wo früheren Generationen diese Wahlmöglichkeiten nicht offenstanden. Aber heute sieht sich das Individuum überrollt, gleichsam zugemüllt von Wahlmöglichkeiten, die keine sind, aber eben doch schnellstens entschieden werden müssen, sozusagen reflexartig. Jeder muss dauernd schnelle Entscheidungen treffen. Dem Individuum der Zweiten Moderne ist die Möglichkeit hinreichender reflexiver Distanz zu sich selbst abhandengekommen. Sie sind schlicht nicht mehr in der Lage, lineare narrative Biographien zu konstruieren. Sie balancieren auf einem Hochseil in der Zirkuskuppel zwischen Scheidung, Jobverlust und permanenter Selbstanpreisung. Sie sind nicht Künstler, sondern Bastler, Flickschuster ihrer selbst. Diese nicht-linearen Individuen haben noch den Wunsch zu reflektieren, aber sie haben weder die Zeit noch den Raum zur Reflexion".[22] Gegen den Ausnahmezustand, der normal geworden ist, wenden sich heute viele Akteure in den neuen Wohnquartieren. In einer Laudatio für Richard Sennett anlässlich der Verleihung des Hegel-Preises in Stuttgart fasste Ulrich Beck die Möglichkeit der Individuation folgendermaßen zusammen: „Der ‚Fortschritt' liegt in dem Trennenden, nicht in dem Verbindenden; genauer gesagt: in einer Art Gemeinsamkeit ohne Gemeinschaft, also in der Heterogenität von Gemeinschaften (im Plural). Denn die sind es, die Individuation ermöglichen."[23]

Haushaltstypen

In den letzten 20 Jahren hat sich die Zusammensetzung der Haushalte grundlegend verändert. Besonders prägnant ist der Anstieg der Einpersonenhaushalte. In Großstädten wie München sind inzwischen mehr als die Hälfte aller Privathaushalte Singlehaushalte. Besonders hoch stieg der Anteil der Seniorinnen-Einpersonenhaushalte (60 Jahre und älter, in München mit einem Anteil von 37,0 Prozent; hingegen nur 19,7 Prozent bei allein lebenden Männern).[24] Eine erhebliche Zunahme ist auch bei Haushalten von allein lebenden Hochbetagten zu erwarten. Mit dieser Bedeutungsminderung familiärer Haushalte und familiärer Lebensformen gewinnen neue urbane nachbarschaftliche Formen des Zusammenlebens an Wichtigkeit. Dies verdeutlichen auch Umfragen, die vom Gesamtverband der Wohnungswirtschaft zu den Wohntrends in Auftrag gegeben wurden. Über 80 Prozent der Befragten äußerten hier, dass ihnen Nachbarschaftshilfe und gegenseitige Unterstützung wichtig oder sehr wichtig seien. Aufgrund veränderter Familien- und Haushaltsstrukturen würden Nachbarschaften zunehmend an Bedeutung im Sinne von „Ausgleichbeziehungen"[25] gewinnen.

Integration und Diversität

In ihren Forschungen zur gruppenbezogenen Menschenfeindlichkeit (GMF) betonen die beteiligten Sozialwissenschaftler, dass „ein möglichst angstfreies Zusammenleben von Individuen und Gruppen unterschiedlicher ethnischer, religiöser, kultureller oder sozialer Herkunft mitsamt ihrer alltäglichen Lebenspraxis" immer schwieriger „zu realisieren"[26] sei. Eine zentrale Frage wird daher sein, so Wilhelm Heitmeyer, wie der soziale Zusammenhalt und das friedliche Zusammenleben in einer Gesellschaft gewährleistet werden können.

In der stadtsoziologischen Literatur wurde oftmals von der Stadt als „Integrationsmaschine"[27] gesprochen, in der dem Arbeitsplatz als Ort der Integration eine zentrale Bedeutung zugewiesen wurde. Der Blickwinkel hat sich jedoch in Zeiten von struktureller Arbeitslosigkeit und hoher Migration von der ‚Werkbank' auf die urbanen und multikulturellen Quartiere verlagert. Inzwischen gewinnt das Verhältnis von räumlicher Nähe und sozialer Interaktion deutlich an Relevanz.[28] Entsprechend dieser Verlagerungen haben

21 *Ebenda*

22 *Beck, Ulrich: Tragische Individualisierung. Laudatio für Richard Sennett anläßlich der Verleihung des Hegel-Preises 2006. Stuttgart, März 2007, S. 6. Online verfügbar unter: www1.stuttgart.de/stadtbuecherei/ldh/laudatioBeck.pdf (besucht am 11.01.2015)*

23 *Ebenda, S. 10*

24 *Wenzlaff, Adriana: Münchner Statistik, 4. Quartalsheft, Jahrgang 2014, S. 27*

25 *GdW Bundesverband deutscher Wohnungs- und Immobilienunternehmen e. V. (Hg.): Wohntrends 2030. Studie – Kurzfassung. Berlin 2013 S. 66*

26 *Heitmeyer, Wilhelm: Gruppenbezogene Menschenfeindlichkeit (GMF) in einem entsicherten Jahrzehnt. In: Ders. (Hg.): Deutsche Zustände. Folge 10. Berlin 2012, S. 15*

27 *Häußermann, Hartmut: Die Stadt und die Stadtsoziologie. Urbane Lebensweise und die Integration des Fremden. In: Berliner Journal für Soziologie 1/1995, S. 89–98; Heitmeyer, Wilhelm: Versagt die ‚Integrationsmaschine' Stadt? In: Backes, Otto/Heitmeyer, Wilhelm/Dollase, Rainer (Hg.): Die Krise der Städte. Analysen zu den Folgen desintegrativer Stadtentwicklung für das ethnisch-kulturelle Zusammenleben. Frankfurt a. M. 1988, S. 443–467*

28 *Vogelpohl, Anne: Stadt der Quartiere? Das Place-Konzept und die Idee der sozialen Dörfer. In: Schnur, Olaf (Hg.): Quartiersforschung. Zwischen Theorie und Praxis. Wiesbaden 2008, S. 69–86*

sich die Bedeutungen und der Charakter der Nachbarschaften deutlich geändert.

Nachbarschaft und Quartier als „Mittelpunkt-Ort alltäglicher Lebenswelten und individueller sozialer Sphären", als das „alltagsweltliche Experimentierfeld für Gemeinsamkeit und Individualität, Nähe und Distanz, für Öffentlichkeit und Privatheit, Anonymität und Intimität, für Ortsbindung und Entankerung" werden inzwischen in der Frage des sozialen Zusammenhalts unseres Gemeinwesens eine zentrale Bedeutung zugesprochen.[29] Damit verändert sich auch der Blick auf Chancen nachbarschaftlicher Entwicklungen. Es stehen inzwischen weniger die möglichen Defizite, sondern die Potenziale dieser Stadtbereiche im Vordergrund. Vertraute Nachbarschaften sollten als Orte der Integration und Koexistenz in die Zukunft weisen. Es sind folglich jene sozialen Kohäsionskräfte zu stärken, die den sozialen Zusammenhalt in den Quartieren durch urbane Kollaboration fördern. Mit dem gesellschaftlichen Wandel und dem Paradigmenwechsel in der Problemwahrnehmung veränderten sich in den letzten Jahrzehnten auch zentrale Leitbilder, wie jenes der Integration. Inzwischen versteht man unter Integration immer weniger die Unterordnung kultureller Werte orientierend an die „Normal"-Gesellschaft (Assimilation), sondern vielmehr die Anerkennung der Andersartigkeit (Heterogenität) und Vielfalt (Diversität). Nicht die homogene Nachbarschaft, sondern die Gemeinschaft der vielen ist inzwischen zur gesellschaftlichen „Normalität" geworden. Analog zum Begriff „Bastelbiographie", den Anthony Giddens und Ulrich Beck für die Bezeichnung der freigesetzten Individuen prägten, wird daher auch der Begriff der „Bastelnachbarschaften"[30] entwickelt, da diese sich überlagern und zudem einzelne Menschen in verschiedenen Nachbarschaften leben können. Sozialbeziehungen im Quartier finden heute nicht mehr linear statt, sondern heterogen und vernetzt. Es ist demnach auch nicht von einer Deckungsgleichheit von Nachbarschaften und Quartieren auszugehen.

In den Politikwissenschaften setzte sich bereits Ende der 1990er-Jahre immer stärker das Konzept der „Local Governance" durch, das die Befähigung lokaler Netzwerke zur selbstorganisatorischen Steuerung in den Mittelpunkt rückte.[31] Pluralistische Perspektiven eröffnen polyzentrische Handlungsansätze. Es ging auch um Entwicklungen und Chancen, die sich im Sozialraum eröffnen. Mit dem zentralen Bestreben, die Bewohner in die Quartiersentwicklung einzubinden und zu befähigen (Empowerment), wurden neue Formen der Teilhabe oder Mitwirkung in den Wohnquartieren erprobt. „Aus pragmatischer Sicht spricht viel dafür, das Wohnquartier als sozialen Nahraum in den Blick zu nehmen; die Ausstattung und die Ressourcen im Sozialraum sind für alle Bürger_innen relevant, insbesondere aber für diejenigen, die nicht über eine hochgradige Mobilität verfügen, beispielsweise für Kinder, Jugendliche und Familien sowie für Ältere und Menschen mit individuellen Einschränkungen."[32]

Diese Verschiebung der Perspektive von der „inszenierten Gemeinschaft" der Wohnprojekte hin zum Quartier führt zu einer Territorialisierung des Sozialen.[33] „Dem Nahraum wird das Potenzial zugeschrieben, in Zeiten gesellschaftlicher Heterogenität und einer Pluralisierung der Lebensentwürfe eine adäquate Handlungsgröße zu sein und zur Rückbettung sozialer Handlungsbezüge beitragen zu können."[34] In der Sozialen Arbeit wird dabei die Gefahr der „Containerisierung" durch Homogenisierung diskutiert. Die neuen gemeinschaftlichen Wohnprojekte, von denen in diesem Buch die Rede ist, weisen allerdings auf das kreative Potenzial heterogener Lebensformen und vielfältiger Lebenswelten hin. Nicht Homogenität, sondern Heterogenität, nicht Abschottung und Abschirmung, sondern Vernetzung und Vielfalt sind die neuen Parameter der instrumentalisierten Vergemeinschaftung im Nahraum.

Von inszenierten Gemeinschaften zu Kooperationsgemeinschaften

In den 1970er- und 1980er-Jahren bildeten sich an vielen Orten neue Formen des gemeinschaftlichen Wohnens heraus, die zum Ziel hatten, gemeinsam wohnen und arbeiten zu können. Häußermann und Siebel charakterisierten diese Wohnprojekte als inszenierte Gemeinschaften. Diese würden auf einer bewussten Organisation sozialer Netze beruhen, um bestimmte Haushaltsfunktionen gemeinschaftlich zu erledigen (Kinderbetreuung, Kochen, Beschaffung ökologisch unbedenklicher Lebensmittel in Kooperationen usw.).[35] Diese „neuen selbstgewählten Nachbarschaften funktionieren auf der Basis ähnlicher Lebensauffassungen und weitergehender sozialer Homogenität, d. h. sie beruhen auf einer feinkörnigen, sozialen Segregation".[36] Auch viele Wohnprojekte, die beispielsweise im „Netzwerk gemeinschaftliches Wohnen" aufgelistet sind, beruhen noch auf der sozialen Homogenität und Interessensgleichheit der

29 *Schnur, Olaf: Nachbarschaft und Quartier. In: Eckhardt, Frank (Hg.): Handbuch Stadtsoziologie. Wiesbaden 2012, S. 451*

30 *Rohr-Zänker, Ruth/Müller, Wolfgang: Die Rolle von Nachbarschaften für die zukünftige Entwicklung von Stadtquartieren. Oldenburg 1998, S. 13 (abzurufen unter: stadtregion.net/fileadmin/downloads/Rolle_von_Nachbarschaften.pdf*

31 *Schubert, Herbert: Lokale Governance – Einführung in das Konzept. In: Knabe, Judith/von Rießen, Anne/Blandow, Rolf (Hg.): Städtische Quartiere. Kommunale Herausforderungen und Chancen im transformierten Wohlfahrtsstaat. Bielefeld 2015, S. 113–130. „Es setzte sich die Erkenntnis der topologischen Struktur von Räumen durch, welche den Fokus auf die Beziehungen zwischen Räumen und deren Bedeutungen legten." Lang, Susanne: Stadtentwicklungskonzepte: eine historische Hinführung und Einordnung. Ebenda, S. 134*

32 *Riessen, Anne von/Knopp, Reinhold: Partizipation von unten? Ebenda, S. 207*

33 *Vgl. Beck, Sylvia: Gemeinschaftliches Wohnen: zwischen gelebter Sozialutopie, pragmatischer alltäglicher Lebensführung und instrumentalisierter Vergemeinschaftung. In: Widersprüche: Zeitschrift für sozialistische Politik im Bildungs-, Gesundheits- und Sozialbereich 32/2012, S. 33–53*

34 *Lingg, Eva/Stiehler, Steve: Nahraum: In: Reutlinger, Christian/Fritsche, Caroline/Lingg, Eva (Hg.): Raumwissenschaftliche Basics. Eine Einführung für die Soziale Arbeit. Wiesbaden 2010, S. 170*

35 *Häußermann, Hartmut/Siebel, Walter: Soziologie des Wohnens. Weinheim/München 1996, S. 320–321*

36 *Ebenda, S. 321*

inszenierten Gemeinschaft. Für neue, urbane Projekte des gemeinschaftlichen Wohnens, wie die Züricher Modellprojekte, trifft diese Zuschreibung allerdings nicht mehr zu.

Neue urbane Formen des gemeinschaftlichen Wohnens beabsichtigen programmatisch, eine soziale und kulturelle Heterogenität herzustellen. Sie gestalten aktiv ihr Zentrum des Alltagslebens, bleiben aber offen in der urbanen Gesellschaft für andere. Es geht ihnen letztlich um die Herstellung einer Balance zwischen Homogenität und Heterogenität.

Solidarische Diversität in Kooperationsgemeinschaften

Die neuen gemeinschaftlichen Wohnprojekte streben – anders als die inszenierten Gemeinschaften der 1970er- und 1980er-Jahre – keine abgeschirmten, homogenen Lebenswelten mehr an, sondern, im Gegenteil, eine urbane und soziale Vielfalt.

Das Ziel der Diversität äußert sich in einer baulichen und sozialen Vielfalt. Es wird mit den unterschiedlichsten Grundrisstypen experimentiert, aber auch die Zugangschancen für finanziell schwächere Personen werden erhöht. Um eine soziale Abschließung zu vermeiden, legen einige Projekte das Ziel der sozialen Mischung bereits dezidiert in ihrer Satzung fest, wie beispielsweise *wagnis* in München oder die *Kalkbreite* in Zürich – und/oder sie entwickeln Formen des Sozialtransfers. Immer verbreiteter werden auch Sozialfonds, die finanzielle Hilfe in temporären Notsituationen geben.

Die Inklusion finanziell schwächerer Personen spiegelt sich allerdings nicht in einer räumlichen Hierarchisierung wider, wie sie üblicherweise von kommerziellen Bauträgern angewandt wird (die finanziell Schwachen in den unteren Stockwerken und die finanziell Starken in den Obergeschossen bzw. im Penthouse).

Möglichkeitsräume in den „neuen urbanen Quartieren"

Die Qualität nachbarschaftlicher Beziehungen entsteht, wie bereits gesagt, durch die faktische Kommunikationsdichte. Wie kann durch bauliche Beschaffenheit eine neue Verantwortungsgemeinschaft unterstützt und wie kann ein neues Bürgerbewusstsein etabliert werden? Es geht um ein Nebeneinander von Gemeinschaften, die sich begegnen und durchdringen können. Bereits in ihrer Forschung zu selbstinszenierten Wohnprojekten in Berlin betonte Kristien Ring 2013 die neuen Nachbarschaftsqualitäten in Baugemeinschaftsprojekten: „Selfmade City zeigt zahlreiche Beispiele, in denen Baugemeinschaften über ihre individuellen Wohnräume hinaus Verantwortung übernehmen. So entstehen funktionierende Nachbarschaften, die allen Anwohnern neue Möglichkeiten bieten."[37]

Richard Sennett schrieb: „In dem Maße, wie die Menschen lernen können, ihre Interessen in der Gesellschaft entschlossen und offensiv zu verfolgen, lernen sie auch, öffentlich zu handeln. Die Stadt sollte eine Schule solchen Handelns sein, das Forum, auf dem es sinnvoll wird, anderen Menschen zu begegnen, ohne dass gleich der zwangsvolle Wunsch hinzuträte, sie als Personen kennenzulernen."[38]

Die Perspektive zum gemeinschaftlichen Wohnen wird in unserer Forschung nicht auf die politische Partizipation gelegt, die eine politische Einflussnahme intendiert, und auch nur nachgeordnet auf die soziale Partizipation, die die Teilhabe von Bürgern an gesellschaftlichen und gemeinschaftlichen Prozessen anstrebt. Vielmehr sollen konkret die Möglichkeitsräume für nachbarschaftliches Handeln im Quartier untersucht werden. Gemeinschaftliches Wohnen ist eine Lebensform. Wenn auch formale bauliche Ausstattungen, wie beispielsweise ein Gemeinschaftszimmer, keine Voraussetzung für gemeinschaftliches Wohnen sein muss, so ist das Zusammenspiel von sozialen und räumlichen Strukturen dennoch wichtig. Dieses Wechselverhältnis von baulicher Gestaltung und sozialem Handeln betont Hanno Rauterberg in seinem Buch „Wir sind die Stadt!": „Wie die Häuser zueinanderstehen, welche Bedeutung den Alleen, Plätzen und Parks zukommt, kündet stets vom Zueinander der Menschen und von der Geschichte der geteilten Räume. Mehr noch: Die Stadt speichert nicht nur gesellschaftliche Ideale, sie scheint diese ebenso in die Gegenwart hineinzutragen und das Zusammenleben auf unterschwellige Weise mitzubestimmen."[39] Die neuen Möglichkeitsräume gemeinschaftlicher Wohnprojekte in den nachbarschaftlichen Quartieren fördern die Entfaltung gemeinschaftlichen Lebens und gestalten bereits die nahende Zukunft.

37 *Ring, Kristien/AA Projects/ Senatsverwaltung für Stadtentwicklung und Umwelt Berlin (Hg.): Selfmade City. Stadtgestaltung und Wohnprojekte in Eigeninitiative. Berlin 2013, S. 29*

38 *Sennett, Richard: Verfall und Ende des öffentlichen Lebens. Die Tyrannei der Intimität. Frankfurt a. M. 1983, S. 382*

39 *Rauterberg, Hanno: Wir sind die Stadt! Urbanes Leben in der Digitalmoderne. Berlin 2013, S. 19.*

1 Einführung

2 Wohnprojekte

3 Stadt

4 Raum

5 Programm

6 Organisation

7 Fazit

8 Anhang

2 Wohnprojekte

Zwölf gemeinschaftsorientierte, gebaute Wohnprojekte mit Vorbildcharakter werden in Bezug auf Quartiersvernetzung und Sozialorientierung betrachtet. Entstehungsorte, Motive und Akteure werden charakterisiert und der Mehrwert, den diese Projekte für die Quartiere, in denen sie sich befinden, generieren, wird untersucht. Ermöglichungsarchitektur und Aneignungsräume für nachbarschaftliches und quartiersvernetzendes Miteinander werden aufgezeigt.

Vorbildhafte Fallbeispiele

Ausgewählt wurden innovative und experimentierfreudige Wohnprojekte, die sich in Bezug auf gemeinschaftlich orientiertes Leben mit Öffnung zum umgebenden Quartier auszeichnen. Alle Fallbeispiele sehen sich im Gründungsselbstverständnis und in der Selbstdefinition mit dem Quartier verbunden. Von einer Vernetzung mit dem Quartier bis hin zur Rolle als Schrittgeber für Quartiersentwicklung ist die Rede. Als Teil von prosperierenden Stadtentwicklungen mit angespanntem Wohnungsmarkt sind sie mit einer sozial anspruchsvollen Zielsetzung angetreten und verstehen sich mit günstigen Mieten und einer breiten sozialen Durchmischung als Gegenmodell zum Wohnungsmarkt der privaten Bauträger. Die Umwandlung monofunktionaler Siedlungen zu lebendigen Quartieren spiegelt sich in der zunehmenden Gewichtung von gemeinschaftlicher und gewerblicher Nutzung nicht nur im Erdgeschoss. Die ausgewählten Projekte mit einer Größe zwischen ca. 50 bis ca. 450 Wohneinheiten wurden nach 2012 fertiggestellt. Dadurch kann nicht nur die Handlungsabsicht, sondern auch die derzeitige Umsetzung in die Praxis betrachtet werden.

Schweiz, Österreich, Deutschland

Fünf der Gebäudekomplexe befinden sich in Deutschland, vier in der Schweiz und drei in Österreich. Die dortigen Traditionen des genossenschaftlichen oder gemeinnützigen Wohnungsbaus in urbanen Zonen erfordern einen Blick in diese Staaten und in hervorgehobene Städte. Die internationalen Beispiele ermöglichen eine länderübergreifende Perspektive; sie dienen vor dem Hintergrund veränderter wohnungspolitischer Rahmenbedingungen als Impuls für vorbildhafte, innovative wie evolutionäre Entwicklungen.

Quellen

Nach einer breiten Recherche ist die Selektion und Darstellung der Projekte auf der Grundlage von Ortsbesichtigungen und Interviews mit den verschiedensten Prozessbeteiligten entstanden: Initiatoren, Planer, Bewohner, öffentliche Repräsentanten, Bauträger, Genossenschaftsakteure oder Kümmerer kamen zu Wort. Zusätzlich wurden Fachpublikationen herangezogen, die Innen- wie Außensicht der Projekte damit der Beschreibung zugrunde gelegt.

Aufbau der Fallbeispiele

Alle Projektdokumentationen sind zur Vergleichbarkeit parallel aufgebaut. Auf der jeweils ersten Doppelseite stehen sich eine Fotografie aus Fußgängerperspektive und ein Schwarzplan, der den städtischen Kontext und die Lage des Fallbeispieles in Bezug auf Freiräume zeigt, gegenüber. Alle Schwarzpläne sind genordet, Dimensionen sind durch eine Maßskala nachvollziehbar. Ein Zitat eines/einer Projektbeteiligten gibt einen ersten Hinweis auf das Selbstverständnis des Projekts zu Quartiersvernetzung und Sozialorientierung. Mit einem plakativen Titel beginnt auf der dritten Seite eine verbale Erläuterung: Sie charakterisiert die Entstehung des Projekts, den baulichen Kontext, Motivation, Zielsetzung und das eigentliche Projektverfahren. Die verschiedenen Ebenen der nach innen und außen gerichteten Vernetzung und projektspezifische Wege zur Sozialorientierung werden aufgezeigt. Ein tabellarischer Steckbrief beendet die Projektbeschreibung mit der Zusammenfassung der Fakten. Inhalte und Zahlen sind in der Regel der Projekt- oder der Planerhomepage entnommen, andere Quellen werden benannt.

Reihenfolge der Fallstudien

Die Abfolge orientiert sich an der städtebaulichen Grundfigur von der Blockrandstruktur über die Zeile zu Solitär und Cluster. Die ersten Beispielprojekte – Blockrandbauten im Bestand – sind damit tendenziell geschlossene Raumkonstrukte, von Beispiel zu Beispiel öffnen sich die Planfiguren zum Quartier und zur Stadt, der Grad der Durchwegung nimmt zu. Die Abfolge ist nicht als qualitative, sondern als methodische Ordnung zu verstehen.

Struktur

Auf der Basis der Projektbeschreibungen werden in den folgenden Kapiteln 3 bis 6 die Erfolgsfaktoren gemeinschaftsorientierter Wohnprojekte herausgearbeitet. Die beeindruckende Komplexität der Projekte erfordert eine strukturierte, vergleichende Betrachtung – deshalb wird eine vertiefte, vergleichende Analyse vorgelegt, die in die Kategorien Stadt, Raum, Programm und Organisation untergliedert ist. Die Benennung dieser übergeordneten Aspekte dient der methodischen Erläuterung und abstrakten Darstellung. Damit wird die Veröffentlichung als Kompendium nutzbar. Akkumulierte Informationen zu Einzelaspekten werden durch die Struktur auffindbar.

Projektmatrix als Abbild

Eine Matrix bietet einen komprimierten Überblick über die Fallbeispiele und ihre individuelle Charakterisierung in Bezug auf die von übergeordneter Bedeutung erkannten Kategorien Stadt, Raum, Programm und Organisation. Die Projektmatrix bildet damit Gliederung und Inhalte des Buches ab und stellt einen systematischen Überblick über die Forschungsergebnisse dar. Die gesamte Matrix ist im Bucheinschlag am Ende abgebildet, sie wird begleitet von einer Definition der gliedernden Begriffe und ihrer Abgrenzung zueinander. Zur besseren Zuordnung und Lesbarkeit werden zu Beginn der einzelnen Kapitel die betreffenden Spalten noch einmal vergrößert dargestellt.

In der abstrahierten grafischen Zusammenfassung werden Unterschiede und Gemeinsamkeiten sowie der hohe Komplexitätsgrad der Projekte deutlich – die Matrix bildet aber keinen Bewertungsmaßstab ab. In der Vielfalt der möglichen Lösungen zeigt sie zum Beispiel auf, dass gemeinschaftsorientierte Wohnprojekte mit Öffnung zum Quartier in verschiedenen urbanen Kontexten, in einer Pluralität der Planungsfiguren und Gebäudetypologien oder im Rahmen unterschiedlicher Förderkonzepte und Trägerschaften entstehen können; Leuchtturmprojekte existieren sowohl als Teil einer raumbegrenzenden Blockrandstruktur als auch in freier Anordnung der Baukörper als Cluster.

Aufbau der Matrix

Die Fallbeispiele werden auf der linken Seite der Matrix durch einen ‚Fußabdruck', einen Schwarzplan ohne Maßstab, durch Projektname, Quartier, Stadt, Land und eine Größenzuordnung knapp charakterisiert. Eine quantitative Kennzeichnung folgt: Punkte markieren die Zuordnung zu den Aspekten Stadt, Raum, Programm und Organisation und zu der benannten Untergliederung. Eine weitere Informationsebene wird an der oberen Blattkante durch eine Reihe von Piktogrammen eingeführt, ein begleitendes Stichwort erläutert die Bildzeichen zusätzlich. Die vertikale Lesart ordnet die Fallbeispiele dem Inhalt der Piktogramme zu, die Charakterisierung der Projekte lässt sich in horizontaler Folge lesen. Die Piktogramme werden auch im Fließtext der Kapitel eingesetzt: Sie kennzeichnen inhaltlich zugehörige Abschnitte und stellen ein Bindeglied zwischen übergeordneter Ebene, Matrix und damit Fallbeispielen her. Auch die Abbildungen in den Kapiteln Stadt, Raum, Programm und Organisation werden mit den Piktogrammen über den Kontext des Fallbeispiels hinaus einem übergeordneten Kontext zugewiesen.

2.1 Lebensort Vielfalt – Charlottenburg, Berlin, D

Blockinnenbereich mit Terrasse

„Wir sind ein Haus der Vielfalt; wir sind nach außen offen."

Bernd Gaiser[1]

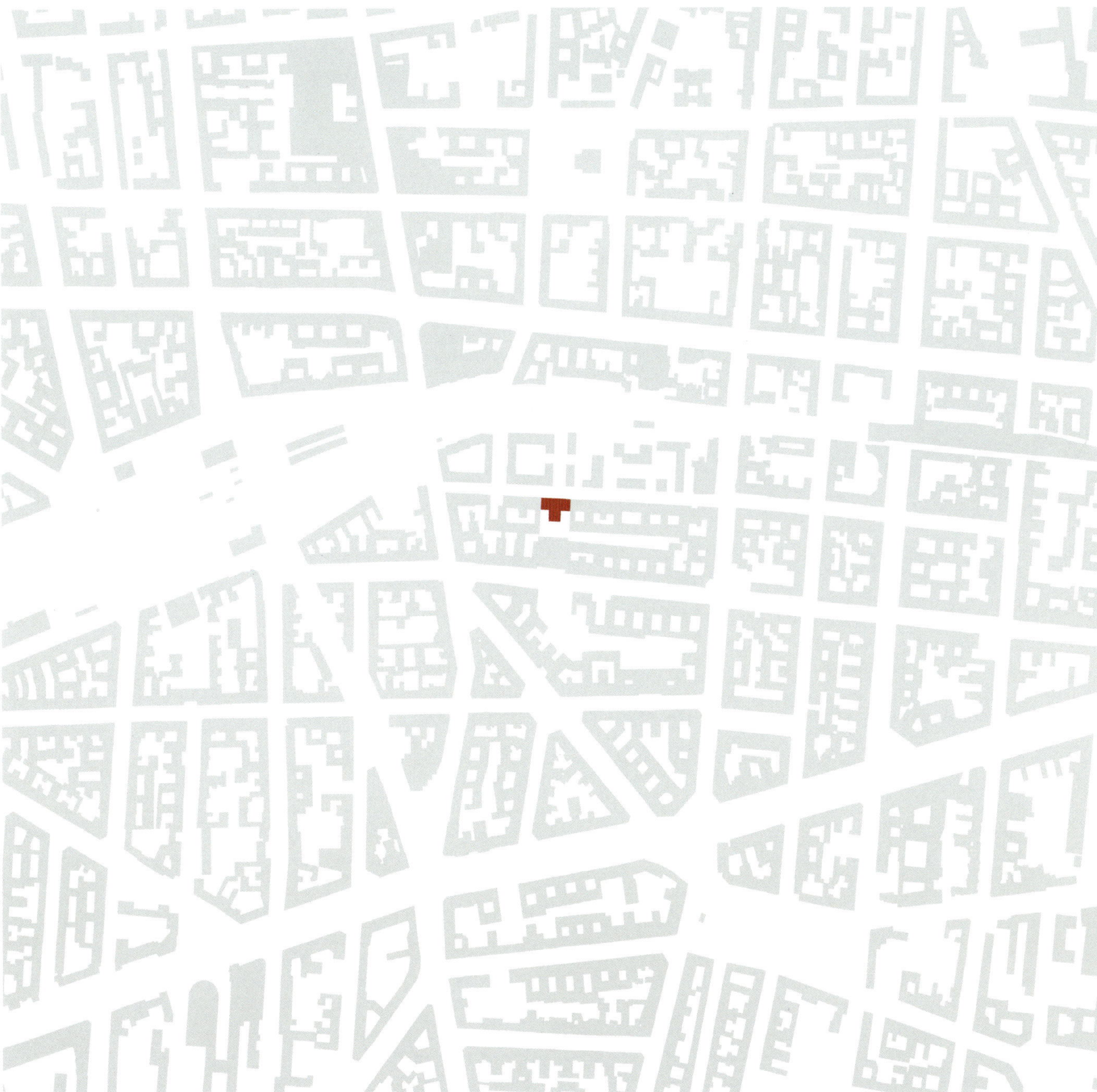

1 *Bernd Gaiser, Bewohner von Lebensort Vielfalt, Berlin, 31.10.2016*

Queere Gemeinschaften

Die Schwulenberatung Berlin, gegründet 1981, eröffnete 1998 eine Wohngemeinschaft für Schwule mit psychischen Beeinträchtigungen. Es war das erste homosexuelle Wohnprojekt in Deutschland. Da das Wohnen für ältere homosexuelle Männer eine besondere Herausforderung darstellt, bildete sich 2003 ein Gesprächskreis zu dem Thema ‚Wohnen im Alter'.
In der Regel haben ältere Schwule keine jüngeren Angehörigen (Kinder und Enkelkinder). Zudem sind sie aufgrund ihrer früheren Diskriminierung durch den Paragrafen 175 sehr distanziert gegenüber traditionellen Institutionen der Altenpflege, zum Beispiel Altenheimen. Die etwa 200.000 Schwulen, die in Berlin leben, bilden keine geschlossene Gemeinschaft. Besonders ältere und jüngere Schwule trennen sehr unterschiedliche Lebenswelten.

Ansicht Straße

Deshalb wurde in Berlin ein Ort gesucht, an dem ältere und jüngere Schwule zusammenleben können. Der beschützte Wohnort sollte auch ein Platz sein, an dem die Bewohner ihre sexuelle Neigung nicht ständig erklären müssen. Gleichzeitig sollte das Projekt aber in eine ‚normale' Nachbarschaft eingebunden sein.

Lebensperspektiven schwuler Männer

In der Projektfindungsphase mussten grundlegende Fragen diskutiert werden, die sich von anderen gemeinschaftlichen Wohnprojekten unterschieden: Wollen die schwulen Männer unter sich bleiben oder ihr Projekt auch Menschen mit einer anderen sexuellen Orientierung (z. B. heterogenen Menschen) öffnen? Wie kann das Leben im Alter aussehen? Sind besondere Anforderungen für demenziell Erkrankte erforderlich?

Nach eingehenden Diskussionen entschied sich eine Arbeitsgruppe dafür, den Schwerpunkt auf ‚normale Wohnformen' schwuler Männer zu legen. Es sollte aber auch ein besonderes Angebot für ältere Schwule (z. B. Demenz-WG) integriert werden. Trotz dieser

Empfang

Prioritäten sollte aber weder eine generative Abschottung noch eine Abschottung nach sexueller Orientierung stattfinden.

Quartier – Balance zwischen Sichtbarkeit und Einfügen

Nach längerer Suche wurde in Charlottenburg in der Niebuhrstraße ein leer stehendes Gebäude gefunden, das 1938 als Polizeistation gebaut und später als Kinderheim und Kindertagesstätte genutzt wurde. Das Bestandsgebäude liegt in der dichten Blockstruktur eines bürgerlichen innerstädtischen Stadtteils, die benachbarten Gründerzeitgebäude sind denkmalgeschützt. Der Umbau des großen Gebäudes passt sich auch mit Einfügung von Balkonen und einem durchlaufenden Gaubenband im Dachgeschoss angemessen an die Umgebung an. Die Gestaltung der Fassade ist zurückhaltend, selbst der Schriftzug über dem Eingang sucht die Balance zwischen Sichtbarkeit und Einfügung.

Vier Säulen

Im Gesprächskreis *Anders Altern* wurde eingehend über das Wohnprojekt *Lebensort Vielfalt* beraten. Vier Säulen sollten das Gesamtprojekt tragen:

- ein Wohnbereich mit Gemeinschaftsraum im Erdgeschoss,
- eine Wohngemeinschaft für demenzkranke bzw. pflegebedürftige schwule Männer,
- *wilde Oscar* als Café und Restaurant sowie Ort für Kommunikation und Veranstaltungen und einer Bibliothek
- und die Beratungsstelle (Schwulenberatung Berlin).

Innerhalb der Schwulenbewegung war es nicht unumstritten, ein Wohnprojekt vorrangig für Schwule zu realisieren. So gab es Stimmen, die dieses Projekt als einen „grausigen Rückzug"[2] bezeichneten und den Hausbefürwortern vorwarfen, sich aus Furcht vor Ausgrenzung lieber gleich selbst zu diskriminieren.

In den 24 Wohnungen, die sich in dem sechsstöckigen Gebäude in den oberen Stockwerken befinden, sollen vorrangig alte schwule Männer mit jungen Schwulen, aber auch mit Lesben und heterosexuellen Menschen leben können. Um trotz der Prioritäten eine gewisse Durchmischung zu gewährleisten, wurde für die Belegung eine Quotierung entwickelt. Die meisten Wohnungen stehen älteren Schwulen zur Verfügung (60 Prozent Schwule über 55 Jahre, 20 Prozent Schwule unter 55 Jahre, die restlichen 20 Prozent Heterosexuelle und Lesben). Diese Quotierung verdeutlicht das schwierige Bestreben, im Haus eine Balance zwischen Schutz und Öffnung zu finden. Zwar steht der Wohnbereich vordergründig älteren Schwulen zur Verfügung, gleichzeitig soll aber auch eine generative Öffnung und ein Zusammenleben mit Menschen anderer sexueller Orientierung signalisiert werden. Der *Lebensort Vielfalt* ist beides: ein „ganz normales Mietshaus"[3] und gleichzeitig ein ungewöhnliches Wohnexperiment.

Der experimentelle Charakter zeigt sich nicht in ungewöhnlichen Wohnformen. Intensive Diskussionen verdeutlichten den Wunsch der zukünftigen Bewohner, in ‚normalen' abgeschlossenen Wohnungen zu leben. Nur in der Pflegewohngruppe wurde eine gemeinschaftliche Wohnform angestrebt. Da jedoch der Bedarf an einer Wohngemeinschaft für demenziell Erkrankte anders als erwartet bisher nicht sehr hoch war, entstand eine offene Pflegewohngemeinschaft.

Vielfältige Nutzungen

Das Gebäude des *Lebensort Vielfalt* ist ein Altbau. Die roedig.schop architekten mussten die historische Bausubstanz – vor allem die Tragstruktur – berücksichtigen und beim Umbau zeitgemäße energetische und technische Standards erfüllen, aber auch sozialen und funktionalen Anforderungen gerecht werden. In dem Gebäude, das 2012 bezogen wurde, befinden sich ein Café/Restaurant, Besprechungsräume der Schwulenberatung Berlin und die Bibliothek im Erdgeschoss, im ersten Obergeschoss die Büroräume der Schwulenberatung sowie die Wohnnutzungen in den oberen Stockwerken. Diese werden durch einen innen liegenden Laubengang erschlossen, der gleichzeitig energetischer Pufferraum ist und erlaubt, dass die Fassade nicht gedämmt werden muss. Eingänge und Küchen orientieren sich zu diesem auch als ‚Dorfstraße' bezeichneten Begegnungsraum.

Im Unterschied zu vielen anderen gemeinschaftlichen Wohnprojekten wurde eine ungewöhnliche Rechtsform und Trägerschaft gewählt. Nicht die Bewohner selbst, sondern die Schwulenberatung Berlin ist Besitzer des Gebäudes. Als Rechtsform wurde 2007 eine gGmbH (gemeinnützige Gesellschaft mit be-

2 *Vgl. Lautmann, Rüdiger: Lebensort Vielfalt: Ghetto oder Schutzschild? In: Informationsbroschüre der Schwulenberatung. Berlin 2012, S. 42; Rote, Michèle: Allein-unter-Männern. In: SZ-Magazin 46/2011 , S. 8*

3 *Gaiser, Bernd: Ein ganz normales Mietshaus. In: Informationsbroschüre der Schwulenberatung. Berlin 2012, S. 38–39*

4 *Interview mit Marcel de Groot (interviewt von: Lisa Fürniss/Hannes Kalau vom Hofe/Johannes Riekert/Lucia Wolf, Berlin; 21.11.2014)*

schränkter Haftung) gewählt, da sich diese auch für den späteren Betrieb des Hauses mit einer Mietergemeinschaft eignete. „Die neue Rechtsform [...] sollte eine klare Struktur schaffen, das operative Geschäft sichern und die Weiterentwicklung der Schwulenberatung Berlin erleichtern“[4], so Marcel de Groot von der Schwulenberatung.

Besonders schwierig gestaltete sich die Finanzierung des Projekts, da es auf einen hohen Anteil an Fremdmitteln angewiesen war. Die Finanzierung der Gesamtkosten von ca. 6 Millionen Euro konnte schließlich durch Mittel der Stiftung Deutsche Klassenlotterie Berlin (3 Millionen Euro), der Stiftung Deutsches Hilfswerk/Ein Platz an der Sonne, einen Kredit der KfW, Sponsoren- und Spendengelder sowie Mieterdarlehen gesichert werden. Das Grundstück wurde vom Bezirk Charlottenburg für 75 Jahre in Erbpacht vergeben.

Vernetzungen und Öffentlichkeit

Aufgrund der verschiedenen Nutzungen im Gebäude werden sehr unterschiedliche Formen von Privatheit und Öffentlichkeit angestrebt. Das Projekt soll intimer Wohnort und öffentliche Bühne zugleich sein.

‚Weltöffentlichkeit'

Da das Projekt einmalig in Europa ist, besuchten es Delegationen aus vielen Ländern. Laut der Schwulenberatung entwickelten sich unabhängige Folgeprojekte in London, Stockholm, Kopenhagen und Amsterdam. Die Bewohner und die Schwulenberatung sind international in der Lesbian-, Gay-, Bisexual- und Transgender-Community verortet. Folglich ist das Projekt *Lebensort Vielfalt* ein Kristallisationspunkt nicht nur der Schwulenbewegung in einer weltoffenen Hauptstadt.

Stadt- und Quartiersöffentlichkeit

Am Eingang im Erdgeschoss befindet sich ein Concierge-Dienst. Dort werden Besucher empfangen, persönlich begrüßt und über die verschiedenen Angebote informiert. Ein weiteres Angebot im Erdgeschoss stellt die Bibliothek dar. Mit rund 3.500 Büchern und 500 Zeitschriften ist diese die umfangreichste Leihbibliothek des Landes zu den Themen der Queer-Community.

Das im Erdgeschoss zum Innenhof orientierte Café und Restaurant *wilde Oscar* ist ein integratives Restaurant mit 120 Sitzplätzen und regelmäßigen Veranstaltungen im Kulturbereich. Dieser Ort wurde ursprünglich auch als alltäglicher Treffpunkt der Hausbewohner gedacht, ist aber seit Frühjahr 2016 nur noch bei Veranstaltungen geöffnet.

Die Eigentümerin des Hauses, die Schwulenberatung Berlin, betreibt im ersten Geschoss eine Beratungsstelle; hier arbeiten bis zu 50 Personen. Auf städtischer Ebene fungiert der *Lebensort Vielfalt* und die dortige Schwulenberatung als zentrale Einrichtung für Berlin. Es finden regelmäßig Informations- und Beratungsveranstaltungen sowie Besprechungen statt.

Hausöffentlichkeit

Die Pflege-WG befindet sich im zweiten Stock. Der sonstige Wohnbereich ist ebenso von den öffentli-

Bibliothek

Blick in eine Wohnung

chen Bereichen klar getrennt und befindet sich in den oberen Stockwerken. In den Wohnbereichen ermöglichen die breiten Erschließungsflächen Räume zur Kommunikation. Zwischen den Wohnungen entstanden im Laubengang kleine Flurnischen. Ein Gemeinschaftsraum mit Hofzugang befindet sich zudem im Erdgeschoss.

Experiment und Normalität

Der *Lebensort Vielfalt* ist ein hybrider Ort, der sehr viele Anforderungen erfüllen muss. Er soll normaler Wohnraum für überwiegend ältere Männer sein, er soll einen Quartierstreffpunkt bilden und eine Beratungs- und Anlaufstelle für Schwule der ganzen Stadt sein. Das Projekt ist ein Lebensort des Ausgleichs, der stets die Balance zwischen verschiedenen Anforderungen – Vielfalt und Homogenität, Jung und Alt, Öffnung und Inklusion – finden muss. Das Projekt bewegt sich zudem zwischen Normalität (individuelle Wohnräume) und soziales Experiment. Gerade diese gelungene Balance unterschiedlichster Anforderungen zeichnet das Projekt aus.

Interviews

Bernd Gaiser, Bewohner des *Lebensort Vielfalt*, Berlin, 31.10.2016

Ulrich Schop (roedig.schop architekten), Architekt des *Lebensort Vielfalt*, Berlin, 12.09.2015

Marcel de Groot, Leiter der Schwulenberatung (Lisa Fürniss/Hannes Kalau vom Hofe/Johannes Riekert/Lucia Wolf – Studierende), Berlin, 21.11.2014

Korrespondenz mit Dr. Marco Pulver, Netzwerk *Anders Altern*, Oktober/November 2016

Lebensort Vielfalt, Charlottenburg, Berlin, D

Adresse	Niebuhrstraße 59–60 10629 Berlin Deutschland
Erstbezug	2012
Bauträger	Psychosoziales Zentrum für Schwule, Berlin
Entwurf	roedig.schop architekten, Berlin Riepl Kaufmann Bammer Architektur, Wien (Bauteil b) Univ.-Prof. Arch. DI Klaus Kada, Graz (Bauteil c) rajek barosch landschaftsarchitektur, Wien
Flächen	Grundstück 2.230 qm Wohnen 1.505 qm Gewerbe 1.262 qm Gemeinschaft 184 qm
Wohnungen	24 Wohnungen Pflegewohngemeinschaft für schwule Männer
Förderung	Erbpacht, Stiftung Deutsche Klassenlotterie, Stiftung Deutsches Hilfswerk/Ein Platz an der Sonne, Mieterdarlehen, Sponsoren
Gemeinschaft	*Räume:* Gemeinschaftsraum, Bibliothek, Concierge-Dienst, interner Laubengang *Freiflächen:* Innenhof, Terrasse
Quartier	*Räume:* Beratungsstelle und Büros der Schwulenberatung Berlin, Versammlungs-/Besprechungsraum, Bibliothek, Restaurant *wilde Oscar*

2.2 Kalkbreite – Zürich, CH

Aufenthalt im grünen Innenhof

„Die Menschen, die Stadt konsumieren, sollen sie auch produzieren."

Sabine Wolf[1]

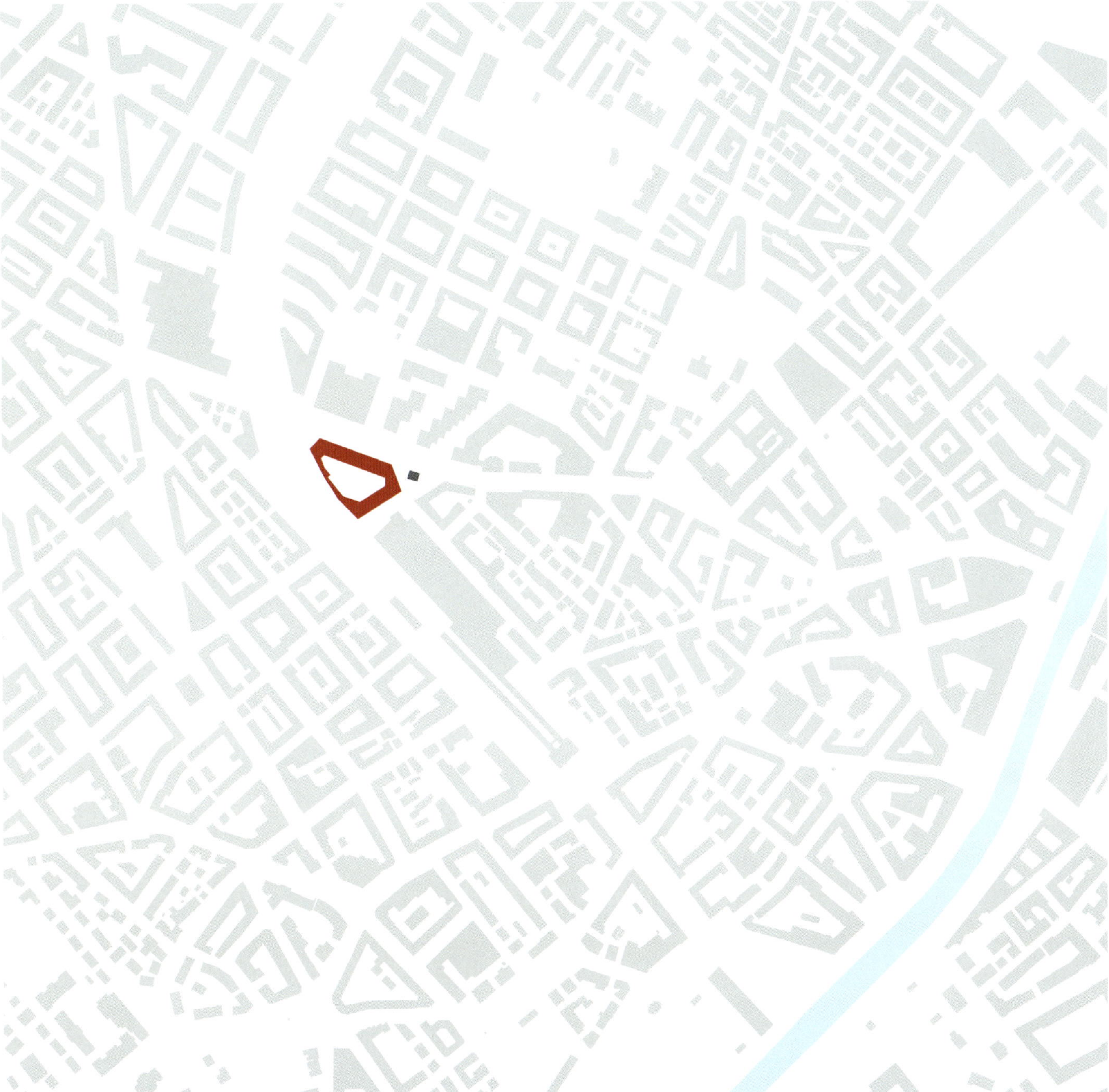

1 *Sabine Wolf, Tagung Soziale Ausrichtung von Baugemeinschaften, Vortrag Kalkbreite, Wien, 21.10.2016*

Die Kalkbreite – ein neues Stück Stadt

In Zürich entstand durch eine neu gegründete Genossenschaft ein ungewöhnliches und viel beachtetes Quartiersprojekt. Eine neu gegründete Genossenschaft wollte inmitten eines attraktiven und dicht bebauten Innenstadtquartiers kein Siedlungsprojekt, sondern ein „neues Stück Stadt"[2] realisieren. Die Ziele waren von Beginn an ambitioniert und umfassend: Es sollte bezahlbarer Wohn- und Gewerberaum entstehen und die Trennung von Wohnen, Arbeiten und Kultur, die die traditionelle Moderne prägte, aufgehoben werden. Vielfältige gemeinschaftliche Einrichtungen sollten Orte der Begegnungen in dem sozial und funktional durchmischten Quartier schaffen. Das Gesamtprojekt sollte weiterhin eine nachhaltige Entwicklung im Sinne der 2000-Watt-Gesellschaft fördern.

Generische Planung

Bereits 1978 wurde auf dem Areal der *Kalkbreite* eine kommunale Wohnbebauung gefordert. In diesen Jahren bemühten sich verschiedene Initiativen um die Überbauung des Trambahnareals. Unter anderem waren das stadt.labor und Vertreter der Genossenschaften Karthago und Dreieck beteiligt. 2003 beauftragte der Gemeinderat den Stadtrat, Grundlagen für die Doppelnutzung – Trambahnhalle und Wohnüberbauung – zu schaffen. In der Verwaltung herrschte die Ansicht vor, dass die „Stadt als Siedlungseigentümerin nicht in der Lage wäre, eine solche Vision umzusetzen, Mieterpartizipation zu leben und Quartiersaktivitäten zu organisieren"[3]. Deshalb wurde 2006 das Areal im Baurecht ausgeschrieben. Die neu gegründete Genossenschaft Kalkbreite erhielt den Zuschlag. Es war seitens der Stadt mutig, einer neu gegründeten Genossenschaft das Projekt anzuvertrauen, aber ebenso mutig war die Zuversicht der Akteure der Kalkbreite, dieses anspruchsvolle und große Projekt stemmen zu können, zumal sie nicht über hinreichende Erfahrungen in der Bewirtschaftung von Gewerbeflächen verfügten (HNF Wohnen beträgt 7.811 qm, Gewerbe 4.784 qm und Gemeinschaft 631 qm!). Die Stadt verabschiedete zudem einen Gestaltungsplan. Dieser schaffte für den speziellen Ort ein neues Baugesetz. So konnten architektonische und städtebauliche Qualitäten und der Verzicht auf Parkplätze festgelegt werden.[4]

Die Genossenschaft strebte immer nach Transparenz der Entscheidungen sowie nach Information der Öffentlichkeit. Sie implantierte mit Arbeitsgruppen, Workshops, meinungsbildenden Veranstaltungen

2 *Genossenschaft Kalkbreite (Hg.): Kalkbreite. Ein neues Stück Stadt. Zürich 2015*

3 *Ess, Peter: Der Gordische Knoten. In: Genossenschaft Kalkbreite (Hg.): Kalkbreite. Ein neues Stück Stadt. Zürich 2015, S. 30*

4 *Vgl. Gmür, Patrick: Dafür musste ich bisher nach Berlin oder New York reisen. In: Genossenschaft Kalkbreite (Hg.): Kalkbreite. Ein neues Stück Stadt. Zürich 2015, S. 41*

Knotenpunkt *Kalkbreite*

Hofabstaffelung nach Südwesten

im Rosengarten oder Plenumssitzungen ein breites Spektrum an Beteiligungs- und Mitentscheidungsprozessen. Sabine Wolf und andere Aktivisten verwenden für diesen Beteiligungsprozess den Begriff der „generischen Planung"[5]. In verschiedenen Veranstaltungen wurde das Nutzungskonzept und Bauprogramm entwickelt, das wiederum Grundlage für den Architektenwettbewerb wurde. Der Architekturwettbewerb zog sich von 2007 bis 2009 hin.

Das Büro Müller Sigrist Architekten aus Zürich setzte sich schließlich 2009 in dem offenen Wettbewerb gegen 54 weitere Teilnehmende durch. 2011 wurde der Gestaltungsplan durch den Gemeinderat genehmigt und die Baubewilligung erteilt, der Baubeginn erfolgte 2012 und die Eröffnung bereits im August 2014.

Eine neues Stück Stadt

Die *Kalkbreite* ist ein kompaktes Wohn-, Arbeits- und Lebensprojekt, das durch die Überbauung der Tramhalle entstehen konnte. Die ebenerdige Tramhalle wird durch Gewerbegebäude an der Badener- und Kalkbreitestrasse eingefasst und ist überdeckelt. Das Erd- und Zwischengeschoss (Ebene Null, Mezzanin) wird durch vielfältige gewerbliche Nutzungen geprägt. Der Gewerbemix reicht von Läden über Gesundheitspraxen, Restaurants und Cafés bis hin zu Tagungs- und Arbeitsräumen. Auf der Stadtebene entstand schließlich ein zusammenhängender, verdichteter und lebendiger Gewerbemix, der – so die Leiterin der Projektentwicklung Iris Vollenweider – „Boulevard- und Flanieratmosphäre"[6] schaffen sollte.

Der Hauptzugang zum zentralen Innenhof und Wohnbereich erfolgt vom Rosengartenplatz über eine großzügige Außentreppe. Hier befindet sich auch der Hauptzugang zum Gebäude (s. u.). Das Wohnangebot ist ausgesprochen vielfältig und reicht von Kleinst- und Familienwohnungen bis zu Wohngemeinschaften, Cluster- und Großwohnungen. Zudem gibt es neun Einzimmer-*Wohnjoker*, auch einzelne Räume wie *Flex*-Zimmer oder Gemeinschaftsbüros können zugemietet werden. Die Ausstattung mit Gemeinschaftsangeboten ist enorm (331 qm) und umfasst Gemeinschaftsräume, eine Sauna, Dachterrassen und eine Gartenküche.

Einhausung

Die städtebauliche Form der Blockrandbebauung ist durch die „Einhausung" der Tramabstellanlage geprägt. Das achtgeschossige Gebäude wird durch die stark befahrene Badenerstraße und durch die Kalkbreitestrasse eingerahmt und erhält seine charakteristische Form durch die Abstaffelung des Baukörpers nach Südwesten. Durch die Überdeckelung des Straßenbahndepots entstand ein 2.500 Quadratmeter

5 *Interview mit Sabine Wolf*

6 *Vollenweider, Iris: Gesucht sind Autorenbetriebe. In: Genossenschaft Kalkbreite (Hg.): Kalkbreite. Ein neues Stück Stadt. Zürich 2015, S. 74*

Sitzstufen und Weg zur Dachterrasse

Wohnen am Innenhof

großer Innenhof. Das kleine Bestandsgebäude am Rosengartenplatz, an der Spitze des Baukörpers, gehört zur *Kalkbreite*; es enthält unter anderem Besprechungsräume. In den hohen Sockelgeschossen des Hauptgebäudes befinden sich die öffentlichen Nutzungen mit Gewerbe, Restaurant, Geschäften, Kino und Cafés.

Vielfältige Gemeinschaften

Das Wohnprojekt *Kalkbreite* sprengt viele tradierte Vorstellungen des gemeinschaftlichen Wohnens. Es beruht nicht, wie traditionelle gemeinschaftliche Wohngenossenschaften, auf einer weitgehenden Homogenität und Interessenübereinstimmung der Mitglieder. Vielmehr wird Vielfalt und Differenz zum wesentlichen Merkmal. Dieser Haltung entsprechend wurde ein extrem breites Spektrum an unterschiedlichen Wohnungstypen realisiert, die von Einzimmer- bis 17-Zimmer-Wohnungen reichen; es sollte Raum für die unterschiedlichsten Wohnformen entstehen (Einzelpersonenhaushalt, Zweipersonenhaushalt, Einelternhaushalt, Zweielternhaushalt, WG mit Kindern, WG und *Joker*) und es sollen Menschen aus verschiedenen Nationalitäten und Einkommenssituationen zusammenleben können. Durch städtische und kantonale Darlehen in Höhe von 2,2 Millionen Schweizer Franken konnten zwölf Wohnungen verbilligt an Haushalte mit niedrigem Einkommen vermietet werden.[7] Da die Genossenschaft der Gemeinnützigkeit verpflichtet ist, muss sie nicht gewinnorientiert wirtschaften. Es werden dadurch vergleichsweise günstige Mieten für Zürich erzielt. Zur Ergänzung und Überbrückung von sozialen Notlagen der Genossenschaftsmitglieder können zudem Mittel eines Solidaritätsfonds in Anspruch genommen werden.[8]

In traditionellen Wohnprojekten wird zudem häufig die Auffassung vertreten, dass der Ort, an dem sich die Gemeinschaft findet, der zentrale Gemeinschaftsraum sein sollte. In der *Kalkbreite* hingegen wurde eine andere Vision des gemeinschaftlichen Wohnens entwickelt: „Irgendwie war klar, dass die Gemeinschaftlichkeit nicht nur in den Großwohnungen und Gemeinschaftsräumen zum Ausdruck kommen sollte. Das ganze Haus sollte die Gemeinschaftlichkeit ausdrücken."[9]

Der Kalkbreitehof – das Wohnzimmer des Quartiers

Die Überbauung des Straßenbahndepots ermöglichte die Anlage einer großzügigen, erhabenen Innenhoffläche. Diese bietet ruhige Aufenthaltsmöglichkeiten inmitten eines hochverdichteten, hektischen Quartiers. Der Innenhof ist – dem Selbstverständnis der Genossenschaft entsprechend – öffentlich zugängig. Er wird quasi zum „Wohnzimmer des Quartiers"[10]. In unmittelbarer Nähe der Treppe befindet sich das Foyer, mit der *Drehscheibe*. Von diesem Bereich aus gelangt man auch zu den Gästeapartments, zur Bibliothek und Waschküche sowie zur *Kantine*. Auf der anderen Seite des Eingangsbereichs liegt der Gemeinschaftsraum einer Großwohngemeinschaft. Je weiter man sich vom Eingang des Innenhofs entfernt, umso stärker wird der nicht öffentliche Charakter. Am Ende des Hofes befindet sich der Kindergarten, der den hinteren Teil des Innenhofs ebenfalls als Freifläche nutzt. Die Übergänge zwischen öffentlichen und privaten Bereichen sind fließend und für manche Besucher nicht direkt erkennbar. Aufgänge als Rundweg-Erschließungen führen in projektinterne Bereiche (Stadtgarten etc.). Balkone gibt es nur bei den Gemeinschaftsräumen und nicht an individuellen Wohnräumen.

Innere Erschließung und Clusterwohnungen

Grit Jugel, die als Architektin im Büro Müller Sigrist Architekten an der Planung der *Kalkbreite* beteiligt war, sieht in der Form des Projekts, die sich im Innern aus der Erschließungsstraße, der *Rue Intérieure*, entwickelt, das Vernetzende und Verbindende des ganzen Hauses. Durch Kaskadentreppen, die diagonal durch das Gebäude führen, wird das komplexe Gebäude erschlossen. Vom Foyer – einem Hybrid aus Verwaltung, Hauswartung und Concierge – ausgehend, verbindet die innere Erschließungsstraße die Wohngeschosse und führt auf die Dachgärten und Gemeinschaftsräume.

Die Clusterwohnungen sind an die *Perlenkette* der inneren Erschließung angefügt und räumlich nicht als eigenständige Wohneinheiten ausgebildet. Clusterwohnungen in der *Kalkbreite* ergeben sich aus der Summe vieler Kleinstapartments, die mit der horizontalen Erschließung verbunden sind und als Zentrum gemeinsame Räume haben. Die an der *Rue Intérieure* gelegenen Gemeinschaftsräume der Cluster sind stets

7 Kalkbreite-*News. Newsletter Nr. 24 der Genossenschaft Kalkbreite. 27.04.2015*

8 *„Die Genossenschaft Kalkbreite strebt bei den Wohnungsmieterinnen eine ausgewogene Durchmischung an. Um dies zu erleichtern, wird ein Solidaritätsfonds eingerichtet. Dieser soll helfen, Mieterinnen in Notlagen und Haushalte mit einer zu starker Belastung des Haushaltsbudgets durch die Miete resp. durch den Erwerb von Pflichtanteilen zu unterstützen." Zitiert aus: Reglement des Solidaritätsfonds der Genossenschaft Kalkbreite. Genossenschaft Kalkbreite (Hg.): Zürich 2015, S. 1. Abzurufen unter: www.kalkbreite.net/anleitung/Solifondsreglement.pdf, (besucht am 21.12.2015)*

9 *Jugel, Grit: Das Ringen um die richtige Form. In: Genossenschaft Kalkbreite (Hg.): Kalkbreite. Ein neues Stück Stadt. Zürich 2015, S. 60*

10 *Gratz, Lucia: Das gebaute Wir-Gefühl. In: Genossenschaft Kalkbreite (Hg.): Kalkbreite. Ein neues Stück Stadt. Zürich 2015, S. 66*

zweigeschossig ausgebildet. Als Kompensation für die Reduzierung des individuellen Wohnraums sind sie großzügig bemessen. Insgesamt wird die durchschnittliche Wohnfläche verringert (von 40 qm, die in Zürich durchschnittlich üblich sind, auf 31,9 qm in der *Kalkbreite* – inkl. Gemeinschaftsflächen). Trotz der Reduzierung der Wohnflächen steigt der Wohnwert.

Fazit

Die *Kalkbreite* zählt zu den Leuchtturmprojekten des gemeinschaftlichen Wohnens in Europa. Durch verschiedene Partizipationsmöglichkeiten wurden neue Formen des städtischen gemeinschaftlichen Zusammenlebens entwickelt. Zentrale Aspekte neuerer Wohnprojekte wie soziale Durchmischung, Wohnen und Arbeiten oder Quartiersorientierung sind hier gegeben. Der in der Planungsphase formulierte Anspruch, ein neues Stück Stadt zu bauen, wurde überzeugend umgesetzt.

Interview

Sabine Wolf, Geschäftsleitungsmitglied der Kalkbreite, Zürich, 11.03.2015

Literatur

Genossenschaft Kalkbreite (Hg.): Kalkbreite. Ein neues Stück Stadt. Zürich 2015

Kalkbreite-News. Newsletter Nr. 24 der Genossenschaft Kalkbreite. 27.04.2015

Kalkbreite, Zürich, CH

Adresse	Kalkbreitestrasse 2 8003 Zürich Schweiz
Erstbezug	2014
Bauträger	Genossenschaft Kalkbreite, Zürich
Entwurf	Müller Sigrist Architekten, Zürich freiraumarchitektur, Luzern
Flächen	Grundstück 6.350 qm Wohnen 7.811 qm Gewerbe 4.784 qm Gemeinschaft 631 qm
Wohnungen	97 Wohneinheiten in 55 Wohnungen plus 10 Jokerzimmer Wohngemeinschaft-, Familien-, Paar- und Singlewohnungen
Förderung	Baurecht, Solidaritätsfonds, 11 subventionierte Wohnungen
Gemeinschaft	*Räume:* Foyer, Kantine, Waschsalon, Werkstätten, Bibliothek, Gemeinschaftsküche, Pension mit 11 Zimmern *Freiflächen:* Innenhof, Dachterrassen
Quartier	*Räume:* Gewerbe, Büroarbeitsplätze, Schulungs- und Sitzungsräume, Kindertagesstätte, Café, Restaurant, Kino, Pension mit 11 Zimmern *Freiflächen:* öffentlicher Innenhof

2.3 wagnis 4, Am Ackermannbogen, München, D

Zwei benachbarte Innenhöfe

„Für alle Projekte gilt, dass die wagnis eG mit ihrem Selbstverständnis von Beteiligung und guter Nachbarschaft und vor allem mit den von ihr geschaffenen Gemeinschaftsräumen in allen ihren Projekten eine wichtige Basis für das Miteinander vor Ort gelegt hat. Davon profitieren die eigenen Genossen, aber immer auch das Quartier."

Homepage des Ackermannbogen e. V.[1]

1 *Ackermannbogen e. V. (Hg.): 25 Annahmen und Richtigstellungen. Abzurufen unter: www.ackermannbogen-ev.de/verein/25-annahmen-und-richtigstellungen.html (besucht am 13.03.2016)*

Nachbarschaftliches Genossenschaftswohnen

Im *wagnis 4*-Projekt soll genossenschaftliches Zusammenleben in geförderten und frei finanzierten Wohnungen möglich sein. Ziel ist ein ressourcenschonendes, ökologisches, verantwortungsvolles Bauen und Leben. Das gemeinschaftsorientierte Projekt soll gemeinsam mit den Nachbarn Möglichkeiten zum Älterwerden im Quartier sichern.

Kontinuitäten

Die Genossenschaft wagnis hat im Konversionsgebiet Ackermannbogen in München im letzten Bauabschnitt ihr drittes Wohnprojekt *wagnis 4* (neben *wagnis 1* und *wagnis 2*; *wagnis 3* befindet sich in Riem) realisiert. Mit dem vierten Projekt setzt die Genossenschaft die wohnreformerische Tradition fort, die bereits mit den Vorgängerprojekten seit den 1990er-Jahren eingeleitet wurde.

Die Hausgemeinschaft gibt sich jeweils eine Organisation innerhalb der Genossenschaft, um sich weitgehend selbst zu verwalten. Es gibt verschiedene Hausgruppen – Finanzen, Hausbewirtschaftung, Gemeinschaftsräume und Kommunikation – und einen Hausssprecher, der die Interessen des Hauses gegenüber der Genossenschaft vertritt. Alle zentralen Entscheidungen werden durch das Plenum getroffen.

Haus am Platz

Das vierte Projekt der *wagnis* Genossenschaft wurde von dem Büro A2architekten (Freising) geplant, das bereits verantwortlich für das *wagnis 1*-Projekt war. Drei längliche, miteinander verbundene Baukörper sind in U-Form angeordnet. Über die kommunikative Erschließungsform der Laubengänge, die sich im Nord- und Osthaus zum Innenhof und im Westhaus zur Quartiersstraße orientieren, werden die Wohnungen zugängig gemacht. Ausbuchtungen, die privat genutzt werden können, weiten die Laubengänge stellenweise auf. Der Preis der offenen Erschließungsform ist die Einsehbarkeit der Wohnungen von den Laubengängen.

Die 53 Wohnungen tragen den unterschiedlichen Haushaltstypen, zum Beispiel Singles oder Familien, Rechnung. Es wurde jedoch auf experimentelle Formen wie variable Grundrisse verzichtet. Der begrünte Innenraum vermittelt deutlich einen privaten Charakter. Im Osten und zum Stadtplatz im Norden bilden sich klare

Laubengang mit Balkon

Laden zum Platz

Raumkanten heraus. An der exponierten Blockecke liegen im Erdgeschoss die gewerblichen, öffentlichen Räume: Das Büro der Genossenschaft befindet sich nach Fertigstellung des Gebäudes vorübergehend hier; die Räumlichkeiten sollen aber nach Bezug des Quartiers als Café genutzt werden. Zum Platz hin geöffnet befindet sich im *Nordhaus* der etwa 30 Quadratmeter große Seminarraum, die *Stadtplatzlounge* und *Marias Kiosk* mit Angeboten für den alltäglichen Bedarf.

Ähnlich wie in *wagnis 1* gibt es einen Durchgang vom Platz zum Innenhof, der als überdachte Bühne der Gemeinschaft genutzt werden kann. Dort befinden sich auch die Boulderwand und der Zugang des Büros für Pflegedienste.

Die Gemeinschaftsräume und -flächen sind großzügig bemessen; es gibt einen schallisolierten Musikraum im Keller, der auch von externen Musikgruppen gemietet werden kann. Zwei Gästeapartments stehen den Hausbewohnern und Gästen zur Verfügung. Großzügig ist der projektinterne Dachgarten, der als Gemeinschaftsdachterrasse und als Gemeinschaftsgarten genutzt wird.

Nachbarschaftliche Abstimmung

Im vierten Bauabschnitt im Wohnbaugrundstück WA 4 im Ackermannbogen verfolgten verschiedene Akteure gemeinsame Ziele in Planung, Bauausführung und Bewirtschaftung der Gebäude und Freiflächen. Gemeinsam mit den beiden benachbarten Baugemeinschaften wohnen & atelier und gemeinsam größer wurden Eckpunkte in regelmäßigen Jour-fixe-Treffen abgestimmt. Die Abstimmungen reichten von der Planung und Errichtung einer gemeinsamen Tiefgarage bis zur parzellenübergreifenden Außenraumgestaltung. Dezidiert wurde angestrebt, die EG-Zonen zum Quartiersplatz öffentlich zu nutzen, „um die Flächen städtisch zu beleben“[2].

NachbarschaftsBörse und mehr

Das Wohnprojekte *wagnis 4* der Genossenschaft wagnis setzt im Ackermannbogen seine hohe Bereitschaft, eine Vernetzung von verschiedenen Initiativen im Quartier zu fördern, fort. Mit dem Café *Rigoletto* in *wagnis 1*, das als eigenständige GmbH geführt wird, oder dem Raum *Olmyp* in *wagnis 2* entstanden bereits Räume, die öffentlich und nachbarschaftlich nutzbar waren. Im vierten Bauabschnitt des Ackermannbogens wird dieses Angebot erweitert. So sollen die Gemeinschaftsräume der GEWOFAG ebenso wie die Gemeinschaftsräume von *wagnis 4* in die vorhandene Struktur der *NachbarschaftsBörse* eingebunden werden.

Die *NachbarschaftsBörse*, die seit 2004 besteht, offeriert inzwischen ein breites Angebot an Mitmachaktivitäten. Ziel ist dabei der Aufbau langfristiger und tragfähiger nachbarschaftlicher Beziehungen und Netzwerke. Zur Entlastung der Ehrenamtlichen und um Synergien von quartiersbezogener und stadtteilkultureller Arbeit zu erreichen, wird seit 2015 eine Dauer-Teilzeitstelle durch das Kulturreferat der Stadt München gefördert. So gibt es als Kooperationsprojekt von *NachbarschaftsBörse* und *KulturBüro* an Wochenenden auch interkulturelle Mitmachangebote (*KulturNachbarn*).[3]

2 *Anhang C1: Koop Ackermann. In: Wohnbaugenossenschaft wagnis eG (Hg.): München-Schwabing. Städtebauliche Entwicklungsmaßnahme Ackermannbogen 4. Bauabschnitt. Wohnbaugrundstück WA4-Nord für Genossenschaften. Angebotsunterlagen, S. 19. Abzurufen unter:www.wagnis.org/assets/files/wagnis4/20110209-WA4-Angebotsunterlagen-wagnis4.pdf*

3 *Vgl. Ackermannbogen e. V. (Hg.): Sachbericht zum Verwendungsnachweis 2014 der NachbarschaftsBörse am Ackermannbogen (NB). Abzurufen unter: www.ackermannbogen-ev.de/verein/25-annahmen-und-richtigstellungen.html (besucht am 21.11.2015)*

Durchgang – gemeinsamer Ort

Gemeinsamer Dachgarten

Bemerkenswert ist ebenfalls das Projekt *Wohnen im Viertel*. Es soll älteren Menschen helfen, auch bei Pflegebedürftigkeit weiterhin im eigenen Viertel und der eigenen Wohnung leben zu können. Das *Älter werden am Ackermannbogen* (ÄlwA) ist eine Initiative von *wagnis*-Genossen und Nachbarn mit Einbindung von Ehrenamtlichen und dem Evangelischen Pflegedienst München. Auch das Projekt *wagnis 4* ist in dieses Netzwerk eingebunden: In der Petra-Kelly-Straße 29 wurde ein Büro an einen Pflegedienst vermietet, der ältere Menschen im Viertel versorgt. Es dient auch als Anlaufstelle für Beratung und Zentrale für die Pflegekräfte. Die gelungene Vernetzung ist auch dadurch ersichtlich, dass in der Nachbarschaft die GEWOFAG eine Pflegewohnung auf Zeit eingerichtet hat und im Gemeinschaftsraum der Baugemeinschaft Schwabing Hoch Vier ein gemeinsamer Mittagstisch und weitere Gemeinschaftsangebote angeboten werden.[4]

Die Genossenschaft wagnis sieht die nördlich an das Baugrundstück anschließenden öffentlichen Freiflächen „als Chance und zugleich als Verpflichtung"[5]. In den Planungen war ursprünglich beabsichtigt, auch den Innenbereich des Wohnprojekts „als Keimzelle für eine funktionierende Quartiersvernetzung, für vielfältige Aktivitäten am Stadtplatz"[6] zu nutzen. „Die Freiflächen der Genossenschaften im Innern bleiben über diesen Übergang öffentlich zugänglich."[7] Heute öffnet sich das Projekt zum Platz, schirmt sich aber im Innern ab.

Private Balkone zum Hof

Als Kommunikationsort wird auch *Marias Kiosk* angesehen. Umfragen hatten ergeben, dass die Bewohner des Ackermannbogens insbesondere einen Zeitschriftenladen vermissen. Deshalb wurde am Quartiersplatz im *wagnis*-Gebäude ein Dorfladen eröffnet, der auch „als Kommunikationsort für das Quartier und als Bindeglied zwischen Gemeinschaftsraum, Mobilitätsstation und Bistro"[8] dienen soll.

Soziale Mischung

Grundsätzlich verfolgt die Genossenschaft wagnis das Ziel der sozialen und generativen Mischung. Im Projekt *wagnis 4* waren etwa 60 Prozent der Wohnungen gefördert (u. a. München-Modell) und 40 Prozent Wohnungen frei finanziert. In den geförderten und freifinanzierten Wohnungen leben Singles, Paare, Wohngemeinschaften, Familien und Alleinerziehende durchmischt unter einem Dach. Eine soziale Hierarchisierung wie die Positionierung der Sozialwohnungen unten und der freifinanzierten Wohnungen oben findet nicht statt. *wagnis 4* bietet Raum für das nachbarschaftliche und quartiersvernetzte Mehrgenerationenwohnen. Dies impliziert, dass auch Älterwerden im Ackermannbogen möglich sein soll.

Genossenschaftliches Wohnen im Quartier

Die sozialen, ökologischen und gemeinschaftsorientierten Ansprüche der Genossenschaft wagnis sind sehr ambitioniert. Das vierte Projekt ist erneut ein ausgesprochen gelungener Baustein der Quartiersentwicklung. Es zeigt die Fortentwicklung der Genossenschaft auf anschauliche Weise. Wesentliche Aspekte der Quartiersvernetzung und Sozialorientierung konnten umgesetzt werden.

Im Detail zeigen sich aber auch Grenzen der Quartiersöffnung. Das Bedürfnis nach Ruhe führte bereits in der frühen Nutzungsphase dazu, dass der Innenbereich von Fremden nicht durchquert werden soll. Somit kann ein in der Planungsphase dezidiert formuliertes Ziel[9], die Freiflächen der Genossenschaft öffentlich zugänglich und auch für die Anwohner aus der Nachbarschaft und Gäste erlebbar zu machen, nicht umgesetzt werden.

4 *Vgl. Wohnbaugenossenschaft wagnis eG (Hg.): Praxis für Psychotherapie und Pflegestützpunkt. Abzurufen unter: www.wagnis.org/wagnis/wohnprojekte/wagnis-4/praxisraeume-pflegestuetzpunkt-wagnis-4.html (besucht am 21.02.2016)*

5 *Wohnbaugenossenschaft wagnis eG (Hg.): München-Schwabing. Städtebauliche Entwicklungsmaßnahme Ackermannbogen 4. Bauabschnitt. Wohnbaugrundstück WA4-Nord für Genossenschaften. Angebotsunterlagen, S. 10 Abzurufen unter: www.wagnis.org/assets/files/wagnis4/20110209-WA4-Angebotsunterlagen-wagnis4.pdf (besucht am 21.11.2015)*

6 *Ebenda, S. 10*

7 *Ebenda, S. 10*

8 *Ebenda, S. 11*

9 *„Die angestrebte Quartiersvernetzung findet in erster Linie im Freiraum statt; als Gegenmodell zu ‚gated communities' bleiben die Freiflächen der Genossenschaft öffentlich zugänglich und auch für die Anwohner aus der Nachbarschaft und Gäste erlebbar." Ebenda, S. 6*

Interviews

Elisabeth Hollerbach, Geschäftsführerin der Genossenschaft wagnis eG, München, 24.03.2015 und 03.07.2015

Christoph Miller, Vorstandsmitglied der Genossenschaft wagnis eG, München, 01.07.2016

Literatur

Ackermannbogen e. V. (Hg.): 25 Annahmen und Richtigstellungen. Abzurufen unter: www.ackermannbogen-ev.de/verein/25-annahmen-und-richtigstellungen.html (besucht am 13.03.2016)

Ackermannbogen e. V. (Hg.): Sachbericht zum Verwendungsnachweis 2014 der NachbarschaftsBörse am Ackermannbogen (NB). Abzurufen unter: www.ackermannbogen-ev.de/fileadmin/user_upload/pdf/nachbarschaftsboerse/Sachbericht_2014.pdf (besucht am 21.11.2015)

Anhang C1: Koop Ackermann. In: Wohnbaugenossenschaft wagnis eG (Hg.): München-Schwabing. Städtebauliche Entwicklungsmaßnahme Ackermannbogen 4. Bauabschnitt. Wohnbaugrundstück WA4-Nord für Genossenschaften. Angebotsunterlagen. Abzurufen unter: www.wagnis.org/assets/files/wagnis4/20110209-WA4-Angebotsunterlagen-wagnis4.pdf (besucht am 21.11.2015)

Wohnbaugenossenschaft wagnis eG (Hg.): München-Schwabing. Städtebauliche Entwicklungsmaßnahme Ackermannbogen 4. Bauabschnitt. Wohnbaugrundstück WA4-Nord für Genossenschaften. Angebotsunterlagen. Abzurufen unter: www.wagnis.org/assets/files/wagnis4/20110209-WA4-Angebotsunterlagen-wagnis4.pdf (besucht am 21.11.2015)

Wohnbaugenossenschaft wagnis eG (Hg.): Praxis für Psychotherapie und Pflegestützpunkt. Abzurufen unter: www.wagnis.org/wagnis/wohnprojekte/wagnis-4/praxisraeume-pflegestuetzpunkt-wagnis-4.html (besucht am 21.02.2016)

Wagnis 4, Am Ackermannbogen, München, D

Adresse	Petra-Kelly-Straße 29 80797 München Deutschland
Erstbezug	2014
Bauträger	wagnis eG, München
Entwurf	A2architekten, Freising FreiRaumArchitekten, Regensburg
Flächen	Grundstück 3.776 qm Wohnen 4.083 qm Gewerbe 186 qm Gemeinschaft 184 qm
Wohnungen	53 Wohnungen und 2 Gästeapartments
Förderung	München Modell-Genossenschaften, Einkommensorientierte Förderung
Gemeinschaft	*Räume:* Gemeinschaftsräume, Gästeapartments, Musikraum, *Freiflächen:* Dachgärten, Laubengänge, Stadtplatzlounge, Boulderwand
Quartier	*Räume:* Kiosk, eine Praxis für Psychotherapie, Seminarraum

2.4 Giesserei, Neuhegi – Winterthur, CH

Innenhof mit Ausblick

„Ein aktives Zusammenleben der Generationen verbessert das gegenseitige Verständnis, steigert die Wertschätzung, das Sicherheitsgefühl und die Lebensqualität. Wir versuchen eine lebendige Nachbarschaft auch mit dem umliegenden Quartier anzustreben und zu pflegen."

Homepage der *Giesserei*[1]

1 *Giesserei – das Mehr-Generationen-Haus (Hg.): Kredo der Giesserei. Abzurufen unter: www.giesserei-gesewo.ch/siedlung/siedlungskonzept (besucht am 27.10.2016)*

Generationenwohnen in Gemeinschaft

Selbstverwaltetes Gemeinschaftsleben

Der inhaltliche Impuls zum Projekt eines Mehrgenerationenhauses beruhte auf der Initiative einer Einzelperson. Vorbild für einen alternativen Gesellschafts- und Lebensentwurf bot das Zusammenleben in einem Wohnprojekt einer ehemaligen Fabrik in Toggenburg, ein Inserat von Hans Suter wurde zur Initialzündung. 50 Interessenten meldeten sich, zwei Arbeitskreise wurden gebildet. Anfänglich stand das Wohnen in der zweiten Lebenshälfte im Fokus; im Prozess wandelte sich das Ziel: Wohnen sollte alle Generationen verbinden. Ein Pilotprojekt für generationenübergreifendes Zusammenleben sollte entstehen, eine selbstverwaltete Siedlung für alle Lebensphasen ein nachhaltiges, zwangloses Gemeinschaftsleben ermöglichen. Die ursprünglich angedachte Projektgröße von ca. 50 Wohneinheiten musste im Prozess in Reaktion auf verfügbare wie geeignete Grundstücke kontinuierlich angepasst werden.

Industriebrache – Tabula rasa

Zeitgleich wurde die Entwicklung des ehemaligen Werksgebiets der Sulzer AG in Oberwinterthur, einer 60 Hektar großen Brache mit wenig erhaltenswertem Baubestand am östlichen Stadtrand, angestoßen. Die Firma Sulzer stellte der Stadt ein sechs Hektar großes Areal mit der Auflage zur Verfügung, einen Stadtpark, der schon vor der Bebauung erstellt werden sollte, als Katalysator der Tabula-rasa-Entwicklung zu finanzieren. Sie erhielt damit die Genehmigung für eine dichtere Überbauung des übrigen Gebiets. Die Industriebrache erwies sich als idealer Ort zur Platzierung eines solchen Projekts. Die verfügbaren Grundstücksgrößen am Park lagen allerdings über 10.000 Quadratmeter, die darauf entwickelte Strategie, ein Grundstück gemeinsam mit allen regionalen Genossenschaften zu erwerben, scheiterte.

Ursprünglich sollte für das Pilotprojekt eine eigene Genossenschaft gegründet werden. Die Winterthurer

Giesserei am Eulachpark

Gewerbe und Wohnen zur Straße

Wohnbaugenossenschaft Gesewo aber hatte mit dem Projekt *Sagi Hegi* Erfahrung in Sachen Selbstverwaltung gesammelt, war offen für ein weiteres Experiment und somit für die Übernahme. „Schon mit der Gesewo war die Finanzierung schwierig, selbst ihre Partnerbanken sind abgesprungen, ohne sie wäre die Finanzierung nicht möglich gewesen. In Winterthur war die Besetzung der Wohnungen nicht selbstverständlich gegeben. Es bestand daher ein Risiko für die Altmitglieder der Gesewo, da jeder mit einer Einlage von 10 Prozent auch wirtschaftlich beteiligt war."[2]

Hybridcluster am Stadtpark

2008 lobte die Gesewo als Bauträger einen Architekturwettbewerb aus, der neben der sozialen Zielsetzung auch anspruchsvolle ökologische Ziele wie das Minergie-P-Eco-Label formulierte. Die Ausschreibung des Wettbewerbs auf dem Grundstück der ehemaligen Gießerei wurde von Festlegungen des städtebaulichen Rahmenplans begleitet. Er definiert in Bezug auf die Dimensionen der ehemaligen Werkhallen großformatige Parzellen im vorhandenen weitmaschigen Erschließungsnetz; Urbanität wird an der zentralen Sulzerallee konzentriert. Das Modell Hybridcluster formuliert straßenbegleitende, geschlossene Bebauungen, die große Cluster zusammenfassen, Gebäudehöhe und maximale Gebäudetiefe sind für das Planungsgrundstück festgelegt. Ebenfalls war eine Mischung von Wohnen und Arbeiten Vorgabe der Stadt. Sulzer Immobilien führte die privatrechtliche Verpflichtung ein, 7,1 Prozent der Nutzfläche für Gewerbe zur Verfügung zu stellen. Elf eingereichte Projekte wurden beurteilt, „im Wettbewerb gab es Entwürfe wie eine Wagenburg"[3].

Hof als Gefäß

Das Siegerprojekt von Galli Rudolf Architekten und der Landschaftsarchitekten Rotzler Krebs Partner beschreibt in dem Cluster einen Block am Eulachpark. Zwei sechsgeschossige Längszeilen mit zwei niedrigen Querbauten umfassen einen Hof, der zu einem kollektiv genutzten Identifikationsraum wird. Er ist ein Gefäß, in dem sich die Bewohner begegnen, sich erholen, Kinder spielen. Die Ost-West-Orientierung der Bauten bietet allen Bewohnern eine ähnliche Situation und ermöglicht zweiseitigen Ausblick; die zweigeschossige Bebauung erlaubt Ausblicke auf die umliegenden Hügel und ermöglicht im Norden zum Park die mittägliche Besonnung des Hofes. Die Längsbaukörper reagieren in Schnitt und Funktion auf die jeweilige Situation im Block: Die städtisch harte Kante wendet sich mit Gewerbe zu Straßen und zum Park, nach innen und zur Nachbarschaftszone filtert eine Balkon-Vorzone zwischen halböffentlich und privaten Bereichen.

„Die Stadt Winterthur hat uns sehr gefördert."[4] – Mit dem Mobilitätskonzept hat sie Freiräume zur Reduktion der Stellplatzzahl ermöglicht, aber ebenso das Pilotprojekt *Autofreie Siedlung* unterstützt. In Winterthur als Fahrradstadt entstand damit eine Begegnungszone mit einer Maximalgeschwindigkeit von 20 km/h.

Städtebauliche Form und „Innenraum Hybrid Cluster"

Schon im Wettbewerb wurde in Ergänzung zum Modell Hybridcluster das Regelwerk „Innenraum

2 *Interview mit Hans Suter*

3 *Ebenda*

4 *Ebenda*

Transparenz zwischen Hof und Park

Blick in die *Bibliothek Hegi*

Hybrid Cluster"[5] zugrunde gelegt. Darin wird die Bildung von Nachbarschaft im Cluster durch eine übergeordnete und abgestimmte Planung der Erdgeschosszone, durch zusammenhängende Gestaltung und Funktionsweise vorgegeben. Die Abgeschlossenheit der städtebaulichen Großform der *Giesserei* wird auf Fußgängerebene aufgehoben; Räume werden entsprechend ihrer Bedeutung und Öffentlichkeit zugänglich gemacht. Die Rahmenplanung wird mit einer räumlich differenzierten Durchwegung in das Konzept der *Giesserei* implementiert. Innerhalb des Clusterrands entsteht eine vernetzte Nachbarschaft. Sie erhält eine eigene homogene Identität durch Ausstattung und Materialität. Die überraschend ‚andere Welt' des gelegentlich einsehbaren Innenhofs ist Teil dieser gewünschten Vielfalt.

Vielfalt an Wohnungstypen

Die Erstellung ökonomischer Wohnungen mit kompakten, flexiblen Grundrissen und effizienter Erschließung war wesentliches Planungsziel. Bei 155 Wohnungen bieten 43 Wohnungstypen ein breites Spektrum von 1½- bis Zehnzimmerwohnungen, Studios, Atelier- und Maisonettewohnungen, Behinderten- und Alterswohnungen bis zu Großwohnungen und Jokerzimmern. Der beispielhafte, seriell erstellte Holzbau auf Grundlage eines Rasters von 3,20 Metern erfüllt ökonomische wie ökologische Kriterien. Die Bauten in Holzbauweise beinhalten ein vielfältiges und differenziertes Wohnungsangebot: An nur acht Treppenhäusern liegen bis zu fünf Wohnungen pro Etage, subventionierte Wohnungen sind auf alle acht Erschließungskerne verteilt. Größere Wohnungseinheiten binden durch und orientierten sich abwechselnd zum Hof oder nach außen. Dadurch wird eine gegenseitige Störung reduziert. Durch tiefe und vor den Wohnräumen umlaufende Balkone, die sich ebenfalls abwechselnd zum Hof und nach außen wenden, entsteht ein Zugewinn an Wohnraum. Die Balkone vernetzen horizontal, aber auch durch gelegentliche zweigeschossige Öffnungen vertikal und erweitern die Wohnfläche um ein Gartenzimmer.

Planungsflexibilität

Im Prozess wurden Anzahl und Zuschnitt der Wohnungstypen wie Größe der Zimmer reguliert – „Wir nennen das Planungsflexibilität"[6]. Drei- wurden in Vierzimmerwohnungen umgewandelt. Durch die Reduzierung der Quadratmeterzahl und des Standards – nur mit einer Nasszelle ausgestattet –, entstand eine Reihe günstiger Wohneinheiten. Mit den Zweizimmerwohnungen waren diese zuerst vermietet. Die geplante Großwohnung veränderte sich mehrfach; heute wohnen hier acht Personen – als Verein treten sie gegenüber der Gesewo als ein Mieter auf. Die Jokerzimmer, als anmietbare Arbeitsräume gedacht, verfügen über eine eigene Nasszelle. Die Vorgabe, 7,1 Prozent der Nutzfläche für Gewerbe zur Verfügung zu stellen, wird auch durch die Jokerzimmer erfüllt.

Solidaritätsfonds

Eine eigene Kommission steuert die Vermietung. Die elf Jokerzimmer – drei davon sind Gästezimmer – sind nachgefragt. Bei der Erstvergabe war die Sicherstellung der Belegung relevant, inzwischen kann das Kriterium des Alters herangezogen werden. Das anfänglich unterrepräsentierte Alterssegment der 20- bis 30-Jährigen konnte dadurch etwas aufgefüllt werden. 60 Prozent der Bewohner sind Frauen, die Fluktuation ist gering. Wer das Eigenkapital von 10 Prozent nicht aufbringen kann, muss zumindest ein Drittel der Summe organisieren, die restlichen zwei Drittel werden vom Solidaritätsfonds getragen. Mitglieder spenden hierfür Geld ohne Zins und können es mit einer dreimonatigen Kündigungsfrist auslösen. „Der Solidaritätsfonds ist völlig freiwillig."[7]

Quartiersvernetzung – Restaurant?

Der vonseiten der Stadt geforderte Anteil öffentlicher Nutzungen unterstützt die Zielsetzung der Genossenschaft, sich zum Quartier zu öffnen. Durch die Platzierung von Funktionen werden Zonierungen geschaffen: Zu Straße und Park bilden die Räume des Restaurants und der danebenliegende *Giesserei*-Saal einen anziehenden öffentlichen Ort – Durchblicke zwischen Park und Hof heben Grenzen auf, der Saal ist sehr gut ausgebucht. „Das Restaurant soll als gemütliches Quartierlokal und Treffpunkt für die Hausbewohner/innen geführt werden."[8] Seit Ende 2014 ist es geschlossen, eine Abstimmung bestätigte die Wichtigkeit des Restaurants für die Mitglieder. Aktive führten übergangsweise Zwischennutzungen – zum Beispiel einen eintägigen Theatertrailer – durch. Der lang andauernde Versuch der Neuverpachtung

5 *Sulzer Immobilien AG/ Schweingruber Zulauf Landschaftsarchitekten (Hg.): Regelwerk Innenraum Hybrid Cluster. Abzurufen unter: stadt.winterthur.ch/themen/leben-in-winterthur/planen-und-bauen/gebiets-und-arealentwicklung/neuhegi-die-neue-stadt-in-winterthur/ehemaliges-sulzer-areal-oberwinterthur/ftw-simplelayout-filelistingblock/regelwerk-innenraum-hybrid-cluster.pdf (besucht am 16.02.2017)*

6 *Interview mit Andreas Galli*

7 *Interview mit Hans Suter*

8 *Gesewo (Hg.): Restaurant in der Giesserei. Abzurufen unter: www.gesewo.ch/restaurant.html (besucht am 17.12.2016)*

macht Versäumnisse im Prozess deutlich. Die Zitate „Wir haben dabei viel zu wenig an die Wirtschaftsfaktoren gedacht"[9] oder „Wir können doch das selber machen"[10] erläutern in diesem Zusammenhang die Unterschätzung komplexer Sachverhalte.

Ein Fahrradladen, eine Kita, ein Zentrum für Hirnverletzte, ein Musikzentrum, eine Galerie oder eine Töpferei sind weitere, zur Straße orientierte Gewerberäume, die das öffentliche Gesicht prägen. Auch die kulturelle Ausstrahlung der *Giesserei* ist Teil der Vernetzung, dabei ist die Quartiersbibliothek *Hegi* ein wichtiger Anziehungspunkt. „Wir sind gut vernetzt in der lokalen Situation und offensiv auf Institutionen zugegangen."[11] Viele Kinder aus dem Quartier nutzen den attraktiven Kinderspielplatz im Hof gern.

Pantoffelbar und Waschbars

„Wir haben sehr viele alleinstehende Personen, die sich gegen die Einsamkeit entscheiden."[12] Viele und qualitätsvolle gemeinschaftliche Flächen fördern das Miteinander; die Größe des Projekts macht die gemeinschaftlich genutzten Flächen tragbar: Der *Giesserei*-Saal fasst die Mitgliederversammlungen, eine *Pantoffelbar* mit Dachterrasse erlaubt den Ausblick auf die Berge, ein Übungsraum, zwei Waschbars, Gästezimmer, Gemeinschaftsräume und Werkstätten erweitern das Angebot der Privaträume. Die Größe des Projekts legte es nahe, auch eine Pflegegruppe zu integrieren. Immer wieder wurde versucht, diese im Raumprogramm zu etablieren und einen Betreiber zu finden. Gründe für das Scheitern können inzwischen benannt werden: „Wir hätten von Beginn an – schon zur Ausschreibung des Wettbewerbs – Experten einbinden müssen. Wir haben Zeit verloren, indem wir mit einem Anbieter, der dann abgesprungen ist, eineinhalb Jahre verhandelt haben. Wir haben die kleinsten Aufzüge eingebaut."[13]

9 *Interview mit Hans Suter*

10 *Ebenda*

11 *Ebenda*

12 *Ebenda*

13 *Ebenda*

Blick in den Fahrradladen

14 *Ebenda*

15 *Interview mit Yvonne Lenzlinger*

Engagement und Überforderung

Selbstverwaltung auf der Grundlage basisdemokratischer Entscheidungen prägt das Projekt von der Teilnahme in der Baukommission bis zum Alltagsbetrieb. Die Gemeinschaft entsteht durch Personen, die helfen, diese zu aktivieren: „Jeder leistet 35 Arbeitsstunden pro Jahr – letztendlich bringt das die Leute zusammen."[14] Andererseits muss die Balance zwischen Engagement und Überforderung beachtet werden. Die Selbstverwaltung im Rahmen des Hausvereins gliedert sich in finanziell autonome Bereiche wie Außenraum oder Gemeinschafträume – Bereichsverantwortliche werden gewählt, vierzehntägig findet eine Sitzung statt. An den Mitgliederversammlungen, die alle sechs bis acht Wochen stattfinden, nimmt ein Drittel bis die Hälfte der Bewohner – 80 bis 150 Personen – teil. Auch Hauswarttätigkeiten werden in Selbstverwaltung übernommen, dafür überweist die Gesewo jährlich eine Summe von ca. 150.000 Franken. Mit diesem Geld werden Putzmittel, aber auch kulturelle Aktivitäten oder Feste bezahlt. „Über das Angebot von gemeinsamem Essen entsteht Gemeinschaft, aber auch gemeinsame Putztage werden zu Events."[15]

Nachbarschaft und Selbstverwaltung

In der großformatigen Industriebrache ohne eigene Identität führen ein bindender, auf Nachbarschaft ausgerichteter planerischer Rahmen und das Engagement einer selbstverwalteten Gruppe zu bemerkenswerten Synergien. Die sorgfältige Fortschreibung der städtebaulichen Rahmenplanung zur erweiterten Nachbarschaftszone im Hybridcluster bildet den passenden Rahmen für die anspruchsvollen sozialen Zielsetzungen der *Giesserei*. Das Projekt selbst zeigt die hohe Leistungsfähigkeit von bürgerschaftlichem Engagement mit Verantwortungsbereitschaft in genossenschaftlichem Rahmen auch in Bezug auf Quartiersvernetzung und Sozialorientierung.

Tor zur Nachbarschaftszone

Balkon-Vorzone zum Hof

Interviews

Yvonne Lenzlinger, Bewohnerin und ehemalige Präsidentin der *Giesserei*, Winterthur, 10.03.2015

Hans Suter, Projektleiter, Mitglied der Baukommission, Vorstandsmitglied, wohnt und arbeitet als Architekt in der *Giesserei*, Winterthur, 10.03.2015

Andreas Galli, Büro Galli/Rudolf und Claudio Schiess, Projektleiter *Giesserei* im Büro Galli/Rudolf, Zürich, 12.03.2015

Literatur

Aeberhard, Beat: Industrieareale als Wohnlabor. In: Tec21 35/2009, S. 18–22

Fischer, Sabine von (Hg.): Galli Rudolf Architekten. Raumfassungen 1998–2014. Zürich 2014

Gesewo (Hg.): Restaurant in der Giesserei. Abzurufen unter: www.gesewo.ch/restaurant.html (besucht am 17.12.2016)

Giesserei – das Mehr-Generationen-Haus (Hg.): Kredo der Giesserei. Abzurufen unter: www.giesserei-gesewo.ch/siedlung/siedlungskonzept (besucht am 27.10.2016)

Simon, Axel: Ich bin eine Ökosiedlung! In: Hochparterre 3/2013, S. 32–37

Sulzer Immobilien AG/Schweingruber Zulauf Landschaftsarchitekten (Hg.): Regelwerk Innenraum Hybrid Cluster. Abzurufen unter: stadt.winterthur.ch/themen/leben-in-winterthur/planen-und-bauen/gebiets-und-arealentwicklung/neuhegi-die-neue-stadt-in-winterthur/ehemaliges-sulzer-areal-oberwinterthur/ftw-simplelayout-filelistingblock/regelwerk-innenraumhybrid-cluster.pdf (besucht am 16.02.2017)

Giesserei, Neuhegi, Winterthur, CH

Adresse	Ida-Sträuli-Strasse 65 8404 Winterthur Schweiz
Erstbezug	2013
Bauträger	Gesewo, Winterthur
Entwurf	Galli Rudolf Architekten, Zürich Rotzler Krebs Partner, Winterthur
Flächen	Grundstück 11.037 qm Wohnen 13.788 qm Gewerbe 2.590 qm Gemeinschaft 672 qm
Wohnungen	145 Wohnungen plus 10 Jokerzimmer 43 Wohnungstypen, u. a. Studios, Atelierwohnungen, Maisonettewohnungen, 1 Wohngemeinschaft
Förderung	Baurecht, 34 subventionierte Wohnungen
Gemeinschaft	*Räume:* Giesserei-Saal, Pantoffelbar mit Dachterrasse, Übungsraum, Waschbar, Gästezimmer, Gemeinschaftsräume, Werkstätten *Freiflächen:* Innenhof mit Spielplatz
Quartier	*Räume:* Giesserei-Saal, Kinderkrippe, Werkstätten, Tagesstätte für Menschen mit Hirnverletzungen, Gemeinschaftsräume, Quartiersbibliothek der Stadt Winterthur, Massagepraxis, Musikzentrum, Praxisgemeinschaft, Geschäfte, Restaurant *Freiflächen:* Innenhof mit Spielplatz

2.5 en famille – Alte Weberei, Tübingen, D

Baugemeinschaft en famille am Quartiersplatz

„Wir wünschen uns im ‚viertel vor' einen Ort, an dem Menschen zusammenkommen – zum Reden, zum Spielen, zum Stöbern, zum Kaufen, zum Selbermachen, zum Schauen und zum Ausruhen."

Baugemeinschaft en famille[1]

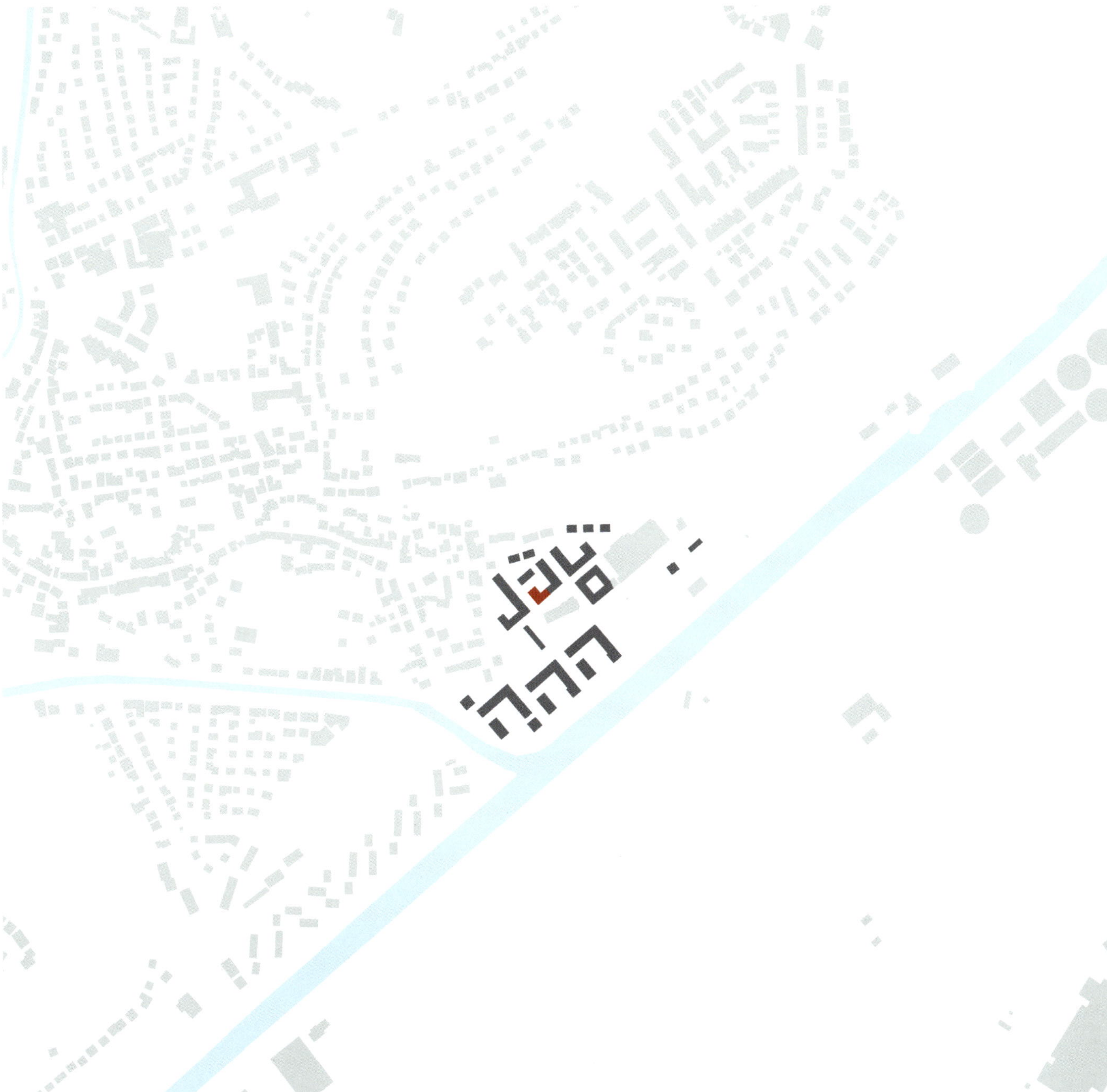

1 *Eigentümer- und Betreibergemeinschaft Gewerbe En Famille GbR (Hg.): Das viertel vor. Abzurufen unter: www.viertelvortuebingen.de/das-viertel-vor/ (besucht am 27.10.2016)*

Quartiersentwicklung mit Baugemeinschaften

2 *Stadt Tübingen/WIT (Hg.): Die Alte Weberei Lustnau. Allgemeine Informationen. Tübingen 2011*

3 *Stadt Tübingen (Hg.): Lustenau-Süd. Informationsblatt für Anwohner/-innen und Interessenten. Tübingen o. J. (nach 2010)*

4 *Es gingen ca. 150 Bewerbungen ein. Davon waren 75 Bewerbungen von Baugemeinschaften; an sie wurden 19 Grundstücke vergeben; 25 Bauträger hatten sich beworben und ein Grundstück wurde an einen Bauträger vergeben. 50 Doppelhaus- und Reihenhausbebauungen stehen 21 Vergaben gegenüber. Stadt Tübingen (Hg.): Aufsichtsratssitzung WIT, Vorlage 13/11 vom 27.07.2011*

Ende der 1990er-Jahre erwarb die städtische Wirtschaftsförderungsgesellschaft Tübingen (WIT) das Industrieareal der ehemaligen Frottierweberei Egeria. Wie im Mühlenviertel sollte dort privates Bauen im städtischen Rahmen überwiegend mit Baugemeinschaften möglich werden. Die meisten Bestandsgebäude der Weberei wurden nach 2008 abgerissen. Nur einige wenige denkmalgeschützte Gebäude blieben erhalten, um die Identität des Ortes zu wahren. Die Lage am Neckar wertet das neue Quartier auf, führt aber gleichzeitig wegen der potenziellen Hochwassergefahr auch zu Restriktionen für die Bebauung.

Vielfalt und Baugemeinschaften

Auf dem ehemaligen Gewerbegebiet im Tübinger Ortsteil Lustnau sollte ein gemischtes städtisches Quartier entstehen. „Vielfalt ist das Grundprinzip des städtebaulichen Entwurfs."[2] Die privaten Baugemeinschaften waren auch in der *Alten Weberei* dominante Bauträger: „Baugemeinschaften spielen in den Tübinger Entwicklungsprojekten eine besondere Rolle, daher werden in dem Vergabeverfahren deren Interessen und Notwendigkeiten auch besonders berücksichtigt."[3] Gewerbliche Bauträger konnten sich auch bewerben, spielten faktisch nur eine geringe Rolle. Um auch einen angemessenen Anteil an Sozialwohnungen zu realisieren, wurden die städtische Wohnungsbaugesellschaft (GSW) und die Baugesellschaft des Kreises Tübingen (Kreisbau) eingebunden. Diese erstellten höherpreisige Eigentumswohnungen und günstige Sozialwohnungen auf der Grundlage einer Mischkalkulation. Dem besonderen Ort Rechnung tragend und die Erwartungen der benachbarten Lustnauer Bevölkerung berücksichtigend, konnten an den Randgebieten als Übergang zur bestehenden kleinteiligen Bebauung auch Reihenhäuser für Familien entstehen.[4]

Kleinteiliger Städtebau

Die Stadt Tübingen veranstaltete für das Gesamtgebiet Lustnau-Süd zwischen 2009 und 2010 einen zweistufigen städtebaulichen Realisierungswettbewerb. 2010 wurden zunächst zwei Preisträger ausgewählt. Nach einer Überarbeitungsphase wurde das Büro Hähnig + Gemmeke in Zusammenarbeit mit dem Landschaftsarchitekten Stefan Fromm beauftragt, gemeinsam mit

Mitglieder der Baugemeinschaft

Das *viertel vor* kurz nach Bezug

der Stadtverwaltung und dem Runden Tisch Lustnau den Entwurf zu überarbeiten. Er bildete die Grundlage für den Bebauungsplan.

Der städtebauliche Entwurf war durch eine Kleinteiligkeit der Parzellen geprägt, die eine Bebauung durch Baugemeinschaften erleichtern. Er gibt Raum für eine Reihe von privaten Innenhöfen, die gemeinsam genutzt werden können. Der großzügig bemessene Quartiersplatz mit Spielplatz soll Begegnungen erleichtern. Das Quartier öffnet sich zum Neckar, die Fußwege am Fluss sind öffentlich zugängig.

Konzeptverfahren

Nach Abschluss des städtebaulichen Wettbewerbs erfolgte die Vergabe der kleinteilig parzellierten Grundstücke zu einem Festpreis an Bauinteressierte. Die Grundstücksvergabe ist das zentrale Steuerungselement der Stadt Tübingen. Da in Tübingen das Festpreisverfahren Anwendung findet, konnte bei der Grundstücksvergabe die Priorität auf die Konzeptqualitäten gelegt werden und nicht auf die Höhe des Angebots für das Grundstück. Die Vergabe der Grundstücksoptionen erfolgte wiederum durch ein Gremium, in dem unter anderen die Gemeinderatsfraktionen und Vertreter des Ortsteils vertreten waren. Ein Kriterium für die Optionsvergabe war auch die besondere Berücksichtigung junger Familien, die in dem neuen Quartier preiswert bauen sollten. Auch wurden von Baugemeinschaften geförderte Wohnungen für Menschen errichtet, die Zugangsschwierigkeiten auf dem Wohnungsmarkt haben. Berücksichtigt werden sollten zudem jene Projekte, die nicht selbstreferenziell agieren, sondern auch mit ihren Initiativen oder Strukturen auf das gesamte Quartier ausstrahlen. Allgemein wurden jene Projekte bevorzugt, die durch die Integration von Gewerbenutzungen im Erdgeschoss zur Belebung des Quartiers beitragen können. Weitere Kriterien bei der Optionsvergabe waren Mischung der Altersgruppen, Stimmigkeit der Projekte, Füllungsgrad der Baugruppe, Stabilität der Gruppe und besondere Konzepte. Im Sommer 2011 erfolgte dann die Grundstücksvergabe in Form von Optionen, die zunächst bis Frühjahr 2012 gültig waren. Bis dahin mussten sich die ausgewählten Baugruppen und -träger für den Kauf entscheiden.

Familienwohnen im Quartier

Rückgrat für die Bebauung sind die Baugemeinschaften mit unterschiedlichen Schwerpunkten. Für Fragen der Quartiersvernetzung ist die Baugemeinschaft en famille interessant, da sie neue Wege der Gemeinschaft im Blick hatte. In der Baugemeinschaft en famille haben sich acht junge Familien zusammengeschlossen, um kostengünstigen Wohnraum zu schaffen und in einer Gemeinschaft mit ihren Kindern zu leben. Gemeinsam mit ihrem Architekten und ihrer Projektsteuerin diskutierten sie intensiv die zukünftige

Treffen der Mütter im Café *viertel vor*

Quartiersläden im Erdgeschoss

„Provisorische" Nutzung des Quartiersladens

Luis mit Hund im Wohnflur

5 *Vgl. André, Anouk/Kögel, Andreas: Das Quartier „Alte Weberei". Erfahrungen und Meinungen der Mieter/-innen und Eigentümer/-innen. Institut Schreier. Ergebnisbericht. Umfrage vom März 2015. Tübingen 2015*

6 *Die Kreisbau Tübingen errichtete 15 Eigentumswohnungen, acht geförderte Wohnungen, drei Maisonettewohnungen sowie einen integrativen Kindergarten und die städtische GWG Tübingen 20 geförderte Wohnungen und eine Tagesstruktureinrichtung der Bruderhaus-Diakonie.*

Nutzung und Gestaltung des Hauses und entwickelten ein familienorientiertes Haus. Da das Baugebiet hochwassergefährdet ist, steht das winkelförmige Gebäude auf einem Sockel.

Vordergründig dominiert der private Charakter des Projekts. Die meisten Eigentümerwohnungen sind als Maisonetten ausgebildet. Unterschiedlich private Außenräume – Balkone, Erker, Wintergärten oder unterschiedlich große Dachterrassen – schaffen individuelle Freiräume. Auf eine gemeinsame Dachterrasse oder traditionelle Gemeinschaftsräume wurde aus Kostengründen verzichtet, ebenso auf einen im Bau und im Unterhalt teuren Fahrstuhl.

Ort für nachbarschaftliches Netzwerk

Trotz des sehr privaten Charakters der Familienwohnungen wurden neue Wege des Miteinanders gesucht. Im Erdgeschoss, zum Quartiersplatz hin orientiert, wurde von den Bewohnern der Treffpunkt *viertel vor* eingerichtet, der an einigen Tagen von einem professionellen Bäcker als Kleinbäckerei betrieben wird. In dem semiöffentlichen Raum sind auch andere Nutzungen, zum Beispiel ein Müttertreff, denkbar. Er steht allen Bewohnern und Besuchern des Quartiers offen. Abends kann das selbstverwaltete Familiencafé aber auch als Gemeinschaftsraum von den Hausbewohnern intern genutzt werden. Der Treffpunkt *viertel vor* befindet sich im Eigentum der Baugemeinschaft (Eigentümer- und Betreibergemeinschaft Gewerbe En Famille GbR). Neben dem Quartierscafé befindet sich die Keramikwerkstatt *Alawari*. Dieser Werkstattladen bleibt ebenfalls im Eigentum der Hausgemeinschaft. Gleichzeitig ist er auch als Teilladen konzipiert. Verschiedene Selbermacherinnen können dort Kinderkleidung, Lampen, Schmuck, Accessoires, Postkarten oder Stofftiere verkaufen.

Baugemeinschaften im Übergang

Ziel der Quartiersentwicklung in der *Alten Weberei* war, eine soziale und bauliche Vielfalt herzustellen. Wie eine Evaluierung vom März 2015, die mit der WIT entwickelt wurde, zeigt, wohnen überwiegend Selbstnutzer im Quartier.[5] Es dominieren Familien mit Kindern (52 Prozent; durchschnittliche Kinderzahl 1,9). 71 Prozent der Befragten haben einen Hochschulabschluss und sind gut situiert. Die angestrebte soziale Mischung konnte demnach nur unzulänglich erreicht werden. Zwar errichteten die beiden ehemals gemeinnützigen Wohnungsbauträger geförderte Wohnungen, deren Anzahl ist aber in Anbetracht des Bedarfs an günstigem Wohnraum zu niedrig.[6] Die Baugemeinschaft La Tour unternahm einen Versuch, eine Mischung im Haus durch die Errichtung von Sozialwohnungen herzustellen. Aufgrund der starren Vergabekriterien der Landesbank Baden-Württemberg konnten aber keine öffentlichen Fördermittel für diese Sozialwohnungen in Anspruch genommen werden. Mitglieder der Baugemeinschaft verpflichteten sich dennoch, günstige Wohnungen 20 Prozent unter den Vergleichsmieten bereitzustellen. Auch die Bemühungen der Bewohner, einen genossenschaftlich organisierten Quartiersladen zu gründen, zeigen, dass es bereits in der frühen Phase des Bezugs unterschiedliche Initiativen zur Quartiersvernetzung in der *Alten Weberei* gibt. Inzwischen hat der Betreiber des Quartiersladens selbst den Laden erworben.

Das offene Gemeinschaftskonzept der Baugemeinschaft en famille zeigt, dass eine Überlagerung von hausinternen Gemeinschaftsräumen mit quartiersöffentlichen Nutzungen stattfinden kann. Die Akteurinnen der Baugemeinschaft sehen sich als Impulsgeberinnen für nachbarschaftliche Netzwerke und Kommunikationsstrukturen. Inwieweit sich diese Strukturen stabilisieren, wird der Nutzungsalltag in der Zukunft zeigen.

Interviews

Uwe Wulfrath/Karin Hopfner (WIT/Stadt Tübingen), Projektentwickler, Tübingen, 05.06.2015

Sonja Wenzelburger, Baugemeinschaftsmitglied en famille, Tübingen, 15.06.2015

Christoph Manderscheid, Architekt von en famille, Tübingen, 03.05.2015

Literatur

André, Anouk/Kögel, Andreas: Das Quartier „Alte Weberei". Erfahrungen und Meinungen der Mieter/-innen und Eigentümer/-innen. Institut Schreier. Ergebnisbericht. Umfrage vom März 2015. Tübingen 2015

Stadt Tübingen (Hg.): Lustenau-Süd. Informationsblatt für Anwohner/-innen und Interessenten. Tübingen o. J. (nach 2010)

Stadt Tübingen/WIT (Hg.): Die Alte Weberei Lustnau. Allgemeine Informationen. Tübingen o. J. (2011)

Eigentümer- und Betreibergemeinschaft Gewerbe En Famille GbR (Hg.): Das viertel vor. Abzurufen unter: www.viertelvortuebingen.de/das-viertel-vor/ (besucht am 27.10.2016)

Stadt Tübingen (Hg.): Aufsichtsratssitzung WIT, Vorlage 13/11 vom 27.07.2011

en famille, Alte Weberei, Tübingen, D

Adresse	Egeriaplatz 12 72072 Tübingen Deutschland
Erstbezug	2014
Bauträger	Baugemeinschaft en famille, Tübingen
Entwurf	Architekturbüro Manderscheid, Stuttgart
Flächen	Grundstück 761 qm Wohnen 1.217 qm Gewerbe 50 qm Gemeinschaft 87 qm
Wohnungen	8 Wohnungen
Förderung	Baurecht, 34 subventionierte Wohnungen
Gemeinschaft	*Räume:* Kind-Eltern Café
Quartier	*Räume:* Kind-Eltern-Café, Keramikwerkstatt mit Werkstattladen

2.6 Wohnen mit alles! – Nordbahnhof, Wien, A

Geöffneter Blockrand am Rudolf-Bednar-Park

„Außerdem wollen wir auch im Grätzel Verantwortung übernehmen und das Wohnumfeld mit unseren NachbarInnen aus dem neuen Stadtteil um den Rudolf-Bednar-Park gemeinsam gestalten."

Homepage Wohnprojekt Wien[1]

1 *Wohnprojekt Wien (Hg.): Verein für nachhaltiges Leben. Abzurufen unter: www.wohnprojekt-wien.at/ (besucht am 04.08.2014)*

Antipoden – Wohnen mit alles!

Auf der 65 Hektar großen Brache des ehemaligen Wiener Nordbahnhofs wird seit den 1990er-Jahren ein neuer Teil des zweiten Wiener Gemeindebezirks Leopoldstadt geplant und gebaut. Bewohner von ca. 10.000 neuen Wohnungen und 10.000 Arbeitende nutzen die gute Anbindung des Standorts über den Verkehrsknoten Praterstern und die Nähe zur Donau und zum Prater. Um die zentral gelegene große Freiraumanlage Bednarpark und neben dem Schulcampus wird die Blockstruktur der umgebenden Stadt großmaßstäblich und durchgrünt fortgesetzt – sie bietet Freiraum und wird zum Experimentierfeld für Wohnformen mit verschiedenen Schwerpunkten.

Bauträgerwettbewerb – zwei unterschiedliche Wohnmodelle

Das ‚Dönerbuden-deutsch' benannte Kooperationsprojekt *Wohnen mit alles!* entstand in Reaktion auf einen Bauträgerwettbewerb des wohnfonds_wien für ein Grundstück am Rudolf-Bednar-Park: Drei Partner – der gemeinnützige Bauträger Schwarzatal, das Architekturbüro SUPERBLOCK und der Verein *Wohnen mit uns!* mit dem Architekturbüro einszueins – gewannen gemeinsam den 2009 ausgeschriebenen Wettbewerb mit Schwerpunkt Interkulturelles Wohnen. Ein Flächenwidmungs- und Bebauungsplan, der auf Grundlage eines städtebaulichen Verfahrens entwickelt wurde, war Wettbewerbsvorgabe: Nur 5.300 Quadratmeter Bruttogrundrissfläche sind auf dem Grundstück erlaubt, der Zwang zur maximalen Flächenausnutzung damit nicht vorhanden. Der Bauträger baut auf einem Grundstück zwei Gebäude für völlig unterschiedlich geförderte Wohnmodelle. *Wohnen mit scharf!* bleibt in Besitz des Bauträgers, die Wohnungen werden vermietet. Das zweite Gebäude verkauft Schwarzatal nach Fertigstellung an den als Wohnheim organisierten Verein *Wohnen mit uns!*, die Stadt übergibt das Grundstück in Erbbaurecht.

‚Interkulturelles Wohnen' und ‚gemeinschaftlich nachhaltig in der Stadt'

Die im Wettbewerb definierte Zielsetzung bestand in der Förderung von interkulturellem Wohnen und interethnischem Zusammenleben. Beide Projekte verfolgen auf einer Gesamtgrundstücksfläche von 4.700 Quadratmetern die eigenen Schwerpunkte.

Platz zwischen zwei Partnern

Ladencafé *Salon am Park*

Der Verein *Wohnen mit uns!*, 2009 auf die Initiative einer Gruppe von ca. 15 Personen gegründet, formuliert als Zielsetzung, „dass ein von Nachhaltigkeit und Solidarität geprägtes Zusammenleben in der Großstadt möglich ist"[2]. In einem Visionsworkshop werden Aspekte wie Individualität in der Gemeinschaft, interkulturelles Wohnen, umfassende Gemeinschaftsräume mit hoher Lebensqualität, partizipative Wohnungsplanung, niedriger Heizwärmebedarf, ressourcenschonendes Baumaterial oder Wohnen und Arbeiten unter einem Dach als gemeinsame Grundlage diskutiert. Der Begriff Nachhaltigkeit wird dabei im erweiterten Sinn angewandt, auch die ökonomische Dimension – das Gebäude wird der Spekulation entzogen – wird beansprucht. Eine gewisse Projektgröße für eine bestimmte Anzahl an Wohnungen ist gefordert, Gemeinschaftsräume müssen leistbar sein. Um ein geeignetes und bezahlbares Grundstück in der Stadt zu finden, nahm der Verein Kontakt mit dem Bauträger Schwarzatal auf. Eine Kooperation, die die Rechtsunsicherheit des Vereins durch den Bauträger auffing, entstand: Trotz Konkurs der Baufirma konnte die Wohngruppe das Projekt ohne Risiko entwickeln.

Das Projekt *Wohnen mit scharf!* ist geprägt von Leitfragen des interkulturellen Wohnens: Wie wollen junge Immigranten wohnen? Wie sieht die erste eigene Wohnung außerhalb der Familie, das Start-up aus? Das Architekturbüro SUPERBLOCK ging eine Medienkooperation mit dem Stadtmagazin *biber mit scharf* ein, um aus einer Befragung die Wohnvorstellungen von jungen Migranten im Alter zwischen 15 und 30 Jahren zwischen den Jugendkulturen kennenzulernen. Die Wohnungen wurden später hier beworben, die Chefredakteurin wurde zur Bewohnerin und veröffentlichte einen Artikel über ihre erste Wohnung. 20 Prozent der entstehenden Wohnungen dienen zur Integration der zweiten und dritten Generation von Zuwanderern.

Ostentative Diversität

Zur Veranschaulichung dieser Ziele fassen zwei stark unterschiedlich gestaltete achtgeschossige Baukörper, die sich aber in ihrer Grundstruktur ähneln, straßenbegleitend die offene Ecke eines Baublocks. In der grünen Mitte ist Raum für eine Wiese, einen Spielplatz wie einen Gemeinschaftsgarten. Die Wohngruppe *Wohnen mit uns!* (b) – politisch im Fokus als Modellvorhaben und Signal für Baugruppen in Wien – wird verkehrsberuhigt am Park positioniert, *Wohnen mit scharf!* (a) an der Straße.

Für den Verein *Wohnen mit uns!* plante das Architekturbüro einszueins „Individualität in der Gemeinschaft in kommunikativer Architektur"[3]. Eine zentrale, langgestreckte Halle mit Lufträumen erschließt alle 40 Wohnungen des Wohnheims sowie die Gemeinschaftsräume im Erd-, Unter- und Dachgeschoss. Diese durch zwei Einschnitte belichtete Zone ist kommunikativer Begegnungsort. Als tragender Kern ermöglicht sie hohe Flexibilität im Bereich der angelagerten Wohnungsgrundrisse. Der holzverkleidete Baukörper ist geprägt durch allseits weit auskragende private Balkonplatten und eine transparente, von Balkonen geschützte Erdgeschosszone.

In Reaktion auf die Umfrage im Stadtmagazin *biber mit scharf* hat Identität für die ‚Puma-Generation' ei-

2 *Wohnprojekt Wien (Hg.): Verein für nachhaltiges Leben. Abzurufen unter: www.wohnprojekt-wien.at/ (besucht am 04.08.2014)*

3 *Interview mit Katharina Bayer*

Tiefhof zum Blockinneren

Wegevernetzung

nen hohen Stellenwert. Für das Gebäude *Wohnen mit scharf!* liefert ein tief eingeschnittenes, magentafarbenes Stiegenhaus im Stadt- wie im Innenraum Wiedererkennungswert. Auch hier kragen auffällig geformte Balkone allseitig aus. Dichtes Wohnen für Individualisten ist gewünscht: Eine breite Palette verschiedener Kleingrundrisse unterscheidet sich durch typologische Besonderheiten. In den letzten Geschossen liegen dagegen große Familienwohnungen für Migranten, die auf dem Wohnungsmarkt selten sind – sie erstrecken sich teilweise über drei Geschosse mit Dachterrasse.

Die Kontraste zwischen den Profilen beider Zielgruppen werden auch gestalterisch als Gegensatzpaar bearbeitet: Identität für *Wohnen mit scharf!* entsteht durch den Erschließungsraum in Magenta, das äußere Signal hebt den Kontrast zu der Wohngruppe mit ‚inneren Werten'.

Platz und Garten – Gemeinschaft beider Häuser und mehr

Der Platz zwischen beiden Baukörpern bietet über die Feuerwehrzufahrt hinaus Raum für gemeinschaftliche Aktivitäten und für Begegnungen. Er dient der gewerblichen Gastronomie als Außenraum – festgelegte Regeln definieren die Ausdehnung als Vorbereich des zweigeschossigen Gemeinschaftsraums mit Empore, Waschsalon und Küche von *Wohnen mit scharf!* und ebenso als Außenbereich des Ladencafés und der Küche der Wohngruppe. Temporäre Aktionen wie Flohmarkt und Wochenmarkt finden hier und auf der verkehrsberuhigten Krakauer Straße zum Park statt.

Im grünen Blockinneren stehen auch die Wiese, der Spielplatz und der Obst- und Gemüsegarten den Bewohnern beider Gebäude zur Verfügung. Um darüber hinaus mit der Nachbarschaft in Kontakt zu treten, gibt es hier das Angebot des gemeinschaftlichen Gärtnerns. In Reaktion auf das Thema des Wettbewerbs – interkulturelles Wohnen – verbinden die nicht sprachbasierten Tätigkeiten des Gärtnerns; sie sind Baustein zu interkulturellem wie nachbarschaftlichem Wohnen. Die gemeinsame Freiraumplanung durch das Büro Detzlhofer Landschaftsplanung gestaltet diese Schnittstelle im Sinne aller Anlieger.

Foyer von *Wohnen mit uns!*

Veranstaltungsraum – Keimzelle im Neubaugebiet

In beiden Projekten ist die Erdgeschosszone frei von Wohnnutzung. Für den Verein ist es erklärtes Ziel, „mit der Nachbarschaft in Kontakt zu treten“[4]. Gewerbeflächen im Erdgeschoss sind Teil dieses Konzepts: das *Ladencafé Kreisler*, der *Salon am Park* wird von acht Bewohnern des Hauses betrieben, das Architekturbüro einszueins, eine Coachingpraxis und andere Dienstleistungen befinden sich im Haus, eine Einkaufsgemeinschaft organisiert sich. Der Veranstaltungsraum im Untergeschoss mit den davorliegenden Höfen ist extern anmietbar, die Orientierung des Saals zum Innenbereich führt allerdings zu Lärmkonflikten mit der Nachbarbebauung.[5] Ein Raum dieser Größe ist in einem Neubaugebiet stark nachgefragt, hier finden zum Beispiel Bürgerbeteiligungen zur Planung des Quartiers *Nordbahnhof* statt.

Für das Projekt *Wohnen mit uns!*, auch *Wohnprojekt Wien* genannt, wurde nach Abwägung verschiedener Alternativen die Heimform als Förderkulisse gewählt: Die Summe maximal förderbarer Flächen – zum Beispiel Gemeinschaftsflächen – kann hier höher sein, die Subjektförderung entfällt. Die Heimform bringt unter anderem geänderte Stellplatzverpflichtungen mit sich. Der Stellplatzschlüssel von 1:10 entsprach dem Ziel der Gruppe, nachhaltige Mobilität zu leben. Carsharing wird zum gemeinsamen Mobilitätsmodell, die Parkierung einschließlich der sieben Stellplätze für *Wohnen mit uns!* ist im Nachbarhaus *Wohnen mit scharf!* konzentriert. Das Untergeschoss ist damit verfügbar für alternative Nutzungen, der Verzicht auf Stellplätze in größerer Zahl erlaubt auch ökonomische Spielräume.

Ein frei finanziertes Geschoss als Vorgabe des Wettbewerbs integriert *Wohnen mit scharf!* im Erdgeschoss: Die Orientierung zum Schulcampus und zum Kindergarten erlaubt hier Gewerbeflächen für Gastronomie.

Prototyp und seine Leistungsfähigkeit

Das System von Gemeinschaftsräumen von *Wohnen mit uns!* ist im Rahmen der Wettbewerbsbearbeitung entstanden und unverändert geblieben. 700 Quadratmeter Fläche mit vielfältigen Nutzungen stehen den Vereinsmitgliedern zur Verfügung. Im Erdgeschoss befindet sich eine große Küche, die sich zum Platz zwischen den beiden Baukörpern orientiert; hier wird gemeinschaftlich gekocht und gegessen. Ein von hier einsehbarer Kinderspielraum ist angeschlossen, ein Fahrradabstellraum – Teil des nachhaltigen Mobilitätskonzepts – wird über die Stirnseite ebenerdig und direkt von außen erschlossen. Er beinhaltet 116 Stellplätze und eine Fahrradwerkstatt.

Die kollektiven Nutzungen beanspruchen aber vor allem die attraktiven Dachflächen. Rückzug und Ruhe bieten eine Bibliothek, ein Wellnessbereich mit Sauna und ein Meditationsraum. Anmietbare Gästewohnungen sind belegbar von Vereinsmitgliedern oder in Verbindung mit dem ebenfalls anmietbaren Veranstaltungsraum. Der Gemeinschaftsraum mit Dachterrasse und ein Dachgarten nutzen den unverbaubaren Weitblick. Der Verein muss die Betriebskosten tragen – die Angemessenheit der Größe der Gemeinschaftsräume der Wohngruppe wird sich damit im Laufe der Zeit herausstellen.

Auch das Projekt *Wohnen mit scharf!* verfügt über eine gemeinschaftliche Dachterrasse und einen 80 Quadratmeter großen, zweigeschossigen Gemeinschaftsraum, der sich zum verbindenden Platz öffnet.

Selbstorganisation mit Soziokratie

Die Entscheidung, das Dachgeschoss gemeinschaftlich zu nutzen, hat die nachfolgende Wohnbelegungsdiskussion entspannt. Nach dem Wettbewerbsgewinn fand eine Gruppenerweiterung von 15 auf 55 Personen statt, zu diesem Zeitpunkt wurde mit ca. 70 Prozent Belegung die extern moderierte Wohnungsvergabe der 40 Wohnungen vorgenommen. Die Vereinsentwicklung und partizipative Planung wurde mithilfe der Soziokratie, einem Steuerungsmodell zwischen Basisdemokratie und hierarchischen Strukturen, organisiert: Entscheidungen werden nicht in der ganzen Gruppe, sondern in Gremien getroffen; acht bis zehn Personen mit je zwei Leitern sind entscheidungsbefugt. Mit einem Veto müssen ein begründeter schwerwiegender Einwand und ein Alternativvorschlag formuliert werden. Es gab unter verschiedenen Arbeitsgruppen – zum Gärtnern, zu den Gemeinschaftsräumen – auch die Arbeitsgruppe Architektur. Die Architekten veranstalteten Workshops mit allen, individuelle Wünsche wurden in Einzelgesprächen bearbeitet.

4 *Ebenda*

5 *Vgl. Interview mit Christoph Mörkl*

6 *Schönfeld, Annika: „Einmal Wohnen mit scharf, bitte!" In: Zement + Beton 4/2012, S. 25*

7 *Interview mit Christoph Mörkl*

8 *Interview mit Katharina Bayer*

9 *Ebenda*

10 *Interview mit Daniel Glaser*

11 *Interview mit Christoph Mörkl*

12 *Ebenda*

Mittelstand und freiwilliger Solidaritätsfonds

Die Zielgruppen beider Häuser unterscheiden sich: In dem Projekt *Wohnen mit scharf!* leben vorwiegend junge Menschen, Personen mit „bikultureller Identität, MigrantInnen erster und zweiter Generation sowie temporär in Wien lebende AusländerInnen"[6] in Miete. Alle Wohnungen wurden mit Superförderung erstellt – der Eigenmittelanteil beträgt nur 60 Euro pro Quadratmeter, dafür sind die Mieten höher. Die Fluktuation im Haus wird durch kompakte Grundrisse befördert: Falls sich Familienzuwachs einstellt, ist Auszug unvermeidlich, da die Wohnungen keine höhere Belegung erlauben – „mehr geht nicht in den Wohnungen"[7].

Im *Wohnprojekt Wien* und damit dem *Verein für nachhaltiges Leben* mit gemeinsamer Zielsetzung und sozialer Bindung ist dagegen die Fluktuation voraussichtlich gering. „Der Neubau ist für den Mittelstand"[8]. Die Maximalgröße zur Förderung einer Wohnung beträgt 150 Quadratmeter, auch die Einkommensgrenzen zur Förderberechtigung sind relativ weit gefasst. Dadurch kann in Wien in den geförderten Quartieren eine soziale Mischung entstehen. Die Eigenmittel betrugen 570 Euro pro Quadratmeter, das monatliche Nutzungsentgelt liegt gegenwärtig bei 9,30 Euro pro Quadratmeter, ein Beitrag zum Vereinsbudget ist darin beinhaltet. Zur Förderung der sozialen Durchmischung gibt es zwei Solidaritätswohnungen, die aus einem Solidaritätsfonds unterstützt werden. Die Arbeitsgruppe *Solidarität* entwickelte dazu Konzepte: In den Fonds werden monatlich freiwillige Beiträge geleistet, die für einen gewissen Zeitraum zugesichert sind.[9]

Dachgarten mit Parkblick

Kommunizierende Gefäße

„Das Wohnprojekt Wien (*Wohnen mit alles!*) ist ein politisch gewolltes Vorzeigeprojekt und konnte realisiert werden, weil man sich mit den kleinen Wohnungen und ökonomischen Lösungen im Nachbargebäude (*Wohnen mit scharf!*) freigespielt hat. Von beiden Teilprojekten kann man lernen, sie sind innovativ, sie werden aber Sonderfälle bleiben."[10] Nicht nur die Dichte des Projekts *Wohnen mit scharf!* und der Ausbaustandard hat Spielräume für das Projekt *Wohnen mit alles!* erarbeitet. Die Belegung geförderter Wohnungen unterliegt bestimmten Regeln: Ein Drittel muss dem Wohnservice zur Vermittlung angeboten werden. Das Drittel der Wohngruppe wurde auf das Projekt *Wohnen mit scharf!* übertragen, damit der Verein seine Mitglieder selbst wählen kann. „Man darf sie nur als kommunizierende Gefäße sehen."[11]

Das *Wohnprojekt Wien* mit seinen Gemeinschaftsräumen, ins Quartier orientierten Aktivitäten und einem gefestigten sozialen Gefüge wird zur Keimzelle im Neubaugebiet. Aber: „Inwieweit sponsert die öffentliche Hand eine Privatinitiative und was gibt diese der Öffentlichkeit zurück?"[12]

Werkstatt am Tiefhof

Der gemeinnützige Bauträger Schwarzatal hat sich mit diesem ‚andersartigen' Projekt auf dem Wiener Markt positioniert und hat inzwischen in der Seestadt Aspern ein weiteres Baugemeinschaftsprojekt fertiggestellt. Das Gelingen des Projekts am Nordbahnhof hatte Signalwirkung – Baugemeinschaften erhalten in Wien ein umgesetztes Beispiel, die gute Zusammenarbeit von Bauträger und Baugemeinschaft veränderte den Markt.

Interviews

Katharina Bayer, Geschäftsführerin einszueins architektur, Wien, 18.09.2014

Daniel Glaser, Wiener Wohnbauforschung, Wien, 19.09.2014

Dieter Groschopf, Geschäftsführer wohnfonds_wien, Wien, 18.09.2014

Christoph Mörkl, Architekt SUPERBLOCK, Wien, 18.09.2014

Literatur

Schönfeld, Annika: „Einmal Wohnen mit scharf, bitte!" In: Zement + Beton 4/2012, S. 22–25

Wohnprojekt Wien. einszueins architektur. In: Detail 9/2015, S. 854–867

Wohnen mit alles!, Nordbahnhof, Wien, A

	Wohnen mit uns! **Privilegierter Impulsgeber in Heimform (b)**	**Wohnen mit scharf!** **Wohnen mit Identität für junge Migranten (a)**
Adresse	Krakauer Straße 19 1020 Wien Österreich	Krakauer Straße Ernst-Melchior-Gasse 1020 Wien Österreich
Erstbezug	2013	2013
Bauträger	Schwarzatal – Gemeinnützige Wohnungs- & Siedlungsanlagen GmbH, Wien	Schwarzatal – Gemeinnützige Wohnungs- & Siedlungsanlagen GmbH, Wien
Entwurf	einszueins architektur, Wien Detzlhofer Landschaftsplanung, Wien	SUPERBLOCK, Wien Detzlhofer Landschaftsplanung, Wien
Flächen	Grundstück 2.350 qm Wohnen 3.300 qm Gewerbe 350 qm Gemeinschaft 700 qm	Grundstück 2.350 qm Wohnen 3.838 qm Gewerbe 198 qm Gemeinschaft 80 qm
Wohnungen	40 Wohnungen Familienwohnungen, Singlewohnungen, Wohngemeinschaften	51 Wohnungen Geschosswohnungen, Maisonettewohnungen
Förderung	Superförderung, 2 Solidaritätswohnungen	Superförderung, 20% „Migranten"-Wohnungen [13]
Gemeinschaft	*Räume:* Gemeinschaftsküche, Kinderspielzimmer, Bibliothek, Gästeapartments, Mehrzwecksaal, Werkstätten, Sauna *Freiflächen:* Dachterrassen, Urban Gardening	*Räume:* zweigeschossiger Gemeinschaftsraum im Erdgeschoss *Freiflächen:* Dachterrasse, Urban Gardening
Quartier	*Räume:* Mehrzwecksaal, Ladencafé, Gewerbeeinheiten *Freiflächen:* Vorplatz	*Räume:* Café, Gewerbe *Freiflächen:* Vorplatz

13 *www.rwt.at/files/wha_nordbahnhof_architektur_aktuell_mai_2014.pdf (besucht am 21.03.2015)*

2.7 Generationenpark – Königsbrunn, D

Kleinteilige Struktur im Wohngebiet

„Wir wollen vernetzen, Soziales gestalten, die GWG will verwalten, vermieten – das sind unterschiedliche Welten.“

Achim Friedrich[1]

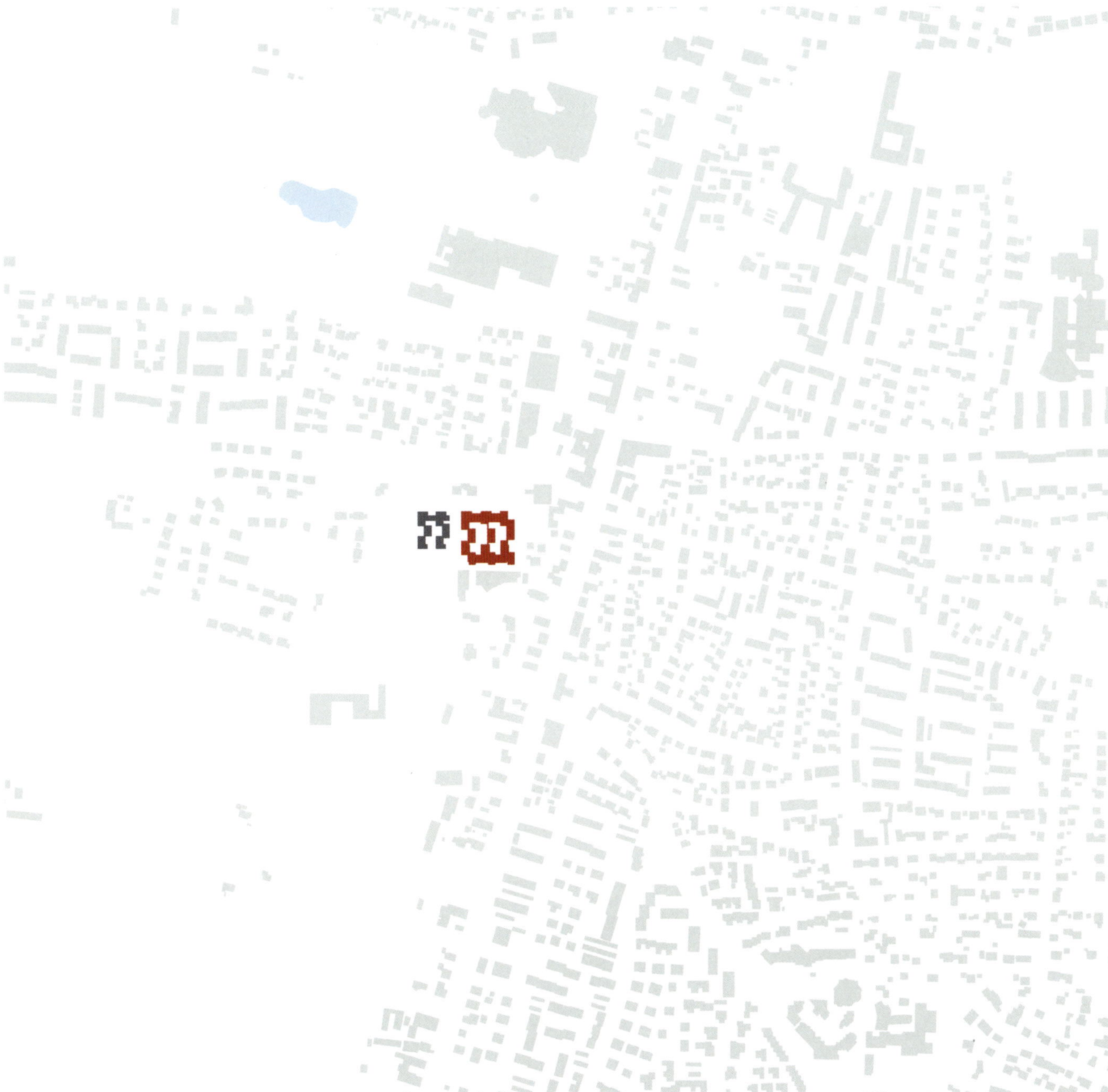

1 *Interview mit Achim Friedrich*

Neue soziale nachbarschaftliche Mitte

Königsbrunn, eine Stadt mit ca. 28.000 Einwohnern, hat sich politisch zum Ziel gesetzt, eine familienfreundliche Gemeinde zu sein, um sich im Wettbewerb mit anderen Kommunen zwischen Augsburg und München zu positionieren. Bundesmittel wurden erfolgreich beantragt: Zur Förderung des Ehrenamtes sollte in jeder kreisfreien Stadt ein Mehrgenerationenhaus entstehen. Personal- und Sachkosten zur Erstellung des Antrags wurden aus diesen Mitteln bestritten. Parallel wurden Grundstück und Bauträger gesucht, vergleichbare Projekte besichtigt und die inhaltliche Konzeption erstellt.

Sozialwohnungen in aktiver Nachbarschaft

Die Stadt Königsbrunn, die Gesellschaft für Wohnungsbau und Gewerbeansiedlung der Stadt Königsbrunn (GWG) sowie die evangelische Gemeinde St. Johannes antworten mit dem in diesem Kontext entstehenden Projekt *Generationenpark* auf Fragen der zunehmenden Wohnungsnot, der anstrebenswerten Inklusion von Benachteiligten in der Gesellschaft und des Bedarfs nach einer Kinderkrippe. Politisches Ziel der Stadt ist die Erhöhung des sozialen Wohnungsbaubestands, umgesetzt mit der stadteigenen GWG.

Ein anspruchsvolles, spezifisch für die Bedürfnisse von Königsbrunn entwickeltes Sozialkonzept ist Grundlage der Planung. Soziale Gemeinschaft wird zur Antwort auf sich auflösende traditionelle Familienstrukturen: Singles, Paare, Senioren, Alleinerziehende, Familien, Stief- und Patchworkfamilien unterschiedlichster Herkunft und Nationalität sowie eingeschränkte Personen sollen in aktiver, guter Nachbarschaft leben und individuell wohnen. Der Bedarf ergibt sich aus dem demografischen Wandel, der starken Nachfrage von Alleinerziehenden nach bezahlbarem Wohnraum an einem Standort mit guter Betreuung – eine dreigruppige Kinderkrippe wird daher im Auftrag der Kirche Teil des Raumprogramms. Mobilitätskonzepte werden erdacht, das Thema Greenbuilding wird integriert. Aus den inhaltlichen Zielen wird deutlich, dass das Projekt eine gewisse Größenordnung braucht, um einen Wohnungsmix bereitzustellen, der wiederum eine gewisse soziale, kulturelle und eine Altersbandbreite an Bewohnern aufnehmen kann. Mindestens 50 Wohnungen sind dazu notwendig.

Innenhof mit Hochbeet

Laubengänge, mehr als Erschließung

Realisierungswettbewerb

2009 wurde ein europaweiter Realisierungswettbewerb zur Planung eines Mehrgenerationenhauses mit Kinderkrippe in zwei Bauabschnitten für 40 Teilnehmer ausgeschrieben; Basis war die detaillierte Sozialkonzeption der Gemeinde. Der Standort befindet sich ca. einen Kilometer südlich des Zentrums zwischen gewachsener Stadt und einem kleinteiligen Neubaugebiet mit Einfamilienhäusern. Im Norden liegen wichtige Infrastrukturen, im Süden das Gemeindezentrum St. Johannes mit Pfarrzentrum, Kindergarten und Kirche. Bei der Beurteilung der Wettbewerbsprojekte wurde eine dieser Struktur angemessene Maßstäblichkeit zum wesentlichen Kriterium. Das Siegerprojekt nimmt die Hausstruktur der Umgebung auf, ist maximal dreigeschossig und erreicht trotz aufgelockerter Struktur eine angemessene Dichte mit einer Grundflächenzahl von über 1,0. Die dorfähnliche Struktur besteht aus Häusern, die sich um intime und differenziert gestaltete Innenhöfe gruppieren. Externe wie gemeinschaftliche Nutzungen werden in einem Gebäuderiegel im Norden integriert, die Kinderkrippe für 36 Kinder orientiert sich nach Süden und liegt damit in Nachbarschaft zur Kirche. Parallel geführte Wege und Laubengänge verbinden die Häuser und erschließen einen breiten Wohnungsmix. Mit den vielfältigen Aufenthalts-, Erschließungs- und Durchwegungsmöglichkeiten wird Begegnung im Alltag kultiviert und inszeniert.

Der zweite Bauabschnitt, der aufgrund großer Nachfrage kurz nach Fertigstellung des ersten Bauabschnittes gebaut wurde und seit Oktober 2016 bezogen ist, orientiert sich konzeptionell am ersten Bauabschnitt, beide bilden eine Einheit. Um eine noch wirtschaftlichere Bauweise zu erreichen, wurden lediglich Details optimiert und auf eine Tiefgarage verzichtet. Die trennende Erschließungsstraße zwischen den Bauabschnitten soll als Spielstraße umgewidmet werden, die einen ungehinderten Übergang und damit die Verbindung der beiden Bauabschnitte ermöglicht.

Laubengänge zur Vernetzung

Im Norden liegen gemeinsam nutzbare und multifunktionale Räume: der Gemeinschaftsraum mit Terrasse nach Süden zum Hof, das Büro für die Kümmerin und ein Gästeapartment. Die Treppenhäuser an den Gemeinschaftsräumen erlauben im Vorübergehen einen Blick auf das Geschehen dort. Laubengänge erschließen die Häuser – hier finden nicht nur kindliche Aktivitäten statt. Sie stehen vielmehr für Begegnung und Gemeinschaft und lösen das System ‚Haus' – Sinnbild für Privatheit – und die Orientierung nach Hauseingängen auf. Deshalb nennen die Bewohner auf die Frage nach ihrem Wohnort zuerst den *Generationenpark*, danach die Hausnummer – dort befinden sich die Klingelanlage, Aufzug und Treppe. Diagramme für die Briefträger unterstützen die Auffindbarkeit. Nicht nur gemeinsame Nutzungen und Angebote bilden die Grundlage eines aktiven Miteinanders, auch informelle Begegnungen unterstützen die Grundidee: Die Bündelung zentraler Funktionen wie Briefkastenanlage, Müll, Keller oder die Parkgarage provozieren den Austausch. Jede Wohnung verfügt über einen privaten Freibereich; die Höfe und die gemeinschaftlich nutzbaren Dachterrassen sind wie die Laubengänge Orte der alltäglichen Begegnung. Ältere Bewohner dürfen

Geöffneter Zugangshof

Benachbarte Kindergärten

2 *Interview mit Marcella Wolf*

3 *Interview mit Achim Friedrich*

sich an der Pflege der Hochbeete beteiligen, die Höfe werden von der GWG gepflegt. 87 Wohneinheiten werden barrierefrei über diese Laubengänge erschlossen – fünf Einzimmerwohnungen mit 36 bis 38 Quadratmetern, 37 Zweizimmerwohnungen mit 53 bis 65 Quadratmetern, 32 Dreizimmerwohnungen mit 70 bis 85 Quadratmetern, elf Vierzimmerwohnungen mit 90 bis 101 Quadratmetern, zwei Fünfzimmerwohnungen mit 144 Quadratmetern; davon sind neun Wohnungen rollstuhlgerecht.

Vernetzung nach außen

Räumliche und funktionale Angebote richten sich auch an die Nachbarschaft und die Stadt: Großzügige Vorzonen zur Straße, der Veranstaltungsraum und die Gästewohnung, die beide extern anmietbar sind, tragen zur Öffnung bei. Auch die dreigruppige Kinderkrippe schafft Verbindungen und Kontakte. Die städtische Krippe in Trägerschaft der Kirche hat zwar eigene Kriterien der Aufnahme, die Kinder aus dem *Generationenpark* werden inzwischen aber bevorzugt aufgenommen – der Mehrwert könnte allerdings noch größer sein.

Städtische Organisationsstruktur

Seit März 2013 ist eine angestellte Kümmerin mit 19,5 Stunden wöchentlich zuständig für soziale Kontakte und Belange, für organisatorische Verknüpfungen mit dem Quartier, interveniert aber auch bei Anmeldungen für den Kindergarten. Sie organisiert ebenfalls den Seniorenfahrdienst, der auch auf ein vom ehemaligen Bürgermeister gesponsertes behindertengerechtes Fahrzeug zugreift, vermittelt und koordiniert Fahrer und Auto. Die Kümmerin Marcella Wolf benennt die Abwägung folgendermaßen: „So viel gesteuerte Aktivität wie notwendig, so wenig wie möglich."[2]

Die vielfältigen Aktivitäten im Gruppenraum werden geplant und organisiert als Generationen verbindende Angebote, verschiedenste Tätigkeiten finden an einem Ort statt: Mittwoch nachmittags wird Kaffee getrunken, jeden ersten Sonntag im Monat findet ein Brunch statt – jeder bringt sich selbst etwas mit; vormittags nutzen Kindergruppen den Raum, der Sportverein unterrichtet Pilates, eine externe Yogagruppe und eine Musikschule haben sich eingemietet, der Beamer an der Wand ermöglicht Public Viewing. 30 laufende Meter Wand stehen im Flur als Kunstgalerie zur Verfügung, ein Bibliotheksregal wird von einer literaturaffinen Bewohnerin betreut. Der Trocken- und Bügelraum ist auch Fitnessraum, am Samstagvormittag liest hier eine Seniorin Kindern vor und ermöglicht den Eltern ruhige Erledigungen. Auch die Werkstatt im zweiten Bauabschnitt steht allen Bewohnern zur Verfügung. Hier können Fahrräder repariert oder kleinere Schreiner- und Reparaturarbeiten ausgeführt werden.

Die Räume wurden schnell angenommen, das Gästeapartment ist ausgebucht. *Generationenpark*-Mieter zahlen 15 Euro pro Tag und 60 Euro wöchentlich sowie eine Reinigungspauschale von 20 bis 30 Euro, die Anmietung durch Außenstehende ist teurer. Die Gemeinschaftsräume gehören der GWG und sind ohne Förderung frei finanziert. Die Umlage der Nebenkosten auf die Mieter ist nicht möglich, sie wird viel zu teuer. Durch externe Vermietung der Räume sollen künftig die Nebenkosten der Gemeinschafträume finanziert werden.

Fördermittel und Preispolitik

Das Modellvorhaben IQ – Innerstädtische Wohnquartiere des Landes Bayern wurde während der Planungszeit aufgelegt, eine zusätzliche Förderung wurde dadurch möglich. Die Nutzung verschiedener Fördertöpfe mit jeweils spezifischen Rahmenbedingungen (Kindergarten, Energie, Personalmittel durch Mehrgenerationenhaus-Förderung) war aufwendig.

Die Kaltmiete der geförderten Wohnungen beträgt 6,80 Euro pro Quadratmeter, dazu kann es Zuschüsse von 1,00 und 2,00 Euro pro Quadratmeter geben. Frei finanzierte Wohnungen kosten 7,80 Euro pro Quadratmeter, die Staffelung ist damit von 4,80 Euro pro Quadratmeter bis 7,80 Euro pro Quadratmeter möglich – alle wohnen in der gleichen Anlage, die Wohnungen sind vorwiegend gleich behandelt. Mit dieser Preis- und Belegungspolitik ist die Grundlage für soziale Mischung gegeben.

Unterschiedliche Welten

„Wir wollen vernetzen, Soziales gestalten, die GWG will verwalten, vermieten."[3] Die GWG Königsbrunn trifft darüber hinaus eine sehr genaue Auswahl der zukünftigen Mieter für den *Generationenpark*; die

Bereitschaft, sich einzubringen, wird bei einem ausführlichen Bewerbungsgespräch abgefragt. Aus Sicht der Kümmerin trägt mehr als die Hälfte der Bewohner im Alltag das Konzept der aktiven Nachbarschaft. Die Mieter des *Generationenparks* haben durch die positive Identifikation mit dem *Generationenpark* allerdings ein anderes, höheres Anspruchsdenken. Der dadurch entstehende Mehraufwand für die Wohnungsbaugesellschaft wird kontrovers diskutiert zwischen GWG und betreuendem Familienbüro.

„Grenzen überschreiten, Brücken bauen"[4]

Der *Generationenpark* sollte Impulsgeber für Quartiersentwicklung werden und Vorbildcharakter erhalten. Projekte mit diesem Anspruch können allerdings nicht alle Fragestellungen beantworten, in Umsetzung und Praxis müssen Abstriche gemacht werden – zum Beispiel war ein Kinderhotel geplant, dafür gab es allerdings keinen Bedarf. Andererseits entwickeln sie auch unerwartete Kapazitäten: Während der Bauphase entstand eine Kooperation mit dem *Fritz-Felsenstein-Haus* für Körperbehinderte und damit die Möglichkeit, Inklusion in einem zuvor nicht für realisierbar gehaltenen Maße zu fördern. Bewohner der Einrichtung brauchen einen baulichen Rahmen, der ermöglicht, dass sie – mit 24-stündiger Assistenz und größeren Gerätschaften – wieder selbstständiger werden können. Der Verein stieg somit in die Planung ein. Für das Konzept des Miteinanders von Menschen mit und ohne körperliche/geistige Beeinträchtigung, verschiedener Nationalitäten sowie verschiedener Einkommensgruppen wurde der *Generationenpark* 2014 mit dem bayrischen Inklusionspreis ausgezeichnet.

Dichtes Netzwerk im Einfamilienhausgebiet

Die Architektur macht aus dem *Generationenpark* ein auf den Ort bezogenes, in seiner Größe sozial erfahrbares und einladendes Projekt. Ein zugängliches, lebendiges Netzwerk von Wegen und Höfen ermöglicht die Durchquerung. Die aktuelle Bemühung um Ausgestaltung einer Spielstraße zwischen beiden Bauabschnitten fördert die Ausbildung eines für das Quartier relevanten Projekts. Die zuvor trennende Straße wird damit zur Nachbarschaftszone. Der quartiersoffene Gemeinschaftsraum und die Kinderkrippe in Nachbarschaft von Gemeindezentrum, Kindergarten und Kirche ziehen Leben und Frequentierung nach sich. Die vergleichsweise dichte

4 *Interview mit Achim Friedrich*

Offene Durchwegung

Erschließung Gemeinschaftsräume

Bebauung des *Generationenparks* mit integrierten öffentlichen Funktionen wird an diesem Standort zum Impuls und Zentrum in einer zuvor verwechselbaren Stadterweiterung. Vor allem die Suche nach einer Balance zwischen zivilgesellschaftlichem Handeln und staatlicher Fürsorge und das anspruchsvolle Sozialkonzept, das auf politischer Kontinuität und städtisch bereitgestellter Organisationsstruktur basiert, prägen den *Generationenpark*.

Modell mit zwei Bauabschnitten

Interviews

Sibylle Ebe, Architekturbüro Ebe I Ausfelder I Partner, Entwurfsverfasserin und ausführende Architektin, Königsbrunn, 06.10.2014

Achim Friedrich, Familienbüroleiter, Verfasser der Konzeption zum Mehrgenerationenwohnen Wettbewerb, Königsbrunn, 06.10.2014

Marcella Wolf, Kümmerin des Generationenparks Königsbrunn, Königsbrunn, 06.10.2014

Nadine Bissinger, GWG Königsbrunn, zuständig für Vermietung Generationenpark, Königsbrunn, 06.10.2014

Martin Janik, Architekturbüro Ebe I Ausfelder I Partner, 16.09.2015

Generationenpark, Königsbrunn, D

Adresse	Dietrich-Bonhoeffer-Straße 38–42 86343 Königsbrunn Deutschland
Erstbezug	2013 1. Bauabschnitt 2016 2. Bauabschnitt
Bauträger	GWG Gesellschaft für Wohnungsbau und Gewerbeansiedlung der Stadt Königsbrunn
Entwurf	Ebe I Ausfelder I Partner Architekten, München lab I landschaftsarchitektur brenner, Dettenhausen
Flächen	Grundstück 8.919 qm Wohnen 7.303 qm Gewerbe 500 qm Gemeinschaft 400 qm
Wohnungen	78 Wohnungen plus 9 Wohnungen rollstuhlgerecht 1–5 Zimmer Wohnungen, 1 Wohngemeinschaft
Förderung	Mehrgenerationenhaus-Förderung, IQ Innenstädtische Wohnquartiere
Gemeinschaft	*Räume:* Veranstaltungsraum, „Kümmerer"-Büro, Wasch-/Bügelraum, Bibliothek, Gästeapartment, Gemeinschaftsküche, Werkstatt, Carsharing mit Seniorenfahrdienst, Rollstuhllager *Freiflächen:* Innenhöfe, gemeinsame Dachterrasse, Pflanzenbeete
Quartier	*Räume:* Kinderkrippe, Veranstaltungsraum, Gästeapartment *Freiflächen:* Geöffnete Höfe

2.8 Grünmatt – Friesenberg, Zürich, CH

Freiraum zwischen den Zeilen

„Die alten Reihenhaussiedlungen haben etwas stark Separierendes, es gibt dort keine öffentlichen Plätze oder gemeinschaftlichen Räume. Diesen Nachteil haben wir bei der Neubausiedlung Grünmatt *behoben. Die einzelnen Häuser besitzen hier nur noch einen ‚Badetuch-Garten', dafür gibt es zwei breite, autofreie Wege zwischen den Zeilen, auf denen das gemeinsame Leben stattfindet."*

Alfons Sonderegger [1]

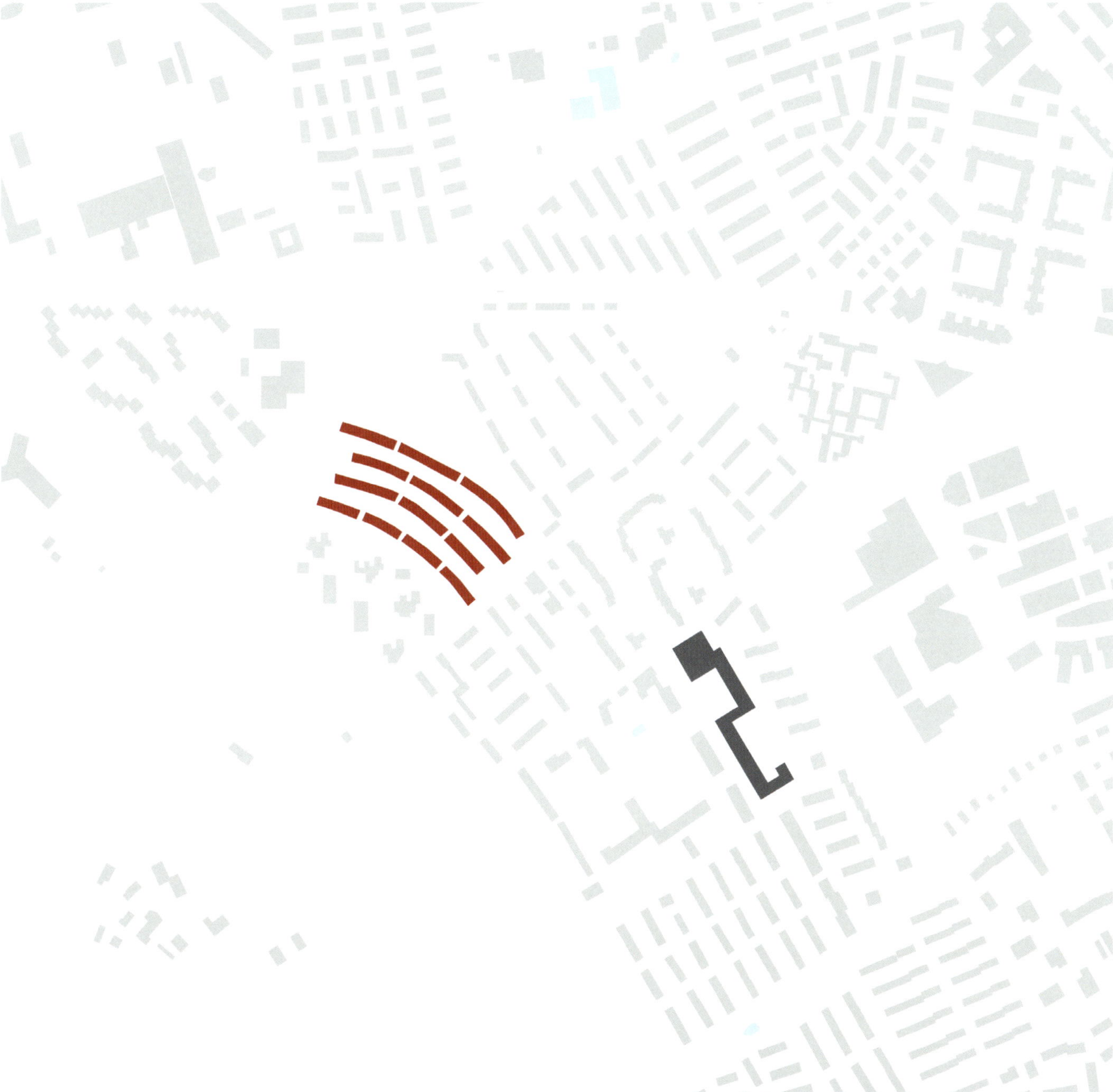

1 *Interview mit Alfons Sonderegger, Präsident FGZ*

Transformation einer Wohnsiedlung

Die Familienheim-Genossenschaft Zürich (FGZ) wurde 1924 nach dem Vorbild englischer Gartenstädte gegründet und ist die größte Siedlungsgenossenschaft der Schweiz. Sie konnte einen wenig gefragten, obstbaumbestandenen Nordosthang in Zürich aufkaufen. Hier entstanden im Laufe der Jahre 24 Etappen des Wohnungsbaus in direkter Nachbarschaft zueinander. Sie folgten jeweils dem Planungsleitbild ihrer Zeit, Zeilenbauten und eine starke Durchgrünung prägen den Siedlungscharakter. 2.274 Wohnobjekte bilden im Friesenberg ein eigenes Quartier, 1.100 Wohnungen – also ca. die Hälfte – sind als Familienwohnobjekte deklariert. Die Genossenschaft wuchs damit zu einem familiengerechten, attraktiven Wohnstandort mit Sicht auf Zürich und den Uetliberg. Die Siedlung *Grünmatt* liegt am südwestlichen Siedlungsrand dieses zusammenhängenden Genossenschaftsquartiers im Südwesten des Stadtkreises Zürich.

Kontinuierliche Erneuerung

Die FGZ hat sich in ihrem Bauleitbild 2004 bis 2025 zum Ziel gesetzt, die bestehenden Bauten sinnvoll zu erhalten, zu verbessern und gegebenenfalls zu ersetzen. Parallel hat die Genossenschaft nach einem kooperativen Planungsprozess mit der Stadt im März 2016 einen Masterplan verabschiedet. Auf Basis einer kontinuierlichen Erneuerung ist eine Weiterentwicklung von innen vorgesehen, um die räumliche und soziale Qualität der Nachbarschaft weiter zu entwickeln. Über Verdichtungen bis zum Jahr 2050 werden 500 bis 700 Wohnungen zusätzlich hinzugefügt. Bestehende Themen wie zum Beispiel die Zeilenbebauung sollen aufgenommen werden, private Außenräume sollen zugunsten halböffentlicher Freiflächen reduziert werden.[2] 90 Prozent der Siedlungsfläche ist in Besitz der FGZ, Grundlage weiterer Bodenvergabe ist das Baurecht (Erbbaupacht): Seit 1960 verkauft die Stadt Grund und Boden nicht mehr, sondern vergibt die Grundstücke nur noch im Baurecht. Die Dauer der Vergabe von 60 Jahren wurde inzwischen auf die

2 *Vgl. Familienheim-Genossenschaft Zürich (FGZ)/Amt für Städtebau der Stadt Zürich (Hg.): Masterplan FGZ. Kurzfassung. Zürich 2016. Abzurufen unter: www.fgzzh.ch/resources/uploads/MasterplanFGZ/Masterplan%20FGZ_2016-03-31_Kurzfassung.pdf (besucht am 08.01.2017)*

Grünmatt zur Känguruwiese

Durchwegung zur Nachbaretappe 2

Formel 60 plus 2 gebracht: Die Vergabe kann zweimal um jeweils 15 Jahre bis auf 90 Jahre verlängert werden, danach kann wieder Eigenbedarf geltend gemacht werden.

Reihenhäuser und Gemeinschaft

Grünmatt, die dritte, 1929 erbaute Siedlung der FGZ, war bebaut mit 64 eingeschossigen, wenig tiefen Drei- und Vierzimmer-Reihenhäusern mit kleinem Kohlekeller und großen Gärten. Im Bauleitbild 2004 bis 2025 waren Ersatzneubauten beschlossen worden, um eine Verdichtung zu erzielen und barrierefreien Wohnraum anbieten zu können, denn Wohnen sollte möglichst lange für ältere Bewohner in der Genossenschaft ermöglicht werden. *Grünmatt* war damit die erste Reihenhaussiedlung, die abgebrochen werden sollte. Den Hintergrund der Diskussion um die Typologie des Reihenhauses und die Wettbewerbsentscheidung beschreibt Alfons Sonderegger wie folgt: „Wohnraum wie Freiraum ist ein gemeinschaftliches Eigentum – den Bewohnern gehört nicht ihre Wohnung, sondern $^{1}/_{2274}$tel. Das Reihenhaus als Typus verstärkt das Gefühl des individuellen Eigentums. Hier gibt es die meisten Veränderungsgesuche."[3] Und: „Da sind viele Diskussionen vorausgegangen und die Einfamilienhausfraktion war sehr lautstark."[4] 2006 und 2007 wurde im Auftrag des FGZ ein Studienauftrag mit sechs Teams ausgeführt. Das zweistufige Verfahren war nicht anonym und sah Zwischenpräsentationen vor. Der erste Preis ging an Graber Pulver Architekten AG aus Zürich.[5] Das Projekt berücksichtigte einerseits die Topografie und bauliche Vorgängerstrukturen und damit die Identität des Orts, andererseits bot es eine innovative Interpretation von Reihenhaus und Zeilenbau in der Gartenstadt an. Durch die Neubebauung wurde eine Verdichtung mit dem Faktor 2,3 erreicht: Zuvor lebten ca. 210 Personen in den Reihenhäusern, heute leben hier ca. 480 Personen, statt 64 stehen nun 155 Wohneinheiten zur Verfügung.

Verkehrsfreie Gartenstadt

Vier geschwungene Zeilen begleiten wie die Reihenhauszeilen zuvor den Höhenverlauf des Bergs, die Baukörper treppen sich dem Hangverlauf folgend nach Nordosten ab. 13 Häuser mit Geschosswohnungen und Reihenhäusern bilden eine städtebauliche Großform, die zwei großflächige, autofreie Außenräume fasst. Zweifach aufgeweitet durch verschiedene Krümmungen und gerahmt von der großzügigen Geste der nach Süden vorgestellten Loggien sind sie urbaner, gemeinschaftlicher Raum und Foyer der Siedlung: Alle Zugänge werden von hier erschlossen. Der Kleinteiligkeit des privaten Reihenhauses wird die bindende Kraft der ‚urbanen Loggia' und des niveaugleichen Freiraums entgegengestellt. Das Paradox des privaten Bildes der Reihenhaustypologie in genossenschaftlichem Kontext wird damit partiell aufgelöst. Heckengefasste kleine Gärten als private Außenzimmer bilden einen Puffer zu den Wohnungen. Prägend für die Siedlung bleibt weiterhin der Zeilenbau, aber die beiden Haupterschließungsräume – zuvor Straßen – sind nun Orte der Begegnung: „Die neue Siedlung *Grünmatt* bietet völlig neue Außenräume. Die Kinder können direkt auf die Spielfläche."[6]

3 *Interview mit Alfons Sonderegger*

4 *Ebenda*

5 *Vgl. arc Consulting (Hg.): Familienheim-Genossenschaft Zürich (FGZ). Organisation zweistufiger Studienauftrag. Abzurufen unter: www.arc-consulting.ch/content/uploads/812-FGZ-A41.pdf (besucht am 17.12.2016)*

6 *Interview mit Alfons Sonderegger*

Ebenerdige Durchwegung

Begegnung am Kopf der Zeile

7 *Ebenda*

8 *Vgl. Liechtie, Richard: Mehr als Reihenhäuser. In: Wohnen 5/2014, S. 15–20*

Wohnungsvielfalt

Der Aufbau der Wohnungsgrundrisse reagiert auf die gute Orientierung der Zeilen nach Südwesten wie auf die Aussicht auf die Stadt nach Nordosten: Wohn- und Esszimmer binden durch die Gebäudetiefe, nach Süden bietet eine 2,15 Meter tiefe vorgestellte Loggia überdachten und besonnten Freiraum. Das Wohnungsangebot ist breit gefächert nach Typologie, Größe und räumlicher Eigenart: Von den 155 Wohneinheiten sind 59 Reihenhäuser und 96 Wohnungen. 31 Wohnungen haben einen kleinen Südgarten, 71 sowohl eine Loggia nach Süden als auch Blick über die niedrigeren Zeilen zur Stadt, neun Wohnungen greifen über zwei Geschosse und haben sowohl im Süden als auch im Norden einen kleinen Garten. 44 Wohnungen umfassen drei Geschosse. Die reihenhausartigen Wohnungen sind aufgeteilt in drei mal 3,5-Zimmer, 41 mal 4,5-Zimmer und 15 mal 5,5-Zimmer, die Wohnungen in neun mal 2,5-Zimmer, 37 mal 3,5-Zimmer, 23 mal 4,5-Zimmer und 15 mal 5,5-Zimmer. Zusätzlich gibt es 18 Individualzimmer und zwei Gästezimmer.

Verdichtung durch Zügel- und Umzugsfristen

Relativ strenge Belegungsvorschriften und das Umzugssystem der FGZ führen zu einem für Zürich unterdurchschnittlichen Flächenverbrauch pro Bewohner von 31,5 Quadratmeter. „Wenn ich in einem Vierzimmerhaus wohne und die Kinder ausziehen, muss ich in der Regel in eine kleinere Wohnung ziehen. Es gilt, so viele Zimmer wie Personen. Die Bewohner haben sechs Jahre Zeit und die Genossenschaft macht drei Angebote."[7] In der viergeschossigen Zeilenbebauung im Südwesten der Siedlung entstanden alternative Wohnungen besonders für jene älteren Personen, die wegen Unterbelegung bald ihre Wohnung hätten wechseln müssen. Die mit Aufzügen bis in die Tiefgarage erschlossenen Wohnungen sind altersgerecht ausgebaut. Ca. 100 interne Wechsel konnten so verzeichnet werden, eine große Zahl von Reihenhäusern im Altbestand wurde damit frei für neu hinzuziehende Familien.[8]

Autofreie Durchwegung

‚Zeitimporte' zur Quartiersvernetzung

Die allseitige Vernetzung mit der Nachbarschaft ist wesentlicher Bestandteil der Neuplanung: Die beiden großen Freiräume bieten den Bewohnern der Siedlung und des Friesenbergs über ihre Aufenthaltsqualität hinaus ebenerdige Wege ins Grüne und in Richtung eines neuen Quartierszentrums. Hangaufwärts führen zwischen den 13 Häusern Treppen und auch Rampen zu den benachbarten Siedlungsbausteinen und ins Grüne. Diese Hang-Durchwegung ist begleitet – und damit in ihrer Wichtigkeit hervorgehoben – von Kunst am Bau. Der Schweizer Künstler Yves Netzhammer installierte in den neun Durchgängen zwischen den Häuserzeilen Fundgegenstände aus der Vorgängersiedlung. Eine Dachrinne, ein Koffer, eine Tür oder ein Fenster sind in Beton gegossene ‚Zeitimporte', die wie die Gebäudestellung selbst eine Verbindung zwischen Gegenwart und Vergangenheit herstellen und gleichzeitig zum erzählerischen Orientierungssystem werden.

Teil einer Gesamtheit

Die gemeinschaftlichen Räume von *Grünmatt* sind am nordöstlichen Zeilenende in Richtung der räumlichen Mitte des Friesenbergs konzentriert. Hier bilden sie in der Nähe des 1928 gebauten Genossenschaftshauses, das einen Kindergarten, eine Gemeindestube, den Genossenschaftssaal sowie zwei Ladenlokale enthält, einen öffentlichen Schwerpunkt. Ein neu entstandener Kindergarten mit Hort, eine städtische Pflegewohngruppe für acht Demenzerkrankte und ein Gemeinschaftsraum mit 160 Quadratmetern Fläche sind Teil des Quartiersnetzwerks. „Jetzt haben wir immerhin acht Gemeinschaftsräume. Wenn man schaut, wie sie genutzt werden, ist das gar nicht so verrückt. Der Gemeinschaftsraum ist nun automatisch dabei, wenn wir neu bauen."[9] Der Präsident der Genossenschaft Sonderegger weist darauf hin, dass nachträglich kaum ein Gemeinschaftsraum eingefügt werden kann. „Die Leute fürchten den Lärm!"[10]

Nachhaltige Vernetzung

Die Vernetzung findet nicht nur räumlich und funktional, sondern auch in Bezug auf Aspekte der Nachhaltigkeit statt. Zwei Gemeinschafts-Kompoststationen sind mit der Siedlung neu entstanden. Sie bieten auf dem Weg ins Grüne, zur Känguruwiese mit Kinderspielplatz oder auf dem Weg ins Quartierszentrum ‚natürlichen' Anlass, sich zu treffen: „Wir sind die größte Gemeinschafts-Kompostanlage in der Schweiz mit 13 Anlagen im ganzen Areal. Wir haben etwa 150 Leute mit einer Kompostberaterin im Einsatz – sie schaut, dass immer neue Kompostbetreuer rekrutiert werden und dass sie den Kompost richtig kehren. Da trifft man sich, da ist der Briefträger mit dem Akademiker oder der Coop-Lageristin zusammen. Sie haben Geld zur Verfügung, damit sie pro Gruppe einen Ausflug machen können und immer im Januar gibt es ein Kompostessen."[11] Die Belegung aller *Grünmatt*-Dächer mit einer Fotovoltaikanlage dient der Stromerzeugung von 100 Haushalten.

Soziale Unterstützung

Dienstleistungen im sozialen Bereich werden als direkte Sozialangebote der FGZ ausgeführt. Ein Sozialberater und fünf Personen zur Altersbetreuung werden finanziert aus Mieteinnahmen. Der Hilfsfonds FGZ speist sich aus 0,25 Prozent der Mieten und unterstützt gezielt Genossenschaftsmitglieder in finanziellen Engpässen oder Notlagen.

Ein neues Quartierszentrum

Ein übergeordnetes Zentrum als zentraler Treffpunkt wird in Zukunft die einzelnen Etappen verbinden: Bis 2018 entsteht innerhalb der Gartenstadt Friesenberg mit einer neuen Quartiersmitte ein funktionaler wie räumlicher Schwerpunkt. Ein großer mäandrierender Baukörper, geplant von Architekturbüro Enzmann Fischer aus Zürich, umfasst einen öffentlichen, zur Straße gewandten Stadtplatz und einen talseitig geöffneten Grünhof. Ein Coop als Lebensmittel-Großversorger, kleine Läden, ein Gesundheitszentrum mit Gruppenpraxis, ein Kindergarten und die Geschäftsstelle der Genossenschaft werden einziehen, in den oberen Stockwerken werden über 100 mit Aufzug erreichbare Geschosswohnungen angeboten. Dieses neue Zentrum befindet sich östlich der Siedlung *Grünmatt*.

9 *Interview mit Alfons Sonderegger*

10 *Ebenda*

11 *Ebenda*

12 *Ebenda*

Den Freiraum rahmende Loggien

Vielfalt in der Stadt

Die FGZ hat sowohl bei den Genossenschaften *Kalkbreite* wie bei der ‚Genossenschaft der Genossenschaften' *mehr als wohnen* Anteilsscheine gezeichnet und trägt damit auch eine Vielfalt an Wohnkonzepten: „Wäre es richtig, überall *Kalkbreiten* oder überall *mehr als wohnen* zu machen? Oder ist es eben nicht auch stimmig, hier diese Struktur weiter zu entwickeln, um bewusst ein Angebot für Haushalte mit Kindern zu machen? Wir denken im Moment immer noch mehrheitlich: Doch, das ist auch richtig. Es ist wunderbar, dass es die anderen und die Experimente gibt, aber das Wohnen hat auch immer noch etwas Konservatives. Es braucht die Vielfalt – es dürften nicht alle plötzlich *Kalkbreite* werden, es sollten aber auch nicht alle Friesenberg werden."[12]

Grünmatt zur Friesenberghalde

Nicht nur die räumliche Vernetzung der Siedlung *Grünmatt* mit dem Quartier und die Neuinterpretation eines zuvor privaten Wohnbausteins ist beispielhaft. In vielen Aspekten hat die Siedlung *Grünmatt* vorweggenommen, was der „Masterplan FGZ" zur Quartiersvernetzung auf dem Friesenberg bis 2050 als Zielsetzung formuliert: „In allen Bauetappen der FGZ sollen kleinere, gemeinschaftliche Freiräume als Orte für spontane Begegnungen erhalten und geschaffen werden."[13]

Interviews

Alfons Sonderegger, Präsident der FGZ, Zürich, 12.03.2015

Alexander Huhle, Graber Pulver Architekten, Zürich, 12.03.2015

Literatur

arc Consulting (Hg.): Familienheim-Genossenschaft Zürich (FGZ). Organisation zweistufiger Studienauftrag. Abzurufen unter: www.arc-consulting.ch/content/uploads/812-FGZ-A41.pdf (besucht am 17.12.2016)

Familienheim-Genossenschaft Zürich (FGZ)/Amt für Städtebau der Stadt Zürich (Hg.): Masterplan FGZ. Kurzfassung. Zürich 2016. Abzurufen unter: www.fgzzh.ch/resources/uploads/MasterplanFGZ/Masterplan%20FGZ_2016-03-31_Kurzfassung.pdf (besucht am 08.01.2017)

Liechtie, Richard: Mehr als Reihenhäuser. In: Wohnen 5/2014, S. 15–20

13 *Familienheim-Genossenschaft Zürich (FGZ)/ Amt für Städtebau der Stadt Zürich (Hg.): Masterplan FGZ. Kurzfassung. Zürich 2016. Abzurufen unter: www.fgzzh.ch/resources/uploads/MasterplanFGZ/Masterplan%20FGZ_2016-03-31_Kurzfassung.pdf (besucht am 09.01.2017)*

Grünmatt, Friesenberg, Zürich, CH

Adresse	Baumhaldenstrasse 1–30, Grünmattstrasse 1–36 8055 Zürich Schweiz
Erstbezug	2014
Bauträger	Familienheim Genossenschaft, Zürich
Entwurf	Graber Pulver Architekten, Zürich 4d AG Landschaftsarchitekten, Bern
Flächen	Grundstück 31.797 qm Wohnen 17.327 qm Gewerbe 508 qm Gemeinschaft 160 qm
Wohnungen	155 Wohnungen Geschosswohnungen, Reihen-Einfamilienhäuser, Gästezimmer
Förderung	Baurecht, FGZ durch Mietumlagesystem
Gemeinschaft	*Räume:* Gästezimmer, städtische Pflegewohngruppe, Gemeinschaftsraum *Freiflächen:* Spielwege
Quartier	*Räume:* Kindergarten, Kinderhort, städtische Pflegewohngruppe *Freiflächen:* Spielwege

2.9 Wohn_Zimmer – Sonnwendviertel, Wien, A

Durch den Wohnrahmen in den Innenhof

„Die Organisation erfolgt über soziale Medien.
Die Bewohner und Bewohnerinnen bringen Leute aus dem Quartier mit,
allein das öffnet schon."

win4wien[1]

1 *Züger, Roland: Herzblut ist kein Argument. Spaziergang durchs Wiener Sonnwendviertel. In: werk, bauen + wohnen 5/2016, S. 28–38*

Gemeinnützige Quartiersvernetzung als Akzent

Sonnwendviertel – ein neues Stadtquartier

Auf den Flächen des ehemaligen Wiener Frachtenbahnhofs im 10. Wiener Gemeindebezirk entsteht südlich des neuen Hauptbahnhofs bis 2025 das Sonnwendviertel. Das dichte Stadtquartier mit ca. 5.500 Wohneinheiten, einem Bildungscampus für Kinder und Jugendliche, Arbeitsplätzen und Geschäften wird zukünftig von einem zentralen Park durchzogen. Blockrandbebauungen setzen die Stadtstruktur des benachbarten Gründerzeit-Arbeiterquartiers Favoriten fort. Dem Baufeld C.01 kommt aufgrund seiner Lage an der Nahtstelle zwischen Hauptbahnhof, Favoriten, neuem Park und zukünftigem Sonnwendviertel besondere Bedeutung in Bezug auf die Quartiersvernetzung zu.

Bauträgerwettbewerbe

2009 forderte der wohnfonds_wien als Grundstückseigentümer Teams von zumindest drei Bauträgern mit drei Architekten zur Teilnahme an einem einstufigen Bauträgerwettbewerb auf. Damit wird für das Baufeld C.01 – ein Zusammenschluss von sieben Grundstücken – schon im Rahmen des Verfahrens eine Nachbarschaft entwickelt, ein gemeinsam abgestimmtes Freiflächenkonzept erarbeitet und Vielfalt in der Architektur sichergestellt. Das Instrument der Bauträgerwettbewerbe dient der Stadt Wien seit 20 Jahren der Qualitätssicherung – der Grundstückspreis wird unabhängig von den Marktkonditionen als Festpreis für alle Bauträger vordefiniert, die Bauträger qualifizieren sich im Team mit Architekten und anderen Sonderfachleuten über Realisierungskonzepte. Der Erhalt der Wohnbauförderungsmittel ist an eine gemeinsame Umsetzung gebunden. Der Bauträger – daran interessiert, den Wettbewerb zu gewinnen – ist in der Wettbewerbsphase offen für konzeptionell starke Ideen. Im Bauprozess werden pragmatische und ökonomische Aspekte relevant, Ideen werden der Realität angepasst.

Soziale Nachhaltigkeit

Zur Beurteilung des Wettbewerbs wurde im Rahmen dieses Verfahrens die Säule der sozialen Nachhaltigkeit zu dem bisher gültigen Drei-Säulen-Modell (Planung, Ökonomie, Ökologie) hinzugefügt. In den Fokus geraten damit die Themen Wohnen in Gemeinschaft, kommunikative Qualitäten von Begegnungsorten,

Solitär als Ziel des Weges

Passerelle als barrierefreie Flanierzone

Lage und Ausstattung von Gemeinschaftsbereichen oder die Aneigenbarkeit der (Außen-)Flächen durch unterschiedliche Nutzer- und Altersgruppen.[2] Zur Wahrung dieser Aspekte werden auch Sozialplaner Teilnehmer der Wettbewerbsjury. Das mit dem ersten Preis ausgezeichnete Projekt wurde in Bezug auf das neu eingeführte Kriterium zum Vorbild für die Wiener Wohnbauförderung, gemeinschaftsorientierte Funktionen dienen als Impulse.

Im Dialog mit dem Quartier

Das prämierte Projekt wurde von vier Bauträgern mit drei Architekturbüros und einem Landschaftsarchitekturbüro gemeinsam entwickelt; es beherbergt ca. 450 Wohnungen mit mehr als 3.000 Quadratmetern Gemeinschaftseinrichtungen. In Reaktion auf die städtebaulichen Vorgaben des 2004 beschlossenen Masterplans „Bahnhof Wien – Europa Mitte" und auf die Forderung nach hoher baulicher Dichte entstand ein Wohnrahmen entlang der Grenzen des Sonnwendviertels nach Norden, Osten und Westen. Durch eine differenzierte Baukörperausbildung, unterschiedliche Architekturen, durch Fugen, Zäsuren, durch Stiegenhäuser und Zugänge wird die vorgegebene Geschlossenheit aufgebrochen und die Verbindung mit den umgebenden Stadtteilen ermöglicht. Unterschiedlich positionierte Öffnungen erlauben Durchquerung, Durch- und Einblicke auf die interne Landschaft wie Ausblicke in den Park. Nach Süden inszenieren drei auffällige, siebengeschossige rote polygonale Solitäre die Wegeverbindung zur benachbarten neuen Bebauung und fassen den zentralen Bereich, das *Wohn_Zimmer*. Zufällige Begegnungen sind hier gewollt. Ein baufeldübergreifend erarbeitetes Freiraumkonzept hebt die üblichen Grundstücksaufteilungen auf, es unterscheidet mit Rampen, Terrassen und Mauern öffentliche und halböffentliche Flächen. Diese teilweise auch gebäudeintegrierte Landschaft erschließt die großflächig verglasten, abends hell erleuchteten, öffentlichen Funktionen Wellnesscenter, Theater und Bibliothek barrierefrei und ermöglicht, das *Wohn_Zimmer* mit Angeboten wie Wochen- oder Flohmarkt bei Tag und bei Nacht zu nutzen und zu durchqueren. Rampen und begleitende Geländer als Begleiterscheinung eines in einen Hügel integrierten Jugendraums stören allerdings die Offenheit und zerschneiden mit den Tiefgaragenentlüftungen die Freiflächen. Den Wohnungen sind private Freibereiche zugeordnet, für die Gemeinschaft existieren eine große Dachterrasse, ein Winter- und ein Kräutergarten. Das Erdgeschoss steht somit der Allgemeinheit zur Verfügung.

Promenade

Die im Nordwesten zum Bezirk Favoriten orientierten und an der Hauptstraße gelegenen zehngeschossigen Blockrandbauten (Bauteil A, STUDIOVLAY) enthalten eine zentrale Eingangshalle mit Concierge und Briefkästen für alle Bewohner. Hier befindet sich auch im ersten Obergeschoss der Zugang zum für die Bewohner anmietbaren Kino. Brücken definieren die dritte Dimension und verbinden in verschiedenen Geschossen die Gebäude und Gemeinschaftsbereiche mit Räumen bis zu fünf Meter Höhe. Es entsteht ein generöses Erschließungsmodell, „eine Promenade mit Abfolgen von unterschiedlichen Raumqualitäten"[3],

2 *Aus: Vgl. wohnfonds_wien: Beurteilungsblatt 4-Säulen-Modell, Stand Oktober 2009*

3 *Interview mit Bernd Vlay*

Marktplatz des *Wohn_Zimmers*

Dreidimensionale *Promenade*

4 *Interview mit Klaus Kada*

5 *Vgl. Interview mit Dieter Groschopf*

6 *Vgl. Interview mit Bernd Vlay*

eine barrierefreie Flanierzone. Die Gemeinschaftsräume sind für alle Bewohner nutzbar, ein auch für die Öffentlichkeit gegen Entgelt zugängliches Schwimmbad mit Wellnessbereich ist durch die *Promenade* „im Bademantel erreichbar"[4]. Für jene, die schon dort wohnen, werden damit Verbesserungen angeboten, die Akzeptanz der Bevölkerung für das neue Quartier wird erhöht.[5] Das Netzwerk mit seinen durch die Lage von Gemeinschaftsräumen definierte Planschnittstellen und Fugen wurde zwischen den drei beteiligten Planern frühzeitig vereinbart und bildet das übergeordnete Konzept.

Wohn_Zimmer

Der Projektname *Wohn_Zimmer* entstand aus der Zielsetzung, den Gebäudekomplex mit seinen Freiräumen zum anregenden Aufenthaltsort und Wohnzimmer werden zu lassen. Privatflächen werden zugunsten der Allgemeinflächen um ca. zehn Prozent reduziert. In den Wohnungen sind keine Wohnzimmer vorgesehen, in den drei Türmen wird wohnungsintern auf Flurflächen verzichtet. Bewegliche – zu kaufende – Schränke erlauben hier verschiedenste Konfigurationen der Grundrissorganisation. Die Anforderung nach interkulturellem Wohnen wird beantwortet mit Wohnungstypen, die bei 140 Quadratmetern sieben Zimmer ohne Verkehrsfläche erschließen – die dreiseitige Belichtung der Solitäre erlaubt diesen Typus. Hier zeigt sich eine Ambivalenz im Fördermodell: Für ausgelagerte Wohnflächen und die Reduzierung der Wohnflächen, die nun Gemeinschaftsflächen werden können, werden keine Fördergelder angeboten. Die hohe Anzahl geförderter Wohnungen und eine große Wohnungsvielfalt – von Single-Lofts über Smart-Wohnungen (drei Zimmer mit 55 qm) zu Familienmaisonetten und 360 Quadratmeter großen Wohngemeinschaften – fördert die soziale Durchmischung. Eigentumswohnungen sind tendenziell in den oberen Geschossen angesiedelt.

Vertikaler Spielplatz

Das große Angebot an funktional vielfältigen sozialen und infrastrukturellen Gemeinschaftsräumen ist Kompensation des Trends zu kleineren und damit leistbaren Wohnungen. Eine 183 Quadratmeter große Gemeinschaftsküche wird außerhalb der begrenzten Wohnung Alltagsküche und Festsaal, der Heimkinosaal kann individuell gebucht werden. Angebote für alle Altersklassen existieren: Spielecken für Kleinkinder, ein Spielraum mit Kletterwand über drei Geschosse mit Abenteuerrutsche, ein Jugendraum, ein Musikprobenraum, Lesezirkel, Bibliothek, Werkstätten und Ateliers, eine Fahrradwerkstatt sowie eine Spielhölle. Ebenso werden aus interkulturellem Kontext entwickelte genderhomogene Räume wie das *Mädchenzimmer* angeboten. Das von einem professionellen Betreiber geführte Schwimmbad mit Wellnesscenter, Sauna und Nebeneinrichtung umfasst ca. 1.000 Quadratmeter und ist öffentlich nutzbar und wesentlicher Teil des Raum- und Funktionsangebots für die ganze Quartiersgemeinschaft. Vierzehn Geschäftslokale und kleinteilige Gewerbeeinheiten ermöglichen eine Durchmischung von Arbeiten und Wohnen. Zwei bis drei Prozent der Nettonutzfläche für Gemeinschaftsflächen ist die Regel im geförderten Wohnungsbau in Wien – bei diesem Projekt liegt der Anteil für Gemeinschaftsflächen zwischen sieben und acht Prozent.[6]
Zu Bearbeitungsbeginn lagen die geschätzten Baukosten ca. 30 Prozent über den geplanten Baukosten. Das Projekt *win4wien* im Sonnwendviertel wird den goldenen Zeiten der Stadt zugewiesen, aus Gründen der gegenwärtig stark diskutierten Leistbarkeit wird es voraussichtlich keine direkten Nachfolger haben.

Signal Vernetzung

Im Rahmen der introvertierten städtebaulichen Großfigur gibt das *Wohn_Zimmer* räumlich differenziert Anreize und Möglichkeiten zur Quartiersvernetzung innerhalb der straßenübergreifenden Blockrandstruktur sowie darüber hinaus. Die Vernetzung ist sichtbar tragender Konzeptgedanke: Allseits präsente gelbe Brücken verbinden die sieben Gebäude durch ein großzügiges dreidimensionales, um Gemeinschaftsräume erweitertes Gerüst von Erschließungsflächen und werden zum Symbol für gelebte Gemeinschaft. Die roten, weithin sichtbaren Türme sind visuell, aber auch funktional zentrale Bauten im ansonsten eher monofunktionalen Sonnwendviertel.

Interviews

Dieter Groschopf, Geschäftsführer wohnfonds_wien, Wien, 18.09.2014

Klaus Kada, Bernd Vlay, Daniel Bammer, Architekten *Wohn_Zimmer*, Wien, 19.09.2014

Daniel Glaser, Wiener Wohnbauforschung, Wien, 19.09.2014

Literatur

Brandl, Freya/Gruber, Ernst: Gemeinschaftliches Wohnen in Wien. Bedarf und Ausblick. Wien 2014

Leeb, Franziska: Kino, Schwimmbad, Kletterwand inklusive. Das WOHN-ZIMMER Sonnwendviertel in Wien. In: Der Architekt 6/2014, S. 62–65

win4wien (Hg.): Sonnenwendviertel. Facts. Abzurufen unter: www.win4wien.at/projekte/sonnwendviertel_0Facts.aspx (besucht am 20.09.2015)

Züger, Roland: Herzblut ist kein Argument. Spaziergang durchs Wiener Sonnwendviertel. In: werk, bauen + wohnen 5/2016, S. 28–38

Wohn_Zimmer, Sonnwendviertel, Wien, A

Adresse	Sonnwendgasse, Alfred-Adler-Straße, Vally-Weigl-Gasse, Antonie-Alt-Gasse 1100 Wien Österreich
Erstbezug	2014
Bauträger	win4wien: EBG Bauen Wohnen Leben, Wien GEWOG Neue Heimat, Wien Neues Leben, Wien Mischek Bauträger Service GmbH, Wien
Entwurf	STUDIOVLAY | Lina Streeruwitz mit puk architekten, Wien (a) Riepl Kaufmann Bammer Architektur, Wien (b) Univ.-Prof. Arch. DI Klaus Kada, Graz (c) rajek barosch landschaftsarchitektur, Wien
Flächen	Grundstück 39.000 qm Wohnen 50.000 qm Gewerbe 37.213 qm Gemeinschaft 3.099 qm
Wohnungen	436 Wohnungen Wohnheim mit 18 Plätzen
Förderung	ca. 320 geförderte Mietwohnungen mit Eigentumsoption, ca. 50 Mietwohnungen mit Superförderung, ca. 50 geförderte Eigentumswohnungen, 16 geförderte Heimplätze
Gemeinschaft	*Räume:* Entree, Heimkino, Gemeinschaftsküche, Bibliothek, Mädchenzimmer, Jugendraum, Musikproberaum, Spielraum mit Kletterwand, Kleinkinderspielecke, Werkstätten, Ateliers, Fahrradwerkstatt, *Freiflächen:* Marktplatz, Luftbrücken
Quartier	*Räume:* Schwimmbad mit Wellnesscenter, Gewerbe *Freiflächen:* Marktplatz

2.10 Spreefeld – Mitte, Berlin, D

Durchlässigkeit zur Spree

„herzlich willkommen bei den spreegenossen
unser grundstück ist offen für die nachbarschaft, gäste sind willkommen. das betreten des grundstücks, das verweilen und auch der durchgang in richtung schillingbrücke erfolgt auf eigene gefahr. der strand ist ein ort, der von allen genutzt werden kann, solange dies mit dem nahen wohnen vereinbar ist. Eine nutzung durch veranstaltungen aller art, für die offen/öffentlich eingeladen wird, ist ausdrücklich untersagt und nur in ausnahmefällen und nur nach schriftlicher zustimmung der sfb genossenschaft möglich."

Infoschild auf dem Grundstück

Optionen und Durchlässigkeit am Spreeufer

1 *Interview mit Angelika Drescher*

Der Impuls zum Projekt entstand durch den Architekten Christian Schöningh auf der Suche nach einer Projektentwicklung in Berlin. Eine Seifenfabrikruine in einem Gewerbegebiet am Spreeufer, ca. vier Kilometer östlich des Zentrums zwischen Mitte und Kreuzberg, sollte mit einer Baugesellschaft bürgerlichen Rechts gekauft werden. Nach dem Scheitern des Kaufs wandte sich die Gruppe dem zum Verkauf angebotenen, unbebauten Nachbargrundstück zu. Um das Grundstück dem Spekulationskreislauf zu entziehen, sollte es von der Schweizer Pensionskasse Stiftung Abendrot erworben und in Erbbaurecht an die Baugruppe weitergegeben werden. Aufgrund der ungeklärten Erschließung konnte zu diesem Zeitpunkt kein Baurecht vergeben werden. Darauf gründete sich eine Gesellschaft mit beschränkter Haftung von zehn Personen, die 2010 das Grundstück kaufte. Inzwischen hatte die Stadt die Erschließung gesichert, eine Baugenehmigung konnte vergeben werden.

Durchlässigkeit und soziale Stadt

Die Diskussionen um den Bürgerentscheid Spreeufer für alle und die Initiative Mediaspree versenken! bildeten 2007 den politischen Kontext der Projektentstehung. Bürger forderten eine 50 Meter breite, öffentlich zugängliche Uferzone in Reaktion auf Bebauungsvorschläge zur Privatisierung des Flussufers mit undurchlässiger, verdichteter Bürobebauung. Das Projekt *Spreefeld* versteht sich als Debattenbeitrag zum Thema alternativer, sozialer, ökologischer Stadtentwicklung und als Antwort auf die Frage: „Was kann und darf Wohnen an diesem Ort?"[1] Ein Regelwerk, das gesellschaftliche Perspektiven mit dem Fokus auf gemeinschaftliche Nutzung und auf die Durchlässigkeit für die Öffentlichkeit verfolgt, wurde vor dem Kauf des Grundstücks festgelegt. Werteprioritäten – offen genug, um Wandel aufgreifen zu können – wurden formuliert. Das Grundstück sollte demnach nicht geteilt werden, im Erdgeschoss nicht gewohnt werden, experimentelle Gemeinschaftswohnformen sollten gefördert werden.

Genossenschaft – Rechtsform mit Vertrauensvorschuss

Die Entscheidung, welche Rechtsform dem Charakter des Projekts entsprach, wurde mit Beratern in Workshops erörtert. Ziel und Form wurden dabei in Einklang gebracht. Steht die Entscheidungsfreiheit des

Öffentlicher Weg durch die Mitte

Gestaltung des Spreeufers

Einzelnen oder der Gemeinschaft im Fokus? Die Interessenslage veränderte sich als privater Eigentümer oder Anteilseigner. Mit der Umwandlung in eine Genossenschaft 2011 erweiterte sich die Kerngruppe von 15 um weitere 30 stimmberechtigte Personen, das gemeinsam formulierte Ziel „des generationsübergreifenden, nachbarschaftlichen Zusammenlebens und der sozial gemischten Zusammensetzung der Bewohner/innen"[2] wurde mit der Satzung zur Gründung einer Genossenschaft von den Gesellschaftern unterzeichnet. Das Dauerwohnrecht und das Gleichbehandlungsgesetz – festgelegt in den Statuten des Genossenschaftsgesetzes – steht über allem. Mit Wandel der Rechtsform stellte sich ein Perspektivwechsel zugunsten gemeinschaftlicher Belange ein – es zeigte sich, „dass die Rechtsform bzw. die Eigentumsform einwirkt auf die Leute und damit indirekt auch auf das Ergebnis"[3].

Gebäudetypologie – Bereicherung für den Spreeuferweg

Drei frei stehende, achtgeschossige, kompakte Punktbauten in Passivbauweise beinhalten ca. 6.200 Quadratmeter Wohnfläche mit 44 Wohneinheiten und 1.000 Quadratmeter Gewerbeflächen. Das Baufeld war begrenzt, ca. ein Drittel der Grundstücksfläche an der Spree war der öffentlichen Durchwegung vorbehalten. Es galt Paragraf 34: Die Höhe des benachbarten Deutschen Architektur Zentrums (DAZ) von sechs Stockwerken mit hohem Sockel war Bezugsgröße. Gebäudetypologie wie Nutzung entstanden in Verbindung von harten Forderungen und anderen Interessen – im Mischgebiet hätte ebenfalls ein Gewerbebau entstehen können. Es gab eine Vielzahl von Entwurfsvarianten, die Durchlässigkeit wurde zum Hauptargument für die gewählte offene städtebauliche Struktur. Das Interesse der Bevölkerung, an die Spree zu kommen, galt es zu wahren, das Durchlaufen sowie Durchblicke zu ermöglichen: „Die praktische Wahrnehmung der Durchlässigkeit ist räumlich."[4]

Gemeinschaftliche Vernetzung durch Raumgerüst

Das Alltagsleben sollte nicht in drei Häusern, sondern gefühlt in einem Haus stattfinden. Zur Verbindung, aber auch, um das Erdgeschoss der Öffentlichkeit freizugeben, waren Stege zwischen den Gebäuden im Mezzanin-Geschoss vorgesehen, das Dach des Heizhauses, überbaut mit einem ausgeführten Wintergarten, sollte in diese Luftwelt integriert werden. Aus Kostengründen wurden nur die Andockmöglichkeiten der Stege umgesetzt, die Wege werden damit derzeitig auf den Erdboden verlagert. Die Vereinbarung lautete: „Wir ziehen ein und schauen, wie es sich anfühlt."[5] Als Hofersatz werden große Privatbalkone und Dachterrassen in Gemeinschaftsnutzung angeboten. Variationen in der Planung entstanden durch die Beauftragung von drei Architekturbüros. Gemeinschaftlich wurde ein Baukastensystem für Standardgrundrisse entwickelt, ein Modellbaukasten als Werkzeug der Planungspartizipation erleichterte die Konkretisierung der Wohnvorstellungen. Jedes Architekturbüro hat die Betreuung der Grundrisse für ein Haus übernommen, im Erdgeschoss sind individuelle Handschriften erkennbar.

2 *Satzung der Bau- und Wohngenossenschaft Spreefeld Berlin eG, Fassung vom 29.06.2015, S. 4. Abzurufen unter: wolke.spreefeld-berlin.de/index.php/s/hqrlU442FvEk7wG (besucht am 17.02.2017)*

3 *Ballhausen, Nils: Spreefeld. In: Bauwelt 39/2014, S. 19*

4 *Interview mit Angelika Drescher*

5 *Ebenda*

Grüne Mitte mit Blick zur Spree

Mulitfunktionaler Optionsraum

Wohnen – Gemeinschaft und Experiment

Der Anspruch, „gemeinsames und selbstbestimmtes Wohnen“[6] umzusetzen, führte zum vielfältigen Angebot gemeinschaftlicher Flächen. Aktivitäten wie zum Beispiel Waschen oder Handwerken wurden aus den Privatwohnungen in die Gemeinschaftsräume mit einer Waschmaschinengalerie verlagert. Gästewohnungen als temporär verfügbarer Raum bieten die Möglichkeit, solidarisch-gesellschaftliche Verantwortung zu übernehmen – sie werden gegenwärtig als Wohnungen für Flüchtlinge genutzt. Experimentelle Gemeinschaftswohnformen waren von Beginn an als Teil des Projekts definiert. Zwei Etagen blieben als Versuchsplattform reserviert und wurden für sechs Monate nicht vergeben, Wohngruppen konnten sich langsam zusammenfinden. Aus sechs Wohnungen wurde eine Großwohnung. Im Rahmen der Grundrissgestaltung wurde das Kartausen-Ideal – die Wiederholung gleicher Zellen – sowie eine verschieden schaltbare Vielfalt an Zellengrundrissen diskutiert. Jeder Genosse erhält den Schlüssel einen Monat vor Mietbeginn – schon mit der Erstellung der Oberflächen findet Aneignung statt. „In den Großwohnungen entsteht eine eigene Position gegen Eigentumsbildung.“[7]

Vernetzung – Infrastruktur und soziale Einrichtungen

Im Erdgeschoss sind Gewerbe- und Optionsräume platziert, verschiedene Akteure gestalten, beackern und nutzen diesen Ort für nachbarschaftliche und öffentliche Aktivitäten. Die Gewerberäume werden von der Genossenschaft betrieben. Die Kita ist offen für Bewohner des Quartiers, sie zieht Leute von außen an. Trotz schwieriger Rahmenbedingungen – die Spielbereiche im Hof sollten nicht abgegrenzt werden, obwohl das Spreeufer nahe liegt – hat die Genossenschaft ihren Einzug sehr begrüßt. Ein selbst aufgebauter Marktstand mit Kasse bietet die Möglichkeit, frisches Gemüse zu erwerben. Das Büro der Zusammenarbeiter ist ebenso Keimzelle – die Bürofee wird zur Concierge, damit wird sich wahrscheinlich zukünftig ihr Arbeitsvertrag verändern.

Optionsräume – Ort für sukzessive Entwicklung

Die Optionsräume sind Schnittstellen. Sie werden dauerhaft für öffentliche, geschäftliche, gesellschaftliche, nachbarschaftliche, gemeinschaftliche Nutzungen vorgehalten, sie lassen Raum für sukzessive Entwicklung, bieten die Chance zur Beteiligung und sind Ankerpunkte für Personen von außen. Sie werden für ergänzende Inhalte wie Handwerk oder Ernährung zur Miete vergeben. Gegenwärtig ist in einem Optionsraum eine Hauswerkstatt eingerichtet, die jeder Bewohner nutzen kann; langfristig könnte sie zur Kiezwerkstatt werden. In ehrenamtlicher Arbeit hat ein Kuratorenteam ein Papier zur Vergabe der Optionsräume verfasst; das Team ist autorisiert, die Räume zu bespielen. Die Erstellungskosten der Gemeinschafts- und Optionsräume von 600 Euro pro Quadratmeter wurden umgelegt auf den Quadratmeterpreis der Wohnungen. Die Optionsräume wurden nicht fertig gebaut, Mieteinnahmen sollen die Fertigstellung finanzieren. Die Optionsräume sind

6 *Satzung der Bau- und Wohngenossenschaft Spreefeld Berlin eG, Fassung vom 29.06.2015, S. 4. Abzurufen unter: wolke.spreefeld-berlin.de/index.php/s/hqrlU442FvEk7wG (besucht am 17.02.2017)*

7 *Interview mit Angelika Drescher*

Heizhaus mit Wintergarten

Zum Uferweg offener Optionsraum

5 Meter Raumhöhe – Büroeinbauten

Gestaltungsvorschlag zum Spreeweg

nachgefragt, jedoch kommen Dauermieter bisher nicht oder nur für kleine Flächen infrage. Da die Seifenfabrik nah am Wasser gebaut war, konnte – trotz der Vorgabe eines 50 Meter breiten freien Streifens – ein Haus ebenfalls am Wasser positioniert werden. Im Erdgeschoss befindet sich – nach der ersten Planung einer überdachten Durchwegung, die nicht genehmigt wurde – ein geschlossener Optionsraum als Schnittstelle zum zukünftigen öffentlichen Uferweg.

Hier war Kiki Blofeld – Bestand als Anker

Ein auf dem Grundstück existierendes Bootshaus, ein Bunker für Patrouillenboote der DDR-Grenzpolizei aus den 1960er-Jahren, wurde zwischen 2005 bis 2011 von der Strandbar Kiki Blofeld bespielt. Entgegen der ersten Planungsabsichten erwies es sich als romantische Idealvorstellung, den Soulklub als Bestandteil der Veränderung einzubinden. Die Nutzung des Spreeufers als Partymeile ist nicht mehr sinnvoll, da dies mit dem nahen Wohnen nicht vereinbar ist – Kiki Blofeld zog weiter. Das Bootshaus ist nun für Genossenschaftsmitglieder gemeinschaftlich nutzbar, aber auch extern zum Beispiel für kulturelle Ereignisse anmietbar. Es wird als Raum der Debatte öffentlich genutzt – der Bezirksausschuss zum Uferweg tagte hier.

Strategie – Implementieren von ‚handfesten Gegebenheiten'

Mit einem Wettbewerb zur Programmierung des Außenraums wurde das Ziel verfolgt, „Handfestes"[8] zu schaffen, um damit die Aushandlung des öffentlichen Raums zu provozieren, aber auch, um den noch eigenen Grund zu gestalten. Über einen städtebaulichen Vertrag wurde der Abverkauf des Areals für den Uferweg an die Stadt fixiert. Um die Durchlässigkeit zu fördern und als Anwohner und Bürger das Spreeufer mitzugestalten, wurden fünf Beiträge von Nutzern, die gemeinnützige Angebote an die Öffentlichkeit machen, implementiert. Vor der Bauphase gab es urbane Gärtner, weitere Pachtverträge wurden an eine kleine Sauna, eine Jurte zur Vermittlung mongolischer Kultur und das Institut für kreative nachhaltige Stadtentwicklung vergeben. Die Verträge berücksichtigen die drei Phasen vor Baubeginn, während der Bauzeit und nach Fertigstellung des Projekts. Der

8 *Interview mit Angelika Drescher*

Verein *Spreeacker*, der bürgerschaftliches Engagement bündelt, ist daraus entstanden, die Stadt muss diese Pächter übernehmen. Damit wird der Standort geprägt und die Umgebung mitgestaltet. Strukturen werden entwickelt, die mit Übernahme des Uferstreifens durch die Stadt fortgeführt werden können, strategisch-spielerisch wird eine Auseinandersetzung angelegt, die Aushandlung provoziert.

Genossenschaftsmodell – Soziale Mischung mit Einschränkung

„Das Genossenschaftsmodell und das Versprechen, günstig zu wohnen, ist nicht zwingend miteinander verbunden."[9] Neu gegründete Genossenschaften können das nicht einlösen; erst Alter, Größe und damit erwirtschaftetes Vermögen ermöglichen diese Zielsetzung. Im *Spreefeld* ist das günstige Wohnen möglich durch die umgebende Blase und normale Marktmechanismen. Hier gibt es keinen Ansatz zum Solidartopf, Einzelne können allerdings langfristig den Eigenkapitalbeitrag stunden. 50 Prozent Eigenkapital musste eingebracht werden – auch, um die Optionsräume vorzufinanzieren. Die Genossenschaft finanzierte den Bau, jedes Mitglied finanzierte seinen Beitrag. Die Mieten von vier bis sechs Euro pro Quadratmeter, je nach Lage der Wohnung, decken die Zins- und Tilgungskosten, weitere 2,50 Euro pro Quadratmeter die Betriebskosten. Soziale Mischung ist daher ohne Förderung nur im Rahmen der Finanzierbarkeit herstellbar. Ursprünglich sollten zur Erhöhung der Mischung auch Mietwohnungen erstellt werden, das wäre aber ein Geschäftsmodell, das die Genossenschaft mit freiwilligen Mehranteilen hätte betreiben müssen. Die Genossenschaft ist nach oben wie nach unten anschlussfähig, Leute mit wenig Kapital und Personen mit mehr Kapital – vor allem die Grundstückskäufer – sind Mitglieder. Nach drei Jahren – nach Erprobung des Zusammenlebens – darf jeder die Wohnung, die er im Nutzungsrecht bewohnt, kaufen. „Die Diskussion um den möglichen Abverkauf wird

9 *Interview mit Angelika Drescher*

Bootshaus als Erinnerung

nicht ideologisch geführt, die Genossenschaft könnte auch Abverkäufe verkraften."[10]

Vielschichtige Durchlässigkeit

„Uns geht es um unser Hier-Wohnen und das Mitgestalten der Umgebung"[11] – mit dieser Zielsetzung ist *Spreefeld* als heitere, informelle und offene Bricolage mit Strahlkraft in die Nachbarschaft entstanden. Durchlässigkeit wird vielschichtig und experimentierfreudig umgesetzt: Offene Punktbebauung, Freigabe des Erdgeschosses in Bezug auf private Ansprüche, Integration sozialer Infrastruktur, Optionsräume und Durchwegung zeigen eine Haltung gegenüber der Öffentlichkeit, die zur Bereicherung für den Spreeuferweg führt. Durch aktive Gestaltung des Spreeufers mit kreativen und strategischen Beiträgen treiben die Genossen politische Verhandlungen voran. Das Projekt *Spreefeld* wird so mit Offenheit für Verschiebung von Gewichtungen zum Akteur der Gestaltung und der Nutzung des weiteren Umfelds.

Interview

Angelika Drescher, Geschäftsführerin von die zusammenarbeiter, Berlin, 04.12.2014

Literatur

Ballhausen, Nils: Spreefeld. In: Bauwelt 39/2014, S. 14–23

Satzung der Bau- und Wohngenossenschaft Spreefeld Berlin eG, Fassung vom 29.06.2015. Abzurufen unter: wolke. spreefeld-berlin. de/index.php/s/hqrIU442FvEk7wG (besucht am 17.02.2017)

10 *Interview mit Angelika Drescher*

11 *Ebenda*

12 *Ballhausen, Nils: Spreefeld. In: Bauwelt 39/2014, S. 14–23*

Spreefeld, Mitte, Berlin, D

Adresse	Köpenicker Straße 42–49 10179 Berlin Deutschland
Erstbezug	2014
Bauträger	Bau- und Wohngenossenschaft Spreefeld eG, Berlin
Entwurf	Silvia Carpaneto, Berlin BARarchitekten, Berlin fatkoehl architekten, Berlin die zusammenarbeiter, Berlin
Flächen[12]	Grundstück 7.500 qm Wohnen 5.485 qm Gewerbe 980 qm Gemeinschaft 770 qm
Wohnungen	44 Wohnungen Clusterwohnungen
Förderung	
Gemeinschaft	*Räume:* Bootshaus, Optionsräume, Gemeinschaftsräume, Waschsalon, Werkstatt, Gästewohnung *Freiflächen:* Wintergarten, Gemeinschaftsterrassen
Quartier	*Räume:* Kindertagesstätte, Gewerberäume, Optionsräume *Freiflächen:* Spreeweg

2.11 wagnisART – Domagkpark, München, D

Blick in den Gartenhof

„Mit wagnisART erfolgt ein Brückenschlag zwischen Künstlern und sonstiger Bevölkerung"

Elisabeth Hollerbach[1]

1 *Elisabeth Hollerbach, Geschäftsführerin wagnis eG, im Rahmen einer Führung*

Wohnen im Kreativquartier

wagnisART ist ein Wohnprojekt der Genossenschaft wagnis eG. Es nimmt im Vergleich zu den bisherigen wagnis-Projekten, die von *wagnis 1* bis *wagnis 4* durchnummeriert waren, eine Sonderstellung ein. Das Projekt liegt im Domagkpark, einem ehemaligen Kasernengebiet, das sich nach der militärischen Nutzung temporär zu einem quirligen Kunstquartier entwickelt hatte. Nach der Phase der Zwischennutzung will *wagnisART* an den kreativen Aufbruch im Münchener Norden anknüpfen und Kunst, Kultur und Wohnen einen neuen Raum geben. Eng soll daher gemeinschaftliches Wohnen mit kreativem Arbeiten verknüpft werden. Gesucht wurden Wohngenossen, die Lust auf Eigeninitiative und Mitgestaltung hatten. Selbstständige und Kreative, die ein besonderes Kultur- und Arbeitsumfeld im Projekt mitgestalten wollten, wurden explizit zur Mitarbeit aufgefordert. Da auch wohnkulturell neue Wege beschritten werden sollten, wurden vor allem auch Interessierte angesprochen, die sich für neue Wohnformen interessieren. Dies konnten Alleinerziehende ebenso wie Patchworkfamilien sein. Es wurde auch ausdrücklich darauf verwiesen, dass nicht nur freifinanzierte Wohnungen gebaut werden. Dezidiert wurden Personen gesucht, die gerne auch mit München-Modell oder der sozialorientierten Einkommensorientierten Förderung (EOF) bauen wollten.

Partizipatives Entwerfen

Für den Domagkpark existierte ein Bebauungsplan, der aus einem städtebaulichen Wettbewerb des Büros Ortner & Ortner Baukunst hervorging. Hier sollten ca. 1.600 Miet- und Eigentumswohnungen durch Genossenschaften, Baugemeinschaften und Bauträger realisiert werden.

Die Genossenschaft wagnis schrieb für ihr 12.900 Quadratmeter großes Baufeld einen Architekturwettbewerb aus, den das bogevischs buero gemeinsam mit Schindler Hable Architekten gewann. Abweichend von der im Rahmenplan vorgesehen U-förmigen Blockschließung, wurde in einem partizipativen Planungsprozess ein Konzept entwickelt, das ein loses Arrangement von fünf Einzelgebäuden vorsah. Die Gruppierung polygonaler Solitärbauten zu einem Ensemble hatte den Vorzug, dass projektinterne Plätze und Nischen geschaffen werden konnten. Ein kommunikatives Erschließungssystem – auch mit Luftbrücken – förderte die Verflechtung der Binnenstruktur. Gleichzeitig öffnet sich das Projekt mit seinen Angeboten wie Café, Gastronomie etc. zum Quartier.

Zwischen Platz und Hof

wagnisART zum Quartier

Das Besondere an dem Entwurf war, dass die beteiligten Büros gemeinsam mit den zukünftigen Bewohnern dieses Konzept in Workshops entwickelten. Die Architekten teilten, so der beteiligte Architekt Hofmann in einem Interview, „einen Teil der entwerferischen Verantwortung, der entwerferischen Autorität"[2] mit den zukünftigen Bewohnern. Es wurde der „starke Wunsch" geäußert, „Einzelgruppierungen" innerhalb des Gesamtensembles zu realisieren.[3] „Das heißt, dass Leute mit vergleichbaren Interessen in einem näheren räumlichen Zusammenhang wohnen wollten als mit anderen."[4] Eine Grundfrage des Workshops lautete daher: „Wie kommt man von der individuellen Idee der eigenen Wohnung hin zu einer Vorstellung der Gemeinwohlidee der Räume in einem Wohnkomplex, die gemeinsam genutzt werden."[5] Die Lösung war schließlich die Konzeption der einzelnen Häuser, die durch ein kommunikatives Erschließungssystem verbunden wurden. Das Gefüge bildet eine räumliche Einheit, bleibt aber offen zum Quartier.

Vielfalt, Gemeinschaft und Experiment

wagnisART zählt sicherlich zu den ambitionierten Wohnprojekten in Deutschland. Das Projekt ist reich an unterschiedlichen Gemeinschaftsflächen, es ist offen für neue Wohnformen und zudem ein wichtiger Baustein der Quartiersentwicklung.

Fünf Einzelhäuser sind auf dem Stadtbaufeld platziert. Sie bleiben jedoch keine Solitärbauten, sondern sind konzeptionell verschränkt und über den gemeinschaftlichen Freiraum verflochten. Die einzelnen Häuser, die nach den Erdteilen Afrika, Amerika, Europa, Asien und Australien benannt sind, werden durch die gemeinsamen Freiflächen zur Binnennutzung und durch Luftbrücken miteinander verbunden. Der Innenhof ist die Bühne des Projekts und über ihn werden zentrale gemeinschaftliche und private Orte erschlossen.

Quartiersgenossenschaft DomagkPark eG

Eine Chance für das urbane Wohnen liegt heute in der erneuten Zusammenführung der Funktionen Wohnen und Arbeiten, die in den Wohngebieten der Moderne verloren ging. Es wurden daher für die Künstler im Projekt und im benachbarten Künstlerhof vielfältige Arbeitsmöglichkeiten – Ateliers, Spezialräume wie ein Fotolabor oder Ausstellungsmöglichkeiten – geschaffen. Für die neuen Bewohner des Quartiers sollte zudem eine alternative Gesundheitsversorgung in ‚nachbarschaftlicher Nähe' möglich sein. Besonders reich und gut vernetzt sind die quartiersoffenen Angebote. Ein Kulturcafé, das möglicherweise als eigenständige Genossenschaft organisiert und betrieben wird, bietet auf über 200 Quadratmetern Fläche Platz für etwa 90 Personen.

Es sind allerdings nicht nur die mannigfaltigen Gemeinschaftseinrichtungen für die Binnen- und Quartiersnutzung bemerkenswert, sondern auch Initiativen der Domagk-Bewohner für das gesamte Quartier. Gemeinsam mit den Genossen von WOGENO, den städtischen Wohnungsbaugesellschaften und den Vertretern der Baugemeinschaften wurde die Quartiersgenossenschaft DomagkPark eG gegründet. In diesem Netzwerk werden Dienstleistungen zur Unterstützung der Mitglieder angeboten, die Nutzung der verschiedenen

2 *Hofmann, Rainer (bogevischs buero): wagnisART – Neubau einer genossenschaftlichen Wohnanlage. Interview mit Kaye Geipel (24.07.2013). In: Bauwelt 36/2013*

3 *Ebenda*

4 *Ebenda*

5 *Ebenda*

Stege fassen Platz

Gemeinschaftsraum zum Hof

6 *wagnis eG (Hg.): Wir ziehen um nach Afrika. Cluster-Flyer der Wohnbaugenossenschaft wagnis eG. Abzurufen unter: www.wagnis.org/assets/files/wagnis-art/Formulare/Clusterflyer_waART.pdf (besucht am 12.02.2016)*

7 *Ebenda*

8 *wagnis eG (Hg.): Nachhaltigkeit und Energie. Abzurufen unter: www.wagnis.org/wagnis/wohnprojekte/wagnisART/nachhaltigkeit-energie-waginsART.html (besucht am 21.03.2016)*

Zentral- und Gemeinschaftseinrichtungen im Quartier organisiert und koordiniert. Denkbar sind auch Belegungs- und Buchungssysteme, Mobilitätsangebote, Coworking Spaces oder Concierge-Stützpunkte. Es sollen Netzwerke der gegenseitigen Unterstützung durch Aktivierung des nachbarschaftlichen Engagements entstehen. Diese Non-Profit-Organisation, die eine Anschubfinanzierung durch das Sozialministerium erhielt, strebt eine Eigenwirtschaftlichkeit an und kann zum Nukleus der Quartiersverflechtung werden.

Das Quartier *Domagkpark* ist bereits jetzt ein Ort, in dem sich der Eigensinn individuellen Wohnens neben freiwilligen Kooperationen im Quartier entfaltet.

Neues Wohnen im Wohncluster

In *wagnisART* wurde, anknüpfend an die Erfahrungen Züricher Genossenschaftsprojekte, erstmals in München eine nennenswerte Zahl von Clusterwohnungen realisiert. „Mit dem Projekt *Wohnen im Cluster* überschreiten wir bei *wagnisART* die Grenzen herkömmlicher Vorstellungen des Wohnens."[6] In einem Flyer der Genossenschaft heißt es weiter: „Im Cluster finden sich Menschen zusammen, die einen gemeinsamen Haushalt gestalten, ohne dabei ihr Bedürfnis nach Eigenzeit und Eigenraum aufgeben zu müssen. Persönliche Interessen und das Gemeinwohl werden im Cluster gleichermaßen berücksichtigt."[7] Da das Ziel der Genossenschaft ist, Gemeinschaft „in jeder Form zu ermöglichen und zu fördern" wurde in einem größeren Experiment das Clusterwohnen ermöglicht. Diese noch ungewohnte Wohnform soll eine neue „Wir-Kultur"[8] fördern.

Dieser noch relativ neue Wohntypus kombiniert individuelles mit kollektivem Wohnen. Etwa 30 Prozent der gesamten Wohnfläche werden für Cluster reserviert. In jedem Cluster können fünf bis zehn Personen zusammenwohnen; dabei werden eigenständige Ein- bis Dreipersonenapartments mit einem gemeinsamen Wohnbereich kombiniert. Die einzelnen Apartments haben eine individuelle Nasszelle und eine Kleinstküche. Dem Selbstverständnis der Genossenschaft wagnis entsprechend werden auch in den Clusterwohnungen frei finanzierte mit öffentlich geförderten Wohnungen gemischt.

Die individuellen Apartments haben zumeist einen rechtwinkeligen Grundriss und sind nach außen hin orientiert, während die Gemeinschaftsflächen – Küche und Wohnraum – in der Regel einen polygonalen Grundriss bilden und mit den gemeinschaftlichen Freiflächen zum Innenhof orientiert sind. Für sieben bis acht Künstler wurde zudem das Cluster *ARTrefugio* gewidmet.

Experimentierfreude und soziale Verantwortung

Das Wohnprojekt *wagnisART* ist auch für die reformfreudige Genossenschaft wagnis ein ungewöhnlich offenes Wohnexperiment. Es wurde mit der städtebaulichen und architektonischen Form experimentiert, qualitätsvolle Binnenräume geschaffen, neue Grundrisstypologien entwickelt, ausgesprochen vielfältige Gemeinschaftsräume bereitgestellt und das Vernetzungskonzept konsequent baulich zwischen den Häusern durch Luftstege und sozial zum Quartier umgesetzt. Bei aller Experimentierfreude blieb sich die Genossenschaft jedoch treu im Festhalten am Konzept der sozialen Mischung.

Interviews

Elisabeth Hollerbach, Geschäftsführerin der Genossenschaft wagnis eG, München, 03.07.2015 und 13.03.2016

Cenk Sargut, Vorstand DomagkPark Genossenschaft eG, München, 03.07.2015

Christian Stupka, Vorstand WOGENO eG, München, 03.07.2015

Literatur

Hofmann, Rainer (bogevischs buero): wagnisART – Neubau einer genossenschaftlichen Wohnanlage. Interview mit Kaye Geipel (24.07.2013). In: Bauwelt 36/2013

Oberste Baubehörde im Bayrischen Staatsministerium des Innern, für Bau und Verkehr. Sachgebiet Technische Angelegenheiten des Wohnungsbaus, Experimenteller Wohnungsbau (Hg.): Gemeinschaftlich nachhaltig bauen. Forschungsbericht der ökologischen Untersuchung des genossenschaftlichen Wohnungsbauprojektes wagnisART. München 2017.

wagnis eG (Hg.): Wir ziehen um nach Afrika. Cluster-Flyer der Wohnbaugenossenschaft wagnis eG. Abzurufen unter: www.wagnis.org/assets/files/wagnis-art/Formulare/Clusterflyer_waART.pdf (besucht am 12.02.2016)

wagnis eG (Hg.): Nachhaltigkeit und Energie. Abzurufen unter: www.wagnis.org/wagnis/wohnprojekte/wagnisART/nachhaltigkeit-energie-waginsART.html (besucht am 21.03.2016)

Wohnhaushalle mit Briefkästen

wagnisART, Domagkpark, München, D

Adresse	Fritz-Winter-Straße 10, 12, 14, 16 und Margarete-Schütte-Lihotzky-Straße 18, 20 80807 München Deutschland
Erstbezug	2016
Bauträger	wagnis eG
Entwurf	bogevischs buero architekten & stadtplaner GmbH, München Auböck + Kárász Landscape Architects, Wien, mit bauchplan GbR, München
Flächen	Grundstück 12.900 qm Wohnen 10.610 qm Gewerbe 683 qm Gemeinschaft 307 qm
Wohnungen	130 Wohnungen plus 8 Clusterwohnungen Singlewohnungen bis Mehrzimmerwohnungen, 1 Wohngemeinschaft
Förderung	40 % Wohnungen München-Modell-Genossenschaften 30 % einkommensorientierte Förderung
Gemeinschaft	*Räume:* Ateliers, Praxisräume, Büros, Veranstaltungsraum, Gemeinschaftsräume, Werkstätten, Waschcafé, Nähstube, Toberaum, Proberäume, Gästeapartments, Kulturcafé, Baderaum und Sauna *Freiflächen:* Dorfplatz, Kinderspielplatz, Gemeinschaftsgärten, Dachgärten, Terrassen und -brücken
Quartier	*Räume:* Kulturcafé, Ateliers, Künstler-Cluster ARTrefugio, Veranstaltungsraum *Freiflächen:* Platz

2.12 mehr als wohnen – Hunziker Areal, Zürich, CH

Hunzikerplatz

„Wir bauen ein Quartier, keine Siedlung."

Andreas Hofer[1]

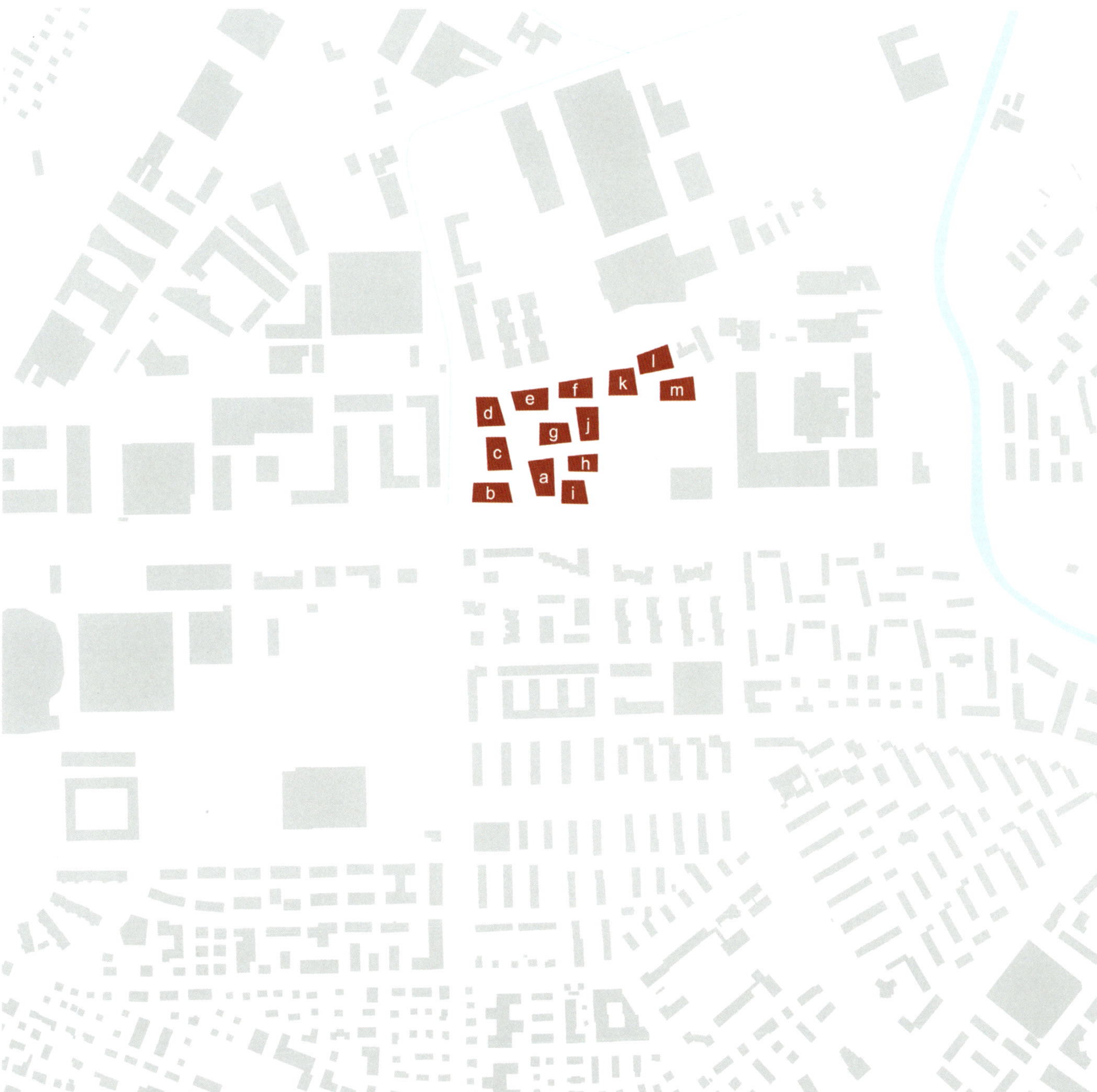

1 *Interview mit Andreas Hofer, Geschäftsführung mehr als wohnen, Leiter Forschung und Innovation*

Kollektive Quartiersentwicklung

2 *Es können weitere Genossenschaften und seit 2012 auch Privatpersonen Mitglied der Genossenschaft werden.*

3 *Heye, Corinna/Borowski, Thomas/Fuchs, Sarah/Craviolini, Christoph: Erstvermietung auf dem Hunziker Areal. Instrumente, Prozesse, Erfahrungen. Zürich 2015, S. 5*

4 *Frei, Sabine/Gysel, Kornelia: Kodex oder Ein Handbuch zur Qualitätssicherung im zukünftigen Wohnungsbau. Zürich 2015*

Zürich ist eine Stadt mit einer langen Genossenschaftstradition. Knapp jede fünfte Wohnung ist hier eine Genossenschaftswohnung. Mit der Immobilienkrise in den frühen 1990er-Jahren und befördert durch das städtische Ziel, in zehn Jahren 10.000 Wohnungen zu bauen, erfolgte ein erstaunlicher Aufbruch im genossenschaftlichen Wohnungsbau. Neue, selbstbewusste Genossenschaften wie Kraftwerk, Dreieck oder neuerdings Kalkbreite zeigten die enormen gemeinschaftlichen Reformpotenziale in dieser Stadt.

Im Jahr 2007 haben die Stadt Zürich und die Genossenschaften ihre 100-jährige Zusammenarbeit gefeiert und aus diesem Anlass gemeinsam einen Wettbewerb für ein neues Stadtquartier im Züricher Norden ausgeschrieben. Dieses ausgesprochen ambitionierte Leuchtturmprojekt wollte offen für Experimente sein und Perspektiven für das gemeinschaftliche Wohnen der Zukunft aufzeigen. Der Name *mehr als wohnen* war also Programm. Das *mehr* kann sehr breit aufgefasst werden: Es bezieht sich auf neue Wege im Planungs- und Partizipationsprozess, auf die Organisation der neuen Genossenschaft, auf die Suche nach urbanen Bausteinen für einen zeitgemäßen Städtebau und auf ökologisches Bauen und Wohnen in der 2000-Watt-Gesellschaft (energiesparende Bauweise und Reduktion des individuellen Flächenverbrauchs). Zentrale Anliegen waren zudem, eine soziale Durchmischung im Quartier herzustellen, vielfältige Wohnformen zu ermöglichen und neue Wege in der Gemeinschaft aufzuzeigen.

Dialogische Prozesse

Um dieses sehr ambitionierte und große Projekt realisieren zu können, schlossen sich über 50 Genossenschaften[2] zusammen. Das neue Stadtquartier sollte auf dem Gelände eines ehemaligen Betonwerks gebaut werden. Die Genossenschaft erhielt von der Stadt Zürich das 40.000 Quadratmeter große Grundstück in Baurecht (Erbpacht). Beide Partner schrieben gemeinsam einen Ideenwettbewerb aus, der „das Potential des gemeinschaftlichen Bauens auf Quartiersebene"[3] analysieren sollte. Weiterhin sollten Aussagen zum urbanen Leben, zu veränderten Wohnformen und zur sozialen Durchmischung getroffen werden.

Das Architekturbüro futurafrosch gewann den Ideenwettbewerb mit dem assoziativen Kompendium „Kodex oder Ein Handbuch zur Qualitätssicherung des Wohnens"[4]. Gewinner des nachfolgenden internatio-

Durchwegung zum zentralen Platz

Platz mit Mobilitätsstation

nalen Architekturwettbewerbs wurden die Arbeitsgemeinschaft futurafrosch/Duplex Architekten sowie die Büros Müller Sigrist Architekten, Architekturbüro Šik und pool Architekten. Um eine Balance zwischen „Vielfalt und Einheit" (Anne Kaestle, Duplex Architekten) herzustellen, mussten die Büros in eine Dialogphase treten, die von fünf Workshops begleitet wurde. Das entwickelte Regelwerk sah eine einheitliche Gliederung der Fassade mit einer horizontalen Dreiteilung mit Sockelbereich und Dachabschluss vor.[5] Jedes Büro realisierte zwei gegenüberliegende Häuser, sogenannte Zwillinge, sowie ein Haus in einem anderen Teil des Quartiers, die sogenannten Geschwister. Mit den Zwillingen sollten weniger ähnliche Baukörper entstehen, sondern die Möglichkeit, Zwischenräume zu bilden, sollte selbst definiert werden.

Städtebaulich wurde nicht an traditionelle Planfiguren (z. B. Block oder Zeile) angeknüpft, sondern die „Quartiersidee"[6] beruht darauf, dass 13 ‚dicke' Baukörper (23 auf 27 Meter) in einen Dialog treten. Die zum Teil sehr geringen Abstände zwischen den Baukörpern schaffen enge Gassen, die Anordnung der Baukörper ergibt wiederum kleinere urbane Quartiersplätze. Es bilden sich daher keine privaten Innenhöfe heraus. Gemeinschaftsgärten oder andere, für gemeinschaftliche Nutzungen offene Flächen bilden gemeinsam mit den unregelmäßigen Baukörpern ein städtebauliches Mosaik. Das Herz in diesem Mosaik stellt der Hunzikerplatz dar, an dem sich auch eine Behindertenwerkstatt, ein Restaurant, das Gästehaus mit 20 Zimmern und die Rezeption der Verwaltung befinden. Die gewerbliche Nutzung der Erdgeschosszonen soll zudem den urbanen Charakter des Quartiers fördern. Erst in der Nutzungsphase werden die Plätze, das Wegesystem, die Frei- und Landschaftsräume, die von den Landschaftsarchitekten Müller Illien geplant sind, zeigen, ob sich ein quirliges Leben entfalten kann.

Dialogische Beteiligung

Erklärtes Ziel des neuen Genossenschaftsquartiers war, eine breite soziale, ethnische, generative Mischung herzustellen. Architekten, Planer, aber auch die Genossenschaftsmitglieder und Interessierte wurden von Anfang an aufgefordert, sich an den Entwicklungsprozessen in intensiven Debatten auf verschiedenen Veranstaltungen zu beteiligen. Parallel zu den Architekturwettbewerben wurden verschiedene Gruppen zu Ökologie und Nachhaltigkeit, Ökonomie und Nutzung gebildet. In einem dialogischen Prozess mussten die unterschiedlichen Akteure um die Inhalte des neuen Quartiers ringen. Es gab sogenannte Echoräume, in denen die zukünftigen Bewohner mit den Fachleuten diskutieren konnten. Die basisdemokratische Struktur der Genossenschaft mit dem Mitsprache- und Mitentscheidungsrecht aller Genossenschaftsmitglieder in der Generalversammlung wurde ergänzt durch verschiedene Gremien wie zum Beispiel die Allmendkommission (zur Begleitung und Förderung von gemeinschaftlichen, kulturellen oder ökologischen Initiativen) oder durch andere Quartiersgruppen. Das elaborierte Partizipationsverfahren kann bei der wichtigen Frage der Belegung veranschaulicht werden. So erarbeitete eine Themengruppe das Nutzungskonzept. Auf verschiedenen Echoraum-Veranstaltungen wurde das Konzept der Öffentlichkeit vorgestellt „und in Aushandlungsprozessen zwischen

5 *Vgl. Hodel, Marcel: Ein Genossenschaftsprojekt als Stadtbaustein. In: archithese 1/2015, S. 27*

6 *Simon, Axel: Gespräch Bauen Ausbilden. „Die Architekten haben hier nicht die Schlüsselrolle gespielt". In: Hugentobler, Margrit/Hofer, Andreas/Simmendinger, Pia (Hg.): mehr als wohnen. Genossenschaftlich planen – Ein Modellfall aus Zürich. Basel 2016, S. 51*

Zwischen Gasse und Straße

Blick zum Hunzikerplatz (Ausschnitt)

den Themengruppen und den Entscheidungsgremien der Baugenossenschaft mehr als wohnen (Baukommission, Vorstand und Geschäftsleitung) überarbeitet".[7] Daraus entstanden die Leitlinien für das Zusammenleben. Der Vorstand entschied dann, welcher Wohnungsmix letztlich realisiert wurde.

Soziale Mischung

Die Vielfalt an Wohnraum ist enorm und trägt die Handschrift der Themengruppe ‚Nutzung': Bei insgesamt 370 Wohneinheiten gibt es 160 verschiedene Wohnungsgrundrisse und einen breiten Mix aus ausgesprochen vielen Wohnungstypen, die von einer Studiowohnung, Zwei- bis 7,5-Zimmerwohnungen, Großwohngemeinschaften bis hin zu Clusterwohnungen reichen. Der Wohnungsmix prägt in hohem Maße die Durchmischung. Von diesen 370 Wohnungen waren 80 Wohnungen durch Darlehen oder Beiträge der öffentlichen Hand subventioniert. Auch vom Wohnungsmarkt ausgegrenzte soziale Gruppen sollten berücksichtigt werden. Daher ist jede zehnte Wohnung an ausgewählte Stiftungen oder an eine besondere Genossenschaft vergeben worden: für Menschen mit Beeinträchtigungen (Stiftung Züriwerk), Menschen mit Migrationshintergrund und niedrigem Budget (Stiftung Domicil), Studierende und Lehrende (Genossenschaft WOKO) und Kinder, die längere Zeit nicht in ihren Familien aufwachsen können (Stiftung zkj).

Um die Erstvermietung möglichst objektiv zu regeln und das Ziel der sozialen Durchmischung zu erreichen, wurde ein Mieterdaten-Monitoring eingeführt, das in der *Kalkbreite* erstmals angewendet worden war. So wurde beispielsweise die Erstvermietung bereits evaluiert.[8] Als Vergleichs- und Referenzmatrix wurde die Belegungsquote des Kantons und der Stadt Zürich zugrunde gelegt. Für das *Hunziker Areal* wurde allerdings keine starre Quote fixiert. Schwierigkeiten bereitete, dass innerhalb einer kurzen Zeitspanne, zwischen Spätherbst 2014 und Anfang 2015, eine hohe Anzahl an Wohnungen auf den Markt kam. Am beliebtesten waren ruhig gelegene, kleine Wohnungen sowie subventionierte Wohnungen. Hingegen waren die 26 Großwohnungen mit 7,5 und mehr Zimmern wenig nachgefragt. Der Anteil junger Familien war sehr hoch, sodass zwischenzeitlich ein Vermietungsstopp für diese Gruppe erfolgte. Die generative Durchmischung war insgesamt schwierig, da ältere Menschen unterrepräsentiert waren und sie sich vorrangig um kleine Wohnungen (2,5 bis 3,5 Zimmer) bemühten. Neue Wohnformen – Wohngemeinschaften oder Satelliten/Cluster[9] – wurden von den Älteren kaum nachgefragt. Werden im Kanton und in der Gesamtstadt ein Drittel der Wohnungen von dieser Altersgruppe bewohnt, so waren es im *Hunziker Areal* nur sechs Prozent.

Trotz der Zielsetzungen und dem Monitoringverfahren konnten die formulierten Mischungsziele bei der Erstbelegung erst ansatzweise umgesetzt werden. Wie allgemein im Siedlungsbau charakteristisch, prägen auch im *Hunziker Areal* junge Familien zunächst den Wohnalltag. Neue kollektive Wohnformen – Groß-WGs und Clusterwohnungen – mussten intensiv beworben werden. Es wurde noch keine der Gesamtstadt vergleichbare Durchmischung erreicht. Um sich dem gewünschten Ziel anzunähern,[10] wurde ein Vermietungstool etabliert. Auch das Versprechen, „Wohnen, ein ganzes Leben lang", also die Möglichkeit, aufgrund der Größe des Projekts innerhalb des Quartiers bei Bedarf umziehen zu können, wird sich, trotz der verschiedenen Wohnformen und Wohngrößen, aller Voraussicht nach nicht erfüllen.[11]

Vernetzung durch Partizipation im Planungsprozess?

Während bei anderen Züricher Wohnprojekten Personen mitdiskutierten und entschieden, die ein persönliches Interesse an dem Projekt hatten und auch nach Fertigstellung dort einziehen wollten, musste, da die Beteiligung freizeitig einsetzte und die zukünftigen Bewohner noch nicht ausgewählt waren, in *mehr als wohnen* ein neues Verfahren erprobt werden. Das Experiment der frühzeitigen Beteiligung allgemein Interessierter stellte sich allerdings als fragwürdig dar, denn weniger als fünf Prozent der Erstmieter haben sich vor dem Einzug bereits im *Hunziker Areal* bei mehr als wohnen engagiert. Statt der potenziellen Bewohner nutzten, quasi stellvertretend, Fachpersonen und allgemein Interessierte die Partizipationsmöglichkeiten. Die erfahrene Genossenschaftsaktivistin und Mitglied im Vorstand von mehr als wohnen Claudia Thiesen hinterfragt daher das Verfahren in der Planungsphase kritisch: „Dann wurde gebaut, aber nun ziehen ja ganz verschiedene Leute ein. Da stellt sich schon die Frage: Was ist Partizipation?"[12] Erhebungen der Erstmieter zeigen, dass nur „ein Viertel der Bewerbenden [...] einen hohen Quartiersbezug"[13] hat-

7 *Heye, Corinna/Borowski, Thomas/Fuchs, Sarah/Craviolini, Christoph: Erstvermietung auf dem Hunziker Areal. Instrumente, Prozesse, Erfahrungen. Zürich 2015, S. 31*

8 *Ebenda*

9 *Die Begriffe Satelliten- bzw. Clusterwohnungen werden oftmals synonym verwendet.*

10 *Vgl. Heye, Corinna/Fuchs, Sarah: Bewohnerschaft und Bewerbungen im Hunziker Areal. In: Hugentobler, Margrit/Hofer, Andreas/Simmendinger, Pia (Hg.): mehr als wohnen. Genossenschaftlich planen – Ein Modellfall aus Zürich. Basel 2016, S. 132*

11 *Vgl. Buchholz, Ruth: „Wohnen, ein ganzes Leben lang" (Interview). In: Bundesamt für Wohnungswesen BWO (Hg.): mehr als wohnen. Von der Brache zum Stadtquartier. Dokumentation „Entwicklungs- und Realisierungsprozess der gemeinnützigen Wohnsiedlung Hunzikerareal in Zürich-Leutschenbach". Report 1: 2007 bis 2010. Zürich 2010, S. 64*

12 *Thiesen, Claudia: Gespräch Partizipation. Partizipation führt zu Identifikation. In: Hugentobler, Margrit/Hofer, Andreas/Simmendinger, Pia (Hg.): mehr als wohnen. Genossenschaftlich planen – Ein Modellfall aus Zürich. Basel 2016, S. 108*

13 *Heye, Corinna/Borowski, Thomas/Fuchs, Sarah/Craviolini, Christoph: Erstvermietung auf dem Hunziker Areal. Instrumente, Prozesse, Erfahrungen. Zürich 2015, S. 33. Etwa 60 Prozent der Erstbewerber kamen aus Zürich. Die Mehrheithatte noch keine Genossenschaftserfahrung.*

Durchwegung und Veloparken

Gemeinschaftsgarten zur Schule

ten. Es wird deshalb nach dem Bezug der Wohnungen umso wichtiger werden, die vielen neuen Bewohner, die größtenteils auch keinen Bezug zur Genossenschaftskultur hatten, für das genossenschaftliche Leben in Gemeinschaft zu gewinnen.

Vernetzung im neuen Stadtquartier

Das neue *Hunziker Areal* liegt im Entwicklungsgebiet Leutschenbach zwischen Oerlikon und Schwamendingen. Nicht weit entfernt befindet sich die größte Neubausiedlung der Schweiz, der Glattpark in Opfikon. Das Stadtviertel stellt sich als ‚urbaner Unort' dar, der durch eine sehr heterogene Mischung aus Resten alten Gewerbes, dem städtischem Recyclinghof Hagenholz und anonymen Bürobauten definiert ist.

Aufgrund der Größe und isolierten Lage des Projekts bietet es sich deshalb an, Aspekte der Vernetzung auf das *Hunziker Areal* selbst zu beziehen. Ein wichtiger Aspekt der Vernetzung stellt in diesem Projekt die frühzeitige Integration und Beteiligung der Erstbewohner dar. Durch die vielfältigen Initiativen, durch Formate wie Informationsveranstaltungen, Workshops und Echoräume wurde dieses genossenschaftliche Leuchtturmprojektbereits in der Planungs- und Entstehungsphase stadt- und landesweit diskutiert und rückte ins öffentliche Bewusstsein. Alle Verfahren und Diskussionsschritte waren sehr transparent.

Jetzt in der Nutzungsphase kann die gemeinschaftsfördernde Architektur und Außenraumgestaltung des *Hunziker Areals* ihre Möglichkeiten entfalten. Für Gemeinschaftsräume wird bei *mehr als wohnen* der Terminus ‚Allmendräume' verwendet. Mit diesem Begriff will man an die alte Tradition des genossenschaftlichen Gemeinguts anknüpfen. Für gemeinschaftliche, offene Aktivitäten stehen den Bewohnern zehn Allmendräume zur Verfügung. Bewohner können diese Räume auch für private Zwecke mieten. Externen ist es ebenfalls möglich, Allmenden auf dem *Hunziker Areal* anzumieten. „Es gibt Gemeinschaftsräume mit Küchen, Sitzungszimmer und einen attraktiven Seminarraum. Wir können bereits nach wenigen Monaten feststellen, dass die Allmendräume einem vorhandenen Bedürfnis entsprechen. Sie werden intern und extern viel genutzt. Aus Quartierinitiativen sind in den Allmendräumen unter anderem ein Bewegungs- und Meditationszentrum, eine Art erweitertes Wohnzimmer mit Bar und Heimkino sowie eine Gemeinschaftswerkstatt entstanden."[14]

Die gewerbliche Nutzung der Erdgeschosszone soll eine Vitalisierung des Quartiers erleichtern. Das Restaurant und das Gästehaus befinden sich daher auch am zentralen Platz.

In der noch jungen Phase nach dem Bezug sind bereits zahlreiche Aktivitäten festzustellen. Großes Interesse fanden die Möglichkeiten zum gemeinschaftlichen Gärtnern. Bereits 2012 schenkte die Genossenschaft der benachbarten Leutschenbach-Schule zwei bepflanzte Kisten. Mit diesen ‚Vor-Gärten' hätte sich ein Bindeglied zwischen dem wachsenden Quartier und der Schule entwickelt. „Sie erkannten, dass nachbarschaftliche Räume nicht einfach entstehen, sondern dass sie gestaltet werden können und dass

14 *Baugenossenschaft mehr als wohnen (Hg.) Newsletter #44, 1. Oktober 2015. Abzurufen unter: www.mehralswohnen.ch/fileadmin/downloads/Newsletter/Newsletter_bg_maw_15-44.pdf (besucht am 20.04.2017)*

ihr Beitrag geschätzt wird. Die Kinder tragen diese Erfahrungen in ihre Familien und leisten so wichtige Vernetzungsarbeit in den bestehenden Quartieren."[15]

Wohnen im Cluster – Vernetzung im Haus

Obwohl den Initiatoren des Projekts durchaus bewusst war, dass große, gemeinschaftliche Wohnungen nicht leicht zu vermieten sind und baurechtliche Probleme (Feuerschutz etc.) hervorrufen, wurden gezielt auch 38 Wohneinheiten gefördert, die neue gemeinschaftliche Wohnformen ermöglichen. Diese reichen von Großraum-Wohngemeinschaften mit über sieben Zimmern bis hin zu Clusterwohnungen. Die programmatische Offenheit für neue Wohnformen, die durch eine Kombination von individueller Wohnzelle und kollektiver Fläche entstehen, wird als Reaktion auf gesellschaftliche und demografische Veränderungen angesehen. Soziale Veränderungen sind meist dynamischer als bauliche Realisierungen. Der Mitinitiator Andreas Hofer betont daher auch, dass ganz bewusst neue Spielräume ausgelotet werden sollten.[16] Im Haus A an der Dialogstraße 6 von Duplex Architekten zeigt sich diese Offenheit für Ungewohntes am deutlichsten. In diesem Haus befinden sich je eine Wohnung der Stiftung Züriwerk und der Wohnstiftung zkj sowie eine Galerie und eine Behindertenwerkstatt. Besonders ungewöhnlich sind aber die sechs Clusterwohnungen mit 10,5 Zimmern und fünf Clusterwohnungen mit 12,5 Zimmern. Diese gemeinschaftsbildenden Grundrisse schaffen strukturell enge Nachbarschaften. Der großzügige Lichthof, der den dicken Baukörper auflockert, ist auch ein Ort der alltäglichen Begegnung und des angenehmen Aufenthalts.

Lernchancen

mehr als wohnen muss an seinen hohen Erwartungen gemessen werden, das die Initiatoren weckten. Das *Hunziker Areal* will keine Siedlung, sondern ein Stück Stadt sein. Deshalb wurde Wert auf eine große Vielfalt an Wohnungstypen und Wohnformen gelegt. Die durchschnittliche Größe der Wohnung liegt mit etwa 36 Quadratmetern deutlich unter dem Züricher Schnitt von 40 Quadratmetern. Durch die kompakte Bauweise, durch Förderungen und durch eine hohe Spreizung der Mieten nach Lage und Stockwerk entstand für Züricher Verhältnisse bezahlbarer Wohnraum, der nach sozialen Kriterien vergeben werden kann. Die architektonischen Grenzen der urbanen Vielfalt ergaben sich durch die Beschränkung auf fünf Büros. Inmitten der Bauphase musste aus Kostengründen zudem ein Totalunternehmer (Generalunternehmer) hinzugezogen werden. Es sollte keine Mustersiedlung entstehen, sondern ein offenes Interface, das man bespielen kann.

Die außergewöhnliche Qualität von *mehr als wohnen* liegt auch in der hohen Transparenz aller Prozesse und Entscheidungen. So kann das Quartier zu einem wichtigen Lernort werden. Die Züricher Genossenschaften waren ungewöhnlich offen für Experimente. Statt ausgetretene Wege weiterzugehen, beschritten sie neue Pfade und richteten ihren Blick in die Zukunft.

Einige Wohnformen wie Großwohnungen oder Cluster waren in der Erstvermietungsphase nicht so stark nachgefragt. Bewusst hat die Genossenschaft aber den Auftrag angenommen, den Rahmen konventionellen Wohnungsbaus zu dehnen. Diese Experimente sind, so Andreas Hofer, „nicht Risiken, sondern Lernchancen".[17]

Ein Bereich, der kritisch zu sehen ist, ist die aufwendige und zeitintensive Partizipationskultur in der Konzept- und Planungsphase durch externe Akteure. Das Ziel, eine hohe Identifikation der späteren Bewohner bereits in der Konzeptionsphase zu erreichen, konnte nicht erreicht werden. Nach dem Bezug aller Wohnungen können die neuen Bewohner allerdings an ‚vorbereitete' Strukturen der Beteiligung anknüpfen. Es wird sich aber erst in einigen Jahren zeigen, ob dieser Weg zu neuen Formen urbaner Nachbarschaften in Gemeinschaft führt.

Grüne Durchwegung

15 *Tausendpfund, Doris: Sozialintegrativ – Der Gemeinschaftsgarten im Hunziker Quartier. In: Hugentobler, Margrit/Hofer, Andreas/Simmendinger, Pia (Hg.): mehr als wohnen. Genossenschaftlich planen – Ein Modellfall aus Zürich. Basel 2016, S. 157*

16 *Vgl. Hofer, Andreas: Teil einer vernetzten Stadt. Gespräch mit Andreas Hofer, Projektleiter Bau (Interview). In: Bundesamt für Wohnungswesen BWO (Hg.): mehr als wohnen. Von der Brache zum Stadtquartier. Dokumentation. „Entwicklungs- und Realisierungsprozess der gemeinnützigen Wohnsiedlung Hunzikerareal in Zürich-Leutschenbach". Report 1: 2007 bis 2010. Zürich 2010, S. 54*

17 *Hofer, Andreas: „mehr als wohnen" – Ein ABC. In: Hugentobler, Margrit/Hofer, Andreas/Simmendinger, Pia (Hg.): mehr als wohnen. Genossenschaftlich planen – Ein Modellfall aus Zürich. Basel 2016, S. 169*

Interview

Claudia Thiesen, Vorstandsmitglied der Genossenschaft mehr als wohnen, und Andreas Hofer, Geschäftsführung mehr als wohnen, Leiter Forschung und Innovation, Zürich, 11.03.2015

Literatur

Baugenossenschaft mehr als wohnen (Hg.): Newsletter #44, 01.10.2015. Abzurufen unter: www.mehralswohnen.ch/fileadmin/downloads/Newsletter/Newsletter_bg_maw_15-44.pdf (besucht am 20.04.2017)

Bundesamt für Wohnungswesen BWO (Hg.): mehr als wohnen. Von der Brache zum Stadtquartier. Dokumentation. „Entwicklungs- und Realisierungsprozess der gemeinnützigen Wohnsiedlung Hunziker-areal in Zürich-Leutschenbach". Report 1: 2007 bis 2010. Zürich 2010

Frei, Sabine/Gysel, Kornelia: Kodex oder Ein Handbuch zur Qualitätssicherung im zukünftigen Wohnungsbau. Zürich 2015

Gysel, Kornelia/Frei, Sabine/Kaestle, Anne/Schürch, Dan (Hg.): Häuser im Dialog. Ein Quartier entsteht. Zürich 2015

Heye, Corinna/Borowski, Thomas/Fuchs, Sarah/Craviolini, Christoph: Erstvermietung auf dem Hunziker Areal. Instrumente, Prozesse, Erfahrungen. Zürich 2015

Hodel, Marcel: Ein Genossenschaftsprojekt als Stadtbaustein. In: archithese 1/2015, S. 22–29

Hugentobler, Margrit/Hofer, Andreas/Simmendinger, Pia (Hg.): mehr als wohnen: Genossenschaftlich planen – Ein Modellfall aus Zürich. Basel 2016

Schultz, Brigitte: „Wir mischen sehr wild". Andreas Hofer im Gespräch mit Brigitte Schultz. In: Bauwelt 48/2012, S. 46–49

18 *Maier, Florian: DEUBAU-Preis 2014: Hunzikerareal in Zürich. Abzurufen unter: www.detail.de/architektur/themen/deubau-preis-2014-hunzikerareal-in-zuerich-022096.html (besucht am 04.11.2016)*

mehr als wohnen, Hunziker Areal, Zürich, CH

Adresse	Hagenholzstrasse 104b 8050 Zürich-Leutschenbach Schweiz
Erstbezug	2015
Bauträger	Genossenschaft mehr als wohnen
Entwurf	Duplex Architekten, Zürich und futurafrosch, Zürich Duplex Architekten, Zürich (a+m) pool Architekten, Zürich (g+j+l) Architekturbüro Šik, Zürich (b+c+k) Müller Sigrist Architekten, Zürich (d+e+h) futurafrosch, Zürich (f+i) Müller Illien Landschaftsarchitekten, Zürich
Flächen	Grundstück 41.000 qm[18] Wohnen 41.061 qm Gewerbe und Gemeinschaft 6.680 qm
Wohnungen	370 Wohnungen Große Wohnungsvielfalt, Studios, Wohngemeinschaften, Satellitenwohnungen
Förderung	Baurecht, 80 öffentlich subventionierte Wohnungen, 10 % Wohnungen für soziale Nutzungen
Gemeinschaft	*Räume:* Quartierszentrum, Gemeinschaftsräume, Büros und Studios, Werkstätten, Gästehaus, Beschäftigungsatelier für Menschen mit Behinderung, Musikübungsraum, Allmende *Freiflächen:* Quartiersplätze, Pflanzengärten, Dachgärten
Quartier	*Räume:* Kindergarten, Kindertagesstätte, Gastronomie und Büroflächen, Gästehaus, Beschäftigungsatelier für Menschen mit Behinderung *Freiflächen:* Quartiersplätze, Park

Stadt

	Ort	Wohneinheiten	Kontext: Zentrum	Wohnen	Industrie	Infrastruktur	Standort: Park / Wasser	Platz	Nutzungsgefüge
Lebensort Vielfalt Charlottenburg	Berlin, D	⊙	●						●
Kalkbreite	Zürich, CH	◎	●					●	●
wagnis 4 Am Ackermannbogen	München, D	⊙				●		●	
Giesserei Neuhegi	Winterthur, CH	◎			●		●		
en famille Alte Weberei	Tübingen, D	⊙			●		●	●	
Wohnen mit alles! Nordbahnhof	Wien, A	◎				●	●		
Generationenpark	Königsbrunn, D	◎		●					●
Grünmatt Friesenberg	Zürich, CH	◎		●			●		
Wohn_Zimmer Sonnwendviertel	Wien, A	○				●	●		
Spreefeld Mitte	Berlin, D	⊙			●		●		
wagnisART Domagkpark	München, D	◎				●	●		
mehr als wohnen Hunziker Areal	Zürich, CH	○			●		●		

3 Stadt

Mit dem Bedeutungsgewinn von Nachbarschaft und damit dem räumlichen Gebilde Quartier verstärkt sich die Beziehung zwischen den gemeinschaftlichen Wohnprojekten und ihrem städtebaulichen Kontext. Die Projekte erhalten einen Auftrag aus der jeweiligen Stadtstruktur, die Standorte beeinflussen die Chancen der Projekte, die Stadt- und damit die Quartiersentwicklung positiv zu beeinflussen. Abhängigkeiten zwischen dem urbanen Kontext und den Fallbeispielen werden betrachtet, räumliche Kategorien beleuchtet und relevante Faktoren benannt.

3.1 Kontext

Räumliche, funktionale wie soziale Gegebenheiten prägen die Stadt. Die aktuellen Fallbeispiele sind bedingt durch ihre Entstehungszeit in bestimmten Stadtstrukturen platziert: Sie liegen im historischen Zentrum, in monostrukturierten Wohngebieten, in peripheren Gewerbegebieten oder Infrastrukturbrachen. Die Charakteristik der umgebenden Quartiere bildet die Ausgangsposition zur Bildung von Nachbarschaft, räumlicher und sozialer Nähe oder Distanz, Quartiersvernetzung und Sozialorientierung. Das urbane Umfeld beeinflusst die Eigenart der Projekte in Bezug auf Körnung der Bebauung, Dichte, Freiraum- wie Verkehrsstrukturen und Projektgröße. Potenziale, aber auch Grenzen entstehen aus dem Netzwerk umgebender stadtstruktureller Prinzipien.

Historisches Zentrum – Nachjustierung mit Bindung

Zwei innovative Projekte befinden sich in zentralen, innerstädtischen und historischen Strukturen in der gemischt genutzten, gut erschlossenen Stadt. Sowohl das Altbauprojekt *Lebensort Vielfalt* in Charlottenburg in Berlin als auch die *Kalkbreite* in Zürich sind Beispiele unterschiedlicher Größe, die Teil des dichten, gründerzeitlichen Stadtzentrums werden und die die umgebende Stadtstruktur mit einem differenzierten Nutzungsangebot ergänzen. Sabina Hubacher, Mitglied des Wettbewerbspreisgerichts zur *Kalkbreite*, kommentiert dieses Fortführen des Stadtgewebes als eines der wesentlichen Argumente für den gewählten Entwurf: „Die *Kalkbreite* passt sehr gut an diesen Ort, sie fügt sich ein ins Quartier als normaler Stadtbaustein, ohne ihre spezifische Nutzung allzu vordergründig aufs Auge zu drücken."[1]

Die historische Stadtstruktur setzt in ihrer örtlichen Charakteristik einen verbindlichen Rahmen für Neubauten in Bezug auf Maßstab, Körnung, Gebäudetiefen und Geschossigkeit, aber auch auf die Gliederung der Fassaden und die Materialwahl. Durch eine angestrebte hohe Dichte und die Maßgabe, den Straßenraum mit Bebauung zu fassen, sind im Erdgeschoss die Möglichkeiten für Freiräume limitiert. In gewachsenen Quartieren hat darüber hinaus der Neubau von gemeinschaftsorientiertem und quartiersoffenem Wohnungsbau sowohl in Bezug auf das Nutzungs- als auch in Bezug auf das Wohnungsangebot (barrierefreie, alternative Grundrisstypologien) eine nachjustierende, regulierende Rolle.

Die Größe der Projekte in eher kleinteilig parzellierten historischen Zentren ist tendenziell begrenzt. Die Berücksichtigung aller Restriktionen und Bindungen, die im weiteren Sinne aus der umgebenden Stadtstruktur resultieren, bietet aber die Chance, ein vielfältig reagierendes Projekt zu entwickeln, das das Nebeneinander von Gemeinschaften, die sich begegnen und durchdringen können, ermöglicht und fördert.

1 *Hubacher, Sabina: Nach fünf Tagen wählte die Jury das grüne Haus. In: Genossenschaft Kalkbreite (Hg.): Kalkbreite. Ein neues Stück Stadt. Zürich 2015, S. 64–65*

2 *Interview mit Sibylle Ebe*

3 *Muhmenthaler, Walter (Hg.): Sulzer Areal Oberwinterthur – Das Hybrid Cluster Modell. Zürich 2003*

4 *Müller, Pascal: Neue Wohnmodelle in der Stadt. Vortrag Hochschule Karlsruhe, 27.04.2016*

Monostruktur Wohnen – Anpassung und neue Qualität Freiraum

Auch im wenig dichten Siedlungsteppich in der Peripherie mit einem hohen Anteil an Einfamilienhäusern und Gärten können gemeinschaftliche Wohnprojekte entstehen. Der *Generationenpark* in Königsbrunn passt sich der Struktur der kleinteiligen, durchgrünten Umgebung und der Dimension der Wohnhäuser an. Der Freiraum wird zu einem Netzwerk halböffentlicher Höfe. Der *Generationenpark* erreicht eine Verdichtung durch die additive Wiederholung der Einzelbauten zu einer aufgelösten Gesamtstruktur. Die Ersatzneubauten der Siedlung *Grünmatt* auf dem Friesenberg in Zürich sind hingegen Teil einer ausgedehnten durchgrünten Gartenstadt. Zeilen – zuvor Struktur der Vorgängerbebauung – nehmen die Körnung und Orientierung der Reihenhauszeilen benachbarter Siedlungsfelder auf. Die Reaktion auf den demografischen Wandel, optimale Orientierung der Wohnungen sowie Veränderungen von Standards und Bedürfnissen bestimmen die Positionierung und Organisation der Bauten. Der Zwischenraum als verkehrsfreier, öffentlicher Begegnungsort mit hoher Kommunikationsdichte wird zum innovativen Impuls.

„Wenn der Baukörper schon ein Fremdkörper ist, wird auch das Projekt immer ein Fremdkörper bleiben."[2] – so Sibylle Ebe, Architektin des *Generationenparks* in Königsbrunn. Hier wie bei der Siedlung *Grünmatt* war das Aufgreifen der Dimension der vorhandenen oder vorherigen Baukörperstruktur ausschlaggebendes Argument für die Auszeichnung mit dem ersten Preis im Architekturwettbewerb. Additive Stadtbausteine, die mit Fokus auf ideale Wohnbedürfnisse wie Freiraumvernetzung entstehen, reagieren in ihrer Körnung auf das Umfeld. Die Größe der Einzelbauten wie der Projekte ist durch den Wunsch nach Anpassung und damit baulicher Integration begrenzt. Eine alternative Ausbildung des Freiraums schafft bei weiterhin hohem Anteil an Durchgrünung neue Räume der Begegnung.

Industriebrachen – Große Dimensionen

Durch Standortverlagerungen, Flächenreduzierungen oder Schließungen von Industrie werden große Flächen in peripher gelegenen Stadtgebieten frei. Überdimensionale, autoorientierte Straßennetze ohne Grünräume und großformatige Gewerbebauten in der Nachbarschaft bilden den Kontext. Die Kapazität der Brachen ist aufgrund ihres Kontextes grundsätzlich unterschiedlich zu bewerten. Gewerbegebiete, die zur Energiegewinnung am Fluss und in der Nähe zum Siedlungsrand angesiedelt wurden, verfügen über Potenziale, die eine neue Identität eines Stadtquartiers prägen können. Die *Alte Weberei* in Tübingen steht stellvertretend für diesen Gebietstypus: In Nachbarschaft zu einer fast dörflichen Struktur erlaubt die Anpassung an den Maßstab des industriellen Bestandes eine Erhöhung der baulichen Dichte – damit auch Vielfalt, Diversität und Kommunikationsdichte. Die erhaltene Bausubstanz bietet darüber hinaus den Rahmen für eine neue kulturelle Mitte und eine urbane Atmosphäre; das öffentliche Flussufer bietet Ausgleich zur urbanen Dichte. Zur Identifikation bleibt der Name *Alte Weberei* als Adresse des Quartiers erhalten.

Im neu entstehenden Quartier *Neuhegi* auf dem peripher gelegenen ehemaligen Werksgebiet der Sulzer AG in Winterthur bildet der überdimensionale Maßstab der ehemaligen Werkshallen sowie das großmaschige Straßennetz die Grundlage des städtebaulichen Rahmens und der neuen Identität. Ein „Hybrid Cluster Modell"[3] definiert Cluster aus unterschiedlichen Baufeldern mit verschiedenen Nutzungen. Baufeldgrößen ab ca. 6.000 Quadratmeter schaffen übersichtliche Investitionseinheiten. Innerhalb dieser Cluster, die sich zum Straßenraum als überdimensionale Blockstrukturen darstellen, entstehen zwischen den Baufeldern verkehrsfreie, halböffentliche Nachbarschaftsräume. Die Veränderung des städtebaulichen Maßstabs wurde genutzt, um neue Raummodelle und ökonomisch gedachte Projektgrößen umzusetzen. Die *Giesserei* wurde als eines der ersten Projekte im Quartier umgesetzt. Mit 130 Meter auf 60 Meter und 155 Wohneinheiten ist sie ein großes gemeinschaftsorientiertes Wohnprojekt, das als Motor Nachbarschaften mit Blick auf das Quartier, aber auch im Rahmen des Clusters knüpft.

Ein anderes Beispiel ist die große, zentrumsferne Industriebrache der Betonelemente produzierenden Firma Hunziker in Zürich. Sie wurde von der Genossenschaft mehr als wohnen mit 370 Wohneinheiten überbaut. Ein Cluster von tiefen Baukörpern schafft in Reaktion auf die Baukörperdimensionen des gewerblichen Umfelds eine neue Stadt mit Gassen, Straßen und Plätzen und provoziert die Entstehung einer „architektonischen Raumlösungsmaschine"[4]: Jeder der Baukörper wird bezogen auf bestimmte Ziele spezifisch entwickelt.

Die außerordentlichen Arealgrößen der postindustriellen Landschaft und die Dimensionen umgebender Gebäude erlauben neue Stadtstrukturen und Baukörper. Die Größe der Parzellen ermöglicht die Ansiedlung großer Projekte und bietet Raum für Experimente auf gebäudetypologischer Ebene, aber auch in der Entwicklung von gemischt genutzten Konzepten in Fortsetzung der Bestandsnutzung des Arbeitens. Vorhandene Freiräume erlauben es, eine neue Identität des Ortes durch gestaltete Grünräume zu entwickeln. Gemeinschaftlich orientierte und vernetzt denkende Wohnprojekte nutzen diese neu geschaffenen attraktiven Lagen; sie werden hier als häufig schon in einer ersten Bauphase erstellten Gebäude zum Motor einer peripheren Stadtentwicklung.

Infrastrukturbrachen – Stadt in der Neuerschaffung

Großflächige Brachen resultieren aus dem schrumpfenden Flächenbedarf von Bahn- oder Militärinfrastrukturen. Bisherige Nutzungen spielen hier keine Rolle mehr. Diese Brachen unterscheiden sich in ihrer Ausgangssituation wesentlich durch die verkehrliche Anbindung, die Lage in der Stadt, aber auch durch mögliche Lärmbelastung aktiver Bahnflächen.

Große, zentral gelegene, gut erschlossene Bahnbrachen, meist ohne zu integrierenden Baubestand oder fortzuführende Nutzungen, werden zu eigenständigen neuen Stadtteilen: Das Sonnwendviertel südlich des neuen Wiener Hauptbahnhofs ist ein entstehender Stadtteil mit zentralem Park. Er gliedert sich östlich und westlich des Freiraums in Quartiere mit unterschiedlich dimensionierten Stadtbausteinen. Grundlage der städtebaulichen Konzeption bleibt der Blockrand in Fortsetzung der Stadtstruktur des Gründerzeitquartiers Favoriten. Im Sonnwendviertel West, dem Standort des *Wohn_Zimmers* in Wien, werden im Vergleich zur tradierten Baustruktur der Nachbarschaft die Blockgrößen überdimensioniert. Auch auf dem Stadtentwicklungsgebiet Nordbahnhof in Wien wird der Blockrand des angrenzenden Stadtgewebes fortgeführt. Die schallschützende Straßenrandbebauung löst sich zum zentral gelegenen, neu erstellten Park zugunsten von Durchgrünung, Durchblicken und Vernetzung in Einzelbaukörper auf. Freiräume für andersartige Bautypologien und Gruppierungen von Gebäuden werden damit eröffnet. *Wohnen mit alles!* nutzt diese Chance der offenen Bauweise – eine Abstandsfläche wird zum öffentlichen Platz und zur aktiven Verbindung der beiden Gebäude für zwei Zielgruppen.

Großformatige, zentrumsferne, häufig isoliert gelegene Militärbrachen sind meist nicht durch den öffentlichen Nahverkehr erschlossen. Eine Vernetzung muss erstellt, die Ausstrahlung von Bestandsbauten verändert und eine neue Identität entwickelt werden. Das neue Quartier *DomagkPark*, ehemals Panzerkaserne, entsteht inselartig ohne Bindung an die umgebende Stadt, aber unter Berücksichtigung letzter Spuren der vormaligen Nutzung. Breite Straßen – Relikte der militärischen Nutzung – werden Teil der neuen Struktur, alter Baumbestand wird zum zentralen Park, ein Atelierhaus, ehemals Standort einer Künstlerkolonie, beherbergt auch zukünftig Ateliers. *wagnisART*, als eines der zuletzt umgesetzten Projekte im Domagkpark, verändert den gegebenen städtebaulichen Rahmen von Solitären und Zeilenbauten; im Verlauf der Entwicklung zeigt sich eine Zunahme an Offenheit gegenüber Experimenten in Bezug auf die Konfiguration der Baukörper.

Bahn- und Militärbrachen sind Stellvertreter für verschiedene Gattungen von Infrastrukturbrachen. Alle sind gekennzeichnet durch große Dimensionen. Häufig wird auf der Grundlage von tradierten Blockrandstrukturen und orientiert an vorhandenen Straßendimensionen ein Stück Stadt neu geschaffen. Der Grad der Nutzungsmischung ist neu zu definieren, Identität neu zu schaffen. Hierzu wie zur Konstruktion von Nachbarschaft können die gemeinschaftsorientierten Projekte beitragen, sie sind in einem an Investoren orientierten Städtebau Belege einer anderen Kultur.

Stadtstruktur und Quartiersvernetzung

Die neuen gemeinschaftsorientierten Wohnprojekte sind Teil der Stadtstruktur. Ihre Rolle, ihr Auftrag wie ihre Körnung unterscheiden sich allerdings je nach Stadtstruktur und Quartierscharakteristik. Vorhandene Raumstrukturen können einen neuen Sinnzusammenhang erzeugen – die Möglichkeit, ein ‚Experiment' zu bauen, wird durch die umgebende Stadtstruktur mitgeprägt. Die Integration in die Stadtstruktur ist nicht allein ausschlaggebend für die Fähigkeit der Projekte zur Quartiersvernetzung. Kommunikative Knotenpunkte entstehen in verschiedenen Maßstabsebenen, die umgebende Stadtstruktur wird damit zu einem projektprägenden Ausgangsfaktor.

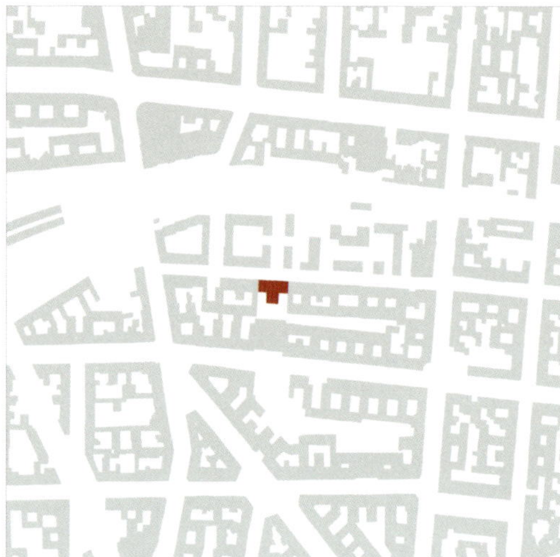

Teil der historischen Blockstruktur, *Lebensort Vielfalt*, Berlin

Teil der Wohnstruktur, *Generationenpark*, Königsbrunn

Großformatiger Baustein im Kontext Industrie, *Giesserei*, Winterthur

Tiefe Baukörper im Kontext Gewerbe, *mehr als wohnen,* Zürich

Identität durch Industriebestand und Fluss, *Alte Weberei,* Tübingen

Überdimensionaler Blockrand in der Bahnbrache, *Wohn_Zimmer,* Wien

3.2 Standort

Der Wunsch, das Alltagsleben aktiv zu gestalten, aber gleichzeitig für andere in der urbanen Gesellschaft offen zu sein, hat Auswirkungen auf die Standortwahl gemeinschaftlicher Wohnprojekte. Die Anforderungen an die Positionierung haben sich gewandelt. Die Projekte, die sich in den 1970er- und 1980er-Jahren isoliert in urbanen wie ländlichen Randlagen mit Fokus auf die eigene, inszenierte Gemeinschaft befanden, werden abgelöst durch wahrnehmbare, gut erschlossene Projekte, situiert an Grünflächen, am Wasser, an urbanen Plätzen oder in einem Netz von öffentlich relevanten Nutzungen.

Park/Wasser – Öffentlich wahrnehmbar

Einige der Projekte sind in attraktiver Lage an einem städtischen Grünraum oder einem Fluss positioniert und nehmen hier sichtbar eine hervorgehobene Rolle ein: Die *Giesserei* in Winterthur ist vom Eulachpark, einem großzügigen Stadtpark, aus weithin wahrnehmbar: Auf der symmetrischen Stirnfassade mit roter Holzverkleidung ist der Schriftzug „giesserei" mittig platziert. Auch die beiden Projekte *Wohnen mit uns!* und *Wohnen mit alles!* am Nordbahnhof in Wien bilden in Schulnähe eine Kulisse zum Rudolf-Bednar-Park. Funktionen wie Café und Laden im Erdgeschoss nutzen in beiden Projekten die Sichtbarkeit und Frequentierung des Ortes. Drei auffällige rote Punktbauten, die Bedeutungsträger des *Wohn_Zimmers* im Sonnwendviertel in Wien, markieren das Zentrum einer großformatigen, straßenübergreifenden Blockstruktur und die Öffnung nach außen. Sie sind der Anziehungspunkt einer wichtigen quartiersinternen Wegeführung und halböffentlichen Grünzone. Farbe, Form und das Angebot öffentlicher Funktionen in dem ansonsten monostrukturierten Quartier unterstützen diese Sonderstellung. Das Projekt *Spreefeld* wird als Teil der Spreeuferbebauung gesamtstädtisch wahrgenommen – der zukünftig öffentlich begehbare Spreeuferweg führt direkt am Gelände vorbei und erlaubt die Nutzung des Strandes, jede Flussfahrt auf

Gemeinschaftsorientiertes Wohnen am Park, *Wohnen mit alles!*, Wien

Ziel der Blockdurchquerung, *Wohn_Zimmer*, Wien

Höhe des Ostbahnhofs ermöglicht Blicke auf die drei achtgeschossigen Bauten und das Areal. Verortet am Park, am Fluss oder an relevanten Freiraumverbindungen signalisieren diese gemeinschaftlich orientierten Projekte ihre Öffnung zur Stadt und bleiben in Erinnerung.

Platz – Öffnung zur Stadt

Auch die Lage an städtischen Plätzen demonstriert dieses neue Selbstbewusstsein und damit die Teilhabe an der Quartiersvernetzung. *wagnis 4* am Ackermannbogen in München ist Teil der Randbebauung eines neuen Stadtplatzes, die Baugruppe en famille in der *Alten Weberei* in Tübingen besetzt ebenfalls eine Ecke des zentralen Egeriaplatzes. In beiden Fällen sind diese urbanen Räume Fokus einer neuen Stadtviertelkultur mit Nahversorgung und Verkehrsanschluss. Die Akteure der Wohnprojekte gestalten öffentliches Leben mit Programmen wie einer Stadtplatzlounge, einem Kiosk oder einem Café. Die *Kalkbreite* – eine dominante, urbane, gemischt genutzte Blockstruktur im Zentrum Zürichs – ist vielfältig sichtbar: Sie liegt zwischen einer Straßenbahnhaltestelle und der Bahnhaltestelle Zürich Wiedikon an einem stark frequentierten Ort. Neben Logo und der Internetplattform, die eine breite Zielgruppe anspricht, ist auch das ehemalige Restaurant *Rosengarten* öffentlicher Bestandteil der Erscheinung der *Kalkbreite*. Der Stadtplatz zwischen dem denkmalgeschützten Altbau und dem dramatisch inszenierten Aufgang zum öffentlichen Innenhof wird gastronomisch genutzt.

Nutzungsgefüge – Teil einer alltäglichen Lebenswelt

Das Einfügen in ein vorhandenes Nutzungsgefüge, in ein Netzwerk frequentierter Funktionen, macht die Projekte zum Bestandteil eines „Mittelpunkt-Ortes alltäglicher Lebenswelten"[5]. Die Quartiersvernetzung erhält einen Impuls aus der räumlichen Nähe und fußläufigen Erreichbarkeit weiterer alltäglicher oder spezifischer Nutzungen. Der *Generationenpark* in Königsbrunn, selbst kleinteilig durchzogen von Wegen, liegt in einem Wegegeflecht der durchgrünten Stadterweiterung zwischen Schule, Kindergarten, Kirche, Gemeindezentrum, aber auch Nahversorger und Bankfiliale. Das Mehrgenerationenhaus *Lebensort Vielfalt* in Charlottenburg mit der Schwulenberatung ist Teil der fünfgeschossigen, dichten, gemischt genutzten Berliner Blockstruktur. *wagnisART* in München entsteht in Nachbarschaft zu einem bestehenden Atelierensemble, Teil einer ehemals großen Künstlerkolonie.

Sichtbar und integriert

Ein Erfolgsfaktor gemeinschaftlich orientierter Wohnprojekte ist damit ihr Standort im urbanen Kontext. Als „Räume der urbanen Kollaboration"[6] benötigen die Projekte eine hervorgehobene Öffentlichkeit durch zentrale Lage, Attraktivität im direkten Umfeld oder Einbindung in ein gemischtgenutztes, dichtes Umfeld. Namensgebung, aber auch durchgängige Konzepte für die visuelle Erscheinung des Projekts in der öffentlichen Wahrnehmung sind Teil dieser Sichtbarkeit. Eine gute Anbindung an den öffentlichen Nahverkehr und an ein Fahrradwegenetz schafft Erreichbarkeit, Frequentierung und damit Kommunikationsdichte.

5 *Schnur, Olaf: Nachbarschaft und Quartier. In: Eckhardt, Frank (Hg.): Handbuch Stadtsoziologie. Wiesbaden 2012, S. 451*

6 *Rauterberg, Hanno: Wir sind die Stadt. Urbanes Leben in der Digitalmoderne. Berlin 2013*

Lage am öffentlichen Spreeuferweg, *Spreefeld*, Berlin

Platz zwischen Straßenbahn und Treppenaufgang, *Kalkbreite*, Zürich

Zwischen Kirche und Nahversorger, *Generationenpark*, Königsbrunn

Raum

	Ort	Wohneinheiten	Gebäudetypologie: Block/Hof	Zeile	Solitär	Cluster	Begegnung Freiraum: Platz	Innenhof	Durchwegung	Begegnung intern: Zentraler Raum	Innere Straße	Dachflächen
Lebensort Vielfalt Charlottenburg	Berlin, D	⊙	□								\\	
Kalkbreite	Zürich, CH	⊙	□				⬢	▣	#	⊙	\\	▤
wagnis 4 Am Ackermannbogen	München, D	⊙	□					▣	#		\\	▤
Giesserei Neuhegi	Winterthur, CH	◎	□	▮				▣	#		\\	▤
en famille Alte Weberei	Tübingen, D	⊙	□				⬢	▣				
Wohnen mit alles! Nordbahnhof	Wien, A	⊙	□				⬢	▣	#	⊙	\\	▤
Generationenpark	Königsbrunn, D	⊙		▮		⁙	⬢	▣	#		\\	▤
Grünmatt Friesenberg	Zürich, CH	◎		▮		⁙	⬢		#			
Wohn_Zimmer Sonnwendviertel	Wien, A	○	□		■	⁙	⬢	▣	#	⊙	\\	▤
Spreefeld Mitte	Berlin, D	⊙			■	⁙		▣	#			▤
wagnisART Domagkpark	München, D	◎			■	⁙	⬢	▣	#		\\	▤
mehr als wohnen Hunziker Areal	Zürich, CH	○			■	⁙	⬢		#	⊙		▤

4 Raum

„Räume und gesellschaftliche Situationen zu gestalten bedeutet, Handlungsrahmen für verschiedene Akteure zu schaffen, in denen sie interagieren und handeln."[1] Diese Möglichkeitsräume sind in den kooperativen Wohnprojekten differenziert gestaltet und ausgeprägt als Übergangsräume, Sowohl-als-auch-Räume, Schwellen, Schnittstellen und hybride Orte. Räumlich innovative und übertragbare Lösungen zu Orten der Begegnung werden im städtebaulichen Maßstab, in Freiräumen und Gebäuden aufgezeigt. Gebäudetypologien und ihre Auswirkungen auf die Quartiersvernetzung und die Etablierung sozialer Netzwerke werden betrachtet. Freiräume, die den „Bastelnachbarschaften"[2] Möglichkeiten bieten, sich ihre räumliche Umwelt durch konkretes Handeln anzueignen und die Koppelung von internen Erschließungssystemen und Vernetzung werden untersucht.

1 *Oswalt, Philipp: Gestalten von Situationen. In: Arch+ 222/2016, S. 126*

2 *Rohr-Zänker, Ruth/Müller, Wolfgang: Die Rolle von Nachbarschaften für die zukünftige Entwicklung von Stadtquartieren. Expertise im Auftrag der Bundesforschungsanstalt für Landeskunde und Raumordnung. Oldenburg 1998, S. 13. Abzurufen unter: stadtregion.net/fileadmin/downloads/Rolle_von_Nachbarschaften.pdf*

3 *Interview mit Andreas Galli, Claudio Schiess*

4.1 Gebäudetypologie

Gebäudetypologien, häufig kontextorientiert entstanden, rufen herkömmliche Bilder in Bezug auf ihre Auswirkung auf das städtische Umfeld hervor: Eine Blockstruktur signalisiert Abgeschlossenheit, Zeilen stehen für die Auflösung des Straßenraums und serielle Typenwiederholung, Solitärbauten demonstrieren Durchlässigkeit. Cluster sind in Erinnerung als Bautypus, der in der Gruppierung Räume bildet. Die Eignung bestimmter Typologien für die Bauaufgabe und die damit verbundenen Ansprüche werden beleuchtet, Auswirkungen auf die komplementär entstandenen Freiräume, die Beziehung zum Quartier und auf die interne Vernetzung werden gezeigt. Die Bedürfnisse nach Gemeinschaft, nach quartiersbezogenen Kooperationsräumen, nach Intimität und Heterogenität, ziehen räumliche Konsequenzen nach sich. Lassen sich über die Bewertung einzelner Typologien Tendenzen ableiten?

☐ Block/Hof – dehnbare städtebauliche Vorgabe

Eine Blockstruktur schafft mit einer durchgängigen Straßenrandbebauung Raumkanten und grenzt öffentliche und private Räume voneinander ab. Die introvertierte Typologie „Hof" – die Umkehrung des Systems Block in Bezug auf die Erschließung – wurde seit Beginn des 20. Jahrhunderts häufig demonstrativ als räumliche Umsetzung des Wunsches nach Gemeinschaft eingesetzt (*Karl-Marx-Hof*, Wien). Block- und Hofstrukturen werden auch heute eingesetzt: Die Blockstruktur der *Giesserei* in Winterthur wird gegliedert in zwei fünfgeschossige Zeilen und Stirnseiten, die trotz möglichem Baurecht nur zweigeschossig überbaut werden. Die Architekten erläutern dies so: „Die Ost-West-Orientierung der Bauten bietet allen Bewohnern eine ähnliche Situation und ermöglicht das Durchwohnen, die zweigeschossige Seite zum Park erlaubt, dass der Hof von Mittagssonne erhellt ist. Wir wollten das Quartier vernetzen und sind an den Enden als Signal tiefer geblieben. Der große Hof ist wie ein Gefäß, in dem sich die Bewohner weiterentwickeln."[3] Die Kapazitäten von Block, Zeile und Hof werden zusammengeführt, ein typologisches Hybrid entsteht, das die scharfe Trennung des Typus Block zwischen öffentlich und privat sorgfältig differenziert. Auch die *Kalkbreite* in Zürich, im Erdgeschoss mit straßenseitiger Erschließung wie ein Block organisiert, wandelt ihre Typologie über dem überbauten Straßenbahndepot. Der Block wird zum Hof, die Erschließung des zentralen Eingangs erfolgt über einen alltags öffentlich genutzten, räumlich gefassten Hof. Nach städtebaulichen Wettbewerben wie zum Beispiel am Nordbahnhof oder im Sonnwendviertel in Wien oder in der *Alten Weberei* in

Tübingen werden häufig Blockstrukturen baurechtlich vorgegeben. Die Beispiele zeigen, dass dieser Typus stark überformt werden kann und damit auch die komplexen Anforderungen von gemeinschaftsorientierten Wohnprojekten erfüllt werden können.

Zeile – von der Separierung zur großzügigen Raumbildung

Lineare, von der Straße entkoppelte Zeilen bilden kein Außen oder Innen. Sie erlauben neben der optimalen Orientierung zur Sonne die Verzahnung mit der Landschaft, die Hinführung zum umgebendem Grünraum und damit eine hohe Durchlässigkeit in eine Richtung. Die zur Quartiersvernetzung notwendige allseitige Durchlässigkeit, aber auch die geringe Fähigkeit zur Raumbildung, zeigen Grenzen dieser Bautypologie auf. Die Addition des Reihenhauses als eine Form der Zeile wird von Alfons Sonderegger, Präsident der Familienheim-Genossenschaft in Zürich (FGZ), in einem Interview kommentiert: „Eigentlich hatte der Vorstand in den ‚Sieben Leitlinien' festlegen wollen, dass die FGZ keine Reihenhäuser mehr baut. Denn die alten Reihenhaussiedlungen haben auch etwas stark Separierendes, es gibt dort keine öffentlichen Plätze oder gemeinschaftlichen Räume."[4] Die Ersatzsiedlung *Grünmatt* der FGZ in Zürich zeigt, wie Variationen des Typus die beschriebenen Probleme lösen können: Die Krümmung der vier in Einzelbauten aufgelösten Zeilen schafft differenzierte Außenräume und Durchlässigkeit in beide Richtungen. Besondere Orte mit öffentlichen Nutzungen zur Nachbarschaft entstehen durch die Staffelung der Zeilenköpfe. Mit gemeinschafts- und ortsbezogenen Abwandlungen und ihrer Eignung im Wohnungsbau kann die Zeile als Stadtbaustein neu interpretiert werden.

Solitär – Isolation gegen Ökonomie und Nachhaltigkeit

Allseits frei stehende Gebäude – Solitäre – sind gestaltbar in Ausdehnung und Grundrissgeometrie. Die Reduzierung des Fußabdrucks durch Höhe führt zu einem Gewinn an Freiflächen. Mögliche große Gebäudetiefen lassen mit der Minimierung der Gebäudeoberfläche und Maximierung der Geschossfläche ökonomische Erstellung und nachhaltigen Betrieb zu.[5] Effiziente Erschließung, allseitige Orientierung und damit eine zweiseitige Belichtung fast aller Wohnungen, aber auch die Chance, private Freiräume mit Aussicht anzubieten, machen den Solitär zur ökonomisch und ökologisch sinnfälligen Wohnungsbautypologie. Diese grundsätzliche Eignung nutzen einige Projekte. *Spreefeld* in Berlin bietet große private Balkone mit Blick zur Spree. Zusätzlich wird die Typologie zum Experimentierfeld: Bei *mehr als wohnen* in Zürich oszilliert das einzelne Haus aufgrund seiner Tiefe von jeweils 20 bis 30 Metern zwischen Einzelgebäude und Stadtbaustein. Zum Umgang mit der Gebäudetiefe und deren Belichtung werden verschiedene Lösungsansätze erprobt: Die Überhöhung von Räumen, der Einsatz alternativer Wohnungstypen, die Bespielung der Fassade mit vertikalen Gärten oder räumlich beeindruckende Erschließungen. *wagnisART* in München arbeitet mit der Grundkonfiguration der Gebäude: In einem partizipativen Prozess entwickelten die Genossenschaftsmitglieder gemeinsam die „Wildheit der Struktur"[6]. Polygonale Baukörper werden hier zum Sinnbild eines anderen Lebensmodells. Die isolierte Stellung der Solitäre zeigt allerdings die Grenzen der Typologie in diesem Aufgabenfeld auf: Gemeinschaftsorientierte, quartiersvernetzte und sozialorientierte Projekte suchen das „Nebeneinander von Gemeinschaften, die sich begegnen und durchdringen können".[7] Raumbildung und Vernetzung kann der Typus allein nicht erzeugen, die volle Entfaltung der

4 *Sonderegger, Alfons: Wir brauchen eine Vielfalt von Bewohnern. In: Wohnen 5/2014, S. 11*

5 *Vgl. Müller, Pascal: Neue Wohnmodelle in der Stadt. Vortrag Hochschule Karlsruhe, 27.04.2016*

6 *Hofmann, Rainer: Wagnisse – Programm und Prozess. Vortrag Hochschule Karlsruhe,13.04.2016*

7 *Sennet, Richard: Verfall und Ende des öffentlichen Lebens. Die Tyrannei der Intimität. Frankfurt a. M. 1983, S. 382*

Hybrid zwischen Block, Zeile und Hof, *Giesserei*, Winterthur

Block und Hof, *Kalkbreite*, Zürich

Gekrümmte Zeilen, Versatz der Köpfe, *Grünmatt*, Zürich

Urbanes Dorf durch „Wildheit" der Baukörper, *wagnisART*, München

Vorteile kann erst im Verbund mit anderen Bautypen geleistet werden.

Cluster – Durchlässigkeit und Freiräume in zweiter Reihe

Einzelne Baukörper bilden eine Gruppe in räumlicher Separierung vom Kontext. Solitäre sind häufig die typologische Grundlage dieser Gebäudegruppen. Addiert werden sie zu Clustern zusammengefasst und bilden Räume, erlauben Durchblicke und Durchwegungen. Die drei Türme der Genossenschaft Spreefeld in Berlin schaffen die Durchlässigkeit zum Spreeufer. Auch bei *mehr als wohnen* in Zürich ermöglichen tiefe Bautypen Durchblicke. Häuser, Straßen, Gassen und Plätze bilden das Gerüst einer Stadt in der Stadt. Ein von den fünf planenden Architekturbüros erarbeitetes Regelwerk definiert Gemeinsamkeiten wie die Baukörpergliederung in Sockel, Körper und Dachabschluss – aus Solitären wird ein Quartier. Die Erschließungszonen der einzelnen Solitäre werden bei zweien der Projekte auch über Verbindungsstege in den Obergeschossen miteinander verbunden. So wird der Isolation der einzelnen Solitärbauten entgegengewirkt: Im Projekt *Spreefeld* in Berlin war eine (nicht umgesetzte) Verbindung der drei Baukörper durch Stege geplant, *wagnisART* in München nutzt Brücken, um Einzelbauten und gemeinschaftlich nutzbare Dachterrassen miteinander zu verbinden, aber auch um einen zentralen Platz räumlich zu fassen. Das *Wohn_Zimmer* in Wien hebt die dreidimensionale Verknüpfung der Türme mit dem umgebenden Blockrand durch Stege hervor. Starke Farben tragen das Signal der Vernetzung sichtbar ins Quartier. Freie Geometrien ersetzen die zuvor serielle Addition orthogonaler Baukörper und prägen die öffentlichen und halböffentlichen Räume. Cluster bilden unabhängig vom Straßenraum spannungsvolle, differenzierte Freiräume. Sie sind verkehrsfrei, einsehbar und in den meisten Fällen öffentlich begehbar. In der bewussten Platzierung der Gebäude zueinander und damit der Formbarkeit der Freiraumstruktur und der Vernetzung liegt eine wesentliche Stärke der Typologie Cluster.

Hybride mit gemeinschaftlichem Freiraum Im Kontext der aktuellen gemeinschaftlich orientierten und quartiersoffenen Projekte zeigt sich ein ideologiefreier und pragmatischer Umgang mit den klassischen Stadtbausteinen. Verschiedene Gebäudetypologien werden in Überlagerung eingesetzt – spezifische Eigenschaften werden orts- und situationsbezogen kombiniert und variiert. Orte, die sowohl Intimität als auch Heterogenität zulassen, erfordern auf gebäudetypologischer Ebene komplexe räumliche Vielfalt. Die Typologien Block, Zeile, Solitär und Cluster prägen mit Abweichungen von den herkömmlichen Bildern auch gemeinschaftliche und quartiersorientierte Projekte: Blockrandbebauungen enthalten halböffentliche oder öffentliche Innenhöfe, Zeilen werden durch Arkaden zur urbanen Kulisse, die Isolation von Solitären wird durch dreidimensionale Erschließungssysteme aufgehoben. Städtebauliche Vorgaben sollten zukünftig an hervorgehobenen Orten die Möglichkeit einräumen, nicht nur Straßenraum fassende Konzepte zu verwirklichen, sondern auch „Durchlässigkeit" in Baukörper zu fassen.

Cluster – Durchlässigkeit zum Spreeufer, *Spreefeld*, Berlin

Verbindung von Solitären in Obergeschossen, *Wohn_Zimmer*, Wien

Hybrides Netzwerk zur Durchquerung, *Generationenpark*, Königsbrunn

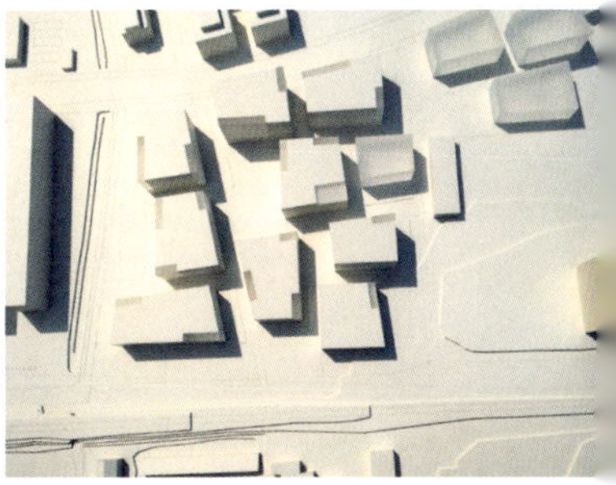

Cluster – Freiräume in zweiter Reihe, *mehr als wohnen*, Zürich

4.2 Begegnung Freiraum

Der Diskurs um die lebenswerte Stadt – immer wieder auch von dem dänischen Stadtplaner Jan Gehl thematisiert – fokussiert sich auf den öffentlichen Raum als Ausgangspunkt aller Entwicklungen und die Erdgeschosszone als Keimzelle der Urbanität. Diese These lässt sich auch auf den Freiraum gemeinschaftlicher Wohnprojekte übertragen. Vernetzt gedachte „Wohn"gemeinschaften öffnen sich auf Straßenniveau zum Quartier und zur Stadt. Die Bespielung der Freiflächen und damit die Gestaltung der Schnittstellen spielt eine hervorgehobene Rolle. Konzepte für die veränderte Rolle des Außenraums werden mit Fokus auf verschiedene Freiraumtypologien erläutert, der Durchwegung als Bindeglied kommt besondere Bedeutung zu. Die Verfügbarkeit der Freiräume entsteht auch aus veränderten Mobilitätskonzepten und der Reduktion von privaten Nutzungen im Erdgeschoss.

Mehr und anderer Raum durch veränderte Mobilität

Flächen, die in den Projekten zur Quartiersvernetzung und Begegnung genutzt werden, wurden bisher vor allem durch den ruhenden Verkehr belegt. Veränderte Anforderungen durch eine nachhaltige Mobilität führen zu einer Reduktion der Verkehrsgeschwindigkeit im Wohnumfeld. Damit wird umsetzbar, was Jan Gehl in seinen Publikationen fordert: „Der Stadtraum muss mit der Geschwindigkeit eines Fußgängers erlebt werden."[8]. Ein veränderter Flächenanspruch und die damit einhergehende vielfältige Nutzbarkeit der bisherigen Verkehrsflächen bieten Spielräume. Tiefgaragen in fast allen Projekten schaffen verkehrsfreie Binnenbereiche. Schwellenfreiheit wird zur Zielvorgabe für den öffentlichen und den gemeinschaftlich genutzten Raum, Verkehrsraumprofile verschwinden, eine Mehrfach- oder temporäre Nutzung wird auf verschiedene Art und Weise organisiert. Die definierten Kategorien „autofrei" und „autoarm" kennzeichnen verschiedene der Projekte: Die *Giesserei* in Winterthur gilt als autofreie Siedlung, das Label dient als wesentliches Merkmal in der Außendarstellung. Die angrenzenden Straßen werden als Begegnungszone mit Tempo 20 befahren, das Parkieren im öffentlichen Straßenraum ist hier verboten. 577 großteils überdachte Velo-Parkplätze stehen zur Verfügung, dem steht eine stark verminderte Parkplatzquote von 0,2 PKW-Parkplätzen pro Wohnung entgegen. Carsharing ist primäre Form des motorisierten Individualverkehrs, autofreie Interessenten werden bei Vermietung der Wohnung bevorzugt.

8 *Gehl, Jan: Städte für Menschen. Berlin 2015*

Private Balkone als Gartenersatz, *Spreefeld*, Berlin

Spielende Kinder auf der Straße, *mehr als wohnen*, Zürich

Platz zwischen Gartenstadt und Urbanität, *Grünmatt*, Zürich

„Zwischen"-Platz als Bühne und Schaufenster, *Kalkbreite*, Zürich

Stadtbalkon zum Platz, *en famille*, Tübingen

Hierarchisches Netzwerk an Plätzen, *mehr als wohnen*, Zürich

Ein breiter Maßnahmenkatalog stellt in diesem wie in den Züricher Projekten *Grünmatt*, *mehr als wohnen* und *Kalkbreite* sicher, dass sich Parkplatzangebot und Nachfrage dauerhaft die Waage halten.

Reduzierung von Privatnutzung im Erdgeschoss

Durch den Verzicht auf den Wohnungen zugeordnete Gärten entstehen weitere Freiräume im Erdgeschoss. Private Flächen wie die Gärten der Siedlung *Grünmatt* in Zürich werden auf ein Minimum reduziert, in *Spreefeld* in Berlin bieten große Balkone mit Blick auf den Fluss privaten Außenraum. In der *Kalkbreite* in Zürich werden private Außenräume zugunsten von kollektiven Freiräumen aufgegeben. Die Planer gehen hier auf den in der Wettbewerbsausschreibung formulierten Wunsch nach gemeinschaftlichen Außenräumen mit unterschiedlichen Qualitäten ein.

Platz – erinnerbare räumliche Schnittstelle zum Quartier

Zur Stadt, zum Quartier und zur umgebenden Nachbarschaft gewandt, bilden öffentliche Plätze die räumliche Schnittstelle zwischen den gemeinschaftsorientierten Wohnprojekten und ihrem direkten Umfeld. Als allgemein zugänglicher Raum mit meist prägnanter Gestalt sind sie zentraler Aufenthalts- und Kommunikationsort sowie Bühne der lokalen Öffentlichkeit. Hier begegnet sich die Gemeinschaft der vielen. Diese Plätze sind wesentlicher räumlicher und sozialer Bestandteil der gemeinschaftlichen Wohnprojekte, der Grund und Boden ist häufig Teil des erworbenen Areals, die hier verortete Öffnung zur Stadt ist Teil des Selbstverständnisses. Jede erdenkliche Schnittstelle zum öffentlichen Grund wird als Begegnungsort kultiviert: Bisher private Vorzonen verschwinden, Verkehrsraum wird umgedeutet, Abstandsflächen und Zwischenbereiche werden genutzt. Die offene Benutzbarkeit wird barrierefrei über eine Vielfalt an räumlichen Zeichen, über Größe, Zuschnitt, Materialität, Ausstattung oder Bepflanzung und darüber hinaus über angelagerte Funktionen lesbar gemacht.

Von der Straße zum linearen Platz

In der Siedlung *Grünmatt* in Zürich besitzen „die einzelnen Häuser [...] nur noch einen ‚Badetuch-Garten', dafür gibt es zwei breite, autofreie Wege zwischen den Zeilen, auf denen das gemeinsame Leben stattfindet und die Kinder gefahrlos spielen können".[9] Diese hybriden Räume zwischen Bewegung, Durchquerung und Aufenthalt werden jeweils im Süden über die gesamte Länge von einer arkadenartigen Vorzone über zwei Geschosse gefasst. Die Arkaden verwandeln die Einzelhäuser in eine durchgängige Schaufassade, die den öffentlichen Raum begleitet. Der Freiraum wird durch Aufweitungen zu einem Platz mit urbanem, öffentlichen Charakter, gleichzeitig verstärkt die Materialwahl und die Bepflanzung – blühende Obstbäume über wassergebundener Decke, mit Hecken gerahmte Gärten – das Bild der traditionellen Gartenstadt. „Allerdings ist die Hecke nur so hoch, dass man darüber hinwegsehen kann. Dadurch wirkt der eigentlich private Bereich des Gartens halböffentlich – und das verändert das Verhalten."[10]

Von der Abstandsfläche zum Platz

Das Projekt *Wohnen mit alles!* in Wien, bestehend aus zwei Bauten mit unterschiedlicher Bewohnerschaft, realisiert in der Abstandsfläche der offenen

9 *Sonderegger, Alfons: Wir brauchen eine Vielfalt von Bewohnern. In: Wohnen 5/2014, S. 11*

10 *Interview mit Alfons Sonderegger*

11 *Interview mit Christoph Mörkl*

Blockrandstruktur auf privatem Grund einen öffentlichen Platz. Er verbindet die beiden Gebäude, die der Architekt Christoph Mörkl als „kommunizierende Gefäße"[11] bezeichnet, und bietet eine Schnittstelle zum Quartier. Straßenlaternen, Pflasterung und überdimensionale Kieselsteine als Sitzgelegenheit signalisieren die offene Benutzbarkeit. Das Engagement für die erweiterte Nachbarschaft findet mit Floh- oder Wochenmarkt hier seinen Raum.

Der ‚Zwischen'-Platz

Zwischen dem Bestandsgebäude *Rosengarten* und dem Aufgang in den Innenhof der *Kalkbreite* spannt sich ein von der Straße zurückgesetzter Platz. Er ist – gefasst durch das Bestandsgebäude – Begegnungsstätte zwischen Projekt und Quartier. Bekieste baumbestandene Oberflächen markieren gastronomisch genutzte Bereiche, großflächige Verglasung erlaubt Blicke durch das Café bis in das Tramdepot. Die städtische Durchwegung ist asphaltiert und durch Straßenlaternen markiert. Die über mehr als zwei Geschosse führende gewaltige Treppe zum Hof ist als Skulptur bei Tag und Nacht Bestandteil der Platzinszenierung – der Platz wird zur Bühne und dient gleichzeitig als Schaufenster ins Projekt. Das in einer Blockrandstruktur eingefügte Wohnhaus *en famille* in der *Alten Weberei* in Tübingen nutzt einen zum Hochwasserschutz vorgeschriebenen Sockel, um einen halböffentlichen Stadtbalkon zum öffentlichen Egeriaplatz auszubilden.

Platzfolgen und Cluster

Das Quartiersprojekt *mehr als wohnen* in Zürich stellt über ein hierarchisches Netzwerk von urbanen Plätzen, Straßen und Gassen eine Verbindung zur unmittelbaren Umgebung her. Ein zentral gelegener, großer Platz, der Hunzikerplatz, ein Werkplatz mit Ausgang der zentralen Garage und ein Pocketplatz bieten unterschiedliche Dimensionen, Atmosphären und die Möglichkeit zu Aufenthalt, Aktivität und Kommunikation. Zu den umgebenden Grünzügen gewandte Gärten schaffen Rückzugsräume. Das Projekt *Generationenpark* in Königsbrunn verfügt über ein repetitives, hierarchiefreies Netzwerk von Freiflächen: Nach außen orientierte, befestigte Plätze bilden der Nachbarschaft zugewandte ‚Zugangsplätze', über die öffentliche Spielstraße hinweg verbinden sie zwei Bauphasen. Innen gelegene, begrünte Flächen haben halböffentlichen Charakter.

Miteinander von Platz und Hof

Im Projekt *Wohn_Zimmer* in Wien wird durch drei Solitäre innerhalb eines großen Blockinnenhofs ein erhöhter Platz eingefasst. Dieser ist das Ziel der Durchwegung der Blockrandstrukturen im Süden. Rampen führen auf diese Plattform, ein in das zentrale Haus integrierter Verkaufsstand ist mit der Aufschrift „Markt" versehen. Bühne, Foyer, Jugendraum, Gemeinschaftsküche und -essraum, Stiegenzugänge und der Zugang zur öffentlichen Wellnesslandschaft rahmen diesen Marktplatz. Öffnungen über zwei Geschosse bieten witterungsgeschützten Freiraum. Sie schaffen Aufenthaltsbereiche zwischen drinnen und draußen und bilden Spontanräume der Begegnung. Die geschützten Freibereiche sind sowohl Marktplatz wie wetterunabhängiger Kinderspielbereich. Durch zweigeschossige Überhöhung und durch farbige Fassung räumlich inszeniert richten sie sich zum Quartier

Aufenthalt zwischen drinnen und draußen, *Wohn_Zimmer*, Wien

Brunnen als Möblierung des Stadtzimmers, *mehr als wohnen*, Zürich

und zur umfassenden Wohnmauer aus. Die Möblierung greift das intime Bild eines Wohnzimmers auf.

Stadtmöbel – mehrdeutige Orte der Begegnung

Die hochwertige Ausstattung der öffentlichen Räume und vor allem der Plätze spielt eine wesentliche Rolle – ein Brunnen zur Möblierung definiert zum Beispiel einen Ort der Begegnung und wird selbst zum Aufenthaltsort. Die mit steinerner Oberfläche ausgestatteten Plätze von *mehr als wohnen* orientieren sich – mit Brunnen, Bank und Bäumen bestanden – an erinnerbaren Vorbildern der Gründerzeit. Das Becken auf dem Hunzikerplatz in Zürich – ein überdimensionales vorfabriziertes Betonelement auf dem Areal der ehemals Betonelemente produzierenden Firma Hunziker – lädt zum Sitzen ein, der Wasserauslauf erinnert an den traditionellen Dorfbrunnen. Damit ist der Brunnen ein mehrdeutiges Stadtmöbel. Die Überdachung des zentralen Tiefgaragenzugangs macht aus einem funktionalen Abgang einen theaterreifen Auftritt. Ein großformatiges Dach kann auch als Bühne oder wetterunabhängiger Spielort genutzt werden. Die direkte Vergangenheit des Betonwerks wird auch durch wieder eingesetzte, großformatige Betonplatten – ein wertvoll scheinender Spiegel – auf diesem Platz lebendig.

■ Innenhof – mehr als Idee für die Gemeinschaft

Der Innenhof, ein von Gebäuden mehr oder weniger umschlossener und damit geschützter Freibereich, gilt als Sinnbild für Gemeinschaft. Ursprünglich der kontrollierte, private Freiraum als konträrer Bestandteil des Konzeptes Blockstruktur, ist er inzwischen häufig ein halböffentlicher Außenraum, der gemeinschaftliche Aktivitäten ermöglicht, aber auch immer häufiger öffentliche Durchwegung erlaubt.

Innenhof – Wohnzimmer

Die beiden genossenschaftlichen Projekte *Giesserei* in Winterthur und *Kalkbreite* in Zürich verfügen jeweils über große Innenhöfe: Sabina Hubacher, Fachjurorin im Preisgericht, macht den Innenhof der *Kalkbreite* zum wesentlichen Kriterium für den Wettbewerbsgewinn: „Das Projekt bot schon im Wettbewerb eine sinnfällige und damit gut kommunizierbare Idee für die Gemeinschaft: einen schön proportionierten Hof […].“[12] Der Innenhof mit Spielplatz und Garten ist betretbar über einen inszenierten Treppenaufgang und wird halböffentlich als städtisches Wohnzimmer genutzt. Geschwungene Wege und befestigte Platzflächen signalisieren Zugänglichkeit zur *Drehscheibe*, dem zentralen Hauptzugang und zu den Treppenhäusern. Bepflanzte, von Sitzbänken gefasste Inseln bilden Puffer zum Kindergarten und angrenzenden Wohnnutzungen. Die abfallende Bebauung nach Südwesten erlaubt die Besonnung des Hofes, überdachte und offene Werkstätten ermöglichen einen gefilterten Blick in die Stadt.

Innenhöfe des Blockrands

Lebensort Vielfalt in Berlin und *en famille* in Tübingen sind als eher kleine Projekte Bestandteil herkömmlicher Blockstrukturen mit abgeschlossenen Innen-

12 *Hubacher, Sabina: Nach fünf Tagen wählte die Jury das grüne Haus. In: Genossenschaft Kalkbreite (Hg.): Kalkbreite. Ein neues Stück Stadt. Zürich 2015, S. 65*

⬢ Dach zur Tiefgarage, *mehr als wohnen*, Zürich

■ Durchwegter Innenhof, *Giesserei*, Winterthur

höfen. Die Bewohner haben Zugang und können den Hof nutzen, in Berlin teilen sie sich räumlich klar definiert diesen Bereich mit der Gastronomie *wilde Oskar.* Bei *Wohnen mit alles!* in Wien wird der großräumige, zu Park und Straße durchlässige Blockinnenbereich zentral mit einem Kinderspielplatz belegt. Um mit der Nachbarschaft in Kontakt zu treten, gibt es das Angebot des gemeinschaftlichen Gärtnerns. Diese nicht sprachbasierte Tätigkeit ist auch Baustein zu interkulturellem Wohnen.

Innen wird zu Außen

In dem Innenhof von *Spreefeld* in Berlin bewegen sich Bewohner und Besucher frei zwischen den Gebäuden. Die Durchlässigkeit zum Fluss ist die eigentliche Existenzgrundlage der Bebauung, der Weg zum Ufer und zum städtischen Spreeweg bleibt für alle offen. Auch bei dem Projekt *wagnis 4* in München findet eine angestrebte Quartiersvernetzung über die Freiflächen des Innenhofes statt. Sie bleiben für Anwohner aus der Nachbarschaft und Gäste zugänglich. Eine große Apfelwiese mit erhaltenem Baumbestand und gefassten Gartenzimmern bietet großflächige, vielfältig nutzbare und für alle Altersgruppen anregende Gemeinschaftsfreiräume. Ein schmaler Wasserlauf über einem Kiesbett bildet die Schwelle zur U-förmigen, die Gebäude begleitenden Durchwegung. Zugänge und Terrassen unter den vorgestellten Laubengängen mit Balkonen sind durch gemeinsame Bepflanzung und Gestaltung wie Rittersporn und Holzlegen als Privatraum gekennzeichnet – Apfelwiese und Holzwege werden zu Bildern für Gemeinschaft und Privatheit. Die Planung und Realisierung der Hofgestaltung fand gemeinsam mit den im Block angrenzenden Baugemeinschaften statt.

Dualität von Öffentlichkeit und Gemeinschaft

Das Projekt *wagnisART* verfügt über zwei interne, aneinandergrenzende und unterschiedlich gestaltete Freibereiche – einen öffentlichen Kunst-Platz und einen halböffentlichen Gartenhof. Fünf Gebäude fassen diese beiden geometrisch verwandten, aber unterschiedlich behandelten Freiräume: Angelagerte Funktionen, die Breite der Zugänge, Oberflächenbehandlung und Bepflanzung erläutern die Unterscheidung. Der im Westen zum Quartier geöffnete, räumlich gefasste Platz ist sowohl für das Projekt als auch für das Quartier identitätsstiftende, nach innen gewandte Mitte der Kunstbegegnung. Durch eine gepflasterte, terrassierte Fläche ist er als Zentrum erfahrbar. Auch zum Quartier gewandte Vorzonen sind hier urban und steinern. Der begrünte und baumbestandene Hof im Osten ist Schnittstelle zwischen Gemeinschaft und Privatheit: Über ihn werden die angrenzenden Wohnungen erschlossen, private Terrassen greifen ins Grün. Massive Brücken zwischen den Solitären rahmen Platz und Hof und inszenieren Zu- und Durchgänge, Ausblicke ins städtische Umfeld und Einblicke ins Projekt. Aufweitungen der Brücken werden zu Aussichtsbalkonen und erinnern an ein Amphitheater. Beide Innenbereiche liegen 50 Zentimeter über dem Straßenniveau und demonstrieren damit ihre Eigenständigkeit in Bezug auf den umgebenden öffentlichen Raum.

Städtisches Wohnzimmer, *Kalkbreite*, Zürich

Nachbarschaftliches Gärtnern, *Wohnen mit alles!*, Wien

Hof als Erweiterung des Spreeufers, *Spreefeld*, Berlin

Apfelwiese und Holzwege, *wagnis 4*, München

Urbaner Platz neben Wohnhof, *wagnisART*, München

Freiraumhybride

Die Koppelung der klassischen Freiraumtypologien ist eines der zentralen Themen der zur Stadt geöffneten Gemeinschaftsprojekte. Platz und Innenhof werden erweitert definiert, die Gliederung in öffentliche, halböffentliche und private Räume erhält eine breite Differenzierung und ein abgestuftes Nebeneinander jenseits der herkömmlichen Bilder.

Durchwegung – „Gäste sind willkommen"[13]

Der „,Renaissance der Höfe' und der Wohngruppenprojekte, in denen der Wohnhof einerseits für das gemeinschaftliche Wohnen und die Kommunikation andererseits für die Abschirmung gegen den öffentlichen Raum steht"[14], wird mit den betrachteten Projekten eine alternative Herangehensweise gegenübergestellt. Die Freiraum- und Wegevernetzung in die direkte Nachbarschaft erzeugt nicht mehr Abschirmung, sondern Bewegungen, Begegnungen, Interaktionen, Aktivitäten und Situationen – ihr kommt in der Planung zentrale Bedeutung zu. Fußgänger- und Fahrraddurchwegungen sind Teil der Partitur unterschiedlicher Geschwindigkeiten. Die Kategorien privat und öffentlich werden durch vielfältige Zwischenstufen erweitert, um das Miteinander im Quartier und der Stadt zu unterstützen und zu steuern. Wege erhalten neue Bedeutung als Orte informeller Begegnung und als Bindeglied zwischen Baukörpern, Plätzen und Innenhöfen. Die Vereinbarkeit mit den Bedürfnissen des Wohnens ist dabei Teil der zu berücksichtigenden Balance.

Wegenetze und Quartier

Die Vernetzung entsteht häufig in Reaktion auf das städtische Umfeld, knüpft die Verbindung zu wichtigen Alltagsorten wie zum Zentrum, zur Haltestelle oder zum Park und berücksichtigt die Topografie. Die Durchwegung der Siedlung *Grünmatt* gliedert sich in zwei räumliche Kategorien: Senkrecht zum Hang verlaufende Treppen und Rampen knüpfen an existierende Wegebeziehungen zur benachbarten Hochhaussiedlung an. Eine auch bei Nacht gut beleuchtete Querung ist damit gesichert. Den Höhenlinien folgende Wege und Plätze öffnen sich mit verschiedenen Aufenthalts- und Ereignisflächen zur Nachbarschaft im Südosten und zu Pachtgärten im Nordwesten – hier wird Boule, Tischtennis oder Basketball gespielt, aber auch Kompost gesammelt. Die Siedlung *Grünmatt* wird damit Teil des Wegenetzes des Quartiers Friesenberg, das sich aus Bauetappen verschiedener Entstehungszeiten und Gebäudetypologien und einem neuen Zentrum zusammensetzt.

Übergreifende Freiraumplanung

Um Nachbarschaftsräume zu stärken und um die Identität eines Quartiers mit eigenen Qualitäten zu entwickeln, kommt einer übergreifenden Freiraumgestaltung eine hervorgehobene Rolle in der Vernetzung zu. In der *Giesserei* in Winterthur wird die Durchwegung eines Hybridclusters[15], der verschiedene Parzellen zu einer Nachbarschaft zusammenfasst, einheitlich gestaltet. Eine nachbarschaftliche Benutzbarkeit wird lesbar durch Materialität, Bepflanzung und Ausstattung. Auch die Freiräume von *mehr als wohnen*, einem Quartier mit vierzehn großen Häusern, sind quartiersbezogen geplant. Räumliche Elemente wie-

13 *Informationsschild auf dem Areal Spreefeld, Berlin 2014*

14 *Altrock, Uwe/ Kunze, Ronald/ Schmitt, Gisela/ Schubert, Dirk (Hg.): Jahrbuch Stadterneuerung 2013: Das Ende der Behutsamkeit? Berlin 2014, S. 313; Dürr, Susanne/Simon-Philipp, Christina: Stadterneuerung und öffentlicher Raum. Wohnraum Stadt – Strategien, Projekte. Berlin 2013*

15 *Schweingruber Zulauf Landschaftsarchitekten, Sulzer Immobilen AG (Hg.): Regelwerk Innenraum Hybrid Cluster. Zürich 2008*

16 *Interview mit Angelika Drescher*

17 *www.spreeacker.de*

derholen sich: Wege, begleitet von baumbepflanzten Wiesenstreifen, leiten erkennbar von allen Seiten in das Quartier. Ein definierter Materialkanon schafft ebenso Wiedererkennbarkeit wie Kontinuität und verbindet alle Außenräume.

Aushandlung des öffentlichen Raumes

Von den Projekten selbst geht ein Impuls zur bürgerschaftlichen Planungsbeteiligung am direkten Umfeld aus. „Uns geht es hier um […] das Mitgestalten der Umgebung."[16] In diesem Sinne greifen die Aktivitäten der Genossenschaft Spreefeld über das eigene Areal hinaus, um damit auch die Aushandlung des öffentlichen Raumes zu provozieren und durch selbst geschaffene Tatsachen zu beeinflussen. Auf Initiative und in Ergänzung der Spreefeld Genossenschaft ist Spreeacker e. V., ein Verein für urbane Landschaftspflege, entstanden. Zweck des Vereins ist „die Förderung der Bildung und des bürgerschaftlichen Engagements im Bereich der Landschaftspflege"[17] und die Mitgestaltung einer am Gemeinwohl orientierten Entwicklung des öffentlichen Spreeufers. Die Mitglieder haben nach Workshops zu Zielen und Gestaltung und in Absprache mit der Spreefeld eG einen Teil des Uferwegs in Eigenarbeit für die Öffentlichkeit angelegt.

Bewusst gestaltete Übergänge

Viele der Durchwegungen sind gekennzeichnet durch erinnerbare Orte. In der *Giesserei* in Winterthur durchzieht ein strukturiertes Wegenetz mit verschieden gestalteten Durchgängen den großen Block mit dem zentralen Innenhof – die Abgeschlossenheit der städtebaulichen Großform wird aufgehoben. In einem Gebäude, das durch serielle Wiederholung kostengünstigen Wohnraum schafft, ist die räumliche Vielfalt dieser Durchgänge auffallend. Sie sind in Bezug zu ihrer Bedeutung unterschiedlich dimensioniert: Ein schmaler, über zwei Geschosse geöffneter Zugang, begleitet von einer roten Wand, bildet ein Portal zum Park – hier ist auch die Adresse der *Giesserei* angebracht. Eine breite, ebenfalls zweigeschossige Öffnung verbindet das Baufeld mit der verkehrsfreien Nachbarschaftszone. Treppenzugänge und Werkstätten werden über diese Durchgänge erschlossen, Briefkästen und Fahrradstellplätze sind hier platziert. Der Zugang zum Innenhof der *Kalkbreite* in Zürich ist theatralisch inszeniert: Eine eindrückliche Höhendifferenz wird mit einer Raumskulptur überwunden, die von einer scheinbar dunklen, bei Gegenlicht kostbar funkelnd gekachelten Oberfläche expressiv umhüllt ist. Dieser „Bühnen"aufgang übernimmt mehr als eine Funktion: Er ist Schnittstelle und Schwelle zwischen Straße und Gebäude und als solcher be-

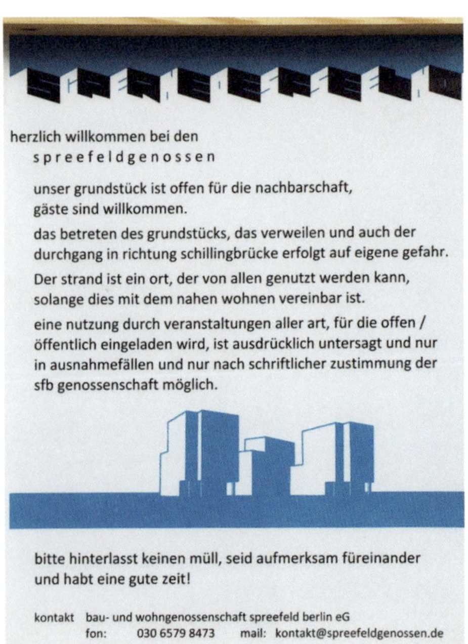

Gäste willkommen, *Spreefeld*, Berlin

Treppenwege ins umliegende Quartier, *Grünmatt*, Zürich

Nachbarschaftszone, *Giesserei*, Winterthur

Grüne Wegführung zur Mitte, *mehr als wohnen*, Zürich

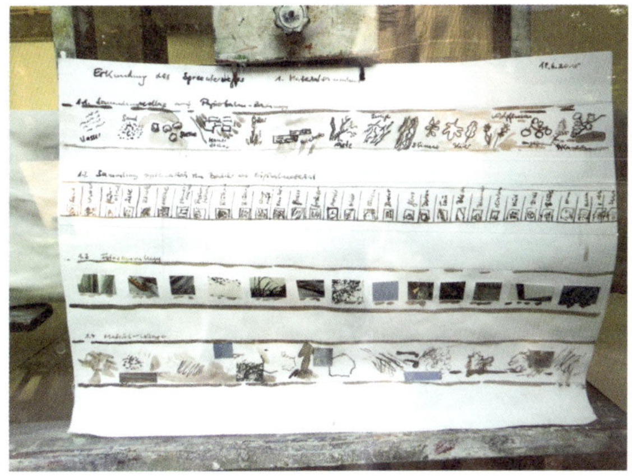

Planung des Uferwegs, *Spreefeld*, Berlin

liebter Telefonaufenthalt, aussichtsreiche Plattform auf das Geschehen am *Rosengarten*, Zugang auch zu Greenpeace und einem Blumenladen auf halber Höhe. Daneben wird er mit der Adressaufschrift, aber auch einer eindrucksvollen nächtlichen Beleuchtung zur Visitenkarte und repräsentiert das Projekt in der Stadt.

Die Vernetzung im Quartier kann an diesen Übergängen aber auch räumlich beeinträchtigt werden. Im *Wohn_Zimmer* in Wien entstand das Wellnesscenter als „versunkenes Erdgeschoss" in Reaktion auf hohe Dichte und die Konkurrenz um Flächennutzungen.[18] Daraus resultiert eine schwierig zu begehende, zerschnittene Freiraumlandschaft mit Rampen und Geländern an der Schnittstelle zu benachbarten Stadtbausteinen.

Durchgang als Ereignisort

Die Durchgänge werden durch ihre hervorgehobene Gestalt und die neue Geräumigkeit zur Aufenthaltszone aufgewertet. Bei dem Projekt *wagnis 4* in München nutzen die Bewohner den breiten, zweigeschossigen Durchgang zwischen städtischem Platz und begrüntem gemeinschaftlichen Innenhof temporär als überdachte Bühne der Gemeinschaft und zur Freizeitgestaltung. Veranstaltungen wie die offizielle Projekteinweihung können hier auch bei Regen zwischen selbst gebauten Sitzmöbeln und einer Boulderwand stattfinden. Auch bei dem Projekt *Wohnen mit alles!* am Nordbahnhof in Wien dient der zweigeschossige Durchgang gleichzeitig als Überdachung des Zugangs zur Fahrradstation und zum Nachbarschaftsgarten. In der *Giesserei* in Winterthur sind zwei Waschbars

18 *Züger, Roland: Herzblut ist kein Argument. Spaziergang durchs Wiener Sonnwendviertel. In: werk, bauen + wohnen 5/2016, S. 38*

Zugang zum Park und Adresse, *Giesserei*, Winterthur

Breiter zweigeschossiger Durchgang, *Giesserei*, Winterthur

Treppenaufgang zum Innenhof, *Kalkbreite*, Zürich

Gemeinschaftsraum mit Durchblick, *Giesserei*, Winterthur

19 *Maier, Marlene: Ein Wohnzimmer lädt zum „Hinauswohnen“ aus den eigenen vier Wänden ein. In: MAKblog. Abzurufen unter: blog.mak.at/ein-wohnzimmer-ladt-zum-hinauswohnen-aus-den-eigenen-vier-wanden-ein/ (besucht am 24.04.2017)*

und drei Werkstätten Teil der informellen Begegnungswelt: Sie sitzen an den großzügig geöffneten Durchwegungen im Erdgeschoss und beleben die Vernetzung und den Hof. Sie sind sowohl von den Treppenhäusern als auch aus den Freibereichen zu betreten. Große Fassadenöffnungen und durch das Balkonband überdachte Vorzonen erlauben eine angenehme und begegnungsreiche Wartezeit.

Transparenz – visuelle Durchwegung

Transparente Fassaden an strategisch wichtigen Punkten der Durchwegung erhöhen die visuelle Durchlässigkeit zwischen Quartier und Projekt im Erdgeschoss. Die Transparenz erlaubt Ein- und Ausblicke, demonstriert die Verbindung zwischen Außen- und Innenwelt und zeigt meist öffentliche Benutzbarkeit an. Bei dem Projekt *Wohn_Zimmer* in Wien liegt ein zweigeschossiges verglastes Restaurant am großzügig geöffneten Durchgang zum Park – es erweitert den Durchblick nach innen und außen. Das Restaurant *Urban's* orientiert sogar seine Hauptpublikumszone zum Durchgang und nicht ins Grün. Auch der Gemeinschaftsraum der *Giesserei* in Winterthur erlaubt Durchblicke und relativiert damit die Intimität des Innenhofes.

Cluster und Durchwegung

In den Clustern schaffen Abfolgen von Gassen, Straßen und Plätzen kontinuierliche Raumgefüge, die Durch- und Ausblicke in die umgebende Stadt erlauben. Fließende und schwellenfreie Übergänge laden zum Durchwandern ein. In dem Quartier *mehr als wohnen* sind die Freiräume unterschiedlich dimensioniert, sie werden auch als Fahrradabstellflächen genutzt. Der *Generationenpark* ist ein strukturalistisches Netzwerk gleichberechtigter überdachter Durchgänge und Wege. Dies stellt allerdings eine Herausforderung für die Orientierung dar. Durch die organische Form und die Positionierung der fünf Gebäude von *wagnisART* entstehen dagegen differenzierte Zugänge: Enge und Weite signalisieren Privatheit und Öffentlichkeit.

Vernetzung versus Verkehrsplanung

Eine Abstimmung zwischen Stadt- und Verkehrsplanung ist ausschlaggebend für das Gelingen der Vernetzung und Durchwegung. Das neue Sonnwendviertel in Wien wird durch den Ausbau der Sonnwendgasse zu einer vierspurigen Straße von dem Stadtquartier Favoriten getrennt. Die Zielsetzung des Projekts *Wohn_Zimmer*, Durchwegungen zu bieten, wird in ihrer Wirkung drastisch reduziert. Die Durchlässigkeit zum Altbaubestand nach Westen ist gestört, die neuen Stadtbausteine werden zum „Ufo“[19]. Aber auch übergeordnete Leitbilder der klimaschonenden Stadtentwicklung und der Stadt der kurzen Wege werden nicht beachtet.

Temporäre Belegung des Durchgangs, *wagnis 4*, München

Durchblicke, *Generationenpark*, Königsbrunn

Durchwegung – Teil der Durchlässigkeit

Die Ausgestaltung der Durchwegung wird damit zum zentralen räumlichen Werkzeug der Quartiersorientierung und Grundlage für das Entstehen einer Nachbarschaft als Ort der Integration und der Koexistenz. Verschiedene Durchwegungsstrukturen reagieren auf die räumliche Charakteristik der gemeinschaftsorientierten Wohnprojekte und auf das städtische Umfeld. Feinmaschig verzweigte, vielfältig gestaltete Wegenetze erlauben gezielte Berührungen zwischen Besuchern und Bewohnern. Der Ausprägung der Zu- und Durchgänge kommt eine hervorgehobene Bedeutung zu. Übergänge und Schwellen setzen Signale in Bezug auf die Art der Öffnung. Inszenierungen, Durchblicke, Ein- und Ausblicke, Transparenzen und schwellenfreie Ausbildung der Wege ermöglichen die Benutzbarkeit und steuern die Durchlässigkeit. Baufeldübergreifend können so erkennbare Nachbarschaften entstehen.

Verknüpfung zwischen Quartier und Projekt

Der veränderte Flächenanspruch nachhaltiger Mobilitätskonzepte, der zunehmende Verzicht auf private Nutzungen im Erdgeschoss sowie die Aktivierung der Dachflächen bieten neue Chancen für die Verflechtung von Gemeinschaft und Quartier. Übergangsbereiche und Schwellen sind mit besonderer Sorgfalt definiert und gestaltet[20]. Freiraumhybride zwischen Platz, Innenhof und Durchwegung setzen Quartier und Projekt differenziert in Kontakt.

20 *Vgl. Wüstenrot Stiftung (Hg.): Herausforderung Erdgeschoss. München 2014*

4.3 Begegnung intern

21 *Schnur, Olaf: Nachbarschaft und Quartier. In: Eckhardt, Frank (Hg.): Handbuch Stadtsoziologie. Wiesbaden 2012, S. 451*

22 *Hofer, Andreas: mehr als Wohnen – Ein ABC. In: Hugentobler, Margrit/Hofer, Andreas/Simmendinger, Pia (Hg.): mehr als wohnen. Genossenschaftlich Planen – Ein Modellfall aus Zürich. Basel 2016, S. 166*

Auch im Inneren der Gebäude wird das „alltagsweltliche Experimentierfeld für Gemeinsamkeit und Individualität, Nähe und Distanz"[21] räumlich entwickelt und erprobt. Erweitert und funktional ergänzt, anspruchsvoll gestaltet sowie mit Aufzug schwellenfrei zugänglich werden Erschließungssysteme und Dachflächen zu internen Möglichkeitsräumen und Orten der Aneignung. In diesem Kapitel steht die Betrachtung verschiedener Erschließungsstrukturen und gemeinschaftlich genutzter Freibereiche im Vordergrund. Sie sind Hybride zwischen Begegnungs-, ‚Schau'-raum und funktionalisiertem Raum, aber dienen auch zur Vermittlung zwischen Innen und Außen.

Erschließung – Kontinuität zwischen Innen und Außen

In Fortsetzung der vielschichtigen Durchwegung draußen entstehen auch intern Orte der alltäglichen, meist informellen Begegnung der Gemeinschaft. Die Alltagserschließung der Wohnungen bei *mehr als wohnen* öffnet sich zu Gassen und Straßen und setzt die Durchwegung im Inneren – wie in Haus M von Duplex Architekten – durch Passagen fort. In den sehr großen, tiefen Gebäuden entstehen im Inneren Räume, die „quasi gratis anfallen"[22]. Die Erschließungen nutzen diesen Raum variantenreich als räumliche Inszenierung. Treppenläufe werden zum gestalteten Bestandteil des Kontinuums zwischen Innen und Außen. Das Wohnhaus für acht Familien, *en famille* in der *Alten Weberei* in Tübingen, verfügt über eine zentrale begehbare Skulptur mit raffinierten Wege- und Tageslichtführungen. Die Treppe wird winkelförmig um einen zentralen Lichtschacht frei durchs Haus geführt. Sie endet in einem kleinen Platz mit Sitzgelegenheiten.

⊙ Treppe und Aufenthalt, *en famille*, Tübingen

⊙ Zentraler Raum – Renaissance des Entrées

Das Empfangen-Werden im Gebäude kommt auch durch räumliche Gesten zum Ausdruck: In der *Kalkbreite* in Zürich erinnert die zentral am Innenhof gelegene Rezeption an das Foyer eines Grandhotels: Goldene Leuchter zitieren diese Atmosphäre und nutzen die zweigeschossige Raumhöhe. Eine Treppe wie ein Bühnenaufgang führt zur Rue Intérieure und zu den Privaträumen hinauf, Blicke in gemeinschaftliche Bereiche tun sich auf. Die ‚Drehscheibe' ist besetzt mit dem ‚Deskjockey' als persönlichem Ansprechpartner. Bewohner und Besucher des *Wohn_Zimmers* in Wien werden an der dem Hauptbahnhof zugewandten Ecke durch eine mehrgeschossige, kathedralartig betonrohe Halle mit Zugang zum Kino und Durchblick zum Innenhof empfangen: „Hier findet die Blockdurchwegung ihren dramaturgischen Auftakt: Die Eingangshalle als Raumskulptur mit einer Armada von Briefkästen"[23] ist der zentrale Zugang für 450 Wohnungen. Die Erdgeschosshöhe von 4,50 Metern, die bei *mehr als wohnen* in Reaktion auf die Platzierung von gemeinschaftlichen Nutzungen und Dienstleistungen festgesetzt wurde, kommt auch den Entrées der Wohnungen zugute. Das Spiel mit halbgeschossigen Versätzen bei Haus D der Architekten Müller Sigrist beginnt schon in der Eingangshalle und steigert damit die Raumhöhe.

Mehrwert – von der Kommunikation bis zur Tragstruktur

Eine im Inneren der Gebäude platzierte Erschließung erlaubt durch Lufträume und Belichtung Blickbezüge und Kommunikation über einzelne Geschosse hinweg. Die Suche nach Synergien und Mehrwert auf verschiedenen Ebenen begleitet – unabhängig von der Projektgröße – die Gestaltung der Erschließungen: Eine zentrale Halle in dem Projekt *Wohnen mit alles!* – hier auch als Stiegenhaus bezeichnet – verbindet durch Lufträume über sieben Geschosse alle Wohnungszugänge miteinander. Roter Linoleumbodenbelag gibt ihr wohnlichen Charakter. Gleichzeitig ist sie Teil der statischen Grundstruktur und erlaubt die flexible Positionierung aller Wohnungswände und der Treppenläufe.

Schwellenfreiheit und Brandschutz

Grenzen der Mehrfachnutzung der Erschließung liegen nicht nur in Österreich in den Brandschutzvorschriften. Im Projekt *Wohn_Zimmer* in Wien verbindet ein komplexes Erschließungssystem als Raumgerüst auch die gemeinschaftlichen Programmflächen jenseits des Erdgeschosses. „Die geltenden Brandschutzvorgaben sind schwierig: Brandlasten in den Brandabschnitten sind zu vermeiden, damit ist eine Möblierung der erweiterten Verkehrsflächen – z. B. Polster in Sitznischen – oder auch das Abstellen von Kinderwagen hier nicht möglich. Das führt zu einer Beschränkung in der Ausstattung und damit in der Aufenthaltsqualität. Die Hausverwaltung mahnt alle zwei Monate ab, um formalrechtlich sicher zu sein. In Reaktion auf diesen Konflikt werden Parallelstrukturen von Sicherheit und interessanten Räumen und Bewegungssequenzen aufgebaut."[24]

Sichtbeziehungen zwischen halböffentlich und privat

„Privatheit im Öffentlichen schafft Sicherheit."[25] – diese These formulierte Rainer Hofmann, Architekt von *wagnisART*. Das Bestreben, beide Sphären miteinander in Kontakt zu setzen, manifestiert sich gerade in den hausinternen Erschließungszonen. Das genossenschaftliche Quartier *mehr als wohnen* in Zürich zeigt – auch in Reaktion auf extreme Gebäudetiefen und die Notwendigkeit alternativer Belichtungen – unterschiedliche Versionen: Geschosshohe, mehr als zwei Meter breite Verglasungen erlauben großzügig Ein- und Ausblicke aus dem skulptural geformten, lichtdurchfluteten Treppenhaus in die Wohnbereiche des Hauses a von Duplex Architekten. In Haus i von futurafrosch werden die Öffnungen zwischen den in Beton gefassten Stiegen und den gemeinschaftlichen Flächen der Clusterwohnungen über farbig gerahmte, große quadratische Fenster inszeniert. Das Miteinander von Privat und Halböffentlich wird auch in der *Kalkbreite* in Zürich immer wieder eingefor-

23 *Züger, Roland: Herzblut ist kein Argument. Spaziergang durchs Wiener Sonnwendviertel. In: werk, bauen + wohnen 5/2016, S. 34*

24 *Interview mit Klaus Kada, Bernd Vlay, Daniel Bammer*

25 *Hofmann, Rainer: Wagnisse – Programm und Prozess. Vortrag Hochschule Karlsruhe,13.04.2016*

Zweigeschossiger Empfang, Zugang zur Rue Intérieure, *Kalkbreite*, Zürich

Empfangshalle Richtung Bahnhof, *Wohn_Zimmer*, Wien

Halle für alle, *Wohnen mit alles!*, Wien

Wohnungstür als Visitenkarte der Privatheit, *Kalkbreite*, Zürich

\\ Rue Intérieure, innen und umschlossen, *Kalkbreite*, Zürich

\\ ‚Dorfstraße' mit Ausblick, *Lebensort Vielfalt*, Berlin

\\ Laubengang, *Generationenpark*, Königsbrunn

dert, der Umgang der Bewohner mit Fenstern in den Wohnungstüren zur Rue Intérieure ist vielfältig. Die Durchblicke über Lichthöfe in die Küchen der Wohnungen dienen der sozialen Teilhabe, aber auch der Belichtung.

\\ Innere Straße – Atmosphäre des Alltags

Schon die Benennung einiger der linearen Erschließungszonen – wie Rue Intérieure oder ‚Dorfstraße' – signalisiert den atmosphärischen Bezug zu Alltagsorten. Als Ort der Bewegung, der Begegnung und Kommunikation bieten sie wie die Straße als meist zweibündige Erschließung wirtschaftliche Lösungen.

Innenliegende Straße – vielfältig und erinnerbar

Der Begriff Rue Intérieure – eingeführt von Le Corbusier für seine ‚Unités d'Habitation' – wurde als Konzept schon früher in genossenschaftlichen Wohnbauprojekten in der Schweiz reaktiviert. Die ca. 2,50 Meter breite – und damit nicht auf das gesetzliche Mindestmaß reduzierte – Rue Intérieure der *Kalkbreite* hat die Lebendigkeit einer Stadtstraße: Sie weitet und verengt sich, wird von der Seite, aber auch von oben über mehrere Geschosse hinweg belichtet und führt über Treppen auf und ab durch das Gebäude. Das Farbkonzept unterstreicht diese räumliche Vielfalt. Im Wiener Haus am Nordbahnhof, *Wohnen mit scharf!* ist die innere Straße in Reaktion auf eine Zielgruppenanalyse mit dem Farbton Magenta überzogen. Das zur Wiedererkennung für interkulturelles Wohnen eingesetzte Merkmal bestimmt die halböffentlichen Erschließungsflächen. Lufträume mit Lichtöffnungen verbinden mehrere Geschosse, querende Treppen beschreiben einen Raumquerschnitt in Form eines Hauses.

An der Fassade – Bestand und Kommunikation

In dem Projekt *Lebensort Vielfalt* in Berlin, dem Umbau eines Bestandgebäudes, wird der Mittelflur der 1930er-Jahre aufgehoben und durch eine ‚Dorfstraße' an der Straßenfassade ersetzt. Im denkmalgeschützten Kontext führt das zu Verzicht auf Außendämmung, die Erschließung bleibt aber diskret in das Gebäude integriert. Gleichzeitig wird die in der Kontur bewegte und mit grünem Boden belegte ‚Dorfstraße' mit Blick auf die Stadt und in die angrenzenden Küchen zum Begegnungsort der Bewohner.

Laubengang – wirtschaftliche Orientierung zur Gemeinschaft

Das vorgestellte, mehrgeschossige Erschließungssystem mit offenen Fluren und Treppen blickt auf eine kontinuierliche Erprobung der Genossenschaft wagnis zurück: Auch in den Projekten *wagnis 1* bis *3* wurden Laubengänge als kommunikationsfördernde, barrierefreie wie wirtschaftliche Erschließung für verschiedene Wohnungsgrößen ausgeführt und im Alltagsleben erprobt. Im Projekt *wagnis 4* am Ackermannbogen in München begleitet die vor allem in warmen Jahreszeiten kommunikative Erschließung U-förmig die Gebäude mit Blick in den gemeinschaftlich genutzten Hof und zur Quartiersstraße. An dem Gang sind überdachte Freisitze angeordnet. Der *Generationenpark* in Königsbrunn nutzt das System des Laubengangs additiv – fünf Stränge erschließen und verbinden über drei Geschosse wechselseitig positionierte Häuser und gemeinschaftliche Dachterrassen. Marcella Wolf, die

\\ Interne Straße, *Wohnen mit scharf!*, Wien

\\ Laubengang, *wagnis 4*, München

Kümmerin des Projekts, bemerkt zur Nutzung: „Auf den Laubengängen findet das kindliche Leben statt – das wird manchmal auch überstrapaziert." Mit dem Laubengang stehen die verschiedenen Stufen des Miteinanders in räumlichem Zusammenhang, gleichzeitig wird das zu klimatisierende Bauvolumen reduziert und damit Bau- wie Unterhaltskosten gesenkt.

Balkonstraßen – gemeinschaftliche Pfade im Privaten

Selbst in den privaten Zonen werden halböffentliche Durchwegungen erprobt: In der *Giesserei* in Winterthur „vernetzen Balkone horizontal und vertikal und erweitern die Wohnfläche".[26] 70 Zentimeter schmale Stege an der Fassade verbinden zueinander versetzte tiefere Balkone zu einem kontinuierlichen Gemeinschaftsbalkon. Die Durchwegung ermöglicht den Bewohnern, benachbarte Balkone und Wohnungen zu besuchen, die nicht durch die vertikale Erschließung miteinander verbunden sind.

Dreidimensionale Vernetzung

Das Feiern der Durchwegung hat mit der Fußgängerrampe des überdimensionalen Wohnungsbaus *Eight House* in der neuen Stadtentwicklung Ørestad in Kopenhagen 2010 ein neues Flagship erhalten: Die durch den Belag wie mit ‚Spitze' belegte und durch goldene Durchgänge geführte Alternativerschließung huldigt der Alltagsbegegnung. Das *Wohn_Zimmer* im Sonnwendviertel in Wien greift die räumliche Inszenierung der Durchwegung auf: Brücken – im Internetauftritt des Projekts als „Symbole von Verbindung und Gemeinschaft"[27] bezeichnet – verbinden plakativ die Bauten im dritten und vierten Obergeschoss. Eine dreidimensionale, schwellenfreie Verbindung zwischen Außenraum, den verschiedenen Gebäuden und Dachflächen entsteht. Erschließung und Räume für gemeinschaftliche Nutzungen werden über die Geschosse hinweg als Schnittstellen zwischen Innen und Außen genutzt, sie bilden ein Netzwerk von mehrgeschossigen Knotenpunkten. Dachterrasse und Kräutergarten auf dem zentralen Punktgebäude werden zum Ziel der dreidimensionalen Durchwegung. Auch die *Kalkbreite* in Zürich stellt eine Kontinuität zwischen außenliegenden, im Innenhof startenden Treppen, Dachterrassen und der Rue Intérieure her – der Ring der Durchwegung folgt der auf- und absteigenden Gebäudekontur. Der Übergang zwischen Öffentlichkeit und verändert definierter Privatheit wird im Foyer durch den Deskjockey gesteuert. Im Außenraum wird die Grenze zwischen Publikumsverkehr und projektinterner Nutzung nicht immer durch räumliche Anordnung verständlich: Eine Kordel sperrt den Aufgang zur Treppe. Das Konzept, Einzelbauten durch Brücken zu einem räumlichen urbanen Gefüge zu verdichten wird in weiteren gemeinschaftsorientierten Wohnprojekten fortgesetzt: In *Zwicky Süd*, der von der Genossenschaft Kraftwerk1 2016 fertiggestellten Siedlung in Dübendorf in Zürichs Norden, spannen sich Brücken zwischen verschiedenen Baukörpern. Vielfältige Nutzungen – Wohngemeinschaften untereinander oder Wohnen und Arbeiten – werden miteinander verbunden. Die Ausführung wird kostengünstig durch Passerellen, die zuvor als Baustelleneinrichtung dienten.

Sicherheit und Öffnung

Die Vernetzung von Quartier, Gemeinschaft und Privatheit stellt eine Herausforderung für das Thema der Sicherheit dar. In den meisten Projekten wird sie durch eine Strategie vieler ineinandergreifender

26 *Interview mit Andreas Galli, Claudio Schiess*

27 *win4wien Bauträger GmbH (Hg.): Die Brücken. Abzurufen unter: wohnzimmer.wien/die-bruecken/ (besucht am 20.04.2016)*

\\ Gemeinschaftliche Balkone, *Giesserei*, Winterthur

\\ Treppenaufgang zu den Dachterrassen, *Kalkbreite*, Zürich

\\ Kordel als Schnittstelle, *Kalkbreite*, Zürich

Maßnahmen beantwortet – sie wird nicht durch Zäune und Kameras gewährleistet, sondern durch Achtsamkeit. Grenzen werden sichtbar gemacht, soziale Kontrolle durch Nutzungsmischung erleichtert, die Durchwegung gut beleuchtet. Das Angebot von öffentlichen Führungen reagiert in der *Kalkbreite* und bei *wagnis 4* auf den Erfolg der Projekte und die damit verbundene öffentliche Neugierde. In der Entstehung des Projekts *Lebensort Vielfalt* wurde Sicherheit in Bezug auf die Farbgebung thematisiert: Leuchtend rosa als Marke für das Schwulenprojekt wurde diskutiert, eine farbliche dezente Einfügung in den Kontext wurde umgesetzt.

Dachflächen – „Rückzug on the top"[28]

Alle untersuchten kooperativen Wohnprojekte – bis auf das Bestandsgebäude von *Lebensort Vielfalt* in Berlin – nehmen ihre Dachflächen in Anspruch. Bebauungsdichte, Grundstückswert, Gedanken um Stoffkreisläufe, die Attraktivität der Fläche und vielfältige Funktionsansprüche motivieren hierzu. Aktivitäten, die zuvor häufig im Erdgeschoss verortet waren, werden an den Ort größter Begehrlichkeit verlegt: Die Bewohner teilen sich häufig die besonnte, nicht einsehbare Dachfläche mit weitem Blick, die Freiräume im Erdgeschoss stehen für alternative Nutzungen offen.

Gemeinsamkeit und Energie

Auch Nachhaltigkeitsgedanken konkretisieren sich in Bezug auf Dachflächen: Dächer als Anbauorte für saisonales Gemüse werden Teil des Alltags. Das gemeinsame Gärtnern im Dachgarten mit Hochbeeten schafft die Möglichkeit zur Begegnung und ersetzt private Gärten. Dachlandschaften mit begrünten Ruhebereichen (*wagnis 4*, München), Gewächshäusern, aber auch mit Gartenküchen (*Kalkbreite*, Zürich) oder einer ‚Pantoffelbar' (*Giesserei*, Winterthur) bieten zu verschiedenen Jahreszeiten vielfältigen Mehrwert. In dem Projekt *Wohnen mit alles!* in Wien gibt es im Dachgeschoss – neben Gemeinschaftsräumen im Erd- und im Untergeschoss – ein breites Angebot für Freizeit und Entspannung: Bibliothek, Gästezimmer, gemeinsame Küche mit Dachgarten, Sauna und Sonnenterrasse stehen allen Bewohnern zur Verfügung. Die Visionen des Vereins zu einem nachhaltigen Lebensstil im urbanen Raum erhalten besonders an diesem Ort Gestalt. Die Grenzen der Machbarkeit zeigen sich auf der Dachterrasse des benachbarten Projektes *Wohnen mit scharf!*: Eingehauste Technikaufbauten zerschneiden die Terrasse, sie erscheint hier als Nebenprodukt.

Dachbegrünung, urbane Landwirtschaft und Energiegewinnung auf der Dachfläche sind Konzepte der nachhaltigen Stadt. Auf allen Hausdächern der Siedlung *Grünmatt* in Zürich befinden sich Photovoltaikanlagen, der Ertrag lässt sich tagesaktuell über einen Zähler am Platz ablesen.

Netzwerk von Dachflächen

Dachflächen ersetzen die Bodenwelt: In dem Projekt *wagnisART* in München sind die Dächer zum großen Teil begeh- und benutzbar. Eine Dachebene, auf der alle fünf Häuser durch Brückenkonstruktionen miteinander verbunden sind, wird mit Gemeinschaftsterrassen und zwei Dachgärten zur Mitte des gemeinschaftlichen Lebens. Der aufwändige Entwurf der Brückenwelt entstand in intensiver Partizipation mit den Nutzern und war nur mit der durch die gemeinsamen Workshops entstandenen Verbindlichkeit umsetzbar. Auch

28 *Ebner, Peter/Herrman, Eva/Höllbacher, Roman/Kuntscher, Markus/Wietzorrek, Ulrike: Typologie & Innovativer Wohnungsbau. Basel/Boston/Berlin 2009. S. 252*

bei *Spreefeld* in Berlin waren Stege im Mezzanin-Geschoss als projektinterne Verbindung zwischen den Einzelbaukörpern geplant, wurden hier aber aus Kostengründen nicht umgesetzt. Inzwischen werden Hängebrücken zwischen den gemeinschaftlichen Dachterrassen als alternative Vernetzung diskutiert.

Erschließungslandschaften

Die Erschließungen als Kern der internen Vernetzung stellen die Stärkung der Verbindung zwischen Innen und Außen, zwischen Privatheit, Gemeinschaft und Öffentlichkeit in den Fokus. In der Regel heißen großzügige, gut belichtete, teils mehrgeschossige und anspruchsvoll gestaltete Entrées die Bewohner willkommen. Sie sind in Bezug auf das Quartier zur Orientierung und Akzentuierung strategisch platziert. Trotz Begrenzung durch Wirtschaftlichkeit sind die Erschließungsstrukturen räumlich und gestalterisch hervorgehoben und erinnerbare Orte mit Mehrwert. Nicht räumliche Opulenz, sondern maßvolle Dimensionierung und räumliche Vielfalt prägen die Konzepte. Brandschutzvorschriften und Nutzungsüberlagerung stehen allerdings im Widerspruch zueinander.

Qualitätssicherung durch Wettbewerbe

Um zu hervorragenden Gesamtlösungen zu gelangen, sind konkurrierende Verfahren fester Bestandteil der Projektentwicklung. Dies gilt sowohl für die Entwicklung eines städtebaulichen Rahmenplans als auch für die Entscheidung für ein architektonisches oder ein freiräumliches Konzept. Jedes der untersuchten Projekte hat mindestens auf einer, viele haben auf mehreren Ebenen Wettbewerbsverfahren durchlaufen. Die Zielformulierung im Vorfeld, der Diskurs über Komplexität und das Abwägen verschiedener Konzepte sind unverzichtbare Schritte auf dem Weg zu einer resultierenden Verbindlichkeit.

Preisgerichtssitzungen mit Besetzung aus verschiedenen Fachdisziplinen, Teilnahme der Bewohner und der Politik bieten eine Plattform, um komplexe Entscheidungen projektbezogen zu diskutieren und unter Abwägung von Alternativen transparent zu entscheiden. Diese Dynamik haben sich die *Kalkbreite* in Zürich und das Nachfolgeprojekt *Zollhaus* zunutze gemacht: Die Wettbewerbsjurysitzungen fanden unter großem Publikumsinteresse öffentlich statt, die Transparenz der Entscheidungen wurde damit um eine Stufe erweitert. Das Interesse an den Verfahren zu kooperativen Wohnformen ist aber auch in Fachkreisen groß: Für den 2015 abgeschlossenen Wettbewerb zum *Zollhaus* in Zürich, dem Nachfolgeprojekt der Genossenschaft Kalkbreite, wurden 102 Architekturbeiträge eingereicht.

Das Festpreis- und Konzeptverfahren zur Vergabe der Grundstücke und der daraus resultierende Wettbewerb erweitert das Entscheidungsspektrum über räumliche Aspekte hinaus: Qualitative Kriterien wie soziale Mischung, Beiträge zur Nutzungsmischung oder die Kooperationsfähigkeit eines Projekts werden in die Aufgabenstellung zur Grundstücksvergabe einbezogen. Nicht nur beim städtebaulichen oder Hochbauwettbewerb, sondern auch bei dem Konzeptverfahren – wie in der *Alten Weberei* in Tübingen oder im *DomagkPark* in München – steigert die Konkurrenz der Ideen die Qualität der Ergebnisse.

Gemeinsames Gärtnern, *wagnis 4*, München

Technikaufbauten Dachterrasse, *Wohnen mit scharf!*, Wien

Brücken und Dachterrasse, *wagnisART*, München

1 Einführung

2 Wohnprojekte

3 Stadt

4 Raum

5 Programm

6 Organisation

7 Fazit

8 Anhang

Programm

	Ort	Wohneinheiten	Wohnen: Abgeschl. Wohnen	Gemeinsch. Wohnen	Flexible Räume	Gemeinschaft: Gemeinschaftsraum	Werkstatt	Wellness	Gästewohnen	Quartier: Gewerbe	Gastronomie	Soz. + kult. Einrichtung
Lebensort Vielfalt Charlottenburg	Berlin, D	⊙	x	x		x				x	x	x
Kalkbreite	Zürich, CH	⊙	x	x	x	x	x	x	x	x	x	x
wagnis 4 Am Ackermannbogen	München, D	⊙	x			x	x		x	x		
Giesserei Neuhegi	Winterthur, CH	◎	x	x	x	x	x		x	x		x
en famille Alte Weberei	Tübingen, D	⊙	x			x				x	x	
Wohnen mit alles! Nordbahnhof	Wien, A	⊙	x			x	x	x	x	x	x	
Generationenpark	Königsbrunn, D	⊙	x			x	x		x			x
Grünmatt Friesenberg	Zürich, CH	◎	x	x		x			x			x
Wohn_Zimmer Sonnwendviertel	Wien, A	○	x			x	x	x		x	x	x
Spreefeld Mitte	Berlin, D	⊙	x	x	x	x	x	x	x	x		x
wagnisART Domagkpark	München, D	⊙	x	x	x	x	x	x	x	x	x	x
mehr als wohnen Hunziker Areal	Zürich, CH	○	x	x	x	x	x	x	x	x	x	x

5 Programm

Die Mischung von Wohnen, Arbeiten, Kultur und Versorgung, städtische und damit auch funktionale Vielfalt ist anerkanntes Ziel und Grundlage für Begegnung und Kommunikationsdichte. Diese Nutzungsmischung wird in den gemeinschaftsorientierten Projekten realisiert. Das folgende Kapitel befasst sich mit der Frage, aus welchen funktionalen Bausteinen sich die Projekte zusammensetzen: Die Bandbreite des Wohnens, Räume für die Gemeinschaft – Gemeinschaftsräume, Werkstätten, Gästezimmer – und Quartiersangebote – Gewerbe, Gastronomie und kulturelle und soziale Einrichtungen – werden untersucht. Die programmatische Vielfalt und Qualität verändert das Wohnen mit den privaten Rückzugsbereichen, das Leben in der Gemeinschaft und auch das Verhältnis zu Quartier und Gesellschaft. Im Rahmen der ersten Diskussionen um das Projekt *Kalkbreite* in Zürich fasste eine Grafik 2006 diese Vision der Nutzungsmischung bildhaft zusammen. Wohnen, Arbeiten und Kultur sind in verschiedenen Geometrien vertikal geschichtet und überlagert. Die Grafik begleitete den Entstehungsprozess als Leitbild.

5.1 Wohnen

Veränderungen und Kontinuitäten des Wohnens spiegeln sich in einer großen Bandbreite in den untersuchten Projekten: Klassische Wohntypen, gemeinschaftsorientierte Wohnformen und flexible Raumkonzepte werden nachfolgend betrachtet.

Soziale Mischung – Durchschnitt der Bevölkerung

In den meisten der Projekte steht die Diversität der zukünftigen Bewohnerschaft als Spiegel der städtischen Gesellschaft im Fokus. Für einen Wandel vom ehemaligen lebensweltlichen Gegenentwurf, dem Alternativprojekt, zum Abbild sozialer Wirklichkeit, steht exemplarisch die Leuchtturmgenossenschaft Kraftwerk1 in Zürich. Aus der Züricher Hausbesetzerbewegung (‚Züri brännt') hervorgegangen, hat sich diese Genossenschaft in den letzten Jahrzehnten sukzessiv transformiert und sich als verlässlicher und innovativer Kooperationspartner der Stadt etabliert. Gegenüber den Anfangsjahren wandelte sich das Selbstverständnis grundlegend: Die Kraftwerk1-Projekte sind heute keine Gegenmodelle mehr, sondern sie spiegeln die urbane Vielfalt der Züricher Stadtgesellschaft und geben Antworten auf den enormen sozialen Wandel und auf die sich rasch verändernden Wohnbedürfnisse. Besonders auffällig ist dies an dem neuen Positionspapier abzulesen, in dem die Genossenschaftler ihre Visionen für Kraftwerk1 weiterentwickeln. Kraftwerk1 bekennt sich in der „Strategie 2014–2024. So wollen wir handeln" eindeutig zur sozialen und lebensweltlichen städtischen Vielfalt Zürichs. Bezugspunkt ist nicht mehr ein abgeschirmtes Alternativmilieu, sondern der Durchschnitt der Bevölkerung in der Metropolregion: „Die soziale Mischung der Bewohner_innen über alle Kraftwerk1-Siedlungen hinweg bildet in etwa den Durchschnitt des Metropolitanraums Zürich ab (Alter, Geschlecht, Bildung, Herkunft, Bürgerrechtsstatus, Einkommen, Vermögen, spezielle Bedürfnisse, Lebensform)."[1]

1 *Kraftwerk1 (Hg.): Strategie 2014–2024. So wollen wir handeln. Zürich o. J., S. 7*

Vielfalt an Typologien

Mit dem gesellschaftlichen Anspruch, Wohnraum für alle Schichten der Bevölkerung und für verschiedene Lebensentwürfe zu schaffen, erweitert sich das Spektrum der Wohnungstypen und Wohnungsgrößen. Individualwohnungen und gemeinschaftliche Wohn-

2 *Genossenschaft Kalkbreite (Hg.): Zollhaus: Umfrage zur sozialen und baulichen Gestaltung. Abzurufen unter: kalkbreite.net/zollhaus/20161013_Zollhaus_Umfrage_Ergebnisse_net (besucht am 22.04.2017)*

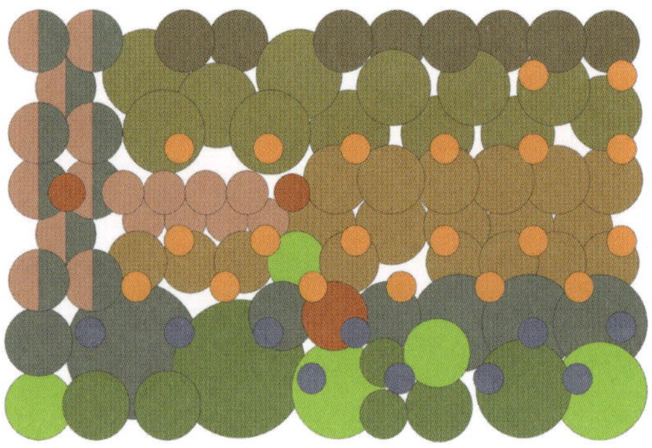

Vision Nutzungsmix aus Wohnen, Arbeiten, Kultur, *Kalkbreite* 2006, Zürich

typologien, von neuen Größenordnungen und Ausbaustandards, werden geplant.

Vor allem im Hunziker-Quartier *mehr als wohnen* und in der *Kalkbreite* in Zürich wurde eine enorme Vielfalt an Grundrisstypen entwickelt, die den unterschiedlichsten Haushaltsgrößen und Wohnformen sowie den sich ausdifferenzierenden Lebensgemeinschaften entsprechen. In der *Giesserei* in Winterthur erlaubt ein modulares System, unterschiedlichste Wohnungsgrößen von Ein- bis Zehnzimmerwohnungen zu erstellen – 155 Wohnungen bieten 43 verschiedene Wohnungstypen. Die *Kalkbreite* mit 97 Wohneinheiten bietet Wohnungsgrößen zwischen Ein- bis 17-Zimmerwohnungen an, in diesem Spektrum sind drei Clusterwohnungen, Großwohngemeinschaften und ein Großhaushalt beinhaltet.

Umfrage als Basis

Basis für das Programm sind immer wieder Befragungen der Genossenschaftsmitglieder, aber auch eines erweiterten Kreises an Interessierten. Im September 2016 wurde von der Genossenschaft Kalkbreite eine „Umfrage zur sozialen und baulichen Gestaltung" des *Zollhauses* initiiert. Das Anschreiben begann mit folgender Erklärung: „Das Fundament des Zollhauses bilden seit Beginn der Planung die Bedürfnisse, Ideen und Wünsche von unseren Mitgliedern und Interessierten und wir laden Sie herzlich dazu ein, Ihre Vorstellungen mit uns zu teilen."[2] Individueller und gemeinschaftlicher Flächenbedarf, die Bereitschaft zu teilen und zu tauschen, das Thema Selbstausbau, Engagement für Gemeinschaft oder die Nachfrage nach Wohnformen wurden abgefragt und quantifiziert. Die Ergebnisse der Auswertung wurden wieder kommuniziert.

Erfahrungszuwachs durch Erstvermietung

Erkenntnisse aus den Erfahrungen der Erstvermietungen führen zu einem Wissenszuwachs für nachfolgende Projekte und zu einer Weiterentwicklung der Vermietungspraxis: Kostengünstige Wohnungen – mit größerer Zimmeranzahl und nur einem Bad – finden zum Beispiel in der *Giesserei* schnell Bewohner. In *mehr als wohnen* werden die Wohnungen für Familien mit älteren Kindern im Erstbezug nicht angenommen: Die Belegungsvorschriften machen einen baldigen Umzug notwendig. Das Angebot der kleineren Wohnungen für die folgende Nachfamilienphase ist dagegen zu gering – dem Anspruch, innerhalb des Quartiers einen Wohnungswechsel zu ermöglichen, kann eventuell nicht entsprochen werden. Als Reaktion wurden unter anderem auch Familienwohnungen als WG-Wohnungen vergeben.

Belegungspraxis

Die Durchmischung ist nicht nur beeinflussbar durch gebaute Diversität, sondern auch durch Belegungspraxis oder Verteilungsschlüssel. Vermietungskriterien steuern die Erst- und Folgebelegung. In dem Mehrgenerationenprojekt *Giesserei* in Winterthur gibt ein Vermietungsreglement die Altersbelegung nach dem Schweizer Durchschnitt vor. Die Übernahme sozialer Verantwortung manifestiert sich auch in der Vereinbarung von Kooperationen: In *mehr als wohnen* sind 20 Prozent der Wohnungen Familien mit Sozialhilfe vorbehalten, sie sind – um sozialräumliche Segregation zu vermeiden – auf mehrere Gebäude verteilt. In Wien, der europäischen Stadt des sozialen Wohnungsbaus, werden Wohnprojekte mit geförderten Wohnungen aufgrund der Angebotsverpflichtung zu einem Drittel über den kommunalen Wohnservice Wien belegt. Wohnquartiere in Wien sind stets durchmischt. Eine Kopplung von Förderung und Belegung findet auch in München statt. Auch dort ist das Ziel, die ‚Münchner Mischung' zu sichern und in den neuen Quartieren herzustellen.

Wohnungstausch

Ist-Analysen bilden auch siedlungsübergreifend die Basis für Planung und Belegung. Die Genossenschaft Kraftwerk1 beschreibt die Rolle der Analysen in ihrer Strategie: „[Die Verwaltung] erstellt regelmäßig Ist-Analysen. Der Vorstand erarbeitet darauf basierend zuhanden der Generalversammlung Vorgaben für die Neu- oder Wiedervermietung von Wohnraum und die Planung neuer Siedlungen. Vorstand, Geschäftsstelle und Vermietungskommissionen sorgen aktiv dafür, dass innerhalb einer Siedlung sowie zwischen den Siedlungen bei Kündigungen Rochaden möglich sind, dass der Tausch von Wohnungen möglich ist, und treffen allfällige weitere Maßnahmen, um möglichst vielen Bewohner_innen zu einer angemessenen, ihren geänderten Bedürfnissen entsprechenden Wohnung zu verhelfen."[4]

Mindestbelegung und Zügelfrist

Die Begrenzung der Wohnraumnutzung pro Kopf kann gesteuert werden: Belegungsvorschriften im geförderten Wohnungsbau in der Schweiz und in Österreich und Deutschland regeln, wie viele Zimmer eine Mietpartei maximal belegen darf. In der Regel gilt, dass die Anzahl der Personen plus 1 der Anzahl der Zimmer entspricht. Die Familien-Genossenschaft Zürich (FGZ) hat mit der Einführung der Zügelfrist 1998 ein ergänzendes Steuerungsinstrument verabschiedet, das erlaubt, auf Veränderungen in der Wohnkonstellationen zu reagieren: Innerhalb von zwei bis acht Jahren nach Auszug der Kinder erhalten die Genossenschaftler drei Ersatzangebote kleinerer Wohnungen; die Belegung wird jährlich kontrolliert. Damit ist der Flächenverbrauch der FGZ auf 31,5 Quadratmeter pro Person gefallen.[5]

3 *Baugenossenschaft mehr als wohnen (Hg.): Wohnungsspiegel. Abzurufen unter: www.mehralswohnen.ch/fileadmin/downloads/Wohnen/Wohnungsspiegel_1605.pdf (besucht am 20.02.2017)*

4 *Kraftwerk1 (Hg.): Strategie 2014–2024. So wollen wir handeln. Zürich o. J., S. 7*

5 *Vgl. Familienheim-Genossenschaft Zürich (Hg.): In der FGZ leben 5690 Menschen. In: FGZ-Info 2/2016, S. 9. Abzurufen unter: www.fgzzh.ch/resources/uploads/PDFs_2015/FGZ-Info_2016-2_Web.pdf (besucht am 20.02.2017)*

Wohnungsspiegel

Haus	Studio mit Nasszelle und Kochstelle	2 + 2.5 Zi.-Whg.	3 + 3.5 Zi.-Whg.	4.5 Zi.-Whg.	5.5 Zi.-Whg.	6.5 Zi.-Whg.	7.5 Zi.-Whg.	8.5 / 9.5 Zi.-WG	12.5 Zi.-WG	Satelliten-Whg. Typ A 10.5 / 12.5 Zimmer	Satelliten-Whg. Typ B 9.5 / 13.5 Zimmer	Wohnatelier	Total Einheiten pro Haus
Dialogweg 6										11			**11**
Dialogweg 3	2	5	4	13	10								**34**
Dialogweg 7		12	22					1					**35**
Dialogweg 11	4	4	10	16	4								**38**
Hagenholzstrasse 104a/b			10	15		5							**30**
Hagenholzstrasse 106a/b		5	6	11	6		1						**29**
Genossenschaftsstrasse 13				16	6	2			3				**27**
Genossenschaftsstrasse 5/7			15	15									**30**
Dialogweg 2			6	6							5	1	**18**
Genossenschaftstrasse 11	2		8	10	4								**24**
Genossenschaftsstrasse 18				6	6	3		5					**20**
Hagenholzstrasse 108a/b		18	10	15								2	**45**
Genossenschaftsstrasse 16	4		5	10	5	5							**29**
Total	**12**	**44**	**96**	**133**	**41**	**15**	**1**	**6**	**3**	**11**	**5**	**3**	**370**

Wohnungsspiegel *mehr als wohnen*, Zürich, Stand Mai 2016 [3]

Professionelle Evaluierung

Im Kontext der erfolgsbestimmenden Festlegung der Wohnungsmischung zeigt sich erneut die hohe Lernbereitschaft aller Projektbeteiligten. Hier besteht ein hoher Lernbedarf, um das Ziel der Diversität nicht nur bei der Planung mit der Erstbelegung, sondern auch in späteren Phasen zu erreichen. Monitoring und Evaluierungen werden beauftragt: Das ETH Wohnforum begleitet die Wohnerfahrungen im Quartier *mehr als wohnen* und wertet sie aus. Die Age-Stiftung war als Kooperationspartner in der Entwicklung eines Monitoring-Tools auf dem *Hunziker Areal* oder in anderen Wohnprojekten, wie der *Giesserei* in Winterthur, beteiligt. Das Mieterdaten-Monitoring erleichtert den Überblick zur Einhaltung der sozialen Durchmischung und unterstützt den Erstvermietungsprozess. Das Projekt *mehr als wohnen* wird im Schlussbericht als Innovationslabor bezeichnet, das Potenzial, Wissen zu generieren und Erkenntnisse zu multiplizieren, wird ihm zugesprochen.[6] Auch in München begleitete die TU München im Auftrag der Obersten Baubehörde die Planung und Umsetzung des Wohnprojekts *wagnisART* und evaluierte gemeinsam mit der Genossenschaft wagnis ökologische Fragestellungen, wie Energieeffizienzziele oder Aspekte der Lebenszyklusbilanz.

Laien und Profis

Die Kommunikation zwischen allen am Projekt beteiligten Akteuren wird ernst genommen: Dafür werden projektspezifisch Instrumente entwickelt. ‚Use cases' waren 2008 Bestandteil der Wettbewerbsunterlagen zur *Kalkbreite*. Gewonnene Vorstellungen zum Raumprogramm sollten atmosphärisch dicht in eine nächste Phase transportiert werden. Ein von Vertretern der Genossenschaft erstelltes Postkartenset mit Fallgeschichten und erzählenden Bildern vermittelt die komplexen Vorstellungen der Genossenschaftsmitglieder zum zukünftigen Programm. 2014 entstand – ebenfalls als Übermittlung des Diskurses an die Planer – die Erzählung der Stubenfliege Max, die in ungehinderten Streifflügen das *Zollhaus* erkundet, Tag und Nacht in der ‚Hallenwohnung' schildert und ‚Molekularbewohner' begleitet. Im Layout der allseits bekannten Reclam-Schullektüren vermittelt die Erzählung den Eindruck eines selbstverständlichen, immer dagewesenen Wohnumfeldes.

Abgeschlossenes Wohnen

Um der gewünschten sozialen Mischung einen baulichen Rahmen zu bieten, zeichnen sich verschiedene Herangehensweisen ab. Ein Fokus liegt auf der Erstel-

6 *Vgl. Heye, Corinna/Borowski, Thomas/Fuchs, Sarah/Craviolini, Christoph: Erstvermietung auf dem Hunziker Areal: Instrumente – Prozesse – Erfahrungen. Zürich 2015, S. 4*

Schränke als mobile Raumtrennung, Bauteil Kada, *Wohn_Zimmer*, Wien

lung von kompaktem, kostengünstigem Wohnraum mit moderatem Ausbaustandard. Abgeschlossene private Wohneinheiten, Familienwohnungen oder komprimierte Kleinwohnungen bilden einen wesentlichen Bestandteil dieses Rahmens.

Raumminimierung

Die Frage nach dem Minimum an Wohnraum wird im Bereich privater, abgeschlossener Wohneinheiten vorangetrieben, Knappheit der Ressource Boden in prosperierenden Städten und Reduktion des Energieverbrauchs sind dafür Motoren. Kleinstwohnungen, Mikroapartments oder SMART-Wohnungen entstehen auch in Reaktion auf demografische Entwicklungen. Die kritischen Diskussionen um die Angemessenheit von neun Quadratmeter großen Kinderzimmern der Nachkriegszeit sind noch in Erinnerung. Alkoven werden in New York, Zürich und Wien wiedereingeführt. Auch in Wien wird die Größe der Einzelräume diskutiert: „Zimmergrößen werden neu verhandelt, bisher waren in der Fachdiskussion dreizehn Quadratmeter grenzwertig, jetzt wird das Kabinett – abgetrennte Schlafnischen – mit acht Quadratmeter eingeführt. Die Zielsetzung, individuelle Wohnfläche zu reduzieren, steht allerdings in der Diskussion, da Wohnfläche mit Qualität gleichgesetzt wird."[7] Claudia Steinberg betitelt 2012 einen ZEIT-Artikel zum Thema Kleinstwohnungen in New York mit „Wohnen im Schließfach"[8], die Mindestgröße eines Apartments wird in dem dort beschriebenen Wettbewerb auch in Reaktion auf steigende Immobilienpreise auf 20,4 Quadratmeter festgesetzt.

SMART Wohnen

Auch die Politik verfolgt diese Zielsetzung: Im Gegensatz zum gängigen deutschen Fachsprachgebrauch wird in diesem Zusammenhang mit SMART Wohnen nicht das ‚intelligente' Wohnen durch Einsatz von Technologie und Elektronik bezeichnet. Der Begriff dient der Kennzeichnung eines 2012 in Wien eingeführten Wohnbauprogramms. Ein Drittel der zu erstellenden Wohnungen sollen als Balance zum vorhandenen Markt als SMART-Wohnungen geplant werden – „flexibel, erweiterbar, ergänzt mit Komplementärangeboten wie zusätzlichem Stauraum, Gemeinschaftsräumen für Familienfeiern oder einer Gemeinschaftsküche".[9] Sie sind kompakter gestaltet als die bisher geförderten Wohnungen. Der Architekt Bernd Vlay bemerkt zu den Wohnungen im Projekt *Wohn_Zimmer* in Wien: „Unsere Bauträgerin wünschte kleinere Wohnungen [...], dafür mehr kollektiven Raum. [...] Das Schwimmbad ist die bessere Badewanne, die Bibliothek ist das bessere Bücherregal und das Kino der bessere Fernseher. Was sich die Leute privat nicht leisten können, geben wir auf kollektiver Ebene zurück."[10] Die von Klaus Kada geplanten Wohnungen in den drei Solitärbauten thematisieren in kleinen Wohnungen – eine Dreizimmerwohnung ist zum Beispiel 55 Quadratmeter groß – die Flexibilität: Bewegliche Schrankeinbauten erlauben verschiedene Grundrisskonfigurationen, wohnungsinterne Erschließungsflächen werden minimiert. Hier zeigt sich eine Ambivalenz im Fördermodell, da für in den kollektiven Raum ausgelagerte Flächen keine Fördergelder angeboten werden. Die Reduktion der Wohnfläche wird damit gegenwärtig nicht in der Förderung abgebildet.[11]

Gemeinschaftliches Wohnen

Die Suche nach gemeinschaftlich Nutzbarem – sie betrifft Raum, Dingliches, aber auch Konzepte – verändert die Definition von privat Notwendigem. Aktives und tabufreies Suchen nach möglicher Austauschware eröffnet neue Chancen und Möglichkeiten. Die Bereitschaft zum Teilen schafft Synergien, Verzicht bedeutet nicht Askese, sondern generiert Mehrwert.[12] Kein Baustein ist zu klein oder zu intim, um hinterfragt zu werden – die Addition aller Tiefkühlfächer führt in einer energetisch sinnvollen Koppelung zu einem informellen Begegnungsort. Die öffentliche Diskussion „In meiner Badewanne bin ich Kapitän" in der *Caféteria* der *Kalkbreite* am 3. Februar 2016 lotet die Grenzen in Bezug auf das Teilen des Badezimmers oder der Wanne aus. Ebenso wird in *wagnisART* im *Gemeinschaftsbad* eine überproportional große Badewanne aufgestellt. Dies erfordert auch Organisationsstrukturen, die ermöglichen, Räume oder Tauschgegenstände temporär und individuell verfügbar zu halten.

Neuartige gemeinschaftsorientierte Wohntypen werden entwickelt – sie beinhalten Flächen sowohl zur privaten Nutzung als auch gemeinschaftlich nutzbare Flächen. Im Kontrast zu den minimierten privaten Wohneinheiten werden diese Typologien immer „größer, schöner und andersartig"[13]. In neuen Grundrissorganisationen wird der individuelle Wohnraum zugunsten von wohnungsintern gemeinschaftlich genutztem Raum reduziert. Der Anspruch an Privat-

7 *Interview mit Daniel Glaser*

8 *Steinberg, Claudia: Wohnen im Schließfach. In: Die Zeit 50/2012. Abzurufen unter: www.zeit.de/2012/50/ Mikroapartments-New-York-Wohnraum (besucht am 20.02.2017)*

9 *Interview mit Dieter Groschopf*

10 *Züger, Roland: Herzblut ist kein Argument. Spaziergang durchs Wiener Sonnwendviertel. In: werk, bauen + wohnen 5/2016, S. 35*

11 *Vgl. Interview mit Klaus Kada, Bernd Vlay, Daniel Bammer*

12 *Vgl. Müller, Pascal: Neue Wohnmodelle in der Stadt. Vortrag, gehalten in der Hochschule Karlsruhe am 27.04.2016*

13 *Plus de logements, plus grands, plus beaux et autrement: les leçons de Zurich (Dossier). D'Architectures 229/2014*

heit – das Selbstverständnis in Bezug auf die Unverletzlichkeit der Wohnung – wandelt sich: Er endet nun an der Tür zum ‚Satellitenapartment'. Die kollektiv nutzbaren Flächen sind Bestandteil der an veränderte Bewohnerbedürfnisse angepassten Wohntypen. Das Wohnen als Familie – ein zeitlich überschaubarer Abschnitt des Wohnlebens – bleibt nach wie vor eine gefragte Wohnform. Aber selbst in diesem Kontext wird der Bedarf nach differenzierten Angeboten deutlich: Der Begriff Patchworkfamilie benennt nur eine dieser Notwendigkeiten. Die neuen Typologien für die Wahlfamilien entstehen durch Lernen aus Vorläufern und der Betrachtung von Referenzobjekten des gemeinschaftlichen Wohnens. Typologische Vergleiche – wie in dem Artikel „Inspiration Grandhotel"[14] – beleuchten das Spannungsfeld zwischen Privatraum und öffentlich zugänglichen, kollektiv genutzten Räumen und regen zu neuen Interpretationen an. Einige charakteristische, in Erprobung befindliche gemeinschaftsorientierte Wohnungstypen werden kurz geschildert.

Reduktion der Wohnfläche

Auch die Diskussion um neue Wohnungstypen ist beeinflusst durch die Reduzierung des Wohnflächenverbrauchs pro Kopf. Die Minimierung des Eigenraums und die Maximierung des Gemeinschaftsraums werden zur Grundregel des kollektiven Wohnens, dies aber unter den Vorzeichen, mit der Summe aus Privat- und Gemeinschaftsraum pro Person unter dem statistischen Wert des Wohnflächenverbrauchs pro Kopf zu bleiben. Individuelle Bedürfnisse werden kompakt gesichert, das Gemeinschaftliche betont, nachhaltiges Leben und die Verknüpfung von Wohnen und Arbeiten gefördert. In der *Kalkbreite* stehen zum Beispiel weniger als 35 Quadratmeter pro Person Wohnfläche zur Verfügung[15], die Statistik der Stadt Zürich spricht dagegen im September 2015 von einer mittleren Wohnfläche pro Kopf in der Stadt Zürich von 40 Quadratmetern.

Wohngemeinschaften

Teilen gehört auch zum Alltag der Wohngemeinschaftsbewohner: Küche und Sanitärräume werden hier gemeinsam genutzt. Das Lernen von Vorläufern wird mit dem Rückgriff auf die aus der Nutzung von Altbaubestand bekannte Wohnform der WG deutlich. Bekannt sind Etagenwohnungen in den Gründerzeitvierteln Berlins. Dort entstanden durch die Reihung gleichwertiger und großzügiger Räume variable Wohnungsgrundrisse, die sich auch für Wohngemeinschaften oder zur Untervermietung an Einzelpersonen eigneten.[16] Die Typologie der Wohngemeinschaft wird in den Neubauten vieler gemeinschaftsorientierter Projekte wieder aufgegriffen. Eine Tendenz zur Vergrößerung der Wohnungen zeichnet sich ab: In *Spreefeld* in Berlin greift die Großwohnungsgemeinschaft *spree wg 1* mit 800 Quadratmetern über zwei Etagen. Sie wird bewohnt von 15 Erwachsenen und 7 Kindern, der Anteil der Gemeinschaftsfläche beträgt ca. 40 Prozent. Die Grenzen zwischen Wohngemeinschaft und Cluster beginnen sich mit dem Einbau von Küchenanschluss und Dusch-WC in den Privatbereichen aufzuheben.[17]

14 *Hofer, Andreas/Weidmann, Ruedi: Inspiration Grandhotel. In: TEC21 36/2013, S. 16–25*

15 *Vgl. Genossenschaft* Kalkbreite *(Hg.): Anleitung* Kalkbreite*: Betrieb. Abzurufen unter: anleitung.kalkbreite.net/betrieb (besucht am 12.12.2016)*

16 *Vgl. Krausse, Joachim: Beispiel: Wohngemeinschaften. Werte aus dem Berliner Zimmer. In: ARCH+ 218/2014, S. 68–69*

17 *Vgl. CoHousing|Berlin (Hg.): spree wg 1. Abzurufen unter: www.cohousing-berlin.de/de/projekte/spree-wg-1 (besucht am 12.12.2016)*

Suche WG, *Kalkbreite*, Zürich

Gemeinschaftsbereich Pflege-WG, *Lebensort Vielfalt*, Berlin

Zielgruppenorientierte Wohngemeinschaften

Diese Grundrisstypologie wird in einigen der Projekte auch zielgruppenorientiert – vor allem für das Wohnen im Alter – eingesetzt. In der Siedlung *Grünmatt* der FGZ wird eine Pflegewohngruppe für acht Bewohner mit Demenz betrieben, in der *Giesserei* befindet sich im Erdgeschoß eine Wohngemeinschaft für sechs Menschen mit einer kognitiven Beeinträchtigung. In dem umgebauten Bestandsgebäude des Mehrgenerationenhauses *Lebensort Vielfalt* in Berlin liegt eine Pflegewohngemeinschaft für schwule Männer. Die 250 Quadratmeter große Wohnung ist in zwei Zonen gegliedert: Im Anschluss an den barrierefreien Zugang, der ein Gelenk zur Laubengangerschließung des Hauses bildet, sind gemeinschaftliche Nutzungen konzentriert. Eine großzügige Wohnküche mit Balkon und angrenzendem Wohnzimmer öffnet sich über Durchblicke vom Flur zum Innenhof, die gemeinsam genutzten Sanitärräume – zwei Badezimmer und eine Toilette – orientieren sich zur Straße. Die Privaträume der acht Bewohner liegen, über einen Mittelflur erschlossen, im ungestörten rückwärtigen Bereich der Wohnung. Ursprünglich als Demenz-WG geplant, wird sie heute – da noch kein Bedarf bestand – als normale Pflege-WG genutzt.

Fachkompetenz Pflegewohnen

Gerade im Bereich der Altenpflege ist allerdings weiterer Zuwachs an Erfahrung notwendig: In der *Giesserei* in Winterthur war eine Pflegewohngruppe geplant, konnte aber nicht umgesetzt werden: „In die Größe des Projektes würde eigentlich eine Pflegegruppe hineingehören. Wir haben verschiedenes verschlafen. Wir hätten von Beginn an – schon zur Ausschreibung des Wettbewerbs – Experten einbinden müssen. Wir haben Zeit verloren, indem wir mit einem Anbieter eineinhalb Jahre verhandelt haben, er ist dann abgesprungen. Wir haben die kleinsten Aufzüge eingebaut."[18]

Clusterwohnen

Das Clusterwohnen setzt einen Perspektivwandel in Raum um: Wohnen wird nicht nur als privater Raum definiert, das Leben findet in der Gemeinschaft statt. Der Wohnungstyp ist relevanter Bestandteil einer zunehmenden Anzahl gemeinschaftlicher Wohnprojekte (in unseren Fallstudien ein Drittel der Projekte) und steht, als eine Wohnform, die an aktuelle Lebensentwürfe angepasst ist, stark in der öffentlichen Wahrnehmung. Reduzierte, kompakte, individuelle und abgeschlossene Kleinwohnungen zwischen 30 und 50 Quadratmetern mit Küchen- und Nasszelle für ein und zwei Personen gruppieren sich als autonome Einheiten um gemeinschaftlich genutzte Flächen.

18 *Interview mit Achim Friedrich*

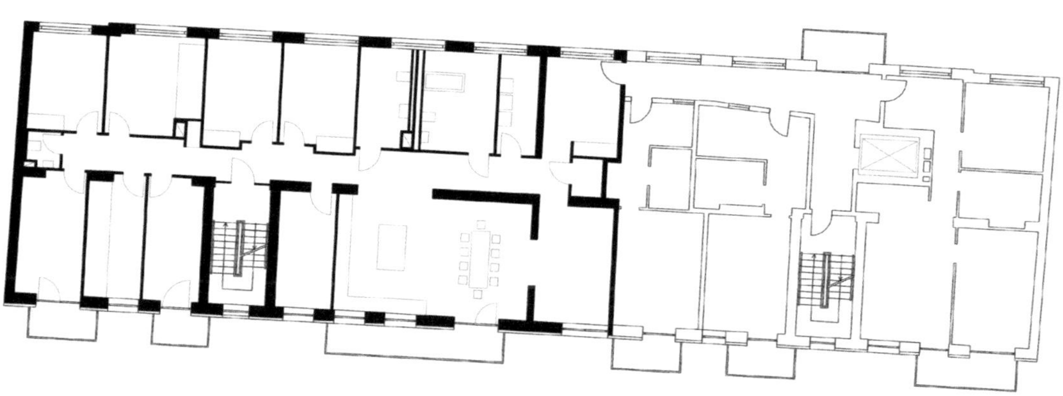

Grundriss Pflege-WG, *Lebensort Vielfalt*, Berlin

Diese privaten Räume sind größer und mit Bad und Küche autarker als ein WG-Zimmer. Die Bewohner teilen sich Aufenthalts-, Koch- und Essbereiche. Je nach Selbstverständnis der Bewohner kann dieser Gemeinschaftsbereich als privates Wohnzimmer oder als geöffneter Begegnungsraum verstanden werden. Jenseits von Familienstrukturen ist die Clusterwohnung Basis für alters-, geschlechts- und interessensgemischte Wahlgemeinschaften. Sie ist auch für ein Leben bis ins hohe Alter geeignet, erlaubt Selbstständigkeit und Kontakt mit anderen.

Raumkonzepte Cluster

Die gebauten Beispiele experimentieren mit unterschiedlichen räumlichen Konzepten: Die privaten Einheiten des Clusters der *Kalkbreite* sind an einer Rue Intérieure aufgereiht und damit eingebunden in die übergeordnete Erschließung, der Weg in den Ge-

Doppelgeschossiger Gemeinschaftsraum – Blickbezüge, *Kalkbreite*, Zürich

Grundriss Clusterwohnen an der Rue Intérieure, *Kalkbreite*, Zürich

meinschaftsraum ist gezielt zu nehmen. Dieser Raum mit einer gut ausgestatteten Küche ist durch eine zweigeschossige Zone und einen Balkon auch räumlich hervorgehoben. Im zweiten Geschoss anliegende multifunktionale Räume öffnen sich mit einem großen Fenster zum Gemeinschaftsraum – Kinder, die dort malen, sind Teil des Gemeinschaftslebens.

Bei den Clustern im Projekt *wagnisART* oder *mehr als wohnen* auf dem *Hunziker Areal* wird das Bild städtischer Strukturprinzipien von Haus, Straße und Platz kopiert. Aus dem räumlichen Netz zur Förderung sozialer Beziehungen soll die Voraussetzung für eine intakte Quartiersstruktur entstehen:[19] Die Häuser der Wohneinheiten öffnen sich direkt zu kollektiven Räumen mit unterschiedlichen Zuschnitten und Orientierungen und zu einem gemeinsamen Balkon. Größere Clusterwohnungen bei *wagnisART* greifen über zwei Geschosse und werden über Lufträume und interne Treppen verbunden. Die Typologie des Clusterwohnens ist – wie das Projekt *Heizenholz* der Genossenschaft Kraftwerk1 zeigt; dieses Projekt ist ein Umbau eines ehemaligen Kinderheims zu einem gemeinschaftsorientierten Wohnprojekt – aufgrund der Größe der Einheiten sowie der Schichtung von Nebennutz- und Verkehrsflächen für tiefe Grundrisse geeignet und kann damit in Zukunft auch im Rahmen von Gebäudeumnutzungen einen Beitrag leisten.

19 *Vgl. Kaestle, Anne: Wer teilt, hat mehr. In: Bahner, Olaf/ Böttger, Matthias (Hg.): Neue Standards. Zehn Thesen zum Wohnen. Berlin 2016, S. 129*

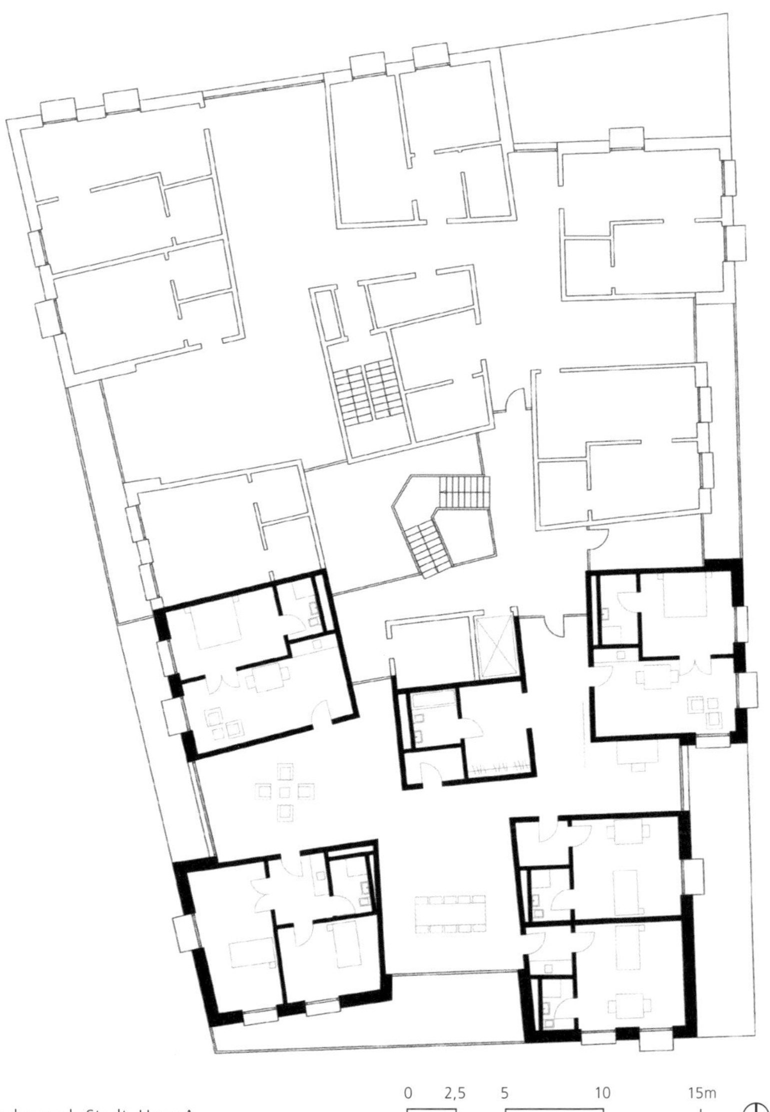

Grundriss Clusterwohnen als Stadt, Haus A, Duplex Architekten, *mehr als wohnen*, Zürich

Mut zum Experiment

Die kritische Reflexion zu dieser in Erprobung befindlichen Clustertypologie hat eingesetzt, da Bewohner von Vorgängerprojekten wie *Heizenholz* in Zürich schon über Wohnerfahrungen berichten können. Publikationen befassen sich mit ersten Evaluierungen[20], in einer Veranstaltung auf dem *Hunziker Areal* in Zürich im Januar 2015 wurde die Wohnform öffentlich diskutiert. Die Einladung der Plattform Genossenschaften stellte die Frage: Im Cluster wohnen – eine neue Wohnform für wen? „Kann sie die Hoffnungen an neue Formen des gemeinschaftlichen Wohnens erfüllen oder ist sie Life-Style-Luxus-WG für trendige Urbanisten?"[21] Die Wohneinheit mit eigenem Bad und Teeküche kostet mehr als das Zimmer in der Wohngemeinschaft – wer kann sich das leisten? Wer sieht die Folgen der Wohnform – die Reduktion des persönlichen Hausrats und das Abstimmen der Einrichtung eines Gemeinschaftsraums – als bereichernde Herausforderung? Kann die angezielte soziale Durchmischung eingeführt und gehalten werden? Es zeigte sich, dass der Vermietungsaufwand für die Genossenschaften bei den Clusterwohnungen im *wagnisART*-Projekt oder in *mehr als wohnen* deutlich höher ist. Sind deshalb neue Vermarktungskonzepte erforderlich und muss frühzeitiger die Wohngruppenbildung erfolgen? Trotz dieser noch offenen Fragen hat das Clusterwohnen vor allem in der Schweiz, aber auch in München den freien Wohnungsmarkt erreicht[22] – auch private Bauträger nehmen die Wohnform in ihr Angebot auf.

Großhaushalt

Gemeinsames Kochen und Essen kann als Schlüsselerlebnis der Gemeinsamkeit erlebt werden – es führt einerseits zu einer pragmatischen Erleichterung des Alltags in Berufs- und Beziehungsvielfalt, andererseits ist es Plattform für intensiveren Austausch: „Der Großhaushalt lebt eine Kultur der Offenheit; Gäste und Freunde [...] sind herzlich willkommen."[23] Eine große Anzahl von Wohnungen, die nicht im direkten räumlichen Kontext stehen, schließt sich organisatorisch zusammen, unterhält eine Großküche und teilt sich einen Ess- und Wohnraum. In der *Kalkbreite* sind 50 Wohnungen, darunter auch eine Clusterwohnung ohne eigene Küche, zu einem Großhaushalt vereint.

Terrasse der Großwohnung, *Kalkbreite*, Zürich

20 *Vgl. zum Beispiel: Grossenbacher, Jürg: „Clusterwohnungen" – Herausforderungen und Perspektiven. Masterarbeit Universität Zürich, 2015; Muri, Gabriella: Im „Modus der Kollektivität". Gemeinschaftsräume in der Cluster-Wohnung als Third Place. Master-Seminararbeit, Universität Zürich, Zürich 2016*

21 *Plattform Genossenschaften (Hg.): Im Cluster wohnen. Abzurufen unter: plattform-genossenschaften.ch/archiv/20-01-2015-im-cluster-wohnen (besucht am 12.12.2016)*

22 *Kuhn, Gerd: Von der Familienwohnung zum Clusterwohnen. Wohngrundrisse im Spiegel des gesellschaftlichen Wandels. In: Kleefisch-Jobst, Ursula/ Köddermann, Peter/ Jung, Karen (Hg.): Alle wollen wohnen. Gerecht – sozial – bezahlbar. Berlin 2017, S. 46–49.*

23 *Genossenschaft Kalkbreite (Hg.): Anleitung Kalkbreite: Wohnformen. Abzurufen unter: anleitung.kalkbreite.net/wohnen/wohnformen (besucht am 12.12.2016)*

Der gemeinsame Essraum mit Küche von ca. 135 Quadratmetern öffnet sich mit vorgelagertem Freibereich zum Innenhof. Die Erfahrungen der Züricher Genossenschaften Karthago und Kraftwerk1 mit dieser Organisationsstruktur werden weiterentwickelt.

Hallenwohnen

Mit dieser Typologie wird in dem gerade bezogenen Projekt *Zwicky Süd* und in dem in Planung befindlichen *Zollhaus* in Zürich das Spektrum gemeinschaftsorientierter Wohnformen zusätzlich erweitert; die Genossenschaften beschreiten hier wohnkulturelles Neuland. Die Aufteilung der Wohnung in Funktionsbereiche wird aufgehoben: Große Rohbauhüllen mit veränderten Raumqualitäten werden angeboten. Durch den gemeinsamen Ausbau – der Rohbau mit Sanitär- und Elektroanschlüssen ist die Ausgangssituation – entstehen neue Wohnformen als Rahmen einer veränderten Lebensweise, die Reduzierung des Ausbaustandards beeinflusst die Kosten. Jonathan Kischkel, Vorstandsmitglied der Genossenschaft Kalkbreite und selbst Architekt, erläuterte in einer öffentlichen Podiumsdiskussion dieses Wohnexperiment: „Bis zu 27 Personen hausen in einem 600 Quadratmeter grossen Raum mit überdurchschnittlicher Deckenhöhe. Zur Grundausstattung dieser riesigen Einzimmerwohnung gehören lediglich Gemeinschaftsküche und sanitäre Anlagen. Alles andere ist der Kreativität und dem handwerklichen Geschick der Bewohner überlassen. Das Hallenwohnen soll das Einfamilienhaus konkurrenzieren, das offenbar vielen Diskussionsteilnehmern ein Greuel ist: Es verschwende Platz und Ressourcen und der Rückzug ins Private sei einer Gesellschaft, die auf Toleranz und Verständigung gründen solle, abträglich."[24]

Verein als Mieter

Die Vermietungsprozesse bei gemeinschaftlichen Wohnformen entsprechen nicht den herkömmlichen Praktiken. Andere rechtliche Konstrukte, die auf veränderte Rahmenbedingungen dieser Wohnformen reagieren, werden eingesetzt. Die WG-Initianten, Clusterbewohner und Mitglieder eines Großhaushalts gründen einen Verein, um Mieterwechsel flexibel gestalten zu können. Dieser wird zur rechtlichen Ansprechperson für den Vermieter, mietet die Wohnung, sucht Mitwohnende und gestaltet den Mietvertrag. Die Vermietung von Cluster und Wohngemeinschaften braucht Zeit: Passende Mitbewohner müssen sich finden, Interessenten müssen entscheiden, ob die ungewöhnlichen Grundrisse die gewünschte Alternative für sie darstellen.[25] In den Clusterwohnungen des Duplex-Baus *mehr als wohnen* begann eineinhalb Jahre vor Bezug die Suche nach Mitbewohnern, in *Spreefeld* in Berlin und bei der *Giesserei* in Winterthur blieben die Flächen für experimentelle Gemeinschaftswohnformen über einen längeren Zeitraum reserviert. Der gerade in prosperierenden Städten existierende Druck auf den Wohnungsmarkt und wirtschaftliche Notwendigkeiten machen dieses Bedürfnis nach Zeit zur Herausforderung.

Auch die Bemessungsgröße der Wohneinheit gerät durch die neuen Wohntypen an ihre Grenze: Clusterwohnungen, Großwohnungen oder Wohngemeinschaften sind nicht mehr mit der statistischen Größe einer Durchschnittswohnung gleichzusetzen – die Anzahl der Bewohner wird zur sinnvollen Maßeinheit.

Tragstruktur und Flexibilität

Die Offenheit in Bezug auf zukünftig sich verändernde Anforderungen an die Wohntypen ist zentrales Thema der gemeinschaftsorientierten und quartiersoffenen Projekte. Frühzeitig zu treffende konzeptionelle Grundentscheidungen zur Tragstruktur sind damit verbunden: Der modulare Holzbau der *Giesserei* ist der Suche nach flexibler Wohnraumaufteilung geschuldet. Die zentrale Erschließungshalle des Projekts *Wohnen mit alles!* in Wien als tragender Kern ermöglicht die hohe Flexibilität der angelagerten Wohnungsgrundrisse. Die stützenfreie Konstruktion der *Kalkbreite* erlaubt die Reaktion auf heute nicht Absehbares auch über eine breite Zusammensetzung an Typologien hinaus.

Variable Räume

Individualwohnungen werden vor allem in den schweizerischen Projekten durch ein Angebot von wohnungsnah gelegenen, variabel nutzbaren Räumen ergänzt. Sie bieten Raum für sich verändernde Bedürfnisse im privaten oder gemeinschaftlichen Bereich, aber auch die Möglichkeit zur kleinteiligen Verbindung von Wohnen und Arbeiten. Sie können von Hausbewohnern und unter bestimmten Voraussetzungen auch von Externen angemietet werden. Bildhafte Bezeichnungen wie Joker- oder Locandazimmer, Separat- und Flexraum machen Experimentierfreude in diesem Bereich deutlich.

24 *Bracher, Katharina: Wohnen wie die Hausbesetzer. In: NZZ am Sonntag. Erschienen am: 06.07.2014. Abzurufen unter: www.nzz.ch/nzzas/nzz-am-sonntag/wohnen-wie-die-hausbesetzer-1.18337731 (besucht am 11.08.2016)*

25 *Vgl. Heye, Corinna/Borowski, Thomas/Fuchs, Sarah/Craviolini, Christoph: Erstvermietung auf dem Hunziker Areal: Instrumente – Prozesse – Erfahrungen. Zürich 2015*

26 *Jäger, Frank Peter: Qualifiziert ersetzen. In: TEC21 41/2015, S. 21*

27 *Vgl. Hugentobler, Margrit: Zürich: Verdichtung nach innen – Ersatzneubau und Weiterbau. In: ISG-Magazin 3/2014, S. 22–26*

In der Siedlung *Grünmatt* in Zürich existieren 18 „Individualzimmer, die von Nutzern der benachbarten Einheiten bei Bedarf zugemietet werden können – zum Beispiel für Gäste oder bei veränderten Familiensituationen".[26] Die Bedürfnisse von Selbstständigkeit suchenden Jugendlichen können hier räumlich erfüllt oder ältere Familienangehörige temporär betreut werden. Die Belegungsvorschrift von nur einem Zimmer mehr als Personen pro Haushalt ist allerdings bei der temporären Anmietung dieser Zimmer zum Zwecke der Wohnungserweiterung nicht außer Kraft gesetzt.

Lage und Ausstattung

Eine neutral zugängliche Erschließung ist Voraussetzung für die flexible Nutzung der Räume: Die Locandazimmer in dem Projekt *mehr als wohnen* sind unabhängig von den Wohnungen über das Treppenhaus erreichbar.[27] Auch die Jokerzimmer in der *Giesserei* in Winterthur werden durch das Treppenhaus erschlossen. Sie sind gleichzeitig über einen Zugang zum Balkon mit allen Wohnungen verbunden. Die Positionierung ermöglicht somit auch die wohnungsunabhängige und externe Nutzung der Jokerzimmer: Die Jokerräume in der *Kalkbreite* in Zürich liegen jeweils den Treppenhäusern und Aufzügen gegenüber. Transparenz zeigt ihre öffentliche Benutzbarkeit an: Eine großzügige Verglasung zum Flur erlaubt indirekt die natürliche Belichtung der internen Erschließung, demonstriert Öffnung und Vernetzung. Auch Größe und Ausstattung sind Kriterien, die flexible Nutzung beeinflussen: Die neun Jokerräume der *Kalkbreite* in Zürich sind mit einer Größe zwischen 27 und 29 Quadratmetern relativ groß und erlauben verschiedene Nutzungsmöglichkeiten, die eigene Nasszelle macht sie autark nutzbar. In der *Giesserei* in Winterthur existieren zwei unterschiedliche Raumgrößen von 26 und 36 Quadratmetern.

Puffer bei Nutzungsverschiebung

Die Jokerzimmer in der *Giesserei* in Winterthur bilden aber auch einen kalkulatorischen Puffer in Bezug auf Nutzungsverschiebungen. Rechtlich bindende kommunale Vorgaben, die in der Schweiz an die Vergabe von Baurecht gekoppelt sind, definieren einen Gewerbeanteil von 7,1 Prozent. Bei unvorhergesehenem Wegfall von Gewerbenutzungen bilden die Jokerzimmer eine räumliche Reserve. Im *Spreefeld* sollen die Optionsräume, die sich im Erdgeschoss befinden und nur roh ausgebaut sind, unterschiedliche gemeinschaftliche oder nachbarschaftliche Nutzungen ermöglichen.

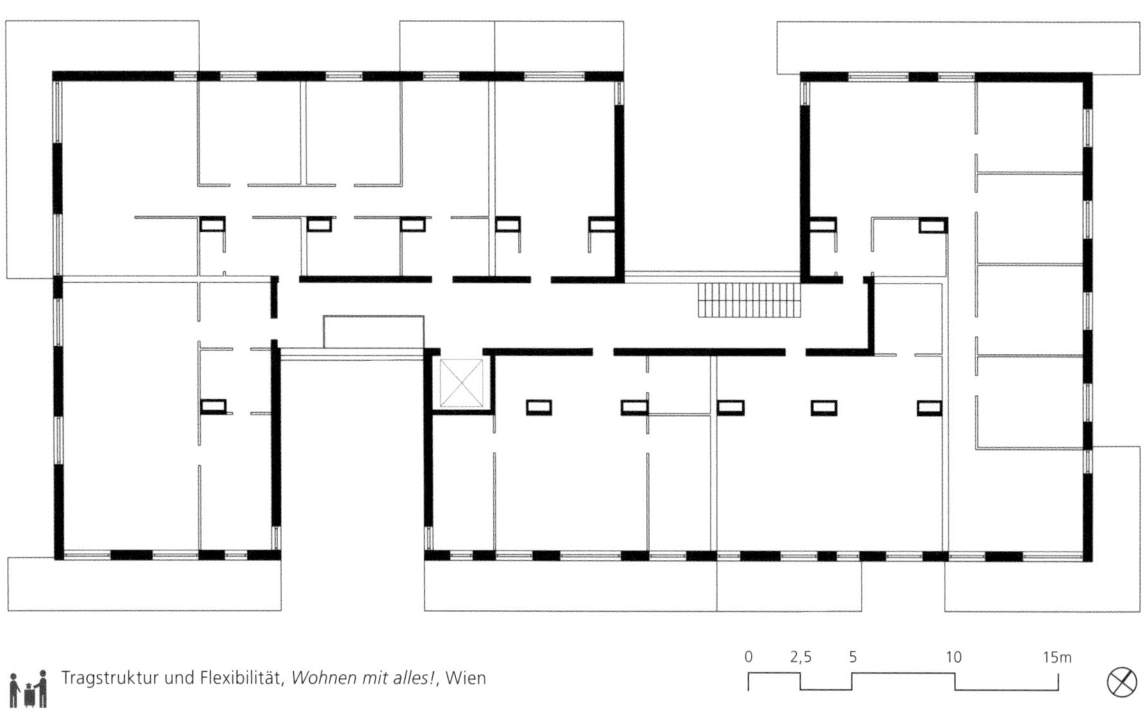

Tragstruktur und Flexibilität, *Wohnen mit alles!*, Wien

Temporäre Vergabe

Erst eine zeitliche Begrenzung der Mietverhältnisse schafft verfügbare Räume, die flexibel angemietet werden können. In der *Kalkbreite* werden die Wohnjoker von der Vermietungskommission befristet – je nach Situation zwischen sechs Monaten und einigen Jahren – vergeben; falls hausintern kein Bedarf besteht, können sie auch an Dritte vermietet werden.[28] Optionsräume sollen im *Spreefeld*, um eine Nutzungsvariabilität zu erreichen, nicht dauerhaft vermietet werden.

Flexibilität im Quartier

Das Angebot von anpassungsfähigen Räumen wird inzwischen auch über das Einzelprojekt hinaus gemacht. Mit der „Charta Quartiersvernetzung" ist im *DomagkPark* in München seit 2012 eine erweiterte quartiersübergreifende Plattform entstanden. Eine der vielen Zielsetzungen besteht in der Optimierung der von einzelnen Projektträgern geplanten Räumlichkeiten der kleinteiligen Infrastruktur. Dazu zählen auch Coworking Spaces.

Flexibilität im Rahmen der neuen Grundrisstypologien

Auch die gemeinschaftlichen Wohntypen erhalten durch Joker- oder Flexräume eine erweiterte Stufe der Nutzungsvariabilität: Die Jokerräume können in der *Kalkbreite* von den Clusterwohnungen angemietet werden; weitere als Box bezeichnete Räume an der Rue Intérieure der *Kalkbreite* bieten Nutzungsflexibilität.

Aktuelle Auszeichnungen der Projekte beziehen sich auf deren innovatives Wohnungsspektrum. Die drei untersuchten Züricher Projekte erhielten 2016 die ‚Auszeichnung für gute Bauten' der Stadt Zürich; die Begründung lautet: „Die von Wohnbaugenossenschaften realisierten Projekte berücksichtigen die Demografie und geben den neuen Bedürfnissen und den neuen Wohnformen Raum. Sowohl hinsichtlich Wohnen im Alter und in neuen Familienmodellen als auch in Bezug auf gemeinschaftliches Wohnen."[29]

28 *Vgl. Genossenschaft* Kalkbreite *(Hg.): Anleitung Kalkbreite: Wohnformen. Abzurufen unter: anleitung.kalkbreite.net/wohnen/wohnformen (besucht am 12.12.2016)*

29 *Weber-Aich, Stefan: Auszeichnung guter Bauten der Stadt Zürich: Vier von sechs Wohnbauten von Genossenschaften. Abzurufen unter: www.wbg-zh.ch/auszeichnung-guter-bauten-der-stadt-zurich-vier-von-sechs-wohnbauten-von-genossenschaften (besucht am 12.12.2016)*

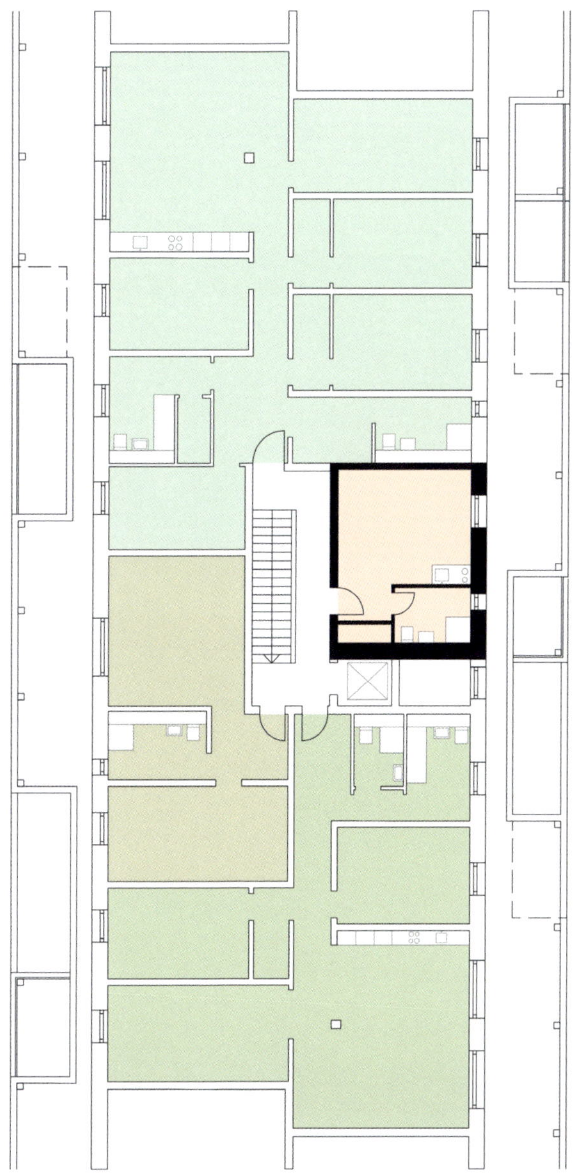

Jokerzimmer in Wohnungsvielfalt, *Giesserei*, Winterthur

0 2,5 5 10 15m

5.2 Gemeinschaft

30 *Wolf, Sabine: Ein neues Stück Stadt – der Wohn- und Gewerbekomplex Kalkbreite. In: detail 9/2015, S. 878*

Raum miteinander zu teilen heißt, Gemeinsames in den Vordergrund zu stellen. Die Öffnung des Wohnens zur Gemeinschaft und zum Quartier manifestiert sich, über die Suche nach neuen Grundrisstypologien und Flexibilität hinaus, auch in einem vielfältigen Raum- und Funktionsangebot. „Uneingeschränkte Privatsphäre und offene Gemeinschaftsräume“[30] bilden die Pole, zwischen denen das Leben stattfindet. Funktionen und die dazugehörigen Räume, die gemeinschaftlich genutzt werden und darüber hinaus auch quartiersvernetzend wirken, werden nachfolgend beleuchtet. Exemplarisch werden Gemeinschaftsräume, Werkstätten, Räume für Wellness und zur Gästebeherbergung und ihre räumlichen Charakteristika, aber auch die Orte informeller Begegnung genauer betrachtet.

Informelle Begegnungsorte

Zufällige Begegnungen auf den Wegen der Bewohner werden durch die Bündelung alltäglicher Funktionen ausgelöst: Notwendigkeiten wie der Gang zum Briefkasten, das Entsorgen des Mülls oder das Parken von Fahrrädern und Carsharing-Autos führen zu ungeplanten Begegnungen, zu Gesprächen, Kontakten und auch sozialer Kontrolle. In den meisten der Projekte sind Erschließungsbereiche innen wie außen durch Impulse dieser Art aufgewertet.

Briefkästen – Geist der Projekte

Die Positionierung und Gestaltung der Briefkästen nimmt für viele der Projekte eine programmatische Rolle ein, sie definieren die Schnittstelle zwischen Außen- und Innenwelt. In dem Projekt *Spreefeld* in Berlin wird diese Schnittstelle auf plakative Art mit postgelben Eingangstüren vor ebensolchen Briefkästen gekennzeichnet. Im *Wohn_Zimmer* im Sonnwendviertel sind alle Briefkästen für 450 Wohnungen in einem gemeinsamen Foyer platziert; metallisch glänzend sind sie Teil einer kühlen, mehrgeschossigen Betonhalle. Die Briefkästen der Baugemeinschaft en famille sind rötlich, variieren aber im Farbton. Im Entrée der *Kalkbreite* in Zürich kreiert ein Briefkastenmöbel mit offenen Paketfächern – eine ansprechende Schreinerarbeit, die Wohnlichkeit ausstrahlt – ein sich täglich veränderndes Bild. Auch die mögliche persönliche Ansprache und Inobhutnahme von Paketen

Einsehbarer Fahrradraum am Durchgang, *Wohnprojekt Wien*, Wien

Kompostanlage, *Grünmatt*, Zürich

Lage am Innenhof, *Kalkbreite*, Zürich

iefkastenmöbel mit Paketfächern, *Kalkbreite*, rich

Individualisierte Briefkastencollage, *wagnisART*, München

Signalgelb – die Post kommt, *Spreefeld*, Berlin

Briefkästen im Foyer, *Wohn_Zimmer*, Wien

durch den Deskjockey erinnert an die Rezeption eines Grandhotels. Dem möglichen Wandel des Anlasses der Begegnung – Rückgang der Postzustellung und zunehmendem Onlinehandel – wird mit dieser Konstellation ebenfalls Rechnung getragen. Bei *wagnisART* sind von den Bewohnern individuell gestaltete Briefkästen in den Eingangsbereichen der fünf Häuser zu einer bunten Collage gruppiert, eine Sitzbank erlaubt, die Begegnung auszudehnen. Zur Gestaltung dieser ‚Visitenkarte' formuliert der Architekt: „Die Präsenz des Privaten im Öffentlichen schafft Sicherheit."[31]

Kompostanlage – „natürliche Anlässe"[32]

Auch banale und eher lästige Wege im Alltag bieten Anlass, das Miteinander zu gestalten. In den FGZ-Siedlungen auf dem Friesenberg in Zürich wird das Entsorgen der Bioabfälle genutzt, um ein quartiersüberspannendes Netz an informellen Begegnungsorten und Ereignisflächen aufzuspannen. Die dazu gehörigen zwei Kompostanlagen in *Grünmatt* sind Beitrag zu einem nachhaltigen Lebensentwurf in der Stadt und erste Vorboten des Nachdenkens über urbane Landwirtschaft. „Wir sind die größte Gemeinschaftskompostanlage in der Schweiz mit dreizehn Anlagen im ganzen Areal."[33] Alfons Sonderegger, Präsident der FGZ, schildert Struktur und Auswirkung der Kompostanlagen: „Wir haben etwa 150 Leute im Einsatz, eine 20-%-Stelle schaut, dass immer neue Leute rekrutiert werden und dass sie den Kompost richtig kehren. Da trifft man sich, da ist der Briefträger mit dem Akademiker oder der COOP-Lageristin zusammen. Die haben Geld zur Verfügung, damit sie pro Gruppe einen Ausflug machen können und immer im Januar gibt es ein Kompostessen."[34]

Synergien durch Austauschen

Einer dieser informellen Begegnungsorte steht in Zusammenhang mit einem erweiterten Verständnis von Nutzung und Besitztum. In der Tauschbörse der *Kalkbreite* wechseln technische Gegenstände, Werkzeuge, aber auch Fähigkeiten und Ideen temporär ihre Benutzer. In der zweigeschossigen Lobby ist eine Magnetwand platziert, die nach Farbfamilien systematisierte Tauschangebote benennt. Nach anfänglicher Überlegung, das Share-Konzept über ein Internetportal zu offerieren, wurde verworfen. Damit wurde es zu einem Neugierde provozierenden Eyecatcher in der Halle.

Programm und Durchwegung

Neben diesen informellen Begegnungsorten wird die Durchwegung auch mit der Positionierung von Räumen mit Programm strategisch belebt. Am Wegenetz werden Funktionen für die Gemeinschaft positioniert: In der *Giesserei* in Winterthur liegen an der Durchquerung der Blockstruktur drei kleine Werkstätten und zwei Waschbars. Sie beleben und belichten die aufgeweiteten und teils überhöhten Gebäudedurchstiche. Die Optionsräume im Projekt *Spreefeld* in Berlin orientieren sich nach außen zum Spreeuferweg und zum Wilhelmine-Gemberg-Weg. Öffentlich zugänglich positioniert und anmietbar von Bewohnern oder Externen, bilden sie die Schnittstelle zwischen Gemeinschaft und Öffentlichkeit.

31 *Hofmann, Rainer: Wagnisse – Programm und Prozess. Vortrag gehalten in der Hochschule Karlsruhe am 13.04.2016*

32 *Interview mit Alfons Sonderegger*

33 *Ebenda*

34 *Ebenda*

Verglasung zwischen Küche und Spielraum, *Wohnen mit alles!*, Wien

Bibliothek mit Wohnzimmeratmosphäre, *Kalkbreite*, Zürich

Temporäre Wandverkleidung, Malwerkstatt *Kalkbreite*, Zürich

Gemeinschaftsraum

Neben den zufälligen Begegnungen an halböffentlichen Orten sind Gemeinschaftsräume, die alle Projekte in unterschiedlicher Lage, Größe und Ausstattung anbieten, zentrale Orte der sozialen Begegnung. Gemeinschaftsräume mit Küche, Bar oder Jugend-, Mädchen- und Kinderspielräumen bieten die Möglichkeit, andere Bewohner spontan zu treffen; sie können aber auch für organisierte Veranstaltungen genutzt und vermietet werden. Im Spannungsfeld zwischen sozialer Begegnung und Zweckzuweisung, zwischen ausschließlich gemeinschaftlicher Nutzung und Öffnung für Externe werden die Gemeinschaftsräume projektbezogen unterschiedlich definiert.

Lage im Quartier

Die Lage der Gemeinschaftsräume signalisiert die Rolle der Räume für die Gemeinschaft und die Quartiersvernetzung. Der Architekt der *Giesserei* in Winterthur, Andreas Galli, erläutert die Entwurfsgedanken zur Positionierung: „Durch Platzierung von Funktionen werden Zonierungen geschaffen. An der Ecke zum Park ist das Restaurant zusammen mit dem daneben liegenden Gemeinschaftsraum der attraktive Ort und öffentlicher Kopf, nach hinten greifen auch Wohnungen ins Erdgeschoss."[35] Bei *wagnisART* in München sind gemeinschaftliche Funktionen wie ein zentraler Gemeinschaftsraum, Waschcafé, Trockenraum und Nähstube an der räumlichen Engstelle zwischen *Platzhof* und gemeinschaftlichem Garten positioniert. Sie bilden hier auch eine Form von sozialer Kontrolle zwischen dem öffentlichen und dem gemeinschaftlich nutzbaren Hof.

Vielfalt an Räumen

Im Projekt *mehr als wohnen* besetzen verschiedene Allmendräume unterschiedlicher Größe und Zuschnitts frequentierte und charakteristische Positionen des hierarchischen Netzwerks im Erdgeschoss des Quartiers. Am zentralen *Hunzikerplatz* liegen zum Beispiel ein großer Seminarraum (81 qm), ein Raum mit Küche (49 qm) und eine 38 Quadratmeter große Galerie mit überhohem Raum. Der Begriff ‚Allmend' bezeichnet eine Rechtsform gemeinschaftlichen Eigentums. „Bei ‚mehr als wohnen' löst es den Begriff ‚Gemeinschaftsraum' ab, der einerseits zu eng und andererseits zu unkonkret ist. Gemeinschaft ist eine Tätigkeit. Sie kann bei einem Fest, bei der Gartenarbeit, bei Diskussionen oder in der Sauna erlebt werden. Sie ist das ‚Wir' (Ich – wir – alle) auf der Skala von privat bis öffentlich."[36]

Auch die *Giesserei* in Winterthur mit 155 Wohneinheiten leistet sich verschiedene Gemeinschaftsräume mit unterschiedlichem Grad der Öffnung: Ein Veranstaltungssaal mit 285 Quadratmetern Fläche liegt im Erdgeschoss am Park. Hier finden die Mitgliederversammlungen, aber auch Kulturveranstaltungen statt – ungefähr ein Viertel der jährlichen Mietkosten

35 *Interview mit Andreas Galli, Claudio Schiess*

36 *Hofer, Andreas: mehr als wohnen – Ein ABC. In: Hugentobler, Margrit/Hofer, Andreas/Simmendinger, Pia (Hg.): mehr als wohnen. Genossenschaftlich planen – Ein Modellfall aus Zürich. Basel 2016, S. 164*

Blickbeziehung zwischen *Bibliothek* und *Waschsalon*, *Kalkbreite*, Zürich

Orangerie und überdachter Spielraum, *Kalkbreite*, Zürich

werden durch externe Mieteinnahmen beglichen.[37] Ein weiterer, 51 Quadratmeter großer Gemeinschaftsraum im Erdgeschoß ist Treffpunkt für Bewohner und Arbeitsraum. Die *Pantoffelbar* mit 60 Quadratmetern und Dachterrasse steht Bewohnern und Gewerbetreibenden der *Giesserei* als interner Ort der Entspannung und Begegnung offen. In einer Befragung der Age-Stiftung zur Nutzungsintensität der Gemeinschaftsangebote werden der Veranstaltungssaal, der Gemeinschaftsraum und die *Pantoffelbar* weit vor den als eher nicht wichtig benannten verschiedenen Werkstätten und Waschbars eingeordnet.[38]

Synergien durch Nähe und Blickbezüge

Kollektiv zu nutzende Räume werden häufig gruppiert. Diese ‚Raumwolken' erweitern die Begegnungsmöglichkeiten, schaffen Nutzungsflexibilität und Synergien. Die *Kalkbreite* in Zürich – mit 88 Wohnungen und einem Gewerbeanteil von 40 Prozent ein großes Projekt – verfügt nicht über einen großen Gemeinschaftsraum, sondern über eine Raumfolge gemeinschaftlich genutzter Räume. Über die 85,1 Quadratmeter große zentrale Halle am Hof wird ein Aufenthaltsbereich mit Bibliothek von 39,5 Quadratmetern und eine 125,7 Quadratmeter große *Caféteria* mit einfacher Küche und großer Öffnung zum Hof erschlossen. Die Halle wird damit zum Marktplatz für Bewohner und Gewerbetreibende der *Kalkbreite*. In dem Projekt *Wohnen mit alles!* in Wien sind die Gemeinschaftsräume Küche, Essbereich und Kinderspielraum durch eine großzügige Verglasung miteinander verbunden. Eine Deckenöffnung zwischen Kinderspielbereich und Küche zum vermietbaren Veranstaltungsbereich im Untergeschoss erlaubt darüber hinaus auch Blicke von Besuchern in den Alltag der Bewohner. Die Schnittstelle zwischen Innen- und Außenwelt, zwischen Projekt und Stadt, wird damit Teil der Architektur.

Anspruch an Gestaltung

Die Anforderung an die Stimmung der Gemeinschaftsräume als Gehäuse für anspruchsvolles soziales Miteinander und als ansprechende Hülle für die Öffnung nach außen ist laut Befragungen im Rahmen der Age-Studie[39] hoch. Qualitätsvolle Ausstattung und dauernde Qualitätskontrolle spielen eine wesentliche Rolle. Die „Anleitung *Kalkbreite*" formuliert die Anforderung an die Ausstattung der *Caféteria*, Stube der *Kalkbreite*, wie folgt: „Die Grundmöblierung wird von der Genossenschaft gestellt, weitere gute Stücke dürfen sich mit der Zeit dazu gesellen."[40] Abgelegte Möbel oder Übermöblierung werden damit ausgeschlossen. Die notwendige Fürsorge für das Moderieren des Nutzungswandels undefinierter Räume wird mit einer Analogie zur Typologie des Grandhotels im Gespräch mit dem Direktor des Hotels Waldhaus Sils deutlich: „Diese bewusst undefinierten Räume müssen jedoch schön sein, einen starken Charakter haben und sorgfältig gepflegt werden, sonst wirken sie unwirtlich und bleiben leer."[41]

37 *Vgl. Zimmerli, Joëlle/Mueller Schmid, Nadja: Giesserei, das Mehr-Generationen-Haus. Begleitstudie 2014–2016. Zürich 2016, S. 11*

38 *Vgl. ebenda, S. 14*

39 *Vgl. ebenda, S. 66*

40 Genossenschaft Kalkbreite *(Hg.): Anleitung Kalkbreite: Allgemeine Räume. Abzurufen unter: anleitung.kalkbreite.net/gemeinsam-nutzen/allgemeine-raeume (besucht am 12.12.2016)*

41 *Hofer, Andreas/Weidmann, Ruedi: Inspiration Grandhotel. In: TEC21 36/2013, S. 22*

42 *Zimmerli, Joëlle/Mueller Schmid, Nadja: Giesserei, das Mehr-Generationen-Haus. Begleitstudie 2014–2016. Zürich 2016, S. 65*

43 *Ebenda, S. 65*

44 *Vgl. ebenda, S. 24*

Steuerung durch Grundstücksvergabe

Eine Steuerung im Rahmen der Grundstücksvergabe kann die Entstehung gemeinschaftlicher Räume, die zu Schnittstellen zwischen Quartier und Projekt werden, unterstützen: Im Domagkpark in München wurden Baufelder nach Festpreis und Konzept vergeben. Bei einem Angebot von Gemeinschaftsraum wurden drei Prozent des Grundstückspreises erlassen. Ohne das projektinterne Angebot eines Gemeinschaftsraums reduzierte sich die Chance auf den Erwerb eines Grundstücks deutlich.

Werkstätten

Neben den zuvor beschriebenen „sozialen"[42] prägen „funktionale"[43] Gemeinschaftsräume das Angebot. Allgemeine Werkstätten, Holz-, Metall-, Fahrrad- oder Nähwerkstätten, Malateliers, Musikprobenräume oder Waschsalons decken spezifische Bedürfnisse und werden von einer Minderheit der Bewohner meist kostenfrei genutzt. Die Frage, wie viel kollektiv genutzten Raum sich ein gemeinschaftsorientiertes Wohnprojekt leisten kann, stellt sich gerade vor diesem Hintergrund.

Zyklische Nutzungsüberprüfung

Die Nutzungsintensität dieser meist von einer begrenzten Mitgliederzahl in Anspruch genommenen funktionalen Gemeinschaftsräume unterliegt immer wieder der Notwendigkeit einer Überprüfung. Für die Waschbars in der *Giesserei* in Winterthur kann dies Konsequenzen haben: In einer Evaluierung durch die Age-Stiftung zeigt sich, dass die Räume weniger als erwartet in Anspruch genommen werden – es wird daher gegenwärtig erörtert, eine Waschbar umzunutzen, um die fehlenden Nebenräume des zur Verpachtung stehenden Restaurants zu schaffen.[44] Sie werden damit wie viele der gemeinschaftlich genutzten Räume als Teil einer flexiblen Puffermasse verstanden: Die tatsächliche Nutzung wird zyklisch überprüft und gegebenenfalls neu definiert.

Mehrfachnutzung und Vernetzung

Die Flexibilität bezieht sich auch auf das Nutzungsangebot: Die Bezeichnungen ‚Waschbar' oder ‚Waschcafé' signalisieren, dass auch das soziale Miteinander in diesen Funktionsräumen und darüber hinaus gefördert wird. In den Waschbars der *Giesserei* stehen – wie im *Waschsalon* des Mehrgenerationenhauses in Königsbrunn oder im *Waschcafé* von *wagnisART* – Ausstattungen zum Nähen, Kaffeetrinken oder für Sitzungen zur Verfügung. Soziale Begegnung und aktives Tun werden optisch miteinander verbunden, die Teilnahme am sozialen Leben bleibt damit auch bei der Hausarbeit möglich. Der *Waschsalon* in der *Kalkbreite* wird nur durch eine verglaste Wand von der Bibliothek getrennt, gemeinsam bilden sie ein großzügiges, gut belichtetes Raumkontinuum.

Einfache Machart – Option für die Zukunft

Die meist gemeinsam getragenen Nebenkosten dieser Werkstätten erfordern Kostenreduzierungen zum Beispiel durch niedrige Erstellungskosten. Vier als ‚Schöpfe' bezeichnete Räume der *Kalkbreite* sind zwischen zehn und 25 Quadratmeter groß, offen zum

Optionsraum als Holzwerkstatt, *Spreefeld*, Berlin

Werkstatt zum Tiefhof, *Wohnen mit alles!*, Wien

zentralen Innenhof, einfach gebaut und nicht beheizbar. Im Sommer können sie als überdachter Spielraum, Werkstatt, Lager oder Raum zum Gärtnern genutzt werden, im Winter als Orangerie. Offene Gitterkonstruktionen erinnern an ländliche Nebengebäude und erlauben den Blick hindurch auf die umgebende Stadt und die Berge. Die Schöpfe der *Kalkbreite* sind Teil eines jahreszeitenbezogenen, temporären, bedarfsorientierten und zukunftsoffenen Raumangebotes – als solches werden diese Werkstätten einfach konstruiert und reduziert ausgestattet.

Infrastruktur für bauliche Selbsthilfe

Auch der Ausbaustandard der Optionsräume im *Spreefeld* in Berlin ist niedrig. Der als gemeinsame Holzwerkstatt genutzte Optionsraum ist Ort kreativer Entfaltung, aber vor allem auch der Ort, an dem Möbel für die Wohnung selbst gebaut werden. Die Werkstatt ist damit Teil der Infrastruktur, um bauliche Selbsthilfe zu ermöglichen. In den neu konzipierten Hallenwohnungen im Zollhaus der *Kalkbreite* Genossenschaft soll sich eine neue Selbstausbaukultur etablieren.

Werkstätten als Schaufenster

Der Freibereich vor gemeinschaftlichen Werkstätten wird immer wieder einbezogen und genutzt, um projektinterne Aktivitäten öffentlich zu machen: Die Holzwerkstatt im *Spreefeld* öffnet sich zum Spreeuferweg, im zweiten Bauabschnitt des *Generationenhauses* in Königsbrunn zeigt sich die 30 Quadratmeter große Werkstatt zur Straße und zum Hof. In dem Projekt *Wohnen mit alles!* in Wien ist eine Werkstatt im ersten Untergeschoss voll verglast und damit gut belichtet an einen großzügigen, auch als Werkhof nutzbaren Vorhof angelagert. Er ist auch dem großen und extern anmietbaren Veranstaltungssaal vorgelagert, Hausbewohner und externe Gäste begegnen sich hier. Das Projekt *wagnisART* erklärt Kunst und damit die Werkstätten zum Kern seines Selbstverständnisses. Kreative Arbeitsmöglichkeiten – genossenschaftlich erstellte Werkstätten, ein Fotolabor, vermietbare Ateliers, Gemeinschaftsräume als Ausstellungsfläche – sind die Basis für das zielgruppenorientierte Projekt mit Außenwirkung, verstärkt durch Kooperationsmöglichkeiten mit dem benachbarten städtischen Kunsthof.

Wellness

Einige der Projekte verfügen über wellnessorientierte Angebote wie Schwimmbad, Sauna oder Fitnessraum. Zwei grundsätzlich unterschiedliche Zielsetzungen zur Integration dieser Räume lassen sich benennen: Die Räume werden entweder nur von Projektbewohnern intern genutzt und bilden Rückzugsbereiche oder sie sind Schnittstelle zwischen Gemeinschaft und Öffentlichkeit und tragen zur Öffnung zum Quartier mit größeren, dementsprechend auch kostenintensiveren Einrichtungen bei. Daneben existieren kleinere, flexibel nutzbare und dezentral liegende Flexräume oder Gemeinschaftsräume, die auch für Kurse und Aktivitäten wie Geburtsvorbereitung, Schwangerschaftsgymnastik, Pilates, Yoga oder Meditation geöffnet werden.

Teil der öffentlichen Badekultur

Schon die *Sargfabrik* in Wien, ein gemeinschaftsorientiertes Vorzeigeprojekt der 1990er-Jahre, besitzt als „Dorf in der Stadt"[45] neben einem Kulturhaus, einem Seminarhaus, einem Kinderhaus und einem Restaurant ein Badehaus. Ute Fragner, eine Mitgründerin der *Sargfabrik*, bemerkt zur Rolle dieser Angebote zwischen Quartier und Gemeinschaft in einem Vortrag: „Betriebe sind die Drehscheibe nach außen."[46] Es wird seit Beginn von den Mitgliedern des gemeinnützigen Vereins für integrative Lebensgestaltung selbst verwaltet. Ein Schwimmbadclub als Mischform aus privater und öffentlicher Nutzung erweitert den Kreis der Nutzer um maximal 500 Klubmitglieder. Die überschaubare Zahl und die Kenntnisse zur Badnutzung durch eine Einschulung zum Badegesellen sichern eine persönliche Atmosphäre und unbürokratische Nutzung. Darüber hinaus werden durch weitere Angebote – zum Beispiel das Babyschwimmen – willkommene Beiträge zum kostenintensiven Unterhalt des Schwimmbads erwirtschaftet. Die Öffnung zum Quartier wird somit auch genutzt, um die Kosten für die Gemeinschaft zu dämpfen.

Solidarische Betriebskostenmodelle

Auch im *Wohn_Zimmer* im Sonnwendviertel in Wien ist neben anderen gemeinschaftlichen Angeboten ein Schwimmbad mit Wellnessbereich Begegnungsort zwischen Projektbewohnern und Nachbarschaft. Das ca. 1.000 Quadratmeter große Wellnesscenter im Untergeschoss umfasst ein Schwimmbecken, ein

45 *Sargfabrik (Hg.): Sargfabrik – Verein für Integrative Lebensgestaltung. Abzurufen unter: www.sargfabrik.at/Home/Die-Sargfabrik/Verein (besucht am 12.12.2016)*

46 *Fragner, Ute: Sargfabrik Wien. Vortrag auf der Tagung Soziale Ausrichtung von Baugemeinschaften, Wien 21.10.2016*

47 *Die Wellness-Oase muss auch bezahlt werden. In:* Der Standard, *21.10.2015. Abzurufen unter: derstandard.at/2000024223158/Die-Wellness-Oase-muss-auch-bezahlt-werden (besucht am 20.02.2017)*

48 *einszueins architektur (Hg.):* Wohnprojekt Wien. *Abzurufen unter: www.einszueins.at/project/wohnprojekt-wien (besucht am 12.12.2016)*

49 *Vgl. Genossenschaft* Kalkbreite *(Hg.): Anleitung Kalkbreite: Reservieren und mieten. Flex 1–7. Abzurufen unter: anleitung.kalkbreite.net/gemeinsam-nutzen/reservieren-und-mieten/#flex-1-7 (besucht am 12.12.2016)*

Kinderbecken, drei Saunen und weitere Räume. Die Sicherung der monatlichen Betriebskosten ist dabei eine Herausforderung. Der gemeinnützige Bauträger EGB zahlt monatlich 11.000 Euro an den externen Betreiber, die ca. 1.200 Bewohner des *Wohn_Zimmers* leisten hierzu im Rahmen der Mietzahlungen einen Betriebskostenzuschuss von 30 Cent pro Quadratmeter. Die Eintrittskosten der Bewohner sind zwar auf etwa 3,30 Euro für vier Stunden Schwimmen und 8,80 Euro für die Sauna reduziert. „Das ist nicht viel weniger als die externen Besucher, die in der ersten Saison die Mehrheit der Gäste gestellt haben. Das sorgt bei manchen Bewohnern für Unmut, weil sie entweder für eine Leistung bezahlen, die sie nicht nutzen – oder doppelt, wenn sie es tun."[47]

Ruhezone der Gemeinschaft

In dem Projekt *Wohnen mit alles!* in Wien liegt die Sauna mit Dachterrasse und Meditationsraum als besonderer Ort des Rückzugs auf dem Dach. „Das Dachgeschoß gehört allen und ist mit Sauna, Bibliothek, Dachgarten und Gästeapartments die Ruhezone der Gemeinschaft."[48] Auch in der *Kalkbreite* in Zürich liegt die nur für Bewohner verfügbare Sauna im fünften Obergeschoss mit direktem Zugang zu einem geschützten Außenraum. Die Miete beträgt 40 Schweizer Franken für maximal drei Stunden Nutzung, die Reservierung erfolgt über ein Onlinesystem.[49]

Gästewohnen

Ein gemeinsam getragener Ort für die Gästebeherbergung ist Programmpunkt fast aller Projekte, Gästezimmer sind Teil der Infrastruktur gemeinschaftsorientierter Wohnprojekte und auch wesentlicher Indikator zum Thema der Quartiersvernetzung. Bei dem grundsätzlichen Bestreben, die Dimension der Wohnungen aus Gründen der Nachhaltigkeit zu reduzieren, liegt das Auslagern der Gäste und das Teilen dieser Räumlichkeiten nahe. Gleichzeitig erlaubt die Funktion der Beherbergung mit der Erweiterung des Programms als Pension, Gästehaus oder Hotel die Öffnung zum Quartier und zur Stadt. Der Wunsch, finanzielle wie räumliche Synergien zu schaffen, ist gekoppelt an die Suche nach sinnvoller Bettenanzahl, Raumgrößen, Orten und Organisationsstrukturen. Damit wird das Gästewohnen zum prototypischen hybriden Funktionsbaustein zwischen Gemeinschaft und Quartier, verschiedenste Strategien werden erprobt.

Flexibilität und Möglichkeitsraum

Das Gästewohnen kann Bestandteil der Flexibilitätsmasse sein: In der *Giesserei* sind zwei der Jokerzimmer reserviert als möbliertes Gästezimmer. Bei *wagnis 4* können zwei unterschiedlich große Gästeapartments durch das Öffnen einer Verbindungstür zu einer Wohnung zusammengeschaltet werden. Die Gästezimmer bieten darüber hinaus Möglichkeitsraum für zuvor nicht angedachte Fragestellungen: In dem Projekt *Spreefeld* in Berlin wohnen derzeit nach Beschluss der Genossenschaftsmitglieder Flüchtlinge in den Gästewohnungen. Falls die Räume zur Beherbergung

Blick aus dem Pensionszimmer, *Kalkbreite*, Zürich

Gästehaus Hunziker zur Durchfahrtsstraße, *mehr als wohnen*, Zürich

grundsätzlich nicht gebraucht werden, sind sie zu dauerhaftem Wohnraum rückführbar.

Räumliche Synergien

Das Wiener Projekt *Wohnen mit alles!* nutzt das attraktive Dachgeschoss mit Blick auf Park und Berge gemeinschaftlich. Hier sind auch drei Gästezimmer untergebracht – belegbar von Vereinsmitgliedern oder Personen, die mit dem anmietbaren Gemeinschaftsraum verbunden sind. Die Zimmer mit Nasszelle gruppieren sich um eine Gemeinschaftsküche mit Zugang zur Dachterrasse. Diese dient sowohl Gästen wie den Hausbewohnern – Begegnung und Kontaktaufnahme ist gewünscht, die Nutzungsüberlagerung provoziert.

Puffer zur Öffentlichkeit

Die wechselnde und temporäre Bewohnerschaft der Gäste hat andere Bedürfnisse an die Lage der Übernachtung als dauerhaft Wohnende. Gäste sind häufig am Alltagsleben in und um das Projekt interessiert und nachsichtiger in Bezug auf eventuelle Einschränkungen. Gästezimmer können an frequentierten Orten positioniert werden: Die Pensionszimmer der *Kalkbreite* sind im zweiten Obergeschoss zum tags wie nachts aktiven Stadtplatz orientiert, eines der Zimmer blickt in den Aufgang zum Innenhof. Bei *wagnisART* werden die Gästeapartments Teil der halböffentlichen Spange im Erdgeschoss zwischen Speisecafé und Gemeinschaftsraum.

Wirtschaftlichkeit – Kofinanzierung Gemeinschaft

Gasträume bieten grundsätzlich die Möglichkeit, Einnahmen durch Vermietung zu generieren. Sie können zum Ausgleich von Nebenkosten oder zur Finanzierung der Mieten eingesetzt werden. In Königsbrunn gehört das Gästeapartment des *Generationenparks* der GWG. Es steht sowohl Bewohnern als auch externen Mietern zur Verfügung – Mieter zahlen 15 Euro pro Tag und 60 Euro wöchentlich sowie eine Reinigungspauschale von 20 bis 30 Euro; die Anmietung von außerhalb ist teurer. Das Gästeapartment ist ausgebucht, die Wohnung Teil der Öffnung in den Sozialraum. Durch externe Vermietung werden inzwischen die Nebenkosten der Gemeinschafträume finanziert; der vorherige Ansatz, die Kosten auf die Mieter umzulegen, erwies sich als zu teuer.[50] Bei *wagnisART* in München werden zwei Gästeapartments unterschiedlicher Größe von den Genossen betrieben. Zur kostendeckenden Bewirtschaftung werden in der Kalkulation Grundmiete, Nebenkosten, Internet, Instandhaltung und Reinigung sowie die Miete für je einen Stellplatz berücksichtigt. Die Mietsätze zwischen internen und externen Mietern unterscheiden sich, an 40 Tagen im Jahr (z. B. Oktoberfest oder Messen) gelten für alle gleiche, stark erhöhte ‚Sonderpreise'. Die Überprüfung der Wirtschaftlichkeit findet im dreimonatigen Turnus statt.

Die Genossenschaft kann sich aber auch gegen eine wirtschaftsorientierte Lösung entscheiden und die Gastzimmer ausschließlich für Genossenschaftsmitglieder zur Verfügung stellen. Die Vermietung der Gästezimmer der *Giesserei* in Winterthur wird in

50 *Vgl. Interview mit Sibylle Ebe, Interview mit Achim Friedrich, Interview mit Marcella Wolf, Interview mit Nadine Bissinger*

Gästezimmer zum Innenhof, *wagnis 4*, München

Nicht umgesetzte Planung für Hotel an der Quartierstreppe, *Möckernkiez*, Berlin

genossenschaftlicher Selbstverwaltung organisiert. Die drei von unterschiedlichen Treppenhäusern Richtung Park erschlossenen im Obergeschoss gelegenen Räume können nur von *Giesserei*-Bewohnern, von *Giesserei*-Gewerbetreibenden und von Gesewo-Mitgliedern reserviert werden. Die jeweils 26 Quadratmeter großen Gästezimmer sind Teil der elf Jokerzimmer, die ebenfalls nur den Mieterinnen des Hauses zur Verfügung stehen – die Auslastung dieser flexibel anmietbaren Räume ist gut.

Selbstverständnis und Erfahrung nach außen tragen

Bei *wagnisART* wird ein drittes Gästeapartment mit 53 Quadratmetern Größe von der Stadt getragen für Künstler mit Stipendium – öffentlich wahrnehmbar neben dem Speisecafé als Teil der *ART*-Identität. Auch das Wiener Projekt *Wohnen mit alles!* beteiligt sich mit seinen Gästezimmern an einem temporären Wohnprogramm für internationale Künstler ‚Artists in Residence'. Die Architekten des Projekts wohnten selbst im Gästezimmer von *Heizenholz*, einem Projekt der Genossenschaft Kraftwerk1, um sich dort auszutauschen mit Züricher Genossenschaftsmitgliedern. Neben ökologischen Aspekten sind das Vernetzen, das Bekanntwerden und die Verbreitung des Gegenentwurfs Motive für die Bereitschaft, das Experiment Gästewohnen voranzutreiben.

Öffentliche Wahrnehmung des Quartiers

Das Gästewohnen ist vor allem im urbanen Kontext und in Großstädten wie Zürich oder Berlin ein wesentlicher Funktionsbaustein zur Vernetzung mit dem Quartier wie mit der Stadt. Mit zunehmender Projektgröße steigt die Zahl interner Nutzer und damit die Möglichkeit, mit größerer Zimmer- und Bettenzahl das Gästewohnen wirtschaftlich zu betreiben. Die Gästebeherbergung wird in *mehr als wohnen* auch nicht mehr auf das Haus-, sondern quartiersbezogen gedacht. Verschiedene Organisations- und Finanzierungsstrukturen sind in Erprobung, sie reichen von Gästeapartment über Pension und Gästehaus bis zum Hotel. In der Pension *Kalkbreite* werden elf Zimmer neben dem zentralen Eingangsbereich im zweiten Obergeschoss auch an „TouristInnen, KünstlerInnen und Geschäftsreisende"[51] vermietet. Die Koordination der Vermietung übernehmen neben anderen operativen Aufgaben die Deskjockeys an der Rezeption. „Die elf Gästezimmer bieten einen wunderbaren Blick auf das rege Treiben im Quartier."[52]

51 *Genossenschaft* Kalkbreite *(Hg.): Pension Kalkbreite. Abzurufen unter: www.pension-kalkbreite.net/de/rooms (besucht am 12.12.2016)*

52 *Ebenda*

5.3 Quartier

Die Quartiersentwicklung *mehr als wohnen* in Zürich baut ebenfalls auf die Öffentlichkeit durch externe Besucher und damit auf die Wahrnehmung der Ideen des Leuchtturmprojekts. Das Gästehaus *Hunziker* ist sichtbar platziert und gekennzeichnet an der Durchfahrtsstraße Hagenholzstrasse. Zwanzig Zimmer – Einzel- bis Familienzimmer zwischen 15 und 40 Quadratmetern – werden von der Baugenossenschaft verwaltet. Die Nähe zu Messe und Flughafen legt auch eine Kurzzeitvermietung für Berufstätige nahe.

Grenzen der Belastbarkeit

Grundsätzlich stellt sich die Frage nach der Finanzierung gemeinschaftlicher Räume und damit nach Größe und Zahl. Wieviel Gemeinschaft ist leistbar? Ute Fragner von der *Sargfabrik* in Wien bemerkt dazu: „Bestimmte Dinge wollen wir uns gemeinsam leisten können."[53] Die *Kalkbreite* verfügt über ca. 600 Quadratmeter nutzungsoffene Gemeinschaftsräume und im *Wohn_Zimmer* in Wien stehen immerhin ca. acht Prozent der Nettonutzfläche für die Gemeinschaft zur Verfügung.[54] In welchem Verhältnis können Wunsch und Wirklichkeit stehen?

Auch in Bezug auf die Gästebeherbergung ist die Frage nach der Größe, aber auch nach der Organisationsform, Betreiberschaft und damit der Vorfinanzierung Teil eines Lernprozesses. Dies zeigt die Entwicklung der Genossenschaft Möckernkiez und des projektierten Hotels. Mitte 2014 waren im Rahmen der Gesamtplanung des genossenschaftlichen Projekts mit ca. 460 Wohnungen auch die Planung für ein Hotel vorangeschritten. Der Integrationsbetrieb mit 102 Zimmern war in prominenter Lage mit Café und öffentlichem Platz an der großen Treppe Richtung Gleisdreieck vorgesehen. Mit dem evangelischen Johannisstift als Betreiber wurde über einen 20-jährigen Mietvertrag diskutiert, eine integrierte Vereinbarung, um eine bestimmte Zimmerzahl für die Genossenschaft zu vergünstigten Konditionen bereitzustellen, wurde angestrebt.

Nach Finanzierungsschwierigkeiten und fast zweijährigem Baustopp werden Mitte 2016 die Flächen für das Hotel und einen ebenfalls geplanten Supermarkt verkauft, und der Erlös für die Baufinanzierung eingesetzt. Liegt hier die Grenze der Integration gewerblicher Nutzung in Hand der Genossenschaft, ist die Vorfinanzierung von gewerblicher Nutzung ab einer gewissen Größe zu riskant? Eine Nutzungsmischung von Wohnen, Arbeiten, Konsum und Kultur im Quartier reduziert Verkehrswege, schafft Belebung und Begegnung bei Tag und Nacht, erhöht Sicherheit und somit Lebensqualität. Gewerbliche, gastronomische, soziale und kulturelle Einrichtungen richten sich sowohl nach außen zur Stadt als auch nach innen an die Projektbewohner. Sie tragen damit als Motor zur Quartiersvernetzung bei. „Solche Angebote übernehmen eine Rolle, eine Gemeinschaft mit der Quartierbevölkerung in Kontakt zu bringen. Sie stellen halböffentliche Räume her, die in Ergänzung zu den Gemeinschaftsräumen stehen. Von ihnen profitieren sowohl die Gemeinschaft als auch das Quartier."[55]

Erdgeschoss

Die Erdgeschosszone als Schnittstelle sozialer Interaktionen und Spiegel stadträumlicher Qualität steht als Standort für Gewerbe, Gastronomie, kulturelle und soziale Einrichtungen im Fokus.[56] Nutzungen sind hier häufig stark frequentiert und liegen gut sichtbar, erreichbar und zugänglich – die grafischen Analysen

53 *Fragner, Ute: Sargfabrik Wien. Vortrag auf der Tagung Soziale Ausrichtung von Baugemeinschaften, Wien 21.10.2016*

54 *Vgl. Interview mit Bernd Vlay*

55 *Zimmerli, Joëlle/Mueller Schmid, Nadja: Giesserei, das Mehr-Generationen-Haus. Begleitstudie 2014–2016. Zürich 2016, S. 69*

56 *Wüstenrot Stiftung (Hg.): Herausforderung Erdgeschoss. Ground Floor Interface. Berlin 2014*

Überhöhter Optionsraum im Erdgeschoss, *Spreefeld*, Berlin

Kreativgewerbe – Visitenkarten an der Tür, *Spreefeld*, Berlin

Salon am Park, *Wohnen mit alles!*, Wien

der Fallbeispiele in Kapitel 7 zeigen ihre Konzentration im Erdgeschoss. Der Austausch mit dem Quartier findet hier statt: „Insbesondere im EG sind niederschwellige und quartierbezogene Angebote zu bevorzugen."[57]

Gewerbe

„Gewerbe bedeutet viel Aufwand. Das beginnt schon bei der Planung."[58] Die Flächen werden vermietet, Flächenbedürfnisse und Standards zukünftiger Mieter, die im Entwurfsstadium noch nicht feststehen, sind sehr unterschiedlich – Planungsflexibilität in Bezug auf Raumgrößen und -beschaffenheiten ist Voraussetzung. Vor allem die Raumhöhe ist Basis für Flexibilität in der Erst- wie in der Folgebelegung: In *mehr als wohnen* resultiert aus gemeinsamen Festsetzungen der Planer die Vorgabe, das Erdgeschoss in einer Höhe von 4,50 Metern zu erstellen und mit Gemeinschaftsaktivitäten und Dienstleistungen zu besetzen. Die Seestadt Aspern schreibt vier Meter Mindesthöhe für die Erdgeschosszone der Einkaufsstraßen vor. Auch die Optionsräume des Wohnprojekts *Spreefeld* in Berlin verfügen über eine Raumhöhe von fünf Metern.

Nutzungsmischung

„Zu einem richtigen Quartier gehört auch engagiertes Gewerbe. Das Gewerbe stärkt den Quartierscharakter und sorgt nicht zuletzt auch für eine nachhaltige Nahversorgung."[59] In neuen Quartieren übernehmen die analysierten Projekte die Rolle der Erstversorgung, in dichten Lagen die der Versorgungsergänzung. In der *Kalkbreite* in Zürich werden die Anforderungen an zukünftige Laden-, Büro-, Kultur- und Gastronomiemieter wie folgt formuliert: „Gesucht wurden authentische Anbieterinnen und Ladenunikate – Autorenbetriebe –, möglichst wenig bekannte Marken, Grundversorgung für das Quartier, Teamplayers und Kreativtäterinnen."[60] Um diesem Wunsch nach Ladenunikaten und damit nach Diversität auf einer weiteren Ebene zu entsprechen, bieten unterschiedliche Raumformate Steuerungsmöglichkeiten zur Besetzung der Gewerbeeinheiten: Vier ‚Doppeldecker', Einheiten mit ca. 70 Quadratmetern Größe und teilweise mit Raumhöhen von ca. 5,60 Metern, bieten zum Beispiel einen sehr speziellen Hintergrund für die angesprochene Klientel. Durch kleine Raumangebote, zum Beispiel einen ‚Minishop' mit ca. 25 Quadratmetern Hauptnutzfläche, haben gewerbliche Newcomer die Möglichkeit, den Standort zu nutzen.

Grundausbau – Mieterausbau

Die Schnittstelle zwischen Vermieter und Mieter in Bezug auf Ausbau und Betrieb gewerblicher Flächen wird in den Projekten unterschiedlich definiert. Einerseits soll auf verschiedene Bedürfnisse der Mieter in Bezug auf Standards oder Haustechnik eingegangen werden können. Andererseits sollen die Erstellungskosten – finanzielle Belastung in der schwierigen Startphase der Projekte – reduziert werden, die Weitergabe der Räume nach Mieterwechsel eindeutig

57 *Genossenschaft* Kalkbreite *(Hg.): Anleitung Kalkbreite: Gewerbevermietung. Abzurufen unter:anleitung.kalkbreite.net/gewerbe-und-kultur/gewerbevermietung (besucht am 12.12.2016)*

58 *Plattform Genossenschaften (Hg.): Die Nutzungsmixer. Abzurufen unter: plattform-genossenschaften.ch/archiv/28-10-14-die-nutzungsmixer (besucht am 12.12.2016)*

59 *Baugenossenschaft* mehr als wohnen *(Hg.): Vielfältiges Gewerbe im Hunziker Areal. Abzurufen unter: www.mehralswohnen.ch/hunziker-areal/gewerbe (besucht am 12.12.2016)*

60 *Genossenschaft* Kalkbreite *(Hg.): Die Kalkbreite ist auch ein Gewerbeprojekt. Abzurufen unter: www.kalkbreite.net/projekt/gewerbe (besucht am 12.12.2016)*

geregelt und die Mieter an die Standards der Projekte gebunden werden. In dem Projekt *Spreefeld* werden Leistungen, die der Vermieter bauseits erbringt, maximal reduziert: Die Optionsräume werden als Rohbauhülle übergeben, Mieteinnahmen sollen die Fertigstellung finanzieren[61]. In dem Quartier *Zwicky Süd* werden drei Stufen des Rohbauausbaus, in *mehr als wohnen* fünf verschiedene Kategorien von Ausbau mit entsprechender Mietpreisgestaltung angeboten.[62]

Mietpreise und Nutzungsmix

Der gewünschte vielfältige Nutzungsmix steht in enger Verbindung zu den Mietpreisen. Verschiedene Ansätze der Mietpreisgestaltung, die auch Spielräume lassen für gewünschte, aber finanziell weniger leistungsstarke Gewerbe, wurden eingeführt und werden kontinuierlich diskutiert, zum Beispiel bei der Veranstaltung ‚Die Nutzungsmixer' am 28.10.2014 auf dem *Hunziker Areal*.[63] Bei *mehr als wohnen* wurde keine Einheitsmiete für die ca. 6.000 Quadratmeter EG-Gewerbeflächen in den verschiedensten Zuschnitten zwischen 30 bis 425 Quadratmetern festgesetzt, sie wird nach Lage, Größe und nach weichen Faktoren, die die Projektzielsetzung unterstützen (z. B. Mobilität, Unterstützung kultureller Aktivitäten), differenziert. Die Umsatzmiete, die die *Kalkbreite* erhebt, verursacht einen hohen Verwaltungsaufwand und unterstützt womöglich erfolglose Geschäftsmodelle. Quersubventionierungen durch Wohnungsmieten und Staffelmieten werden allgemein positiv bewertet, allerdings sollte der Mietzins, der die Selbstkosten deckt, nach ca. zehn Jahren erreicht sein. Temporäre Vermietungen schaffen darüber hinaus Optionen für die Zukunft.

Integration in das Projekt

Die Gewerbemieter werden Partner, die mit Rechten und Pflichten in die Zielsetzungen der Projekte eingebunden sind. In der *Kalkbreite* nutzen sie die Gemeinschaftsräume: „Um den Austausch unter den *Kalkbreite*-MieterInnen und eine effiziente Raumnutzung zu fördern, steht der Mieterin (der Gewerbeeinheit) eine Vielzahl von Gemeinschaftsräumen [...] zur Mitbenützung offen."[64] Ebenso sind sie aber auf schonenden Umgang mit Ressourcen verpflichtet und unterzeichnen dazu einen Verzicht auf die Benutzung eines Autos für den Arbeitsweg. Auch in der *Giesserei* sind die Gewerbetreibenden Mitglied des Hausvereins, leisten ein Zehntel des Erstellungspreises als Pflichtdarlehen, verzichten auf Stellplätze, erhalten aber im Standortvergleich sehr günstige Mietpreise. Die Nutzungsrechte der Gemeinschaftsräume werden über verschiedene Mietmodelle gesteuert. Bei dem Projekt *wagnisART* in München ist die Integration von Gewerbe sogar tragender Bestandteil. Die den Projektnamen begründenden, an ein öffentliches Publikum adressierten Ateliers und Werkstätten liegen zentral an dem nach innen gewandten Platz. Er ist damit nicht nur räumliches, sondern auch funktionales Zentrum.

Synergien

Gewerbeflächen werden auch zeitlich und funktional überlagernd genutzt: Im *Wohnprojekt Wien* dient die Kombination von Eckladen und Café zu Geschäftszeiten als Ort der Erwerbsgrundlage, am Abend als kultureller Treffpunkt. Der Laden wird von acht Bewohnern betrieben und ist auch Schaufenster, um die projektspezifische Zielsetzung der urbanen nachhaltigen Lebensweise nach außen zu tragen. Der Name *Salon am Park – Greisslerei* signalisiert die zweifache Botschaft: Der Laden will gleichzeitig Nahversorger und Kulturinsel in einem neuen Wohnquartier sein. In der *Greisslerei* werden hochwertige regionale Produkte – Brot, Butter, Milch, Käse und Wurst – verkauft. Der *Salon am Park* dient als Motor zur Integration von Kultur: Hier finden Diskussionen, Lesungen, Filmvorführungen, Nähkurse, kleine Aufführungen und Ausstellungen sowie einmal wöchentlich vormittags ein Philosophisches Frühstück statt. Auch am Egeria-Platz der *Alten Weberei* in Tübingen ist ein Hybrid aus Gewerbe, Kultur und Café platziert: Das ehrenamtlich betriebene Ladencafé *viertel vor* der Baugemeinschaft en famille changiert zwischen nachmittäglichem Familiencafé und abendlichem Veranstaltungsraum, die benachbarte Keramikwerkstatt ist gleichzeitig Werkstatt- und Gemeinschaftsladen.

Professionalisierung

Vor allem im Kontext der Züricher Projekte wird die gewonnene Erfahrung der Genossenschaften zur Nutzungsmischung aktiv weiterentwickelt. Auf der Homepage der Plattform Genossenschaften werden dazu Berichte publik gemacht. Nach erfolgreichen innerstädtischen „Mixlabors"[65] wie der *Kalkbreite* stehen mit *mehr als wohnen* und *Zwicky Süd* periphere Standorte im Fokus. Wohnprojekte mit anmietbaren Gewerbeeinheiten entstehen somit nicht nur in Reaktion auf nachhaltige Zielsetzungen, sondern auch

61 *Vgl. Interview mit Angelika Drescher*

62 *Vgl. Plattform Genossenschaften (Hg.): Die Nutzungsmixer. Abzurufen unter: plattform-genossenschaften.ch/archiv/28-10-14-die-nutzungsmixer (besucht am 12.12.2016)*

63 *Vgl. ebenda*

64 *Genossenschaft* Kalkbreite *(Hg.): Die Kalkbreite ist auch ein Gewerbeprojekt. Abzurufen unter: www.kalkbreite.net/projekt/gewerbe (besucht am 12.12.2016)*

65 *Ebenda*

66 *Zimmerli, Joëlle/Mueller Schmid, Nadja: Giesserei, das Mehr-Generationen-Haus. Begleitstudie 2014–2016. Zürich 2016, S. 33*

67 *Best of Swiss Gastro (Hg.): BEBEK. Abzurufen unter: bestofswissgastro.ch/de/guide/bebek/ (besucht am 20.02.2017)*

68 *Erfinderklub (Hg.): Offene Ideenschmiede. Abzurufen unter: erfinderklub.de (besucht am 12.12.2016)*

auf städtische oder privatrechtliche Vorgaben: Grundstücks- oder Baurechtsvergaben sind in bestimmten Lagen mit der Schaffung von Gewerbenutzungen verbunden: Der Zuwachs an Know-how der Genossenschaft Kalkbreite über das Wohnen hinaus zur Nutzungsmischung führte zur Vergabe des Grundstücks für das Projekt *Zollhaus*. In der *Giesserei* in Winterthur waren 7,1 Prozent Gewerbeanteil vorgegeben, aber auch die Baugemeinschaft en famille in Tübingen erhielt bei Konzeptvergabe der Grundstücke den Zuschlag, da sie eine Gewerbenutzung im Erdgeschoss integrierte.

Gastronomie

Restaurants und Cafés sind als Frequenzbringer für die Außenwahrnehmung der Projekte identitätsprägend. Gut sichtbar und mit Bezug zum Platz oder Park positioniert werden sie aber auch mit den Zielen der Projekte in Verbindung gebracht. Laut Umfrage der Age-Stiftung zur *Giesserei* gehörte das zum Zeitpunkt der Befragung gerade schließende Restaurant *Ida* zu den häufig genutzten und beliebten Einrichtungen des Quartiers.

Café *BEBEK* – mit Blick in die Trambahnhalle, *Kalkbreite*, Zürich

Unternehmerisches Handeln

Die in den Projekten integrierten gastronomischen Betriebe stehen häufig vor der Herausforderung, mit einer Zielsetzung zwischen Quartierslokal und Treffpunkt für die Hausbewohner wirtschaftlich auskömmlich geführt zu werden. In der *Giesserei* wurde das von einer Genossenschaft betriebene Restaurant Ende 2014 wieder geschlossen. Zwar war zuvor jeder dritte bis vierte Gast *Giesserei*-Bewohner, aber durch das noch in Bau befindliche Quartier und die Lage in der Peripherie war die Zahl weiterer Besucher zu gering. Zusätzliche Hinderungsgründe für eine Neuverpachtung stellen der fehlende Zugang zum Park, zu gering bemessene Nebenräume und die mangelnde Flexibilität des Grundrisses durch die Stützenstellung der Holzkonstruktion dar.[66] Auch *wilde Oscar*, das zu dem Projekt *Lebensort Vielfalt* in Berlin Charlottenburg gehörige Restaurant, ist inzwischen nur noch bei Veranstaltungen geöffnet. Zentrale innerstädtische Standorte mit hoher Dichte reduzieren das unternehmerische Risiko: Das Café *BEBEK* in der *Kalkbreite* hat sich an der Straßenbahnhaltestelle, in fußläufiger Nähe zu verschiedenen Verwaltungsstandorten und mit ungewöhnlichem Blick in die Tramhalle, als „best of swiss gastro 2016"[67] etablieren können.

Alternativen

Betreiberformen, die die Philosophie der Projekte stärker integrieren, werden diskutiert und erprobt: Ein Speise- und Kulturcafé im Projekt *wagnisART* – das *GastHaus im Quartier* im *DomagkPark* – soll von einer Sozialgenossenschaft von Bewohnern und Nachbarn betrieben werden. Das Startkapital wird durch Genossenschaftsanteile finanziert, die Eröffnung ist im Winter 2016/17 geplant. Im *Spreefeld* in Berlin kann der *Optionsraum 3* im Rohbaustandard, mit einer einfachen Küchenzeile ausgestattet für Veranstaltungen mit dem Schwerpunkt ‚Essen und Gemeinschaft' gemietet werden, das Bootshaus ist zweimal jährlich Veranstaltungsort für eine Feierabendbar, in der „innovative Konzepte für eine gute Nachbarschaft ausgetauscht werden".[68]

Synergien mit anderem Gewerbe

Gastronomische Betriebe können als Partner in sozialen Kooperationen eine wichtige Rolle einnehmen: Das *Restaurant Riedbach* auf dem Hunziker Areal ist ein Lehrbetrieb der AOZ, einer Non-profit-Fachorganisation für Migration und Integration – die Ausbildung zum Küchen- oder Restaurationsangestellten wird von Deutschunterricht begleitet. Gleichzeitig ist das Restaurant Partner der Genossenschaft mehr als wohnen und des Gästehauses *Hunziker* – die Gäste nehmen hier Frühstück und als Spezialangebot das Abendessen ein.

Soziale und kulturelle Einrichtungen

Soziale Verantwortung, Kunst und Kultur sind wichtige Alltagsbestandteile in den vielfältig kreativen Projekten. Offene Veranstaltungsräume, aber auch gewerbliche Veranstaltungsorte wie ein Kino oder zwei Bibliotheken tragen mit Kulturangeboten zur Öffnung der Projekte bei und geben dem Diskurs der Bewohner und der Besucher Raum. Auch soziale Einrichtungen wie Kinderkrippen, Kindergärten oder die Schwulenberatung sind Frequenzbringer.

Vielfältige Kooperationen

Bei der Integration sozialer Einrichtungen in die Projekte werden häufig Kooperationen mit institutionellen Partnern, mit Kommunen, Kirche oder Stiftungen eingegangen. Die Kindertagesstätte der *Kalkbreite* wird von der Diakonie Bethanien betrieben, der Kindergarten im *Generationenpark* mit einer Fläche von 574 Quadratmetern von der evangelischen Kirche, die Räume der Pflegewohngruppe in *Grünmatt* sind von der Stadt Zürich angemietet. Die meist flächenintensiven Nutzungen führen zu größeren Mieteinheiten, die wirtschaftliche Tragfähigkeit der Mieter und langfristige Mietverträge garantieren sichere Mietertragsquellen. Die fachliche Kompetenz der institutionellen Mieter sichert Qualität und Kontinuität in der Betreuung.

Kita und Kiga als Infrastruktur

Durch eine 2013 in Kraft getretene Gesetzgebung in Deutschland hat jedes Kind ab Vollendung des ersten Lebensjahrs Rechtsanspruch auf einen Kitaplatz – neue Einrichtungen wurden benötigt. Viele der Projekte, nicht nur in Deutschland, integrieren Einrichtungen für Kinder. Die Kita in der *Giesserei* hat eine Fläche von 400 Quadratmetern, der *Generationenpark* nutzt die neue Kinderkrippe mit 36 Plätzen, um im Wettbewerb mit anderen Gemeinden um Arbeitskräfte einen Standortvorteil zu erhalten: „Der Bedarf für ein Mehrgenerationenhaus ergibt sich auch aus der Nachfrage von Alleinerziehenden nach einem Standort mit guter Betreuung und nach bezahlbaren Wohnungen."[69]

Sicherheit und Vernetzung

Der Wunsch nach Abgrenzung der Spielflächen ist gegenläufig zur gewünschten Durchlässigkeit und Mehrfachnutzung der Freibereiche – das Projekt *Spreefeld* in Berlin hat mit dem Träger der Kindertagesbetreuung mit 25 Plätzen eine Vereinbarung getroffen, um auf Absperrungen zu verzichten: Die Kita präsentiert den Aspekt, ein „gemeinsames Außengelände mit den AnwohnerInnen der Genossenschaft"[70] zu haben, als erzieherisch relevanten Bestandteil ihres Alltags und Teil eines ganzheitlichen Bildungskonzepts. Auch die Spielbereiche der Kindertagesstätte in der *Kalkbreite* in Zürich sind nicht mit einem Zaun gefasst, sondern Teil des gemeinschaftlichen Innenhofs.

Belebung Tag und Nacht

Öffentliche Kultureinrichtungen bringen Belebung rund um die Uhr und ein breites Publikum mit sich: Das Kino *Houdini* ist Teil der *Kalkbreite*: In fünf Kinosälen mit insgesamt 212 Sitzplätzen wird täglich zwischen elf Uhr und Mitternacht ein vielfältiges

69 *Interview mit Hans Suter*

70 *Jugendwohnen im Kiez e. V. (Hg.): Kita Spreefeld. Abzurufen unter: www.jugendwohnen-berlin.de/kita-spreefeld.0.html (besucht am 12.12.2016)*

Kindergarten als Standortvorteil, *Generationenpark*, Königsbrunn

Offener Kindergartenspielbereich, *Spreefeld*, Berlin

Bibliothek der Schwulenberatung, *Lebensort Vielfalt*, Berlin

Bootshaus als Veranstaltungsort, *Spreefeld*, Berlin

Programm gezeigt. In zwei Projekten sind öffentliche Bibliotheken integriert: In der *Giesserei* in Winterthur ist die Quartiersbibliothek *Hegi* mit 250 Quadratmetern Fläche von der Stadt Winterthur angemietet, Medien können rund um die Uhr zurückgegeben werden. In dem Projekt *Lebensort Vielfalt* in Berlin betreibt die Schwulenberatung Berlin eine Leihbibliothek mit 4.000 Medien für die queere Community in Deutschland.

Atmosphäre mit Bestand und Standort

Integrierte Bestandsgebäude als Kulturveranstaltungsräume bieten die Möglichkeit, die Geschichte des Standorts und damit des Projekts nach außen zu tragen: Das Bootshaus im *Spreefeld* in Berlin, ehemals Patrouillenbootbunker der DDR, wird neben seiner Funktion als Versammlungsort auch für kulturelle Veranstaltungen vermietet: „Ein bisschen trashig, abgefahren und geschichtsträchtig – echt Berlin und ein cooler Ort!"[71] Auch der Optionsraum 2, ein 140 Quadratmeter großer Rohbau mit einer Höhe von fünf Metern, mit einfachem Standard – ohne WC – ausgebaut, aber zum Spreeufer offen, „wird für kulturelle und gemeinschaftliche Veranstaltungen mit den thematischen Schwerpunkten Kunst und Kultur/Bewegung und Körper/Nachhaltigkeit in allen Dimensionen/Umwelt/Soziales vermietet"[72].

Schaufenster und ‚Briefkasten'

Einige der Projekte besitzen einen großen Gemeinschaftsraum, der anmietbare Mitte im entstehenden Quartier sein kann. Hier finden Veranstaltungen statt, die teilweise explizit an das Quartier adressiert sind. Im Veranstaltungsraum des Projekts *Wohnen mit alles!* wurden Bürgerbeteiligungen zur Planung des Quartiers *Nordbahnhof* abgehalten, im Optionsraum des Projekts *Spreefeld* in Berlin fanden Workshops zur Gestaltung des Spreeuferwegs statt. Ein zentral gelegener Ausstellungsraum im Projekt *mehr als wohnen* in Zürich ist Schaufenster der Genossenschaft, Archiv und Vermittlung der Leitgedanken des Projekts und zu Geschäftszeitenzeiten öffentlich zugänglich. Einige der Projekte öffnen sich nicht nur über Räume, sondern auch über ein eigenes Veranstaltungsprogramm zwischen Kultur und Partizipation: Die *Kalkbreite* organisiert seit 2008 das *Rosengarten*-Programm. Laut der ehemaligen Pressesprecherin Sabine Wolf sind die Veranstaltungen „für uns ein wichtiger Prüfstand der eigenen Konzepte und zugleich Schaufenster und Briefkasten der Projekte".[73]

Einladung Sommerfest Verein *DomagkPark*, München

Charta Quartiersvernetzung

Die unterzeichnenden Wohnungsgesellschaften, Wohnbaugenossenschaften, Baugemeinschaften und Bauträger werden ihren Beitrag leisten zur Entstehung eines lebendigen und lebenswerten Quartiers im südlichen Teil der ehemaligen Funkkaserne.

Bei der Realisierung lassen sich die Unterzeichner von folgenden Überlegungen leiten:

- Neben der Errichtung von Wohnraum ist die Herstellung von Räumlichkeiten für eine kleinteilige soziale, kulturelle und kommerzielle Infrastruktur , die den zukünftigen Bewohnern und weiteren Interessenten, zur Nutzung offensteht, von entscheidender Bedeutung. Die vorhandenen Freiflächen sind soweit als möglich einzubeziehen
- Darüber hinaus sind technisch-organisatorische Voraussetzungen zu schaffen, die eine Vernetzung der zukünftigen Bewohner und weiteren Akteure erleichtern und die Nutzung der vorhandenen Infrastruktur befördern
- Die zukünftigen Bewohner und weiteren Nutzer sind – soweit als möglich – frühzeitig in die Planung und Realisierung der Quartiersvernetzung einzubeziehen, damit sie ihr Quartier bestmöglich entsprechend den durchaus differenzierten Bedürfnislagen gestalten können.
- Eine frühzeitige Kooperation mit sozialen, kulturellen und kommerziellen Organisationen und Dienstleistern, die im Rahmen der angestrebten Infrastruktur tätig werden wollen, wird angestrebt.
- Das Konzept der Quartiersvernetzung ist offen für Erweiterungen über den südlichen Teil der ehemaligen Funkkaserne hinaus. Die Einbeziehung der Bewohner und Nutzer insbesondere des nördlichen Teils der Funkkaserne und der Parkstadt Schwabing ist ausdrücklich gewollt und wird angestrebt.

In der Überzeugung, dass eine gedeihliche Quartiersentwicklung nur im Zusammenwirken und der Absprache der Beteiligten untereinander gelingen kann, verpflichten sich die Unterzeichnenden auf folgende – nicht abschließenden – Gegenstände und Themen der Zusammenarbeit:

„Charta Quartiersvernetzung", *DomagkPark*, München[74]

71 *Bau- und Wohngenossenschaft Spreefeld Berlin eG (Hg.): Spreefeld Optionsräume: Bootshaus. Abzurufen unter: sites.google.com/site/spreefeldoptionsraeume/bootshaus (besucht am 12.12.2016)*

72 *Bau- und Wohngenossenschaft Spreefeld Berlin eG (Hg.): Spreefeld Optionsräume: Optionsraum 2. Abzurufen unter: sites.google.com/site/spreefeldoptionsraeume/optionsraum-2 (besucht am 12.12.2016)*

73 *Fassbind, Tina: Wie geht Hallenwohnen, Frau Wolf? (Interview). Abzurufen unter: www.tagesanzeiger.ch/zuerich/stadt/Wie-geht-Hallenwohnen-Frau-Wolf/story/11669388 (besucht am 12.12.2016)*

74 *DomagkPark Genossenschaft eG (Hg.): Charta Quartiervernetzung Domagkpark (Funkkaserne). Abzurufen unter: www.domagkpark.de/files/domagk/dokumente/Charta-Quartiersvernetzung-DomagkPark-2015-08.pdf (besucht am 06.01.2017)*

Projektgröße

Um einen breiten Mix an Wohnungsvielfalt und -größen als baulichen Rahmen für einen Spiegel der Gesellschaft zu ermöglichen und zu erhalten, ist eine bestimmte Projektgröße sinnvoll. Gleichzeitig garantiert eine gewisse Bewohnerzahl eine kritische Masse, die gemeinschaftliche, öffentliche oder gewerbliche Nutzungen ermöglicht und nutzt. Die Fallbeispiele weisen Größen zwischen 50 und 450 Wohneinheiten auf, eine Tendenz zur Vergrößerung der Projekte mit einem höheren Gewerbeanteil zeichnet sich ab.[75] Sie bestätigt sich durch das in Planung befindliche Projekt *Zollhaus* in Bahnhofsnähe Zürich mit einem hohen Gewerbeanteil, das gerade fertiggestellte Projekt *Zwicky Süd* in Dübendorf bei Zürich mit 141 Wohneinheiten oder das im Bau befindliche Projekt *Möckernkiez* in Berlin mit ca. 470 Wohneinheiten.

Quartiersvernetzung mit institutioneller Unterstützung

Parallel zur Steigerung der Projektgrößen etablieren sich in Wien, München und Zürich quartiersbezogene Organisationsstrukturen, die Netzwerke über das einzelne Projekt hinaus bilden. In Wien werden die Maßstabsebenen der Abstimmung erweitert: Fünf gemeinschaftsorientierte Baugruppenprojekte stimmen in der Seestadt Aspern in einem moderierten Verfahren ihre Bauvorhaben parzellenübergreifend in Bezug auf Grundstücksabgrenzung und Bebauungsformen ab. Eine quartiersbezogene Abstimmung der Infrastruktur der Seestadt entsteht mit dem Planungshandbuch „Partitur des öffentlichen Raums" als Steuerungsinstrument von Gehl Architects[76], im neuen Sonnwendviertel Ost wurde ein Stadtsockelzonenmanagement für das überhöhte Erdgeschoss eingeführt.

Charta Quartiersvernetzung

Im *DomagkPark* in München werden Quartiersthemen inhaltlich und organisatorisch abgestimmt, nachdem in der benachbarten *Parkstadt Schwabing* mit 1.500 Wohneinheiten und einem großen Gewerbeanteil jede soziale Infrastruktur fehlte. Bei der Entwicklung des *DomagkParks* mit 1.600 Wohneinheiten sollten Bedürfnisse dieser Art frühzeitig berücksichtigt werden. Die nach dem ‚München Modell' definierte Widmung der Baufelder bestimmte Zielgruppen wie Genossenschaften, Baugemeinschaften und Bauträger. Die Ausschreibung und Vergabe der Baufelder geschah nach Festpreis und Konzept. Um die Planung der Baufelder aufeinander abstimmen zu können, wurde auf Input der WOGENO München eG im Mai 2010 ein Konsortium mit 350 Wohneinheiten gegründet und die „Charta Quartiersvernetzung" verfasst. Das Konsortium gestaltet die Quartiersvernetzung für 1.000 Wohnungen der 16 Mitglieder, die weiteren 600 Wohneinheiten werden mit ihren Trägern auf freiwilliger Basis Mitglied. Gemeinsame quartiersübergreifende Konzepte zur Mobilität und kleinteiligen sozialen, kulturellen und kommerziellen Infrastruktur werden – finanziert durch 25 Cent pro Quadratmeter Geschossfläche – entwickelt. Ein gemeinsames Buchungsmanagement der unterschiedlichen Größen und Lagen in den Projekten – zum Beispiel auch der Coworkingspace im dritten Obergeschoß eines Laubengangprojekts – wird zum Vermarktungsvorteil.

Interviews

Daniel Glaser, Wiener Wohnbauforschung, Wien, 19.09.2014

Dieter Groschopf, Geschäftsführer wohnfonds_wien, Wien, 18.09.2014

Klaus Kada, Bernd Vlay, Daniel Bammer, Architekten Wohn_Zimmer, Wien, 19.09.2014

Achim Friedrich, Familienbüroleiter, Königsbrunn, 06.10.2014

Alfons Sonderegger, Präsident der FGZ, Zürich, 10.03.2015

Bernd Vlay, Architekten Wohn_Zimmer, Wien, 19.09.2014

Angelika Drescher, Geschäftsführerin von die zusammenarbeiter, Berlin, 04.12.2014

75 *Vgl. Dörner, Klaus/Drexler, Hans/Schultz-Granberg, Joachim (Hg.): Affordable Living – Bezahlbares Wohnen. Berlin 2014*

76 *Vgl. Wien 3420 Aspern Development AG/Stadtentwicklung Wien (Hg.): Partitur des öffentlichen Raums. Planungshandbuch. Wien 2009*

Organisation

	Ort	Wohneinheiten	Förderung: Öffentliche Förderung	Förderung: Solidaritätsfonds	Förderung: Zugangsermöglichung	Rechtsform: Genossenschaft	Rechtsform: Baugemeinschaft	Rechtsform: Gem. Wohnbaugesellschaft	Rechtsform: Verein I gGmbH	Partizipation: Unmittelbare Beteiligung	Partizipation: Mittelbare Beteiligung
Lebensort Vielfalt Charlottenburg	Berlin, D	○	x						eV	x	x
Kalkbreite	Zürich, CH	○	x	x	x	eG				x	x
wagnis 4 Am Ackermannbogen	München, D	○	x	x	x	eG				x	
Giesserei Neuhegi	Winterthur, CH	○	x	x	x	eG				x	
en famille Alte Weberei	Tübingen, D	○					WEG			x	x
Wohnen mit alles! Nordbahnhof	Wien, A	○	x	x	x			GmbH	eV	x	x
Generationenpark	Königsbrunn, D	○	x					GmbH		x	
Grünmatt Friesenberg	Zürich, CH	○	x	x	x	eG				x	
Wohn_Zimmer Sonnwendviertel	Wien, A	○	x					GmbH			
Spreefeld Mitte	Berlin, D	○		x		eG				x	
wagnisART Domagkpark	München, D	○	x	x	x	eG				x	x
mehr als wohnen Hunziker Areal	Zürich, CH	○	x	x	x	eG				x	x

6 Organisation

Gemeinschaftliche Wohnprojekte streben danach, das Zusammenleben solidarisch und im Sinne des Gemeinwohls zu organisieren und guten und bezahlbaren Wohnraum für eine langfristige Nutzung zu schaffen. Entsprechend dieser Ziele müssen passende Rechtsformen und Trägerschaften für die Baugruppen gewählt werden, um die sozialen Zielsetzungen mit den entsprechenden Organisationsformen in Einklang zu bringen. Da die Perspektive der vorliegenden Untersuchung auf die Sozialorientierung und Quartiersvernetzung gelegt wird, werden in diesem Kapitel weiterhin Aspekte der spezifischen Förderung gemeinschaftlicher Wohnprojekte sowie ihre solidarischen Strukturen behandelt. In den verschiedenen Städten bildeten sich zudem Formen der Beteiligung heraus, die formalisierte Partizipationsverfahren deutlich erweiterten.

6.1 Förderung

Der Wohnungsbau und das Wohnen werden auf vielfältige Art und Weise direkt oder indirekt öffentlich gefördert (Objekt- und Subjektförderung). In diesem Kapitel soll nicht die Breite der öffentlichen Förderung behandelt werden[1], vielmehr ist der Blick auf die grundsätzliche Frage gerichtet, ob gemeinschaftliche Wohnprojekte öffentliche Förderungen benötigen und welche spezifischen Förderungen angewandt werden.

Die gegenseitige Hilfeleistung bei Notlagen zählt zu den Grundprinzipien solidarischen Handelns. In den gemeinschaftlichen Wohnprojekten haben sich inzwischen sehr differenzierte Formen der subsidiären Hilfe in Form von Solidaritätsfonds herausgebildet. Diese Hilfen werden an manchen Orten auch auf Personenkreise erweitert, die materielle Zugangsschwierigkeiten haben.

Öffentliche Förderung

Grundsätzlich bauen die Mitglieder gemeinschaftlicher Wohnprojekte aus einem Eigeninteresse. Individuelle Nutzungserwägungen bestimmen die Art und Weise der Wohn- und Lebensform. Für die Legitimierung einer öffentlichen Förderung, die über die allgemeine Förderung hinausgeht, ist allerdings die Abwägung wichtig, inwieweit das Individualinteresse mit dem Allgemeininteresse übereinstimmt, also das Gemeinwohl fördert.

In Rheinland-Pfalz beispielsweise wird die ‚Moderationsförderung für Bewohnergenossenschaftsinitiativen' gewährt, da sich die Landesregierung auch durch Neugründungen positive Effekte für den Wohnungsmarkt erhofft. „Charakteristisch für das Wohnen in Genossenschaften sind neben geringeren Mieten im Vergleich zu den Durchschnittsmieten auf dem Wohnungsmarkt die Möglichkeiten zur Partizipation und Mitbestimmung sowie das Nutzen des Kapitals nur im Sinne der Genossenschaft. Tradition, langfristiges Interesse an den Beständen und regionale Verbundenheit gelten als weitere Merkmale von Genossenschaften."[2] Viele Wohnungsgenossenschaften bieten zudem Dienstleistungsangebote für ältere Menschen, Kinder und Jugendliche oder Familien an. Wenn eine neue Genossenschaft gefördert werden will, muss sie mindestens 30 Prozent der Wohnungen als geförderten Wohnraum im Rahmen der sozialen Wohnraumförderung errichten. Die Gründung von Baugemeinschaften wird hingegen nicht gefördert, da diese primär dem Eigennutz dienen würden.

Diese Trennung – hier förderwürdige Genossenschaften, dort private Baugemeinschaften – wird oftmals

1 *Vgl. Senatsverwaltung für Stadtentwicklung und Umwelt Berlin (Hg.): IBA Berlin 2020. Sondierungspapier „Wohnungsbau und öffentliche Förderung". Aachen 2012. Abzurufen unter: www.stadtentwicklung.berlin.de/staedtebau/baukultur/iba/download/studien/IBA-Studie_Wohnungsbau.pdf (besucht am 20.02.2017)*

2 *DGRV – Deutscher Genossenschafts- und Raiffeisenverband e. V. (Hg.): Rheinland-Pfalz fördert Gründung von genossenschaftlichen Wohnprojekten. Abzurufen unter: www.genossenschaften.de/rheinland-pfalz-f-rdert-gr-ndung-von-genossenschaftlichen-wohnprojekten (besucht am 18.12.2016)*

nicht mehr geteilt. Vielmehr wird danach gefragt, welchen Beitrag die einzelnen Projekte für die Allgemeinheit und für eine Quartiersentwicklung leisten können.

Für den Tübinger Baubürgermeister Cord Soehlke müssen Baugemeinschaften einen Mehrwert schaffen, wenn diese – über die normalen Förderszenarien hinaus – von den Gemeinden unterstützt werden wollen. Eine Unterstützung und Förderung von Baugemeinschaften ist nach seiner Ansicht nur dann gerechtfertigt, „wenn gleichzeitig auch die Kommunen und die Öffentlichkeit von ihnen profitieren. Anders formuliert: Um Baugemeinschaften mit öffentlichen Ressourcen zu fördern, müssen ihre Qualitäten und Stärken gut zu den jeweiligen kommunalen Entwicklungszielen passen und diese in besonderer Form unterstützen".[3]

Baugemeinschaften werden in München als förderfähig anerkannt, „da sich gemeinschaftliche Wohnprojekte in besonderer Weise eignen, um alternative Formen des Zusammenlebens zu erproben und individuelle Lebensräume für Menschen mit unterschiedlichen Bedürfnissen zu schaffen. Zudem geht es häufig auch um Barrierefreiheit, Ökologie und bezahlbare Wohnkosten".[4]

Da gemeinschaftliche Wohnprojekte (Baugemeinschaften, Genossenschaften oder sonstige Vereinigungen wie z. B. Mietshäuser Syndikat) in der Regel verlässliche Partner der Stadtverwaltungen sind und ambitionierte städtebauliche und soziale Ziele der Gemeinden mittragen, werden diese inzwischen in vielen Städten durch eine Quotierung von Bauflächen explizit unterstützt.[5] In München beispielsweise werden in den großen städtischen Siedlungsgebieten Grundstücke in einem Umfang von 20 bis 40 Prozent der Gesamtflächen an Baugemeinschaften und Baugenossenschaften vergeben[6] und Genossenschaften über ein gesondertes Programm (München Modell-Genossenschaften) gefördert.

In Hamburg gibt es eine lange Fördertradition gemeinschaftlicher Wohnprojekte. Genossenschaften – diese werden in Hamburg auch als ‚Baugemeinschaften' bezeichnet – werden bereits seit den 1990er-Jahren unterstützt. Seit 2003 gibt es die Agentur für Baugemeinschaften mit einem eigenen Förderprogramm. Die Agentur für Baugemeinschaften berät als erste Anlaufstelle Baugemeinschaftsinteressenten, die gemeinschaftlich bauen wollen und eine Förderungen in Anspruch nehmen möchten. Die Hamburgische Förder- und Investitionsbank „fördert genossenschaftliche Baugemeinschaften, die entweder unter Aufbringung von Eigengeld und Selbsthilfeleistungen eine Wohnungsbaugenossenschaft gründen (Kleingenossenschaft) oder einer bestehenden Genossenschaft beitreten (Kooperation einer Genossenschaft mit einer Bestandsgenossenschaft). Ziel dieser Förderung ist ein individuell gestaltetes und zugleich gemeinschaftlich orientiertes Wohnen auf der Basis genossenschaftlichen Eigentums".[7] Es werden auch Kleingenossenschaften gefördert oder Gruppen, die einer bestehenden Genossenschaft beitreten. Baugemeinschaften, die individuelles Eigentum bilden wollen, können Mittel der Förderrichtlinie für selbstgenutztes Wohneigentum in Anspruch nehmen. Als Ziel wird die Vergabe von 20 Prozent der Flächen für Baugemeinschaften genannt.[8] In der östlichen Hafencity soll nun, nachdem eine soziale Unausgewogenheit der Belegung und Bauträger kritisiert wurde, der Anteil für Baugemeinschaften – als Eigentums- und als genossenschaftliche Projekte – bei rund 15 Prozent liegen.[9]

Die öffentliche Förderung gemeinschaftlicher Wohnprojekte kann nicht selbstverständlich erfolgen, da dieses Wohnen – so Albrecht Göschel skeptisch – weder eine normierbare, benachteiligte Lebenslage darstellt oder ausschließlich von Benachteiligten praktiziert wird noch einen Zweck des Allgemeinwohls ohne unmittelbar erkennbaren privaten Nutzen bildet. „Ein staatliches, verregeltes und normiertes Fördersystem ‚Gemeinschaftliches Wohnen' kann daher schwerlich zur Debatte stehen."[10] Göschel schränkt diese Aussage allerdings insofern ein, indem er eingesteht, dass dann sehr wohl eine kommunale Förderung sinnvoll sei, wenn das gemeinschaftliche Wohnen breitenwirksam realisiert werden soll. Er fokussiert die Unterstützungen besonders auf kommunale Beratungsleistungen, die zusätzlich neben den Regelförderungen erbracht werden sollten.[11]

Wichtiger als die Förderung der Beratung ist allerdings die Integration von benachteiligten Gruppen in die Wohnprojekte. In der Regel wird die Inanspruchnahme von Wohnungsbaufördermitteln mit der Verpflichtung verknüpft, eine Mietpreis- und/oder Belegungsbindung einzugehen. Diese Praxis wird selbstverständlich auch in Baugemeinschaftsprojekten umgesetzt, wie beispielsweise im neuen Güterbahn-

3 *Soehlke, Cord: Bürgernahes Bauen und kommunales Interesse – Tübinger Erfahrungen. In: Kuhn, Gerd/Harlander, Tilman/LBS – Stiftung Bauen und Wohnen (Hg.): Baugemeinschaften im Südwesten Deutschlands. Stuttgart 2010, S. 42*

4 *Landeshauptstadt München (Hg.): Bericht zur Wohnungssituation in München 2014–2015. München 2016, S. 39*

5 *Vgl. Bundesamt für Bau-, Stadt- und Raumforschung (BBSR) im Bundesamt für Bauwesen und Raumordnung (BBR) (Hg.): Wohnungsgenossenschaften als Partner der Kommunen. Bonn 2016*

6 *Vgl. münchen.de (Hg.): Baugemeinschaften. Abzurufen unter: www.muenchen.de/rathaus/Stadtverwaltung/Referat-fuer-Stadtplanung-und-Bauordnung/Wohnungsbau/Gemeinschaftliches-Bauen/Baugemeinschaften.html (besucht am 20.02.2017)*

7 *Hamburgische Investitions- und Förderbank (IFB): Baugemeinschaften. Förderrichtlinie für Baugemeinschaften mit genossenschaftlichem Eigentum. Hamburg 2016, S. 5–6*

8 *Vgl. Drucksache 20/13326, Bürgerschaft der Freien und Hansestadt Hamburg – 20. Wahlperiode, Anfrage vom 17.10.14, S. 20. Abzurufen unter: www.gruene-fraktion-hamburg.de/sites/default/files/dokument/13326_ska_olaf_duge.pdf*

9 *Vgl. Hansen, Angela: HafenCity Hamburg, bisherige Umsetzung und neue Entwicklungen, u. a. Baakenhafen. In: Bundesverband Baugemeinschaften e. V./Landeshauptstadt Stuttgart (Hg.): Baugemeinschaften in neuen Stadtquartieren. Bau- und Wohnmodelle für Stuttgart. Tagung und Expertenhearing im Rathaus Stuttgart, 13.–14. September 2013. Stuttgart 2014, S. 37*

10 *Göschel, Albrecht: Gemeinschaftliches Wohnen: (K)ein neuer Wohnungsmarkt? vhw FWS 5/2010, S. 251*

11 *Vgl. ebenda*

Baugemeinschaften im *Wohnpark Am Ebenberg*, Landau in der Pfalz

hof-Viertel in Tübingen. Dort werden Sozialwohnungen oder Flüchtlingswohnungen in die Baugemeinschaften integriert.

In Wien müssen alle Wohnprojekte, die öffentliche Fördermittel in Anspruch nehmen, ein Drittel der Wohnungen dem Wohnservice Wien zur Verfügung stellen. So wird die hohe soziale Durchmischung in der Stadt gesichert. Will ein Wohnprojekt diese Belegungsbindung vermeiden, um beispielsweise eine soziale Homogenität und geschlossene Identität im Haus herzustellen, wie die Heimprojekte in Wien, so müssen diese Wohnprojekte Einschränkungen hinnehmen.

Besonders in wachsenden Städten stellt der Mangel an ausreichendem Bauland ein nennenswertes Problem dar. Die bevorzugte Vergabe von Bauland an gemeinschaftliche Wohnprojekte, auch zu einem nicht subventionierten Festpreis, stellt deshalb ein wichtiges Instrument dar, die Chancen der Realisierung gemeinschaftlicher Wohnprojekte zu erhöhen.

In Landau in der Pfalz hat die städtische Bauverwaltung beispielsweise im neuen Quartier *Am Ebenberg* ein Baufeld für Baugemeinschaften reserviert. Die Vergabe der Grundstücke erfolgte durch ein Festpreisverfahren; die Grundstücke sind nicht subventioniert. Um die Chancen zur Gruppenbildung und Stabilisierung der Baugemeinschaften zu erhöhen, erfolgte die Vergabe der sonstigen Grundstücke an Bauträger zeitversetzt. Es gelang der Stadt, mit etwa 46.000 Einwohnern eine gemeinschaftliche Baukultur zu begründen. Das Bauen mit den Bürgern wird dort zukünftig in den Stadtdörfern Landaus fortgesetzt.[12]

Erbpacht

Da sich die Grundstücksvergabe oftmals als Schlüssel zur Realisierung von gemeinschaftlichen Wohnprojekten erweist, erfährt das Instrument der Vergabe der Grundstücke in Erbpacht (Baurecht der Schweiz) in den letzten Jahren wieder eine vermehrte Anwendung. Der Grundgedanke des Erbpachtrechts ist die Trennung des Besitzes des Bodens von den Bauten.

12 *Vgl. Stadt Landau in der Pfalz: Bürgerhäuser neu gedacht – Baugemeinschaften und Wohnprojekte in Landu in der Pfalz. Landau 2015*

Die Bodenrente soll dabei der Gesellschaft zugutekommen und künftigen Generationen sollen weiterhin Regulationsmöglichkeiten über die Bodenverwertung offenstehen. Für junge, kapitalschwache Baugruppen eröffnet wiederum die Übertragung des Grundstücks in Erbpacht erst die Möglichkeit zur Finanzierung des Projekts. Das Wohnprojekt *Lebensort Vielfalt* in Berlin wäre beispielsweise ohne die Vergabe des Grundstücks in Erbpacht nur schwer zu realisieren gewesen.

Die niedrigen Zinsen auf dem Kapitalmarkt und die oftmals der Kapitalentwicklung nicht angepassten hohen Erbpachtzinsen führen dazu, dass von Baugruppen zurzeit kaum Erbpachtverträge abgeschlossen werden. In den Städten selbst deutet sich ein Sinneswandel an, nachdem in den letzten Jahrzehnten städtische Grundstücke in großem Umfang veräußert wurden. Die Städte erkennen, dass das Erbpachtrecht ein hilfreiches Instrument der Stadtentwicklung zur Festlegung von sozialen und planerischen Zielsetzungen sein kann. Während einige Städte in Europa auf eine lange und ungebrochene Tradition zurückblicken – in Amsterdam wird seit 1896 der städtische Grund überwiegend in Erbpacht vergeben, dort sind 80 Prozent der Flächen in städtischem Besitz[13] – öffnen sich andere Städte in jüngerer Zeit diesem Thema. In Zürich verkauft die Stadt seit 1960 Grund und Boden nicht mehr und vergibt die Grundstücke nur noch im Baurecht (Erbpacht). Die Dauer der Vergabe wird neuerdings auf die Formel 60 plus 2 gebracht: Das heißt, dass die Vergabe noch zweimal um jeweils 15 Jahre bis auf 90 Jahre verlängert werden kann (vgl. Fallstudie *Grünmatt*).

ExRotaprint in Berlin

Die Erbpachtvergabe bleibt dennoch ein schwieriges Instrument der Stadtentwicklung. Zwar verbleibt das ‚Tafelsilber', die raren Grundstücke, im städtischen Besitz, unklar ist aber zumeist, welche Kontrollmechanismen etabliert werden können, um die bevorzugte Vergabe der Grundstücke an eine Genossenschaft langfristig zu rechtfertigen. Wird bei der Verlängerung der Erbpacht ein neues Konzeptverfahren durchgeführt? Die Genossenschaften schrecken ihrerseits vor langfristigen und unklaren Verpflichtungen zurück. So haben sich beispielsweise in München oder Tübingen kaum Baugruppen für einen möglichen Erbpachtvertrag entschieden.

Die Stiftung trias sieht weiterhin die Bodenfrage als den zentralen Ansatzpunkt zur sozialen Stadtentwicklung an. In der Präambel dieser Stiftung steht: „Boden soll nicht als Ware behandelt werden. Wohn- und Lebensraum soll auch für weniger Begüterte und gesellschaftlich Benachteiligte sozial wie ökologisch verträglich und identitätsfördernd zur Verfügung stehen."[14] Die Stiftung trias strebt – so ihr Geschäftsführer Rolf Novy-Huy – besonders die Kombination von Genossenschaften und Erbpachtvergabe von trias-Grundstücken an, da diese eine sinnvolle Synthese der unterschiedlichen Zielsetzungen darstellt und jeweilige Stärken und Schwächen ausgleicht. Die Genossenschaft fördert ihre eigenen Mitglieder und errichtet langfristig nutzbaren, nicht spekulativen Wohnraum, und die Stiftung trias verwendet Erlöse der Grundstücksverpachtung für gemeinnützige Zwecke. Die Stiftung sieht in dieser Kooperation gute Chancen für eine langfristige und sozial nachhaltige Quartiersentwicklung.[15] In verschiedenen Projekten, wie in der *ExRotaprint* in Berlin, konnte dieses Konzept angewandt und die lebendige Mischung von Ateliers und Gewerbe dauerhaft gesichert werden.

13 *Vgl. Wullers, Daniela: Erbpachtrecht in den Niederlanden am Beispiel Amsterdam. In: Stiftung trias (Hg.): Das Erbbaurecht. Ein anderer Umgang mit Grund und Boden. Hattingen 2015, S. 40*

14 *Zit. in: Novy-Huy, Rolf: Der Umgang mit Grund und Boden, Menschen und Geld. In: Stiftung trias (Hg.): Das Erbbaurecht. Ein anderer Umgang mit Grund und Boden. Hattingen 2015, S. 18*

15 *Novy-Huy, Rolf: Das Erbbaurecht in der Stiftung trias. In: Stiftung trias (Hg.): Das Erbbaurecht. Ein anderer Umgang mit Grund und Boden. Hattingen 2015, S. 21*

Förderung von Genossenschaften

Genossenschaftliche Gemeinschaftsprojekte bieten den Vorzug der langfristigen Sicherung von bezahlbarem Wohnraum. Da Genossenschaften nicht mit dem gebildeten Wohnraum spekulieren, werden sie in einigen Städten bevorzugt kommunal gefördert.[16]

In der Schweiz liegen die Mietzinsen der Genossenschaftswohnungen im Durchschnitt 20 Prozent niedriger als im übrigen Wohnungsmarkt. Sie werden zu den gemeinnützigen Bauträgern[17] gezählt, da sie keine gewinnorientierten Interessen verfolgen. In einem Leitfaden erklären die Genossenschaften ihr Modell folgendermaßen: „Wohnbaugenossenschaften arbeiten nicht gewinnorientiert. Das heisst, sie erwirtschaften mit ihren Liegenschaften keinen Profit. Sie verrechnen nur eine so genannte Kostenmiete, das heisst, lediglich so viel, wie sie die Wohnung (inklusive Land, Baukosten, Unterhalt und Verwaltung) effektiv kostet. Die Immobilien können nicht weiterverkauft werden und sind somit langfristig der Spekulation entzogen. Je älter eine genossenschaftliche Liegenschaft ist, desto günstiger wird sie im Vergleich zum freien Wohnungsmarkt."[18]

Bemerkenswert sind spezifische Förderprogramme einzelner Städte, die gezielt Genossenschaften unterstützen, von diesen aber im Gegenzug einen sozialen Mehrwert oder Bindungen abverlangen.

Beispielhaft für die Förderung von Genossenschaften ist München. Der Anteil der rund 40 Genossenschaften liegt bei fünf Prozent des Gesamtwohnungsbestands und ist damit deutlich niedriger als in Hamburg, Berlin oder in Stuttgart. Die bayerische Landeshauptstadt will langfristig sozial stabile Strukturen in den städtischen Planungsgebieten sichern. Dies kann am besten durch Mischung der Quartiere mit geförderten und frei finanzierten Wohnungen und mit Miet- und Eigentumswohnungen für möglichst viele Einkommensgruppen und verschiedene Zielgruppen geschehen. Ziel der unterschiedlichen Förderungen ist, die ‚Münchner Mischung' herzustellen. Im *Prinz Eugen Park* wird derzeit der Anteil des geförderten Wohnungsbaus auf 50 Prozent aller Wohnungen gelegt. Es werden dort sowohl Wohnungen in Miete als auch in Eigentum errichtet:[19] 77 Prozent Mietwohnungsbau, davon:

- Genossenschaften 23 Prozent
- Städtische Gesellschaften 35 Prozent
- Bauträger Konzeptioneller Mietwohnungsbau 12 Prozent
- Sonstige (Israelitische Kultusgemeinde und Stadibau) 7 Prozent
- 23 Prozent Eigentumswohnungen, davon:
  - Bauträger Eigentum 9 Prozent
  - Baugemeinschaften 14 Prozent

Genossenschaftliche Wohnungsbauvorhaben und Baugemeinschaftsprojekte werden in München gefördert. So war das Ziel des Programms ‚Wohnen in München V', 20 bis 40 Prozent der städtischen Bauflächen in städtischen Entwicklungsgebieten an gemeinschaftliche Wohnprojekte zu vergeben. Diese Baufelder konzentrierten sich überwiegend in den Konversionsgebieten.[20] Im neuen Programm ‚Wohnen in München VI' wurde diese Quote bekräftigt. Es soll den Wohnungsbaugenossenschaften und Baugemeinschaften in Zukunft die Möglichkeit gegeben werden, „fast im gesamten Stadtgebiet neue Wohnungen zu errichten".[21]

Die Landeshauptstadt München bietet mit dem ‚München Modell' besonders auch mittleren Einkommensbeziehern und Familien mit Kindern die Möglichkeit, in der Stadt Wohnungen zu tragbaren Mieten zu finden. Es gibt zwei Arten der Förderung: das ‚München Modell' für Mieter und das ‚München Modell' für Genossenschaftsmitglieder. Die Grundlagen und Voraussetzungen sind in beiden Programmen dieselben.

„So funktioniert's:
- Die Stadt vergibt sozial gebundene Grundstücke zum einheitlichen, lageunabhängigen Preis von 375 Euro pro Quadratmeter Geschossfläche (erschließungsbeitragsfrei) in einem Auswahlverfahren an Bauträger oder Genossenschaften zum Bau von Miet-/Genossenschaftswohnungen.
- Um günstige Eingangsmieten ab 7,50 Euro zu erreichen, kann der Investor zusätzlich städtische Finanzhilfe in Form eines zinsgünstigen Darlehens in Anspruch nehmen.
- Die Bindungsdauer beträgt 25 oder 40 Jahre (bei ab 2014 errichteten Neubauten immer 40 Jahre) – während dieser Frist dürfen die Wohnungen ohne Zustimmung der Stadt München nicht verkauft werden.
- Bei Errichtung der Wohnungen gelten die Anforderungen des ökologischen Kriterienkatalogs der Stadt

16 *Es gibt inzwischen eine Reihe von Publikationen, die die neue Bedeutung der Genossenschaften betonen, u. a.: Bundesministerium für Verkehr, Bau und Stadtentwicklung (BMVBS) (Hg.): Erschließen von Genossenschaftspotentialen. Bonn 2007; Bundesinstitut für Bau-, Stadt- und Raumforschung (BBSR) im Bundesamt für Bauwesen und Raumordnung (BBR) (Hg.): Wohnungsgenossenschaften als Partner der Kommunen. Bonn 2016*

17 *In der Schweiz und in Österreich gibt es weiterhin den Status der Gemeinnützigkeit. Als gemeinnützig werden dort Wohnbauträger bezeichnet, die gemäß ihren Statuten nicht nach Gewinn streben und ihre Mietzinse nach dem Prinzip der Kostenmiete berechnen. Neben Wohnbaugenossenschaften gibt es auch gemeinnützige Vereine, Stiftungen und Aktiengesellschaften.*

18 *Schweizerischer Verband für Wohnungswesen SVW (Hg.): Mehr als wohnen. Leben in einer Genossenschaft. Ein Leitfaden der Schweizer Wohnbaugenossenschaften. Zürich o. J., S. 5*

19 *Vgl. Konsortium Prinz Eugen Park (Hg.): Karten Wohnen. Abzurufen unter: www.prinzeugenpark.de/wohnen/karten-wohnen.html (besucht am 23.12.2016)*

20 *Vgl. Landeshauptstadt München (Hg.): Bericht zur Wohnungssituation in München 2014–2015. München 2016, S. 39*

21 *Ebenda, S. 41*

22 *münchen.de (Hg.): Das Programm „München Modell" für Mieter. Abzurufen unter: www.muenchen.de/rathaus/Stadtverwaltung/Referat-fuer-Stadtplanung-und-Bauordnung/Wohnungsbau/Muenchen-Modell-Mietwohnungen.html (besucht am 26.10.2016)*

23 *Referat für Stadtplanung und Bauordnung, München (Hg.): München Modell-Genossenschaften – 2016, S. 1. Abzurufen unter: www.muenchen.de/rathaus/dam/jcr:78af6e32-f8ab-41a0-9827-8baa0e5bb48e/MM-Genossenschaften_Infoblatt2016.pdf (besucht am 16.03.2017).*

und die Wohnflächenobergrenzen der staatlichen Wohnraumförderbestimmungen für den geförderten Mietwohnungsbau.

Miethöhe:
- Die Anfangsmiete für die ersten fünf Jahre hängt von der Lage im Stadtgebiet ab. Die Höhe liegt zwischen 7,50 Euro und 11 Euro je Quadratmeter Wohnfläche (Netto-Kaltmiete) im Monat. Ziel ist es, 20 bis 25 Prozent unter der ortsüblichen Vergleichsmiete zu bleiben.
- Die Anfangsmiete erhöht sich um 0,15 Euro pro Quadratmeter Wohnfläche, wenn die Wohnung in einem Gebäude liegt, das dem energetischen Standard eines KfW-Effizienzhauses 55 oder besser entspricht.
- In den ersten fünf Jahren nach Erstbezug einer Neubauwohnung im München Modell sind keine Mieterhöhungen zulässig.
- Für Mietanhebungen ab dem sechsten Jahr nach Erstbezug gelten während der gesamten Bindungsdauer mieterfreundliche Regelungen.
- Die genauen Regelungen müssen zum Schutz der Mieterinnen und Mieter (bei Neubauten ab 2014) auch in die Mietverträge aufgenommen werden."[22]

Obwohl das ‚München Modell-Genossenschaften' sich vorrangig an Familien mit mittleren Einkommen richtet, streben die beiden neuen Münchner Genossenschaften WOGENO eG und wagnis eG dennoch eine breite Durchmischung an und folglich eine Öffnung für alle Einkommensgruppen. Selbst in den experimentellen Clusterwohnungen in *wagnisART* wird das Mischungskonzept beibehalten.

Das Programm ‚München Modell-Genossenschaften' soll grundsätzlich Impulse für den Genossenschaftsbau in München geben und langfristig bezahlbaren Mietwohnungsbau sichern. Es gibt eine festgelegte Eingangsmiete, aber keine Belegungsbindung. „Die Wohnungen [...] dürfen aber nur an Mitglieder der Genossenschaft vergeben werden, wobei zur Belegung von 50 Prozent der gebundenen Wohnfläche neue Genossenschaftsmitglieder aufzunehmen sind."[23] Mit den Genossenschaftswohnungen soll langfristig bezahlbarer Wohnraum gesichert werden. Deshalb dürfen die Wohnungen bis 40 Jahre nach Fertigstellung ohne Zustimmung der Landeshauptstadt München nicht verkauft werden.

Wohnbaugenossenschaft wagnis eG

wagnis eG

3. Beispielwohnung 45 m²

EOF **E**inkommens-**O**rientierte **F**örderung
MMG **M**ünchen **M**odell **G**enossenschaft
KMB **K**onzeptioneller **M**ietwohnungs-**B**au

Wohnfläche 45 m²	EOF 1		EOF 2		München Modell III		München Modell IV		KMB [*2]	
Monatliche Kosten										
Nutzungsentgelt netto (je m²)	*(9,40 €)*	*423,00 €*	*(9,40 €)*	*423,00 €*						
Nutzungsentgelt netto (je m²) [*1]	(5,65 €)	254,25 €	(6,65 €)	299,25 €	(9,60 €)	432,00 €	(10,50 €)	472,50 €	(12,40 €)	558,00 €
Nebenkosten inkl. Heizung (je m²)	(2,00 €)	90,00 €	(2,00 €)	90,00 €	(2,00 €)	90,00 €	(2,00 €)	90,00 €	(2,00 €)	90,00 €
Nutzungsentgelt brutto ohne Auto		**344,25 €**		**389,25 €**		**522,00 €**		**562,50 €**		**648,00 €**
TG-Stellplatz pro Monat		60,00 €		60,00 €		60,00 €		60,00 €		60,00 €
Nutzungsentgelt brutto mit Auto		**404,25 €**		**449,25 €**		**582,00 €**		**622,50 €**		**708,00 €**
Geschäftsanteile (GA) = einmalige Kosten										
GA Pflichtanteil (je Erwachsener)		1.000,00 €		1.000,00 €		1.000,00 €		1.000,00 €		1.000,00 €
GA Wohnung (je m²) [*3]	(150,00 €)	7.000,00 €	(400,00 €)	18.000,00 €	(750,00 €)	34.000,00 €	(800,00 €)	36.000,00 €	(850,00 €)	39.000,00 €
GA Tiefgarage / Wohnen ohne Auto		2.000,00 €		2.000,00 €		2.000,00 €		2.000,00 €		2.000,00 €
Kosten ohne Auto		**10.000,00 €**		**21.000,00 €**		**37.000,00 €**		**39.000,00 €**		**42.000,00 €**
GA Tiefgarage / Wohnen mit Auto zuzgl.		6.000,00 €		6.000,00 €		6.000,00 €		6.000,00 €		6.000,00 €
Kosten mit Auto		**16.000,00 €**		**27.000,00 €**		**43.000,00 €**		**45.000,00 €**		**48.000,00 €**

Wichtige Hinweise:
- Alle Zahlen stellen Annahmen dar und können sich für jedes Projekt unterscheiden

[*1] abzüglich Zuschuss Wohnungsamt

[*2] Grundstückspreis KMB und damit die Miete KMB werden von der Stadt festgelegt

[*3] Alle Summen GA werden auf 1.000,00 € aufgerundet

Beispielwohnung 45 qm *wagnis* (EOF1/EOF2/München Modell III und IV und KMB)

Voraussetzung für die Gewährung der Förderung ist die Einhaltung definierter Kriterien. So wird das Einkommen begrenzt – innerhalb des Artikel 11 des Bayerischen Wohnraumförderungsgesetzes (BayWoFG) –, der Hauptwohnsitz oder Arbeitsplatz muss ohne Unterbrechung seit mindestens drei Jahren im Stadtgebiet München liegen und es müssen die Zugangskriterien geprüft sein (Berechtigungsschein).

München will langfristig sozial stabile Strukturen in den städtischen Planungsgebieten sichern und die Bauflächen für möglichst viele Einkommensgruppen und verschiedene Zielgruppen in einer Mischung von gefördertem und frei finanziertem Wohnungsbau und von Miet- und Eigentumswohnungen ausschreiben. Inzwischen haben „mehr als die Hälfte aller Münchner ein Anrecht auf eine geförderte Wohnung"[24], so der SPD-Planungssprecher Amlong.

Damit sich eine innovative Kultur des gemeinschaftlichen Bauens entfalten kann, wurde zudem die mitbauzentrale münchen eingerichtet, die seit Oktober 2014 kostenlos Baugemeinschaften und Baugenossenschaften berät. Die mitbauzentrale münchen will gemeinschaftsorientierte Wohnprojekte auf den Weg bringen. Sie informiert über mögliche „Organisationsformen (Baugemeinschaften, Baugenossenschaften, Mietergemeinschaften) und berät interessierte Gruppen über Grundlagen und Voraussetzungen der Realisierung von Wohnprojekten (Finanzierung, Planung, Förderung, Durchführung etc.). Die Beratung richtet sich explizit an Menschen aller Alters- und Einkommensgruppen, unterschiedlicher Haushaltsformen und Herkunft sowie an Menschen mit Behinderung und besonderen Bedürfnissen".[25] Es gelang 2015 mit Unterstützung der mitbauzentrale münchen, fünf neue Wohnbaugenossenschaften zu gründen.

Es hat sich inzwischen in München eine lokale Kultur herausgebildet, die nicht nur den geförderten Wohnungsbau, sondern auch das gemeinschaftliche Bauen unterstützt. In dem neuen Programm ‚Wohnen in München VI', das im November 2016 beschlossen wurde, wird dieser Weg konsequent fortgesetzt und die signifikante Förderung gemeinschaftlicher Wohnprojekte weiter ausgebaut. So wurde der ‚konzeptionelle Wohnungsbau', der eine langfristige Bindung (bis 60 Jahre) vorsieht, nach einer Probephase verstetigt.

Förderung im ‚Wiener Modell'

Die europaweit sehr aufmerksam wahrgenommenen Wiener Wohnprojekte beruhen in der Regel nicht auf innovativen Trägerformen. Prägend ist vielmehr eine Kooperation von Baugemeinschaften oder Vereinen mit gemeinnützigen Bauträgern. In diesem Modell werden einerseits die Risiken der Bauenden reduziert, gleichzeitig wird ein immer noch vergleichsweise sehr großer Spielraum für Selbstbestimmung und Gemeinschaftlichkeit eingeräumt. Robert Temel stellt fest, dass für „die Bauträger […] das Modell insbesondere dann interessant (ist), wenn es Zugang zu Grundstücken verschafft bzw. anderweitig schlecht verwertbare Grundstücke nutzbar macht und wenn es den Marketingaufwand reduziert, weil die Gruppe die Mitgliederwerbung selbst erledigt. Weiters ist durch solche ‚Sonderprojekte' erhöhte mediale und politische Aufmerksamkeit und somit zusätzliche Werbewirkung und Positionierung für den Bauträger zu erwarten".[26] Von den „Genossenschaften"[27] gehen in Wien in der Regel keine erneuernden Impulse für das gemeinschaftlich partizipative Wohnen aus wie beispielsweise in Zürich, München oder Hamburg.

24 *Effern, Heiner: Stadtratsbeschluss: 870 Millionen Euro für neue Wohnungen. In: Süddeutsche Zeitung, 15.11.2016. Auf dem offiziellen Stadtportal münchen.de werden 50–60 Prozent der Münchener Haushalte bleiben förderfähig. Vgl. www.muenchen.de/akttuell/2016-11/wohnungsbauprogramm-wohnen-in-muenchen-VI.html (besucht am 24.11.2016)*

25 *mitbauzentrale münchen (Hg.): Die mitbauzentrale münchen. Abzurufen unter: www.mitbauzentrale-muenchen.de/angebote-der-mitbauzentrale.html (besucht am 21.12.2016)*

26 *Temel, Robert: Baugemeinschaften in der Wiener Seestadt Aspern. Wien 2012, S. 18.*

27 *Die Sozialbau ist beispielsweise die größte gemeinnützige Wohnbaugenossenschaft Österreichs. Sie verwaltet 48.285 Miet- und Eigentumswohnungen, 522 Geschäftslokale und 27.907 Garagenplätze. Der Umsatz betrug zuletzt 48,21 Millionen Euro – der Bilanzgewinn*

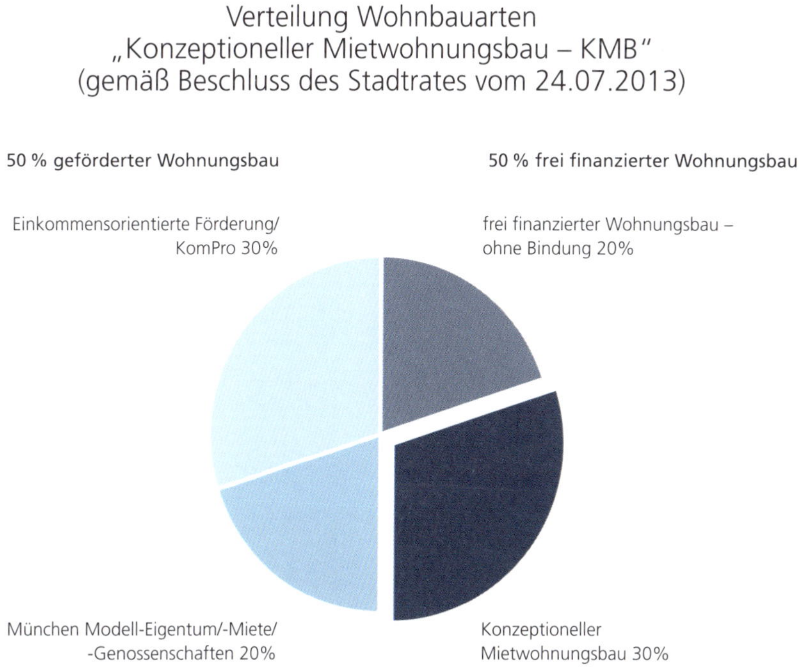

Verteilung der Wohnbauarten München

Von zentraler Bedeutung scheint in Wien weniger die Trägerschaft, als vielmehr die Grundlage der Wohnungsgemeinnützigkeit mit hoher Objektförderung und die Bauträgerwettbewerbe zu sein. Die Vergabe der Baugrundstücke und die Wettbewerbe werden über den wohnfonds_wien geregelt.

Der wohnfonds_wien wurde 1984 als Bodenbereitstellungs- und Stadterneuerungsfonds gegründet. Während in den Gründungsjahren die Altbausanierung im Zentrum stand, entwickelte sich der wohnfonds_wien seit 1995 zur zentralen Steuerungsstelle für den innovativen Wohnungsbau in Wien. Seit 1995 wurden über 50 sogenannte Bauträgerwettbewerbe[28] ausgerichtet. Ein Vier-Säulen-Modell definiert die Qualitätskriterien, die der Vergabe der Grundstücke zugrunde gelegt werden: Architektur, Ökonomie, Ökologie und – seit 2009 – auch soziale Nachhaltigkeit.[29] Unabhängig davon, wer Grundstückseigentümer der Liegenschaft ist, und generell für jene Projekte, die Wohnbaufördermittel beanspruchen, ist ab einem Volumen von 300 Wohneinheiten ein Bauträgerwettbewerb in Kooperation mit dem wohnfonds_wien durchzuführen.[30] Bei kleineren Grundstücken unter 300 Wohneinheiten wendet der Grundstücksbeirat, wenn öffentliche Mittel in Anspruch genommen werden, dieselben Qualitätskriterien an.

Im Regelverfahren müssen sich Architektenteams und Bauträger zusammenschließen, ein Projekt gemeinsam planen und dieses der Jury des wohnfonds_wien vorlegen. Wenn eine positive Juryempfehlung vorliegt, können diese das Projekt gemeinsam realisieren. Ein Grundprinzip, das die deutschen Baugemeinschaftsprojekte kennzeichnet, nämlich das Bauen ohne Bauträger, ist in Wien nicht sehr verbreitet.

Eine Ausnahme stellt das Wohnprojekt *B.R.O.T.* in der Seestadt Aspern dar. Der Verein baute ohne Bauträger und bildet auch kein privates Wohnungseigentum. „Etwa 30 % der Gesamtbaukosten werden durch ein auf 35 Jahre mit 1 % verzinstes Wohnbauförderdarlehen des Landes Wien gedeckt. Etwa 70 % werden durch den Verein gedeckt. Dabei belaufen sich die Eigenmittel der Mitglieder auf etwa 20 % der Gesamtbaukosten, der Rest wird als Hypothekarkredit aufgenommen. Die 20 % Eigenmittel werden üblicherweise innerhalb eines Monats nach Aufnahme als Mitglied eingebracht (aktuell sind dies etwa 403,– Euro je m² Wohnnutzfläche)."[31]

Die Jurys in Wettbewerben des wohnfonds_wiens sind stets interdisziplinär besetzt. Ziel ist, durch das Verfahren eine umfassende Qualitätssicherung durch Berücksichtigung der vier Kriterien des Säulenmodells zu erreichen. Die seit 2009 hinzugekommene vierte Säule – soziale Nachhaltigkeit – umfasst folgende Kriterien: „Geförderter Wohnraum soll unterschiedlichen Nutzungen, NutzerInnengruppen und Wohnformen durch vielfältig nutzbare Grundrisse, Erschließungs- und Gemeinschaftsflächen und Außenbereiche entsprechen. Auf Alltagstauglichkeit und Reduktion der Errichtungs- und Bewirtschaftungskosten durch geeignete Planung ist zu achten. Soziale Durchmischung, Mitbestimmungskonzepte, Hausorganisation, identitätsstiftende Maßnahmen und Vernetzung mit sozialer Infrastruktur sollen gestärkt werden."[32]

Gemeinschaftliches Wohnprojekt *B.R.O.T.* in der Seestadt Aspern, Wien

Frauenwohnprojekt *KalYpso* im Kabelwerk Wien

Sargfabrik Wien

4,6 Millionen. Es muss aber deutlich zwischen den jeweiligen Formen unterschieden werden. Vgl. Verein Initiative für gemeinschaftliches Bauen und Wohnen (Hg.) (2015): Gemeinsam Bauen Wohnen in der Praxis. Workshopreihe 2014 über, für und mit Baugruppen in Wien. Wien 2015, S. 18. Abzurufen unter: www.aspern-seestadt.at/resources/files/2015/11/5/4026/aspern baugruppen-gesamt-issuu.pdf (besucht am 21.12.2016) „Die in Deutschland übliche Form der Genossenschaft ist in Österreich für Baugemeinschaften komplett unbekannt. Jedoch verbirgt sich hinter diesen Vereinen eine Vielfalt von Formen der Wohnungsüberlassung." Temel, Robert: Baugemeinschaften in der Wiener Seestadt Aspern. Wien 2012, S. 17

28 *Vgl. Cavaleiro, Patrick: Wiener Mut. Deutsches Architektenblatt, 2/2015*

29 *Vgl. Interview mit Dieter Groschopf*

30 *Groschopf, Dieter/Trojan, Michaela: Der geförderte Wiener Wohnungsneubau. In: Planerin 4/2013, S. 33*

31 *Verein Initiative für gemeinschaftliches Bauen und Wohnen (Hg.) (2015): Gemeinsam Bauen Wohnen in der Praxis. Workshopreihe 2014 über, für und mit Baugruppen in Wien. Wien 2015, S. 48. Abzurufen unter: www.aspern-seestadt.at/resources/files/2015/11/5/4026/aspernbaugruppen-gesamt-issuu.pdf (besucht am 21.12.2016)*

32 *wohnfonds_wien (Hg.): Beurteilungsblatt 4-Säulen Modell. Stand März 2015. Abzurufen unter: www.wohnfonds.wien.at/media/file/Neubau/4-Saulen-Modell.pdf (besucht am 21.12.2016)*

Die Wiener gemeinschaftlichen Wohnprojekte können grundsätzlich zwischen den zwei Wegen und Fördermöglichkeiten – Mietmodell und Heimmodell – wählen:

Im Mietmodell bilden sich Gruppen bereits vor der Bauphase und legen ihre grundlegenden Ziele fest. Dies unterscheidet sie von normalen Wohnprojekten im gemeinnützigen Wohnungsbau. Zentral ist die Kooperation der Baugruppe mit einem Bauträger. Der Bauträger realisiert in enger Abstimmung mit der Baugruppe das Wohnprojekt und schließt dann individuelle Mietverträge ab. Vertraglich wird mit der Gruppe die Vergabe der Wohnungen geregelt und es wird ein Belegungsrecht vereinbart, welches auch das Verfahren nach dem Auszug einer Mietpartei klärt.

In dem Frauenwohnprojekt *KalYpso* im Kabelwerk beispielsweise haben die Frauen einen Vertrag unterzeichnet, in dem mit dem Bauträger wiederum Vereinbarungen, wie beispielsweise die Nachbelegung von Wohnungen, getroffen wurden. Eine vollständige Mitbestimmung im Haus ist über den Verein jedoch nicht möglich, da im Mietmodell ein Drittel der Wohnungen über den kommunalen Wohnservice Wien belegt werden. Diese sogenannte Angebotsverpflichtung erschwert die Interessenshomogenität des Wohnprojekts, erfüllt aber die Sozialverpflichtung der Stadt Wien.

In Wien entscheiden sich besonders jene Wohnprojekte für das Mietmodell, deren finanzielle Lage – die Zielgruppe der Frauenprojekte besteht zum Großteil aus alleinstehenden Frauen – es nicht zulässt, Eigentum zu bilden. Anders als im Heimmodell besteht für den Verein kein Leerstandrisiko. Die Erfahrungen sind daher ambivalent: „In der Praxis hat sich gezeigt", so Robert Temel, „dass die Menschen, die über das Wohnservice ins Haus kommen, weniger Interesse am Gemeinschaftsleben zeigen. Ausserdem tendieren viele Bauträger zur Minimierung der gemeinschaftlich genutzten Fläche zu Gunsten der finanziell lukrativeren individuell vermietbaren Flächen."[33] Möchten eigentumsorientierte Baugruppen, die in Wien nicht verbreitet sind, öffentliche Wohnungsbaufördermittel in Anspruch nehmen, so sind sie ebenfalls verpflichtet, dem Wohnservice Wien ein Drittel der Wohnungen zur Verfügung zu stellen.

Das Heimmodell ist ein für die gemeinschaftlichen Wohnprojekte Wiens wichtiges Modell, das es in der Schweiz oder in Deutschland in dieser Form nicht gibt. Ein exponiertes Beispiel für das Heimmodell ist die *Sargfabrik*, die 1996 realisiert wurde und lange Zeit alleiniges Referenzprojekt für gemeinschaftliches Bauen und Leben war.

Im Heimmodell können die Qualitäten, die gemeinschaftliches Bauen und Wohnen grundsätzlich auszeichnen, uneingeschränkt realisiert werden: Selbstbestimmung, Selbstverwaltung und Selbstverantwortung. Gleichberechtigte Personen entscheiden sich in einem demokratischen Prozess, gemeinsam zu planen, zu bauen und nach Fertigstellung des Gebäudes zusammenzuleben. Das Gebäude wird aber, ähnlich wie bei dem Genossenschaftsmodell, der individuellen Verfügung entzogen.

„Was die Wohnbauförderung betrifft, gibt es zwischen Heim- und Mietmodell bei der gleichen

33 *Initiative gemeinschaftliches Bauen und Wohnen: Bauen und Wohnen Dokumentation der Workshopreihe „Gemeinsam Bauen und Wohnen in der Praxis", Workshop 5: Förderungen für Baugruppen , S. 2. Abzurufen unter: baugruppen.files.wordpress.com/2014/06/dokumentation-ws5.pdf (besucht am 25.02.2017)*

Heimprojekte *LiSA* in Aspern, Wien

Heimprojekte *Seestern* in Aspern, Wien

Anzahl an Gemeinschaftsräumen kaum finanzielle Unterschiede. Beim Heimmodell bekommt man eine Grundförderung und einen Pauschalsatz für gemeinschaftliche Flächen, weil jede/r Bewohner/in eigentlich nicht Mieter/in, sondern ‚Heimbewohner/in' ist."[34] Im Heimmodell gelten nicht die Bestimmungen des Mietrechts (es gibt nur Nutzungsverträge) und eine niedrigere Nachweispflicht für Pkw. Für Nichtösterreicher geradezu opulent erscheint der hohe Anteil an Gemeinschaftsflächen. „Seit einiger Zeit gibt es aber vermehrt die informelle Forderung, dass 25 % der Flächen auch tatsächlich als Gemeinschaftsräume nachgewiesen werden müssen. Außerdem gibt es beim Heimmodell striktere Vorgaben was beispielsweise die rigiden (und teuren) Brandschutzmaßnahmen betrifft. Dennoch ist das Mietmodell immer noch die genossenschaftlichste und basisdemokratischste Wohnform überhaupt."[35]

Ein wesentlicher Vorzug des Heimmodells ist, dass auch Gemeinschaftsflächen gefördert werden können (dafür erhält man für Wohnflächen nur die Minimalförderung) und dass keine ‚Fremdbelegungsverpflichtung' (Angebotswohnungen) durch die Stadt Wien/den Wohnservice bestehen. Dadurch entstehen weniger Konflikte in den Baugruppen, aber das Grundprinzip der österreichischen Wohnungspolitik, die breite soziale Mischung herzustellen, wird dabei konterkariert. In Wien bilden sich in den Heim-Wohnprojekten tendenziell weiterhin ‚inszenierte Gemeinschaften', die noch nicht die Kraft kooperativer und quartiersoffener Wohnprojekte entfalten.

Das Heimmodell gibt es in Wien seit einem Vierteljahrhundert. Es gerät aber seither regelmäßig in die Kritik. Der grundsätzliche Vorwurf lautet, dass die Baugruppenhäuser keine wirklichen Heime seien und dass sich bestimmte Gruppen die Förderungen „nur erschleichen wollen"[36]. Die Befürworter betonen hingegen, dass „offensichtlich nicht bedacht wird, dass dieses Modell die einzige Möglichkeit ist, im Rahmen der Wohnbauförderung Gemeinschaftseigentum zu realisieren. Wenn also das Heimmodell grundsätzlich in Frage gestellt wird, müsste es durch eine eigene Förderschiene für Baugemeinschaften ersetzt werden."[37]

Dass grundsätzlich das Heimmodell keine Quartiersorientierung verhindert, zeigt die ‚Mutter aller Heimprojekte', die *Sargfabrik*. Sie zeichnet sich gerade dadurch aus, dass sie das Gegenteil einer abgeschirmten Gemeinschaft ist und sich immer zum Quartier öffnete (beispielsweise durch das *Badehaus* und die Veranstaltungsräume). Aktuell entwickeln Mitglieder der *Sargfabrik* und Nachbarn das Leitbild für die Plattform ‚Lebenswertes Matznerviertel'.

Die strukturellen Probleme, die sich aus den inszenierten Gemeinschaften ergeben, zeigen sich gerade am Baugemeinschaftscluster in der Seestadt Aspern. In diesem Cluster wollten die Stadt Wien und die Entwicklungsgesellschaft die Potenziale der Baugemeinschaften erkunden. Die ersten fünf Baugemeinschaftsprojekte in der Seestadt Aspern wurden in einem gemeinsamen Block realisiert. Die Projekte selbst waren von großen Unterschiedlichkeiten (von spirituellen bis zu pragmatischen Gemeinschaften) geprägt.

Die Wien 3420 AG und der wohnfonds_wien wollten für das etwa 8.000 Quadratmeter große Baufeld D13 im Süden des Wohnbauareals kooperative Prozesse durchsetzen. „Zwischen fast allen aneinandergrenzenden Baugemeinschaften kam es zu schwierigen und langwierigen Abstimmungsprozessen bezüglich Grundstücksgrenzen, Abstandsbereichen und Rücksprüngen vom öffentlichen Gut."[38] Die Jury stellte daher einen großen Abstimmungsbedarf fest und bot an, diesen Abstimmungsprozess zu begleiten. In einem späteren Kolloquium wurde die Erwartung geäußert, dass die Baugruppen offen für eine kooperative Projektentwicklung seien. Von ihnen wurde Ähnliches wie von professionellen Wohnbauträgern erwartet, nämlich Kooperation.

Es gab 2012 ein von der Wien 3420 AG finanziertes Moderationsverfahren, das die Themenschwerpunkte gemeinsamer Freiraum, baugruppenübergreifende technisch-planerische Infrastruktur, Gemeinschaftseinrichtungen und das Zusammenleben im Baugemeinschaftscluster umfasst.

Der Verein Initiative für gemeinschaftliches Bauen und Wohnen, der die Evaluation durchführte, unterschied zwischen verschiedenen Kooperationsmöglichkeiten und den Synergieeffekten: „Das Abstimmungsgespräch zwischen Jury, Wohnfonds, Wien 3420 AG und den Baugemeinschaften befasste sich mit der vorgeschlagenen Bauplatzverteilung sowie mit der Vorgangsweise zur städtebaulichen Kooperation, der Grundstücksabgrenzung und mit der Frage möglicher Synergien zwischen den Gruppen. Während

34 *Ebenda*

35 *Ebenda*

36 *Ebenda*

37 *Verein Initiative für gemeinschaftliches Bauen und Wohnen (Hg.): Gemeinsam Bauen Wohnen in der Praxis. Workshopreihe 2014 über, für und mit Baugruppen in Wien. Wien 2015 , S. 62. Abzurufen unter: www.aspern-seestadt.at/resources/files/2015/11/5/4026/aspernbaugruppen-gesamt-issuu.pdf (besucht am 25.02.2017)*

38 *Temel, Robert: Baugemeinschaften in der Wiener Seestadt Aspern. Wien 2012, S. 62.*

Flyer „Lebenswertes Matznerviertel"

Internationale Badekultur

Babyschwimmen im *Badehaus Sargfabrik*

es bezüglich der Synergien (Gemeinschaftsräume, Erdgeschossnutzungen, Marketing) nur wenig Veränderungen durch die Kooperation gab, war die Bauplatzaufteilung und -abstimmung ein sehr intensiver, teils auch kontroverser Prozess, der jedoch insgesamt erfolgreich verlief und zu einem sehr guten räumlichen Gesamtkonzept führte sowie zu gut aufeinander abgestimmten Einzelprojekten."[39]

Erleichtert hätte die Realisierung des ersten Baugemeinschaftsfelds sicherlich auch eine Beratungsstelle innerhalb der Stadtverwaltung. Selbstorganisierte Kooperationen, wie sie im *DomagkPark* in München oder in den Züricher Quartieren anzutreffen sind, bedürfen einer gelebten und praktizierten Gemeinschaftskultur, die es in Wien noch nicht gibt.

Solidaritätsfonds

Gemeinschaftliches Wohnen beruht auf einem solidarischen Miteinander der Baugruppenmitglieder. Jenseits der sozialstaatlichen Hilfen haben sich Formen und Praktiken entwickelt, die auf einer solidarischen Hilfe für einzelne Mitglieder beruhen, die in Notlagen geraten sind. In der Regel werden die Hilfen subsidiär gewährt. Zudem werden Formen der individuellen Unterstützung angeboten, um den Zugang zu Genossenschaften durch Stundung oder Kreditvergabe der Baukostenzuschüsse zu ermöglichen. Erst durch diese Maßnahmen ist es möglich, dass Menschen ohne nennenswertes Vermögen (z. B. Asylbewerber/Geflüchtete) in den Genossenschaften wohnen können.

39 *Verein Initiative für gemeinschaftliches Bauen und Wohnen (Hg.): Gemeinsam Bauen Wohnen in der Praxis. Workshopreihe 2014 über, für und mit Baugruppen in Wien. Wien 2015 , S. 24. Abzurufen unter: www.aspern-seestadt.at/resources/files/2015/11/5/4026/aspernbaugruppen-gesamt-issuu.pdf (besucht am 25.02.2017)*

40 *Vgl. Tornow, Britta: Wohnungsgenossenschaften in Dänemark. Akteure in der sozialen Quartiersentwicklung. In: Informationen zur Raumentwicklung 4/2007, S. 266*

41 *Vgl. Wohnbaugenossenschaften Schweiz (Hg.): Eigenkapitalbeteiligung. Abzurufen unter: www.wbg-schweiz.ch/finanzierung/eigenkapitalbeteiligung.html. (besucht am 01.09.2016). Eine weitere „Förderung" kann über den Fond de Roulement (FdR) erfolgen. Es ist ein Fond zu Rest- oder Überbrückungsfinanzierung. Die Darlehen sind rückzahlbar und zinsgünstig. Bei Neubauten reichen die Förderungen von 15.000 bis 50.000 Franken je Wohnung.*

Solidarische Hilfe zwischen Genossenschaften

Besonders die Genossenschaftsbewegung hat vielfältige Formen der solidarischen Selbsthilfe entwickelt. So haben sich im 20. Jahrhundert verschiedene formelle und informelle Formen zur Förderung und Unterstützung ihrer Mitglieder herausgebildet, um auch jungen und finanziell schwächeren Genossenschaften zu helfen. Die Formen des Beistands reichen von Förderprogrammen für soziale und präventive Projekte, wie die der dänischen Genossenschaften[40] (Landsbyggefond/Solidaritätsfonds), bis hin zu Förderprogrammen, welche beispielsweise die Wohnungsbaugenossenschaften der Schweiz auflegten. Der Schweizer Wohnungsbaugenossenschaftsverband (damals hieß er noch Schweizer Verband für Wohnungswesen – SVW) rief bereits 1966 einen Solidaritätsfonds ins Leben. 1999 wurde der Fonds in eine selbstständige Stiftung überführt. Das Ziel des Solidaritätsfonds ist die Förderung des gemeinnützigen, genossenschaftlichen Wohnungsbaus. Besonders kapitalschwache, aber entwicklungsfähige Genossenschaften sollen bei der Restfinanzierung unterstützt werden. Ende 2015 belief sich das Stiftungsvermögen auf 41,2 Millionen Franken. Zudem haben die Wohnungsbaugenossenschaften seit 2008 die Stiftung Solinvest eingerichtet. Diese will besonders kleineren Genossenschaften den Bau und Erwerb von gemeinnützigem Wohnraum ermöglichen. So können pro Wohnung maximal 10.000 Franken Anteils- oder Aktienkapital gezeichnet werden. Es werden höchstens 30 Wohnungen pro Gesuch unterstützt. Die Beteiligung ist auf zehn Jahre maximal begrenzt.[41] Von den Fördermöglichkeiten haben auch die in diesem Buch vorgestellten Wohnprojekte *mehr als wohnen*, *Kalkbreite* und *Giesserei* partizipiert.

Solidartransfer im Mietshäuser Syndikat

Bereits in den ersten Freiburger Projekten 1992 haben die Bewohner der Häuser des Mietshäuser Syndikat Solidarbeiträge von monatlich 25 Cent je Quadratmeter Nutzfläche in den Solidarfonds eingezahlt. Wie in einigen anderen Genossenschaften auch, sollten die von den bestehenden Hausprojekten generierten Mittel als Sondervermögen des Mietshäuser Syndikat in einen gemeinsamen Topf fließen, damit neue

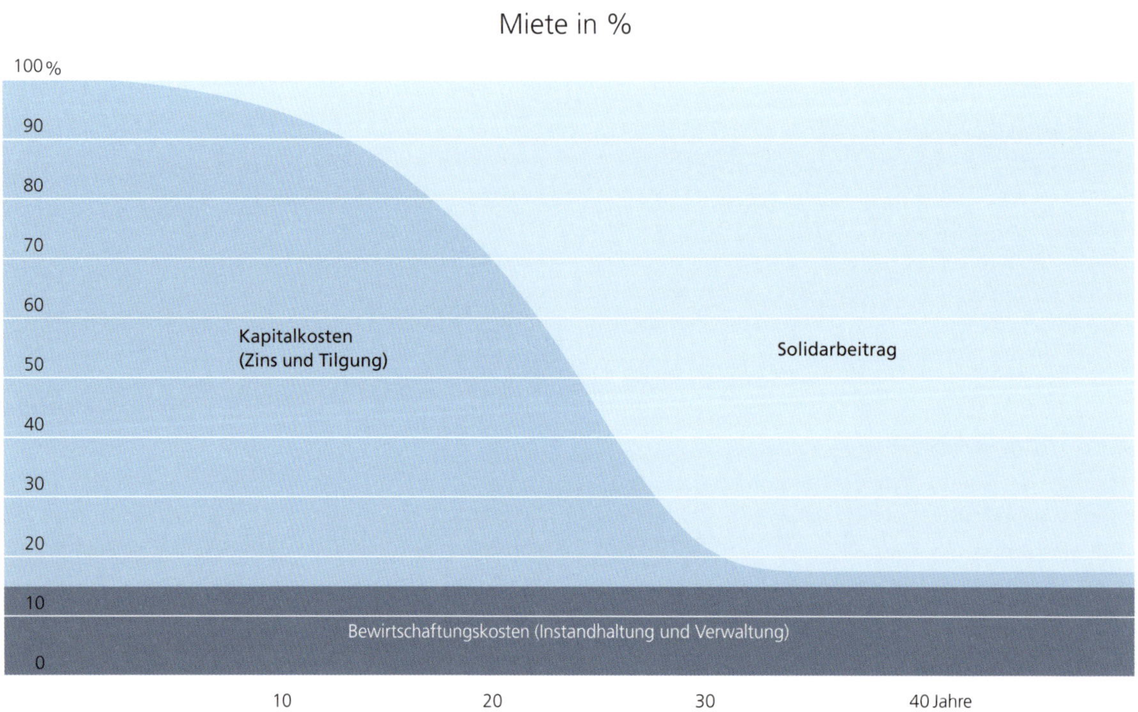

Kapitalkosten und Solidarbeitrag

Hausprojekte in der Anlaufphase unterstützt werden können. Der Solidartransfer ist Gegenstand stetiger Diskussionen. „Mittlerweile entrichten die Syndikatsprojekte ihre Beiträge in einer modifizierten Form. Jedes Projekt, das den Hauskauf erfolgreich hinter sich gebracht hat, beginnt mit einem Betrag von 10 Cent je m² Nutzfläche im Monat, der jährlich um 0,5 % der Vorjahreskaltmiete ansteigt. Sofern die Miete 80 % einer ortsüblichen Miete übersteigt, kann die Steigerung des Solidarbeitrags ausgesetzt werden."[42]

Der Sozialtransfer im Mietshäuser Syndikat ist ein wichtiges Instrument, um neuen Hausprojekten den Kauf eines Bestandhauses beziehungsweise den Neubau zu ermöglichen. Der Solidarbeitrag leistet aber auch einen verbindenden Beitrag zwischen den Häusern und trägt so zur gemeinsamen Identität bei.

Interner Sozialtransfer in den Genossenschaften

Zur Überbrückung von Notlagen ihrer Mitglieder haben einzelne Genossenschaften gesonderte Fonds geschaffen, die durch Solidaritätsbeiträge gespeist werden. Der Solidaritätsbeitrag zur internen solidarischen Unterstützung der Mitglieder wird explizit nicht als eine Alternative zur öffentlichen Daseinsvorsorge angesehen.

In der Familienheim-Genossenschaft Zürich (FGZ) besteht ein Hilfsfonds, der sich aus 0,25 Prozent der Mieten speist und Genossenschaftsmitglieder in finanziellen Engpässen oder Notlagen gezielt unterstützt. Der Charakter des Solidaritätsfonds wird im Reglement der Genossenschaft Kalkbreite klar definiert: Der Solidaritätsfonds sei „als Ergänzung oder Überbrückung des Unterstützungsangebots öffentlicher und privater Institutionen" [43] zu verstehen. Pioniere waren auch hier die ‚alternativen' Züricher Wohnbaugenossenschaften Kraftwerk1, Dreieck oder Gewo Züri Ost.

Oftmals werden aus dem Solidaritätsfonds „keine regelmässigen, wiederkehrenden Beiträge"[44] zur Verfügung gestellt, wie beispielsweise im Solidaritätsfonds der Gesewo/*Giesserei* Winterthur. Mittel des Solidaritätsfonds sind zumeist Überbrückungshilfen für Mitglieder, die in Notlagen gerieten. Die Mittel aus dem Solidaritätsfonds können temporär zur Unterstützung bei der Mietzinsfinanzierung gewährt werden, etwa bei Krankheit, einem Unfall, Erwerbslosigkeit, Scheidung oder anderen finanziellen Notlagen.

In der Genossenschaft Kalkbreite, die eine urbane Mischung der Bewohnerschaft aktiv anstrebt, kann sogar der Mietzins auf Dauer subventioniert werden. Dabei ist der Mietzinszuschuss auf maximal 15 Prozent der Nettomiete begrenzt. Für die Gewährung des Zuschusses werden Vermögensbegrenzungen und, entsprechend des Vermietungsreglements, begrenzter Wohnraum vorausgesetzt.[45] Die Solidaritätskommission, die in der Kalkbreite vom Vorstand eingesetzt wird, kann zudem in begründeten Einzelfällen spezielle Hilfe leisten, wenn „zuvor alle anderen Möglichkeiten ausgeschöpft und alternative Zuständigkeiten abgeklärt sind (Subsidiaritätsprinzip)"[46].

Zugangsermöglichung

Soziale Öffnung der Genossenschaften (Pflichtdarlehensfonds)

Junge Genossenschaften sind in der Regel kapitalschwach. Deshalb müssen sie, in höherem Ausmaße als traditionelle Genossenschaften mit einem nennenswerten Altbestand, Pflichtanteile und Baukostenzuschüsse erheben. Diese können für finanziell schwache Interessenten ein enormes Zugangshemmnis darstellen. Um die Zugangsbarrieren für eine Mitgliedschaft in den Genossenschaften zu senken, wird vereinzelt Unterstützung bei der Pflichtanteilfinanzierung bewilligt. In der Regel werden diese Unterstützungen in Form eines Darlehens gewährt und müssen innerhalb von fünf Jahren zurückgezahlt werden.

In der Züricher Genossenschaft Kraftwerk1 wurde beispielsweise ein Kapitalfonds eingerichtet, der die Herabsetzung des einzuzahlenden Genossenschaftskapitals ermöglicht, „sofern dieses aufgrund der finanziellen Verhältnisse bei der Bewohnerin oder dem Bewohner nicht in voller Höhe einbezahlt werden kann. 1/3 des erforderlichen Anteilscheinkapitals muss geleistet werden. Vom Vermögen, das nach der Zahlung von 1/3 Anteilscheinkapital übrig bleibt, werden Fr. 20.000.– pro erwachsene Person und Fr. 10.000.– pro Kind (bis 16 Jahre, im gleichen Haushalt lebend) abgezogen (Sozialabzug). Der verbleibende Betrag muss bis zur Höhe des zu leistenden Anteilscheinkapitals bezahlt werden".[47]

Ein anderes Beispiel für diese Praxis ist das rheinische Wohnprojekt *Amaryllis* in Bonn: „[...] sofern dieses aufgrund der finanziellen Verhältnisse der Bewoh-

42 *Mietshäuser Syndikat (Hg.): Das Mietshäuser Syndikat und die Hausprojekte. Rücke vor bis zur Schlossallee. Freiburg 2013, S. 9*

43 *Genossenschaft Kalkbreite (Hg.): Reglement des Solidaritätsfonds der Genossenschaft Kalkbreite. Erlassen auf der Generalversammlung der Genossenschaft vom 22.06.2016. § 1.2 Grundsätze.*

44 *Gesewo (Hg.): Handbuch Bewohner. Anhang A09: Reglement Solidaritätsfonds. Zürich 2006, S. 1*

45 *Vgl. ebenda, § 3.1.*

46 *Genossenschaft Kalkbreite: Reglement des Solidaritätsfonds, S. 2, §3.3; Sollte in der Kalkbreite der Solidaritätsfond mehr als 200.000 Franken aufweisen, so können auch befreundete Baugenossenschaften aus diesen Mitteln unterstützt werden.*

47 *Als Orientierung ist das das steuerbare Vermögen gemäß Steuererklärung Kanton Zürich maßgeblich. Kraftwerk1 (Hg.): Reglement des Solidaritätsfonds. Zürich 2007, S. 3.*

nerin/des Bewohners nicht in voller Höhe einbezahlt werden kann. 1/3 des erforderlichen Anteilkapitals muss von der Bewohnerin/dem Bewohner geleistet werden. Vom ihrem/seinem Vermögen, das nach der Zahlung von 1/3 Anteilkapital übrig bleibt, werden Fr. 20'000.– pro erwachsene Person und Fr. 10'000.– pro Kind (bis 16 Jahre, im gleichen Haushalt lebend) abgezogen (Sozialabzug). Der verbleibende Vermögensbetrag muss bis zur Höhe des zu leistenden Anteilkapitals als Anteilkapital eingesetzt werden."[48]

Die Gesowo in Winterthur in der Schweiz hat ebenfalls einen Pflichtdarlehensfonds eingerichtet, der dann wirksam werden kann, wenn Wohnungsinteressenten eine Gesewo-Wohnung nicht mieten könnten, weil es ihnen nicht möglich ist, das Pflichtdarlehen aufzubringen. In der Schweiz ist es möglich, das Pflichtdarlehen, wenn es nicht aus freiem Vermögen finanziert werden kann, als Vorbezug aus der Pensionskasse zu beziehen. Junge Menschen, die noch nicht erwerbstätig sind oder erst wenige Jahre gearbeitet haben, verfügen oftmals nicht über genügend Geld in der Pensionskasse. Bereits Pensionierte oder oftmals auch ältere Frauen wiederum können keinen Vorbezug mehr machen. In einem ersten Schritt sollen deshalb Freunde und Verwandte motiviert werden, das Pflichtdarlehen zu übernehmen. Wenn dies nicht möglich ist, kann ein Darlehen aus dem Solidaritätsfonds gewährt werden. In allen Gesewo-Häusern, so auch in der *Giesserei* in Winterthur, sind alle Bewohnerinnen und Bewohner aufgerufen, ein freiwilliges Solidaritätsdarlehen in der Höhe von zwei Prozent ihres steuerbaren Vermögens oder mindestens 1.000 Franken zu leisten.

Exkurs: Flüchtlinge in Europa und die Solidarität der Wohnprojekte

Die hohe Bereitschaft, solidarisch zu handeln, kann auch an der Praxis vieler Wohnprojekte abgelesen werden, Flüchtlinge in ihren Wohnprojekten aufzunehmen. In diesem Sinne positioniert sich auch die Gesewo: „Die Hausgemeinschaften sind für die Auswahl neuer Mieterinnen und Mieter in den Gesewo-Häusern zuständig. Manche Vermietungen sind der Anfang eines Integrationsprozesses – zum Beispiel, wenn eine Wohnung an Flüchtlinge oder Asylsuchende vermietet wird. Der Vorstand der Gesewo begrüsst es sehr, wenn in Gesewo-Häusern Integration stattfindet. Er empfiehlt den Hausgemeinschaften, bei Integrationsprozessen professionelle Unterstützung in Anspruch zu nehmen – am besten von Anfang an."[49] Da Flüchtlinge in der Regel nicht über ausreichende finanzielle Mittel verfügen, um das Pflichtdarlehen zu leisten, können sie und Asylsuchende, wie alle Mieter, einen Antrag an den Pflichtdarlehensfonds stellen.[50]

Die Unterstützung von Flüchtlingen wird nicht nur in den Genossenschaften praktiziert, sondern auch in den Wiener Heimprojekten, wie in der Baugruppe *B.R.O.T.* in der Seestadt Aspern oder im *Wohnprojekt Wien* im Nordbahnhof-Quartier. Im *Wohnprojekt Wien* unterstützt der Solidaritätsfonds bedürftige Mitglieder, stützt aber auch zwei Solidaritätswohnungen für sozial Bedürftige.[51] Aktuell wird dort auch eine Gästewohnung von einer Flüchtlingsfamilie genutzt.

48 *Kraftwerk1 (Hg.): Reglement des Solidaritätsfonds. Abzurufen unter: www.kraftwerk1.ch/assets/downloads/reglemente/depositenkasse/1604021_Solireglement_neues_Logo.pdf (besucht am 25.02.2017)*

49 *Gesewo (Hg.): Flüchtlinge in der Gesewo. Abzurufen unter: www.gesewo.ch/integration.html (besucht am 25.02.2017)*

50 *Vgl. ebenda*

51 *Vgl. Wohnprojekt Wien/einszueins architektur. In: AFA Architekturmagazin 2/2015, S. 75. Abzurufen unter: www.afa-architekturmagazin.de/wohnprojekt-wien-einszueins-architektur-afa-magazin-022015-s-75/ (besucht am 13.07.2016)*

6.2 Rechtsformen

Die gewählte Organisationsform spiegelt häufig den Charakter und die soziale Ausrichtung der gemeinschaftlichen Wohnprojekte. Besonders relevant wird die Wahl der Rechtsform dann, wenn sie eine programmatische Weichenstellung darstellt und die konzeptionelle Ebene mit der finanziellen Ebene verknüpft wird.[52]

Die meisten Trägermodelle entstanden infolge der Herausbildung des Sozialstaats. Gemeinschaftliche Wohn- und Eigentumsformen sind seit Verabschiedung des deutschen Genossenschaftsgesetzes von 1889 fester Bestandteil des gemeinschaftlichen Wohnens und Bauens.[53] Ebenso haben kommunale Wohnungsunternehmen, zunächst im Sinne des paternalistischen Wohnungsbaus, seit den 1920er-Jahren auch als gemeinnützige Bauträger wichtige wohnungspolitische Aufgaben im Sozialstaat übernommen. In den letzten Jahrzehnten hat sich die Palette der Rechtsformen und Trägermodelle im gemeinschaftlichen Wohnungsbau nochmals stark ausdifferenziert. Starke Impulse gingen seit den 1990er-Jahren von den neuen Baugemeinschaften aus, die sich in manchen Städten zur dritten Säule der Wohnungswirtschaft entwickelten.

Einklang von Ziel und Form

Die Frage, welche Rechtsform für ein gemeinschaftliches Wohnprojekt die angemessene ist, kann oftmals nicht leicht oder eindeutig entschieden werden. Ein sehr anschauliches Beispiel für die Notwendigkeit, verschiedene Abwägungen zu treffen, ist das Wohnprojekt *Spreefeld* in Berlin. 2010 kaufte eine Kerngruppe das Grundstück an der Spree. Bereits ein dreiviertel Jahr nach dem Kauf wurde der Entschluss gefasst, die bestehende GmbH in eine Genossenschaft umzuwandeln. Mit der Entscheidung zur Überführung in eine Genossenschaft sollte, so Angelika Drescher (die zusammenarbeiter/Projekt *Spreefeld*), „Ziel und Form in Einklang gebracht"[54] werden. Dennoch war es aber in der Gründungsphase für die Kerngruppe wichtig, rasch und unbürokratisch Entscheidungen treffen zu können, um das Grundstück zu erwerben und eine konzeptionelle Ausrichtung des Projekts treffen zu können – deshalb die Rechtsform GmbH in der Konstituierungsphase. Die genossenschaftliche Organisationsform wurde dann aber bevorzugt, als es darum ging, die gemeinschaftliche Idee institutionell zu sichern und einem spekulativen Missbrauch des Wohnraums in einer späteren Phase vorzubeugen.

Angelika Drescher (die zusammenarbeiter/Projekt *Spreefeld*): „Die gemeinschaftliche Kerngruppe bestand aus fünfzehn Personen – diese haben sich die Wohnungen schon vor Ankunft der Anderen zusammengepuzzelt. Es war klar, dass die Gruppe größer werden muss und man nicht mehr alleine bestimmen kann. Weitere Wohninteressenten für dieses hochwertige Grundstück zu finden war nicht schwierig. 2011 geschah die Umwandlung in eine Genossenschaft, danach kamen auf einen Schlag 30 weitere Personen, jede Person wurde stimmberechtigt. Nach drei Jahren – wenn wir das Zusammenleben erprobt haben – darf jeder die Wohnung, die er im Nutzungsrecht bewohnt, anbieten lassen und kaufen. Die Diskussion um diesen möglichen Abverkauf wird nicht ideologisch geführt, die Genossenschaft könnte auch Abverkäufe verkraften. Das Dauerwohnrecht und das Gleichbehandlungsgesetz – festgelegt in den Statuten des Genossenschaftsgesetzes – steht über allem. Die Genossenschaft ist nach oben wie nach unten anschlussfähig, Leute mit wenig Kapitel und Personen mit mehr Kapital – vor allem die Grundstückskäufer –

52 *Vgl. Fedrowitz, Micha: Gemeinschaftliche Wohnprojekte in Deutschland (23. September 2011). In: nationalatlas.de aktuell. Abzurufen unter: aktuell.nationalatlas.de/wohnprojekte-9_09-2011-0-html/ (besucht am 21.04.2016)*

53 *Vgl. Harlander, Tilman/Kuhn, Gerd: Gemeinschaftliches Wohnen – gestern und heute. In: Edition Detail. Best of Housing/Wohnen. München 2012, S. 12–15.*

54 *Interview mit Angelika Drescher*

sind Mitglieder. Das Konstrukt der Großwohnungen ist allerdings abhängig von der Genossenschaft, es wurde ein Mietvertrag für alle abgeschlossen, jeder ist einzeln Anteilseigner. In den Großwohnungen entsteht eine Riesenkraft gegen Eigentumsbildung. Auch eigentumsorientierte Genossenschaften werden bald diese Diskussion führen müssen."[55]

eG Wohnbaugenossenschaften (eG)

Eine Wohnbaugenossenschaft ist prinzipiell eine ‚offene Gemeinschaft'. Sie unterscheidet sich auch dadurch deutlich von anderen Unternehmen des Handelsrechts, die stets ‚geschlossene Gesellschaften' sind. Jeder Frau und jedem Mann ist jederzeit der Eintritt in die Genossenschaft möglich, jedes Mitglied hat das Recht, jederzeit auszutreten. Die gezeichneten Anteile werden dann nach einem festgelegten Zeitraum (z. B. ein Jahr nach der Jahresversammlung) unverzinst zurückerstattet. Obwohl die eingetragene Genossenschaft (eG) eine offene Gesellschaft ist, verfolgt sie nach dem deutschen Genossenschaftsgesetz den Zweck der Förderung der Mitglieder (§ 1 Abs. 1 GenG). Genossenschaften sind also vorrangig als Gemeinschaft der Genossenschaftsmitglieder diesen verpflichtet und nicht dem Gemeinwesen, also der Allgemeinheit oder dem Quartier. Primär verfolgen die Genossenschaften das Ziel der internen Gemeinschaftsbildung.[56]

Zunehmend formulieren aber neue Genossenschaften das Ziel, in Ergänzung der wohnlichen Versorgung ihrer Mitglieder Gemeinschaftsanlagen zu errichten, die auch für nachbarschaftliche Nutzungen offen sind.

Die Genossenschaft Spreefeld hat in ihre Satzung daher folgende Punkte aufgenommen:

§ 2 Abs. 1
Insbesondere fördert die Genossenschaft gemeinsames und selbstbestimmtes Wohnen ihrer Mitglieder in dauerhaft gesicherten Verhältnissen.[57]

§ 3 Abs. 2
Die Genossenschaft verfolgt das Ziel des generationsübergreifenden, nachbarschaftlichen Zusammenlebens und der sozial gemischten Zusammensetzung der Bewohner/innen.[58]

Diese Öffnung der Genossenschaften wurde auch in der Satzung der 2003 gegründeten Genossenschaft wagnis in München aufgenommen:

„§ 2 Zweck und Gegenstand der Genossenschaft
(1) *Zweck der Genossenschaft ist die Förderung ihrer Mitglieder vorrangig durch eine sozial und ökologisch verantwortbare und sichere Wohnungsversorgung. Die Genossenschaft fördert insbesondere gemeinschaftliches, generationenübergreifendes, selbstbestimmtes und selbstverwaltetes Wohnen.*
(2) *Die Genossenschaft kann Grundstücke und Gebäude in allen Rechts- und Nutzungsformen bewirtschaften, errichten, erwerben, vermitteln, betreuen und Wohnungen veräußern. Sie kann alle im Bereich der Wohnungs- und Immobilienwirtschaft, des Städtebaues und der Infrastruktur anfallenden Aufgaben übernehmen. Hierzu gehören Gemeinschaftsanlagen und Folgeeinrichtungen, Läden und Räume für Gewerbebetriebe, soziale, wirtschaftliche und kulturelle Einrichtungen und Dienstleistungen. Beteiligungen sind zulässig.*
(3) *Die Ausdehnung des Geschäftsbetriebes auf Nichtmitglieder ist zugelassen; Vorstand und Aufsichtsrat beschließen gemäß § 28 die Voraussetzungen."*[59]

Genossenschaften werden von vielen Wohninitiativen bevorzugt, da sie Grundsätze des gemeinschaftlichen Wohnens widerspiegeln und umsetzen.[60] In den letzten beiden Jahrzehnten erleben junge und alte Genossenschaften im gemeinschaftlichen Wohnen eine Renaissance. Dieses Aufblühen der Genossenschaftsprojekte spiegelt sich auch am Übergewicht dieses Trägermodells in den in diesem Buch vorgestellten Fallstudien wider.

Als Vorteile der Genossenschaften werden stets genannt: Es wird eine gemeinschaftliche Lebensform langfristig ermöglicht und die Genossenschaften beruhen immer auf den demokratischen Prinzipien der Mitbestimmung, Mitgestaltung und Mitentscheidung. Für einige Gruppen ist der Punkt wichtig, dass kein individueller Gewinn aus dem geschaffenen Vermögen geschöpft werden kann. Den deutlichen Vorzügen stehen aber auch eine Reihe von Nachteilen entgegen: Genossenschaften sind nur mit einem hohen Aufwand zu gründen und aufgrund der Bilanzierungs- und Prüfungspflicht vergleichsweise teuer. Die Not-

55 *Ebenda*

56 *Bundesamt für Bau-, Stadt- und Raumforschung (BBSR) im Bundesamt für Bauwesen und Raumordnung (BBR) (Hg.): Wohnungsgenossenschaften als Partner der Kommunen. Bonn 2016*

57 *Satzung der Bau- und Wohngenossenschaft* Spreefeld *Berlin eG, Fassung vom 29.6.2015 , S. 4. Abzurufen unter: coplaner.net/webdav/zusammenarbeiter/SFB%20Spreefeld%20Berlin/Pr%C3%A4sentation/Unterlagen/150706_SFB%20Satzung%20A5_interaktiv.pdf (besucht am 21.03.2016)*

58 *Ebenda*

59 *Wohnbaugenossenschaft* wagnis *eG: Satzung. Abzurufen unter: www.wagnis.org/assets/templates/wagnis/pdf/wagnisSatzung-2008-03-09.pdf (besucht am 21.03.2016)*

60 *Vgl. Stiftung trias (Hg.): Die Genossenschaft als Rechtsform für Wohnprojekte. Hattingen 2015.*

wendigkeit einer betriebswirtschaftlichen Verwaltung erschwert besonders kleinen Initiativen die Gründung einer Genossenschaft. Durch die Novellierung des Genossenschaftsgesetzes 2006 wurde aber die Gründung kleiner Genossenschaften erleichtert.

Die Stärken und Schwächen der Rechtsform Genossenschaft zeigt, dass es kein allgemein übertragbares Modell oder keine ideale Trägerform für gemeinschaftliche Wohnprojekte gibt. Vielmehr müssen die Initiativen vorab überlegen, welche Rechtsform gewählt werden soll, um Form und Inhalt in Übereinstimmung zu bringen.

Als neue wichtige Bauträger des gemeinschaftlichen Bauens haben sich in den letzten Jahren neben den Genossenschaften nun Baugemeinschaften etabliert.

WEG Baugemeinschaften (GbR)

In verschiedenen deutschen Städten und neuerdings auch in Wien setzen Baugemeinschaften wichtige Impulse für urbane Wohnformen und für eine sozial nachhaltige Quartiersentwicklung. In Freiburg, Tübingen, Hamburg und neuerdings in Mittelstädten, wie in Landau in der Pfalz[61] oder in Kirchheim unter Teck, wurden Baugemeinschaften zu wichtigen Kooperationspartnern für eine lebendige Quartiersentwicklung.[62] Baugemeinschaften haben sich dort in den letzten beiden Dekaden als dritte Säule der Wohnungswirtschaft – neben den Bauträgern und Einzelbauherren – etabliert. Mit diesen neuen Wohnprojekten trat eine deutliche Bereicherung des gemeinschaftlichen Wohnens und Bauens ein. Ihre bevorzugte Rechtsform ist die der Gesellschaft bürgerlichen Rechts (GbR). Wesentliche Merkmale der Baugemeinschaften sind Selbstbestimmung und Selbstverantwortung. Vorrangiges Ziel der Baugemeinschaften ist zunächst, ähnlich wie bei den Genossenschaften, Wohnraum für ihre Mitglieder zu schaffen. Ein gemeinschaftliches Mehr – beispielsweise gemeinschaftliche Sozialräume, Werkstätten oder Gästewohnungen – ist ebenso wie bei der Rechtform der Genossenschaft möglich.

Nach Jahren der Experimente hat sich folgende Rechtsform durchgesetzt: Im Bauprozess wird in der Regel eine GbR gegründet.[63] Die Haftung der Gesellschafter bleibt auf ihren jeweiligen Gesellschaftsanteil beschränkt. Eine gesamtschuldnerische Haftung der Gesellschafter ist begrenzt. Nach Baufertigstellung werden die Rechtsverhältnisse weiter individualisiert und zwischen Sonder- und Gemeinschaftseigentum nach Wohnungseigentumsgesetz (WEG) unterschieden. Diese in vielen Eigentümergemeinschaften bewährte Rechtskonstruktion ermöglicht eine relativ klare Regelung privatrechtlicher Belange, problematisch ist jedoch, dass gemeinschaftliche Ziele, die möglicherweise die Gründergeneration beabsichtigte, in dieser Rechtsform nicht langfristig gesichert werden können.

GmbH Wohnungsbaugesellschaften (GmbH u. a.)

In der Schweiz und in Österreich gibt es weiterhin die Wohnungsgemeinnützigkeit. Wie bei den Wiener Projekten ersichtlich, spielen die Objektförderung und der gemeinnützige Wohnungsbau dort nach wie vor eine große Rolle. In Deutschland hingegen wurde am 01.01.1990 das Wohnungsgemeinnützigkeitsgesetz aufgehoben. Dennoch handeln gerade kommunale Wohnungsunternehmen, deren Tätigkeit darauf ausgerichtet ist, breite Schichten der Bevölkerung mit Wohnungen zu versorgen, weiterhin nach gemeinnützigen Prinzipien. Der Zweck der Geschäftstätigkeit ist primär nicht der erwerbswirtschaftliche Gewinn, sondern wohnungswirtschaftliche Maßnahmen, die dem Gemeinwohl dienen.

In selbstbestimmten gemeinschaftlichen Wohnprojekten spielen ehemals gemeinnützige Wohnungsunternehmen, die unterschiedliche Rechtsformen (GmbH, AG etc.) haben, eine untergeordnete Rolle. Dennoch können auch diese, wie das Fallbeispiel aus Königsbrunn zeigt, durchaus nennenswerte Impulse setzen.

Die GWG als Tochterunternehmen der Stadt Königsbrunn soll „eine gute, sichere und sozial verantwortbare Versorgung der Bürger mit bezahlbarem Wohnraum"[64] sichern. Ehemals gemeinnützige Wohnungsgesellschaften zeigen aber auch große Verantwortung und hohe Kooperationsbereitschaft mit anderen Baugruppen, um lebendige und vernetzte Quartiersgemeinschaften zu bilden. Dieses Engagement der Münchner kommunal geprägten Gesellschaften ist in den gemeinschaftlichen Wohnquartieren im Ackermannbogen oder Domagkpark anschaulich sichtbar. Statt Konkurrenz prägt nun die Kooperation die Quartiersentwicklung (siehe Fallstudie *wagnis 4* und *wagnisART*).

61 *Vgl. Stadt Landau in der Pfalz (Hg.): Bürgerhäuser neu gedacht – Baugemeinschaften und Wohnprojekte in Landau in der Pfalz. Landau 2015.*

62 *Vgl. Krämer, Stefan/Kuhn, Gerd: Städte und Baugemeinschaften. Stuttgart 2009; Kuhn, Gerd/Harlander, Tilman: Baugemeinschaften im Südwesten Deutschlands. Stuttgart 2010*

63 *Vgl. Heinzmann, Friedrich: Die freie Baugemeinschaft. Praktische Überlegungen aus juristischer Sicht und Vertragsmuster. Tübingen 2006*

64 *GWG (Hg.): Die GWG und ihre Aufgaben. Abzurufen unter: www.gwg-angebote.de/unser-auftrag (besucht am 25.02.2017)*

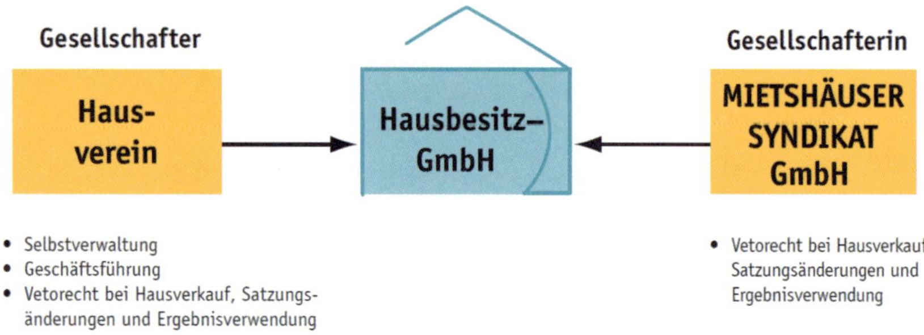

Modell des Mietshäuser Syndikat

Standorte der Mietshäuser-Syndikat-Projekte

Mietshäuser Syndikat

Die Rechtsform ‚Gesellschaft mit beschränkter Haftung' (GmbH) wählte auch das Mietshäuser Syndikat, das in den letzten Jahren eine große Dynamik entfaltete. Von Freiburg im Breisgau ausgehend, existieren inzwischen 116 Hausprojekte und 22 Projektinitiativen (Stand Ende 2016).

Das Miethaussyndikat ist ein loser Zusammenschluss autonomer Hausprojekte. Die einzelnen Häuser sind als Hausvereine selbstorganisiert. Der Eigentumstitel der Immobilie liegt bei einer Gesellschaft mit beschränkter Haftung als rechtlich selbständigem Unternehmen. Diese Hausbesitz-GmbH hat zwei Gesellschafter: den Hausverein und das überregionale Mietshäuser Syndikat. Veränderungen können nur mit Zustimmung beider Gesellschafter beschlossen werden. Ziel ist die Bewahrung des Status quo, also die Abwehr der Spekulation durch Verhinderung des Hausverkaufs für alle Zeiten. In ihrem Selbstverständnis wird das Syndikatsmodell folgendermaßen zusammengefasst: „Im Ergebnis entsteht durch die beschriebene Beteiligung des Syndikats an den Hausbesitz-GmbHs ein Unternehmensverbund selbstorganisierter Hausprojekte, die sich der Idee des Solidartransfers von Altprojekt zu Neuprojekt verpflichtet haben. Die generelle Autonomie der Projekte wird durch ein Vetorecht des Mietshäuser Syndikats gegen Zugriffe auf das Immobilienvermögen eingeschränkt, um eine mögliche Reprivatisierung und erneute Vermarktung der Häuser zu verhindern."[65]

eV Verein/GmbH/gGmbH

Da die traditionellen Organisationsformen (eG oder WEG) oftmals nicht passend für einzelne Wohnprojekte sind, entwickelte sich eine Vielfalt von Variationen und Ausdifferenzierungen.

Eine beliebte und unkomplizierte Rechtsform ist der Verein. In Deutschland ist diese Form besonders bei Gruppen in der Gründungsphase verbreitet. In der Regel sind dies aber ideelle Vereine, die sozialen oder kulturellen Anliegen dienen und nicht auf den Zweck eines wirtschaftlichen Geschäftsbetriebs ausgerichtet sind. Die wirtschaftlichen Vereine benötigen zur Erlangung ihrer Rechtsfähigkeit eine staatliche Verleihung, die jedoch nur selten gewährt wird. „Spätestens in den weiteren Planungs- und dann in der Realisierungsphase wird jedoch davon ausgegangen, dass die wirtschaftlichen Aktivitäten der Gruppe keine untergeordnete Rolle mehr spielen, da bei den meisten Gruppen das Bauobjekt mit den zahlreichen Verträgen mit Dritten im Vordergrund steht und nicht die sonstigen sozialen und kulturellen Aktivitäten. Der Gesetzgeber sieht für solche Aktivitäten andere Rechtsformen vor, wie zum Beispiel die Genossenschaft (eG), die Gesellschaft mit beschränkter Haftung (GmbH) oder die Gesellschaft bürgerlichen Rechts (GbR), die die Gruppe nutzen muss."[66]

In Wien haben Vereine als Organisationsform in Heimprojekten, aufgrund der spezifischen örtlichen Situation, eine sehr relevante Bedeutung.

In den letzten Jahrzehnten haben sich die gemeinschaftlichen Wohnprojekte mit ihren gewählten Rechtsformen weiter ausdifferenziert. Kleine, selbstorganisierte Häuser haben andere Anliegen als Großprojekte. Einige Gruppen streben nach individuellem Eigentum, andere sehen nur das kollektive Eigentum als Garant des Gemeinschaftlichen. Andere Gruppen können kein Eigentum (individuell oder kollektiv) bilden und sind auf neue selbstbestimmte Mietformen im gemeinschaftlichen Wohnungsbau angewiesen.

Im *Lebensort Vielfalt* in Berlin wurde die Rechtsform 'gemeinnützige Gesellschaft mit beschränkter Haftung' (gGmbH) gewählt, da die Schwulenberatung Berlin als Eigentümer den Betrieb des Hauses mit einer Mietergemeinschaft als am annehmbarsten empfand.

Die Frage, mit welcher Rechts- und Organisationsform Ziele einer Sozial- und Quartiersorientierung in gemeinschaftlichen Wohnprojekten am besten umgesetzt werden können, lässt sich damit nicht eindeutig beantworten.

Christian Schöningh, Mitinitiator der *Wohnetagen Steinstrasse* in Berlin, für die die Rechtsform GmbH & KG gewählt wurde, und später auch Mitinitiator von *Spreefeld*, schrieb über die Bedeutung der Rechtsform Folgendes: „Nicht die Rechtsform, sondern die Menschen sollten den Werdegang von Wohnprojekten bestimmen. Ob ich einem Gesellschafter oder einem Genossen begegne oder zum Nachbarn habe, ist einerlei. Bei uns ist durch die lange Planungs- und Vorgeschichte und schließlich durch die Nutzung eine wunderbare kooperative und auch sehr bunt gemischte Nachbarschaft entstanden; nicht mehr und nicht weniger."[67]

65 *Mietshäuser Syndikat (Hg.): Das Mietshäuser Syndikat und die Hausprojekte. Rücke vor bis zur Schlossallee. Freiburg 2013, S. 7*

66 *Töllner, Andrea: Verein als Rechtsform für Wohnprojekte – ideell und gemeinnützig? In: Stiftung trias (Hg.): Der Verein als Rechtsform für Wohnprojekte. Hattingen 2015, S. 9*

67 *Schöningh, Christian: Wohnetagen Steinstraße in Berlin Mitte. In: Stiftung trias (Hg.): Rechtsformen für Wohnprojekte. Hattingen 2016, S. 45*

Wohnetagen Steinstrasse; Berlin

6.3 Partizipation

68 *Vgl. Bischoff, Ariane/Selle, Klaus/Sinning, Heidi: Informieren, Beteiligen, Kooperieren: Kommunikation in Planungsprozessen, Dortmund 1995*

69 *Schärer, Caspar: Wohn- und Gewerbeüberbauung Kalkbreite in Zürich von Müller Sigrist Architekten. In: werk, bauen + wohnen. 6/2014, S. 69*

70 *Vgl. Partizipation aus Sicht der Sozialraumforschung: Rießen, Anne van/Bleck, Christian: Zugänge zu ‚Möglichkeitsräumen für Partizipation' im Quartier? Abzurufen unter: www.sozialraum.de/zugaenge-zu-moeglichkeitsraeumen-fuer-partizipation-im-quartier.php (besucht am 21.12.2016)*

71 *Schärer, Caspar: Wohn- und Gewerbeüberbauung Kalkbreite in Zürich von Müller Sigrist Architekten. In: werk, bauen + wohnen. 6/2014*

Die ungewöhnliche Dynamik der neuen gemeinschaftlichen Wohnprojekte entsteht durch die Verflechtung der Stadt- und Wohnprojektentwicklung mit neuen Formen der Partizipation. Die Verfahren, die immer schon das gemeinsame Planen, Bauen und Wohnen prägten[68], sind in den letzten Jahren erweitert und modifiziert worden. Häufig stellt man sich unter der breiten Mitwirkung, so Caspar Schärer, „tumultuöse Vollversammlungen vor, an denen tendenziell alternativ-ökologisch angehauchte Idealisten Kaskaden von sich widersprechenden Vorstellungen unendlich lange besprechen und am Schluss ohne Ergebnis auseinander gehen"[69]. Statt Chaos prägt heute Kreativität die Beteiligungsverfahren. Die in diesem Buch vorgestellten gemeinschaftlichen Wohnprojekte beruhen überwiegend auf einer breiten Mitwirkung und einer Konsenskultur, die nur entstehen kann, wenn gewissenhaft, offen und klar kommuniziert wird. Damit Beteiligungsverfahren nicht zur bloßen Alibi-Beteiligung oder Gemeinwohldienlichkeit verkommen[70], müssen Möglichkeitsräume für Partizipation im Wohnprojekt und Quartier definiert werden. Die Leidenschaft der Partizipationsteilnehmer bedarf ausgleichender Strukturierung durch Moderation und professionelle Erfahrung. „Partizipation, so gut sie sich auch anfühlt, braucht eine wichtige Partnerin an ihrer Seite: die Professionalität."[71] Beides, die Dynamik der direkten Teilhabe und die Distanz reflexiver Professionalität, zeichnen die neuen Partizipationskulturen aus.

Unmittelbare Partizipation

Trotz aller geistigen Verwandtschaft zwischen den gemeinschaftlichen Wohnprojekten haben sich dennoch unterschiedliche Wege und Verfahren in ihrem jeweiligen lokalen Kontext herausgebildet. Traditionell sind die Partizipationsansätze unmittelbar auf die Planung, den Bau und die Selbstnutzung und Selbstverwaltung des eigenen Hauses bezogen.

Zu den wesentlichen Prinzipien gemeinschaftlicher Wohnprojekte zählt die Möglichkeit der Mitglieder zur direkten Mitwirkung und Mitentscheidung. Durch Partizipation können gestalterische und identifikationsstiftende Qualitäten aktiviert werden.

Auf welchen Ebenen und in welchem Grad diese möglich sind, hat die Münchner Genossenschaft WOGENO für ihre Genossen anschaulich zusammengestellt. In einer übersichtlichen und detaillierten Matrix können die Form und der Grad der Beteiligung sowie die Verantwortlichkeit innerhalb der Genossenschaft abgelesen werden.

Auch in der Genossenschaft Möckernkiez wurden in einem Diagramm die Ebenen der Partizipation visualisiert und auf das Haus, die Hausgemeinschaft

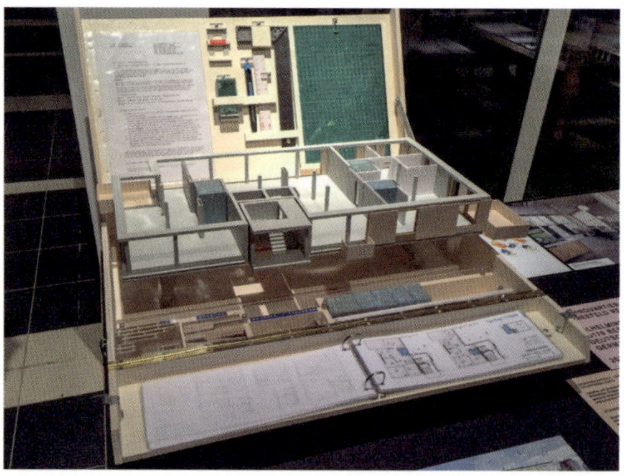

„Modellkoffer", Wohnprojekt *Spreefeld*

Elemente der Beteiligung	Grad der Beteiligung, Verantwortlichkeit				
Standort	Information	Beratung	Mitsprache	Selbstver-antwortung	
Lage im Stadtgebiet	X				
ÖPNV	X				
Planerische Rahmenbedingungen					
Art und Maß der Nutzung	X				
Kooperationspartner	X	X			
Rechtliche Rahmenbedingungen					
Eigentum an Grund und Boden	X				
Nutzungsbeschränkungen, -auflagen	X				
Wirtschaftliche Rahmenbedingungen/Finanzierung					
Bodenpreis	X				
Wirtschaftlichkeitsberechnung	X				
Einkommensvoraussetzungen (öff. Förd.)	X				
Startmiete und Mietentwicklung	X	X			AG Finanzen
Eigenkapital (Höhe und Zusammensetzung)	X	X			
EK-Anteile nach Förderart festlegen	X				
Organisation und Arbeitsweise					
Projektgruppe organisieren	X	X	X	X	
Informationen (Internet)	X	X	X	X	
Entscheidungsstrukturen definieren (Leitlinien)	X	X	X		
Entscheidungsfindung dokumentieren (Protokolle, Intranet)	X	X	X	X	
Kooperation mit Planern					
Planerauswahl	X	X			AG Bau+
Modus Zusammenarbeit	X	X			AG Freiflächen
Nutzungsbausteine					
Nutzungskonzept – Wohnungsmix	X	X			
Gemeinschaftsräume, inkl. Küche (bzw. -bereiche)	X	X	X		AG Gemeinschaft
Gästeapartment	X	X	X		AG Bau
Pflegeapartment oder Ähnliches	X	X	X		
Räume für die Jugend	X	X	X		
Nutzungsoffene Räume	X	X	X		
Flächen für besondere Nutzergruppen (z.B. WG's)	X	X			
Werkstätten, Ateliers	X	X			
Erschließungssystem					
Aufzug	X	X			AG Bau
Laubengang	X	X			
Spänner	X	X			
Wohnungsgrundriss					
Wohnungstypen in Varianten	X	X	X		AG Bau
Wohnbezogene Nebenflächen					
Größe Kellerabteile bzw. sonstige Abstellflächen	X	X			AG Bau
Fahrradabstellflächen Keller/TG	X	X	X		
Mobilität					
Mobilitätskonzept	X	X	X		AG Mobilität
Stellplatzschlüssel	X	X			Quartiersmanagment
Carsharingsystem	X	X	X		
Stellplätze Zweiräder/Kinderwagen	X	X			
Freiflächen					
Spielplatz/Spielgeräte	X	X	X		AG Freiflächen
Pflanzkonzept, Pflanzbeete	X	X	X		
Zonierung der Freiflächen	X	X	X		
Freiräume für besondere Nutzergruppen	X	X	X		
Baustandards					
Energetischer Standard	X	X			AG Bau
Barrierefreiheit	X	X			
Baumaterialien (Konstruktion, Fassade)	X	X			
Türen und Fenster	X	X			

Matrix Beteiligung in der Wohnungsbaugenossenschaft WOGENO, München (Auszug)

72 *Baugenossenschaft Möckernkiez eG (Hg.): Modellprojekt Möckernkiez. Ein Projekt für Jung und Alt – sozial, interkulturell, ökologisch, barrierefrei. Berlin 2013, S. 24.*

73 *Ebenda*

und auf die gemeinsamen Einrichtungen bezogen. Die damalige Geschäftsführung betrachtete die Vermittlung von Wissen und Information zum Planungsstand als erste und wichtigste Grundlage, damit Partizipation gelingen kann. Aufbauend auf dieser Grundlage könne jedes Mitglied „Einfluss auf die Inhalte nehmen, indem wir gemeinsam Vorschläge, Konzepte und Ideen entwickeln. Nur so können die Planungen dem Bedarf entsprechen und weiterentwickelt werden“[72]. Die dritte Ebene betrifft gemeinsame Entscheidungen durch Mehrheitsbeschlüsse der Mitgliederversammlung und „bezieht sich vor allem auf Abstimmungen über Grundsätze, die in der Satzung verankert sind (§ 36 der Satzung) und auf die Wahl der Mitglieder von Vorstand und Aufsichtsrat“[73].

In der Wohnungsbaugenossenschaft WOGENO, wie im Prinzip in allen anderen Genossenschaften auch, wird zwischen den Ebenen Information, Beratung, Mitsprache und Selbstverwaltung unterschieden. Da die WOGENO über verschiedene Hausprojekte verfügt und sie die Eigenständigkeit und Eigeninitiative in den einzelnen Häusern fördern will, ist eine Zwischenebene eingeführt worden: die der Haussprecher. Diese vermitteln und vertreten die Interessen der einzelnen Häuser gegenüber dem Vorstand der Genossenschaft.

Kleinere Hausprojekte streben häufig nach Eigenständigkeit und Selbstbestimmung, benötigen aber eine unterstützende Hilfe bei der Organisation, Verwaltung und Finanzierung ihrer Häuser. Es haben sich daher in Hamburg, München oder in anderen Städten sogenannte Dachgenossenschaften etabliert, die für die einzelnen Wohninitiativen übergeordnete Aufgaben übernehmen und bündeln. In Nordrhein-Westfalen ist gerade eine Dachgenossenschaft in Gründung (Ko-Operativ eG NRW i. Gr.). Änderungen im Genossenschaftsgesetz (GenG) von 2006 erleichtern die Gründung von kleinen und kleinsten Genossenschaften. Die Problemlage kleiner Wohnprojekte wird in einem Sondergutachten des Bundesamtes für Bauwesen und Raumordnung treffend beschrieben: „Die meisten Wohnprojekte befinden sich in einem Spannungsfeld: Zum einen besteht der Wunsch nach möglichst großer Autonomie, die es ihnen ermöglicht, die wohn- und lebensformspezifischen Bedürfnisse in der Bewohnergruppe weitestgehend eigenverantwortlich und vor Ort zu gestalten; zum anderen stoßen die Gruppierungen an Grenzen, sei es hinsichtlich der Finanzierung ihrer Vorhaben oder der laufenden Wirtschaftsverwaltung, die sie mangels Größe nicht effizient oder mangels Kompetenz und Erfahrung möglicherweise auch gar nicht überwinden können. Hier können Dachgenossenschaften eine Träger- und Unterstützungsstruktur für neu entstehende oder existierende Wohnprojekte bieten, die diese auf der einen Seite von bestimmten Aufgaben entlastet,

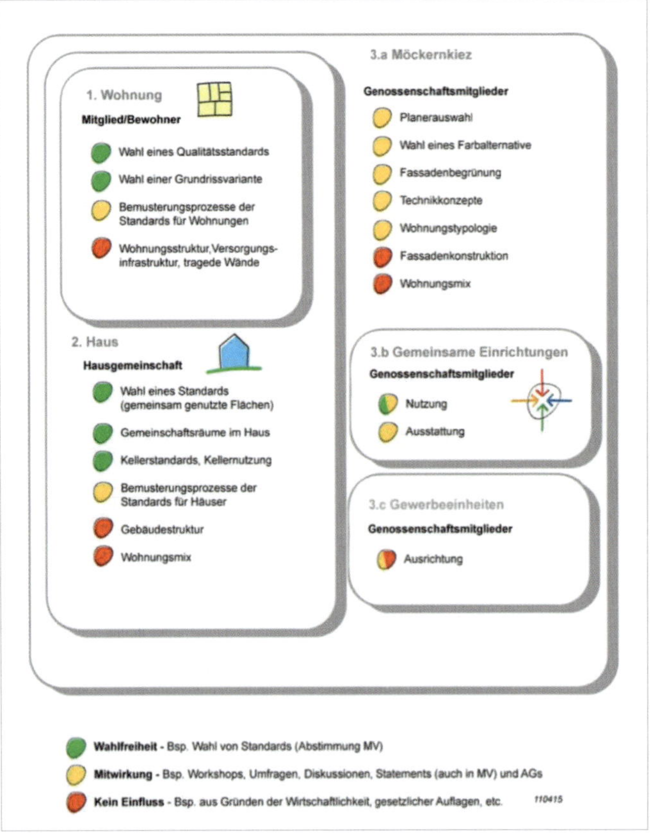

Verschiedene Ebenen der Partizipation in der Genossenschaft Möckernkiez

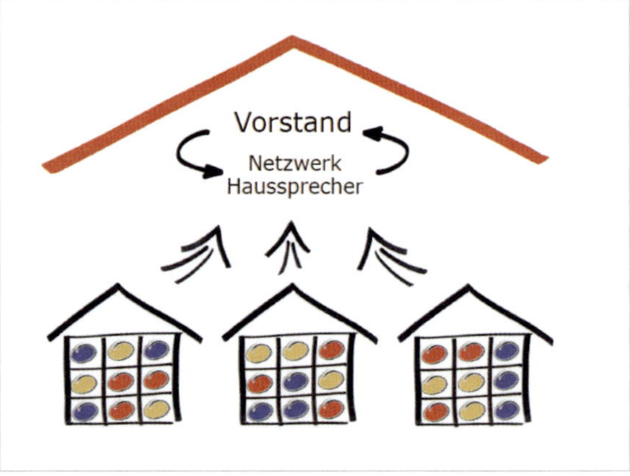

Schema Häuser und Haussprecher, WOGENO, München

ihnen aber auf der anderen Seite die Möglichkeit gibt, das tägliche Zusammenleben nach individuellen Vorstellungen basisdemokratisch innerhalb der Bewohnergruppe zu gestalten.“ [74]

Das zugrundeliegende Prinzip der Autonomie der einzelnen Häuser wird konsequent im Mietshäuser Syndikat angewandt. Die übergeordnete Ebene – die bundesweit tätige Mietshäuser Syndikat GmbH – schließt einen spekulativen Missbrauch des Wohnprojekts aus, hat aber keinen weitergehenden Einfluss auf die einzelnen Häuser, die selbstverwaltend ihr Leben und die Ausgestaltung lokal regeln.[75]

Neue Wege der Partizipation

In den untersuchten Wohnprojekten wird mit neuen Formen der Beteiligung experimentiert. Die Wege, die beschritten werden, sind allerdings sehr unterschiedlich. Ihnen gemeinsam ist die Aktivierung der Bauenden und die frühzeitige Identifikationsbildung mit dem Wohnprojekt und dem Wohnquartier. Besonders die Genossenschaftskultur brachte stets sehr differenzierte und demokratisch legitimierende Formen der Mitwirkung bei der Organisation und der Ausgestaltung der Wohnnutzung hervor. Die Münchner Genossenschaft wagnis hat hierfür einen Beteiligungsfahrplan entwickelt. In der Bauphase bilden sich Projektgruppen, die den Bauprozess begleiten. Besprochene Themen werden dann zur weiteren Diskussion und Entscheidung ins Plenum getragen.

Gestaltende Partizipation

Oft entsteht aber dann eine Konfliktlinie, wenn die zukünftigen Nutzer des Gebäudes auch in Gestaltungsfragen mitreden wollen. Im *wagnisART*-Projekt erprobten die Architekten des bogevischs buero mit SHAG Architekten zusammen mit der Münchener Genossenschaft wagnis eG ein ungewöhnliches Konzept des basisdemokratischen Entwerfens. Für diesen Prozess mussten die Entwerfer ihre Haltung grundlegend ändern. „Der Architekt war nicht mehr der meist bis zu einem gewissen Grad auf verlorenem Feld stehende Verwalter und Verteidiger guter Gestaltung, sondern war moderierend und strukturierend tätig.“[76] In mehrstufigen interativen Entwicklungs- und Entscheidungsprozessen entwickelten die zukünftigen Nutzer mit den Architekten eine ungewöhnliche Form des Gebäudekomplexes, die deutlich von dem städtebaulichen Rahmenplan abwich, der eine U-förmige Blockschließung vorsah. Aus Schuhschachteln und Papierstreifen wurden gemeinsam fünf Gebäude zusammengefügt, die nach Erdteilen benannt wurden. Die Architekturbüros setzten dann die Modelle in Architektur um. Der beteiligte Architekt Rainer Hofmann beschrieb diesen Prozess folgendermaßen: „Wir kämpfen in normalen Projekten immer, um unsere Entwurfsautonomie gegenüber den anderen Planungsbeteiligten zu verteidigen – gegenüber scheinbar wirtschaftlichen Interessen oder einer fehlenden Flexibilität Dritter. Wir sind dieses Projekt ganz anders angegangen: Wir haben, innerhalb eines choreographierten Regelwerks, einen ergebnisoffenen Prozess aktiv moderiert. Das Resultat bestätigt, so denke ich, diesen Weg.“[77] Aus dem Prozess entwickelten sich auch die partiell öffentliche gemeinschaftliche Nutzung der Erdgeschosszonen und die private und gemeinschaftliche Ebene der Dachterrassen und Luftbrücken.[78]

Wiener Wohnprojekte und die Konsenskultur

Die Wiener Projekte unterscheiden sich nicht nur in den Rechtsformen deutlich von Projekten in Zürich oder Berlin. Der Bezugspunkt für die Wiener gemeinschaftlichen Wohnprojekte ist immer noch die *Sargfabrik*. Der 1987 gegründete Verein für Integrative Lebensgestaltung baute nach einem 10-jährigen

74 *Bundesministerium für Verkehr, Bau und Stadtentwicklung (BMVBS)/Bundesamt für Bauwesen und Raumordnung (BBR) (Hg.): Modelle genossenschaftlichen Wohnens. Praxisleitfaden Dachgenossenschaften in der Wohnungswirtschaft. S. 6. Abzurufen unter: www.bbsr.bund.de/BBSR/DE/FP/ExWoSt/Forschungsfelder/2004undFrueher/ErschliessenVon Genossenschaftspotenzialen/Veroeffentlichungen/DL_Sondergutachten_Praxisleitfaden_Dachgenossenschaften.pdf?__blob=publicationFile&v=3 (besucht am 18.12.2016)*

75 *Vgl. ebenda*

76 *Lepik, Andres/Strobl, Hilde (Hg.): Keine Angst vor Partizipation! Wohnen heute. Magazin zur Ausstellung. Architekturmuseum München. München 2016, S. 85*

77 *Schmelter-Kaiser, Antoinette: Möglichkeitsszenarien (Interview mit Rainer Hofmann/bogevischs buero). Abzurufen unter: www.muenchenarchitektur.com/news/24-architektur-stadtentwicklung/24204-freiraum-fuer-moeglichkeitszenarien (besucht am 18.12.2016)*

78 *Vgl. ebenda*

Planungsworkshop *wagnisART*

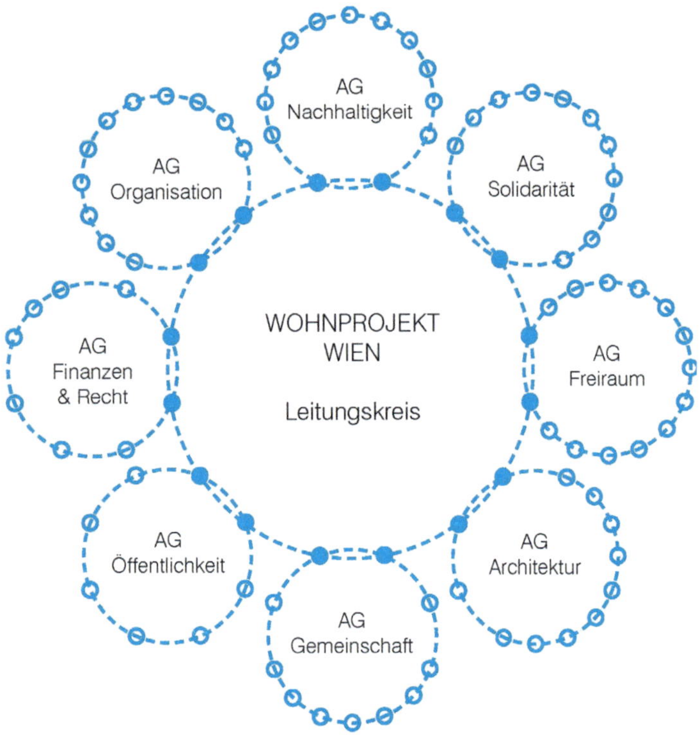

Baugruppensitzung der Baugemeinschaft *en famille* in Tübingen
Links: Soziokratisches Kreismodell, *Wohnprojekt Wien*

79 *Lepik, Andres/Strobl, Hilde (Hg.): Keine Angst vor Partizipation! Wohnen heute. Magazin zur Ausstellung. Architekturmuseum München. München 2016, S. 47*

Diskussionsprozess die *Sargfabrik*. Die Architekten, die selbst Vereins- und Gründungsmitglieder waren, „widmeten der Planungskommunikation mit den einzelnen Bewohner*innen sehr viel Zeit, sodass die Resultate zwar dem Typus ‚Wohnheim' entsprechen, aber dennoch hochindividualisierte Wohnungen mit unterschiedlichen Grundrissen und verschiedenartiger Ausstattung aufweisen".[79]

Wie die Züricher Altgenossenschaften unterstützt die Sargfabrik neue Wohnprojekte: die Baugemeinschaft LiSA in der Seestadt Aspern.

Den Wiener Projekten des gemeinschaftlichen Wohnens werden immer intensivere Beteiligungsverfahren zugrunde gelegt. Zumeist beruhen die Entscheidungen auf dem Konsensprinzip in Gruppenentscheidungsprozessen. Im Wohnprojekt *LiSA* oder im *Wohnprojekt Wien* wurde das soziokratische Modell der ‚Kreisorganisation' angewandt.

Das Kreismodell ist basisdemokratisch und beruht auf folgenden Basisregeln:

a. Konsentprinzip. Jeder soll gleichberechtigt zur Lösungsfindung beitragen. Konsent in der Entscheidung bedeutet, dass kein begründeter, schwerwiegender Einwand vorliegt und Entscheidungen zur Zufriedenheit aller getroffen werden.
b. Die Kreisstruktur. Im Kreis werden alle Grundsatzbeschlüsse für die gemeinsame Zielerreichung getroffen.
c. Die doppelte Koppelung: Jeder Kreis ist durch doppelte Koppelung mit dem nächst höheren Kreis über eine delegierte Person angebunden.
d. Die offene Wahl. Alle Kreismitglieder entscheiden im Konsens.

Liegt beispielsweise ein begründeter Einwand vor und kann keine zufriedenstellende Lösung herbeigeführt werden (Konsent), so berät der übergeordnete Kreis dieses Anliegen. Teilweise sind diese Verfahren, die auf allgemeiner Zustimmung aller beruhen, sehr zeitintensiv. Einzelne Projekte haben daher dieses Organisationsmodell der Soziokratie modifiziert.

Konzeptioneller Städtebau und Partizipation

In den südwestdeutschen Baugemeinschaftsquartieren hat sich in den letzten Jahrzehnten eine spezifische

Allmendräume in *mehr als wohnen*, Zürich

Partizipationskultur herausgebildet, die zunächst auf einer basisdemokratischen Willensbildung der Baugemeinschaftsmitglieder beruht. Es hat sich zudem ein Dreiklang zwischen Bauenden, den professionellen Akteuren – Architekten, Projektentwicklern bzw. Projektsteuerern – und den städtischen Akteuren entwickelt.

In Tübingen beispielsweise haben die städtischen Akteure, aufbauend auf den Erfahrungen, die mit der Entwicklung des städtischen Entwicklungsbereichs Südstadt/Französisches Viertel gemacht wurden, ein Verfahren weiterentwickelt, das auf einer kommunalen Steuerung der Quartiersentwicklung und der engen Kooperation mit den Baugemeinschaften beruht. Wichtiges Instrument der Stadt ist der Erwerb der Grundstücke des neuen Baugebiets und die Erarbeitung der planerischen Grundlagen eines kleinteiligen Städtebaus. Die städtische Wirtschaftsinitiative (WIT) hat, nachdem alle ehemals militärischen Konversionsgebiete bebaut waren (*Loretto*, *Französisches Viertel*, *Alexanderpark*), nun industriell geprägte Liegenschaften erworben (*Mühlenviertel*, *Egeria/Alte Weberei*). In einem öffentlichen Prozess werden die städtischen Zielsetzungen der Bebauung definiert und die Grundstücke in einem Konzeptverfahren vergeben. Einzelne Baugemeinschaften entwickeln gemeinsam mit ihren professionellen Partnern ihr spezifisches Konzept. In einem konkurrierenden Verfahren werden dann die besten Projekte von einem Vergabegremium, dem Vertreter der Kommunalpolitik, der Verwaltung, den Ortsbeiräten oder sonstigen gesellschaftlichen Gruppen angehören, ausgewählt. Diesen Baugruppen wird dann eine Grundstücksoption eingeräumt.

Die Baugemeinschaften arbeiten dann, nachdem sie im Wettbewerbsverfahren bereits gemeinsam mit ihren Architekten und Projektentwicklern ihr Konzept formuliert haben, ihre Planungen gemeinsam weiter aus. Die planerischen Ergebnisse sind dabei Resultat eines intensiven und zum Teil kontroversen Diskussionsprozesses der beteiligten Akteure. In Tübingen, aber auch in den meisten anderen Stadtentwicklungsgebieten mit Baugemeinschaften, können sehr individuelle und neuerdings auch sozial ambitionierte Wohnprojekte realisiert werden, jedoch findet weiter eine Konzentration auf das eigene Hausprojekt statt. Quartiersöffnungen, wie sie im Wohnprojekt *en famille* angestrebt werden, finden sich erst vereinzelt; sie werfen aber ein Licht auf die Zukunft der Quartiersentwicklung mit Baugemeinschaften.

Mittelbare Partizipation

Neuerdings finden sich auch mittelbare Partizipationsansätze, die nicht nur eine interne Beteiligungskultur praktizieren (unmittelbare Partizipation), sondern bereits in der Planungsphase eine Mitwirkung von engagierten Stadtbürgern fördern. Mit der Öffnung des Partizipationsprozesses in die Stadtgesellschaft soll das Anliegen der Initiative frühzeitig kommuniziert werden, Anregungen aufgegriffen und Identifikationsprozesse gefördert werden. Diese Verfahren haben also stets beides im Blick: die partizipative Projektentwicklung und die Quartiersverortung.

Generische Partizipation in der Schweiz

In Zürich kann auf langjährige Erfahrungen in basisdemokratisch organisierten Wohnprojekten zurückgegriffen werden. Die Fertigstellung eines Projekts führte auf Grundlage der Erfahrungen in neue Projekte und Verflechtungen. Statt Abschottung und Stagnation gilt Öffnung und Fortentwicklung. Bemerkenswert sind ‚Patenschaften' und Kooperationen. So brachte beispielsweise die Genossenschaft Dreieck ihre Erfahrungen und Kompetenzen in die neue Genossenschaft Kalkbreite ein.[80] Zentrale Akteure des Kraftwerk1 oder anderer Züricher Genossenschaften waren in mehr als wohnen aktiv oder als Gesellschafter tätig. So konnte Beteiligungswissen stetig transformiert und fortentwickelt werden. An Stelle der Konkurrenz tritt Kooperation.

80 *Heute leben in den 61 Wohnungen rund 150 Menschen und arbeiten in den 28 Gewerbeobjekten rund 50 Personen. von Mitgliedern der Genossenschaft Dreieck. Abzurufen unter: www.kalkbreite.net/partner/genossenschaft_dreieck. (besucht am 25.02.2017)*

Partizipationsprozesse werden in Zürich grundsätzlich nicht als abgeschlossene, formalisierte Verfahren behandelt. Die Prozesse sind vielmehr suchend, offen und dennoch zielorientiert. Die Entwicklung von Visionen und die breite Beteiligung tragen deshalb auch wesentlich zur Identifikationsbildung bei. „Schon sehr früh fanden regelmäßig Informationsveranstaltungen statt. Es ging im gesamten Prozess immer wieder darum, unsere Ideen zu spiegeln und die Stimmung des Quartiers auszuloten."[81]

81 *Hugentobler, Margrit: Gespräch Partizipation. Partizipation führt zu Identifikation (Interview mit Jürg Altwegg, Corinna Heye, Monika Sprecher, Claudia Thiesen). In: Hugentobler, Margrit/Hofer, Andreas/Simmendinger, Pia (Hg.): mehr als wohnen. Genossenschaftlich planen – Ein Modellfall aus Zürich. Basel 2016, S. 107*

Es werden dabei unterschiedliche Medien kreativ genutzt. So wird im Büchlein über die Stubenfliege Max sehr anschaulich das zukünftige Leben im neuen Projekt der Genossenschaft Kalkbreite, im *Zollhaus* am Hauptbahnhof, beschrieben. Die Planung und den Bau der *Kalkbreite* begleiteten über 100 öffentliche Veranstaltungen. Zeitnah sind im Internet vielfältige Informationen abrufbar.

Entsprechend der genossenschaftlichen Organisationsform sind nicht nur die Entscheidungsstrukturen demokratisch legitimiert, sondern fordern auch zur aktiven Teilnahme auf. Im monatlich stattfindenden Gemeinrat werden alle relevanten Entscheidungen zum Beispiel zu Fragen des Budgets getroffen (vgl. Fallstudie *Kalkbreite*).

Neue Formen der Beteiligung lotete auch mehr als wohnen aus. Die Genossenschaft, an der heute 55 Züricher Wohnbaugenossenschaften und die Stadt Zürich beteiligt sind, will explizit eine zukunftsweisende Innovations- und Lernplattform sein. Bereits in der frühen Planungsphase wurden Beteiligungsstrukturen aufgebaut und sukzessiv weiterentwickelt (vgl. Fallstudie *mehr als wohnen*). So diskutierten noch vor dem Wettbewerb verschiedene Gruppen über mögliche Aufgaben und debattierten diese in Themenkonferenzen. Die verschiedenen Architektenteams, die sich durch Wettbewerbe qualifizierten, waren in der Dialogphase zur gemeinsamen Zusammenarbeit verpflichtet. Durch eine Kultur der Anerkennung und Wertschätzung konnten die Erfahrungen der Partizipationsbeteiligten – die nur zu einem geringen Teil Genossenschaftsmitglieder waren – gewürdigt und in den Planungsprozess integriert werden. Charakteristisch ist in Zürich die Bündelung des Wissens durch professionelle Akteure. In sogenannten Echoräumen trafen sich die verschiedenen Gruppen und vertieften Themen wie Nutzung, Ökologie oder Nachhaltigkeit. Partizipation ist ein dynamischer Prozess, der auch erfordert, dass auf aktive Phasen Abschnitte der Reflektion folgen. Nach dem Bezug der Wohnungen änderten sich auch die Aufgaben und Strukturen der Beteiligung. Jetzt steht die Selbstverwaltung im Vordergrund. Es haben sich inzwischen Quartiersgruppen gebildet, die mindestens aus fünf Personen bestehen sollen und Aufgaben des Wohnalltags übernehmen. Eine Allmendkommission fördert zudem „Aktivitäten in den Bereichen Kultur und Gemeinschaft, Kunst und

Domag Kasino
QUARTIERSLADEN
SEIT 2016

Koordinierungstreffen DomagkPark

Ökologie. Sie ist das genossenschaftliche Gremium, das finanzielle Mittel aus dem Solidaritäts- und Genossenschaftsfonds an Quartiergruppen vergibt und die Nutzung von Allmendräumen koordiniert"[82].

Welch hohe Bedeutung der Partizipation in *mehr als wohnen* beigemessen wird, zeigt sich auch in der Einrichtung einer eigenständigen Stelle. „Die Leiterin Partizipation begleitet und organisiert Mitwirkungsprozesse, hat Einsitz in der Allmendkommission, entwickelt und setzt Konzepte gemeinsam mit Quartiergruppen um und ist generell die Anlaufstelle für die Koordination von Nachbarschaft und Quartierentwicklung im als auch ausserhalb des Hunziker Areals."[83]

Kooperation gemeinschaftlicher Bauträger im *DomagkPark* München

Ein neuer Weg der Partizipation und Kooperation unterschiedlicher gemeinschaftlicher Bauträger wurde im Münchner Quartier *DomagkPark* entwickelt. Verschiedene Akteure fanden sich dort bereits in einer frühen Planungsphase zusammen, um das zukünftige Leben im Quartier gemeinsam zu gestalten. „Kommunale Wohnungsgesellschaften, Genossenschaften, Bauträger und Baugemeinschaften haben sich zu einem Konsortium zusammengeschlossen, um für dieses Quartier ein Konzept für vernetztes Wohnen und ein zukunftsorientiertes Wohnumfeld zu entwickeln, in dem sich Jung und Alt, Singles und Familien gleichermaßen zu Hause fühlen können. Die Akteure werden über alle Förderwege Wohnungen für alle Einkommensgrenzen und Haushaltsgrößen anbieten. Damit soll eine gute Durchmischung des Quartiers erreicht und der Grundstock für ein lebendiges Viertel gelegt werden."[84]

Die Bewohner der neuen Nachbarschaften entwickelten in einem partizipativen Prozess nicht nur ihr eigenes Wohnprojekt, sondern sie planten und gestalteten gemeinsam mit ihren Nachbarn den zukünftigen Alltag. Es wurde eine Quartiersgenossenschaft gegründet, die DomagkPark eG, die ‚viel mehr als Wohnen' erreichen will: Sie fördert die Quartiersentwicklung, indem nachbarschaftliche Beziehungen gewinnbringend für alle genutzt und einfache haushaltsnahe Dienstleistungen wie Betreuung, Einkaufshilfe und Bildungsangebote angeboten werden. Es entstanden neue Geschäftsfelder wie zum Beispiel: Belegungs- und Buchungssysteme für Gemeinschaftsräume (Übungsräume, Werkstätten, Gästeapartments, Versammlungsräume etc.), Betrieb von Coworking-Spaces und die Einrichtung eines quartiersbezogenen Concierge-Stützpunktes mit Beratungs- und Serviceleistungen für alle Bewohner (Paketservice, Beratungsleistungen etc.). Zudem entstand eine Einkaufsgemeinschaft für alle *DomagkPark*-Bewohner.

Dieser modellhafte Weg – im Ackermannbogen unter anderem durch die Nachbarschaftsbörse eingeleitet, im *DomagkPark* entfaltet – wird in München jetzt im aktuellen Quartiersprojekt *Prinz Eugen Park* fortgeführt und institutionalisiert.

Den untersuchten Wohnprojekten liegen sehr unterschiedliche Rechtsformen, Kooperations- und Hilfsstrukturen sowie Beteiligungsmöglichkeiten zugrunde. Trotz der großen Unterschiede eint sie aber ihre kreative Suche nach neuen Wegen des solidarischen Zusammenlebens im Quartier. Sie haben die introvertierte Kultur homogener Gemeinschaften überwunden und sind daher offen für Diversität und Urbanität.

82 *mehr als wohnen (Hg.): Allmendkommission. Abzurufen unter: www.mehralswohnen.ch/genossenschaft/allmendkommission/ (besucht am 25.02.2017)*

83 *mehr als wohnen (Hg.): Das Zusammenleben mitgestalten. Abzurufen unter: www.mehralswohnen.ch/genossenschaft/mitwirken/ (besucht am 04.01.2017)*

84 *DomagkPark (Hg.): Allgemeine Informationen. Abzurufen unter: www.domagkpark.de/allgemeine-informationen.html (besucht am 23.11.2016)*

1 Einführung

2 Wohnprojekte

3 Stadt

4 Raum

5 Programm

6 Organisation

7 Fazit

8 Anhang

7. Fazit

Das Fazit besteht aus zwei Teilen: Anhand grafischer Analysen zu den Fallbeispielen werden im Kapitel 7.1 konkrete Möglichkeitsräume und räumlich lesbare Strukturen zur Quartiersvernetzung und Sozialorientierung aufgezeigt und auf eine allgemeingültige Stufe gehoben. Ökonomische, rechtliche und partizipatorische Organisationsstrukturen – Inhalte des Kapitels 6 – bilden sich nur indirekt räumlich ab. Diese abstrakten Aspekte werden im nachfolgenden Kapitel 7.2 „Chancen und Grenzen" auf einer übergeordneten Ebene diskutiert.

7.1 Grafische Analysen

Nach der spezifischen Betrachtung der Fallbeispiele führen standardisierte und damit vergleichbare Zeichnungen die räumlichen Konsequenzen aus den Kriterien Stadt, Raum und Programm projektweise wieder zusammen. Pro Projekt veranschaulichen zwei Arten von Darstellungen auf einer Doppelseite, wie Qualitäten in der Überlagerung verschiedener Aspekte entstehen. Sie bilden die Synthese und veranschaulichen verschiedene Handlungsfelder der Quartiersvernetzung und Sozialorientierung. Die Anordnung der grafischen Analysen orientiert sich wie in Kapitel 2 an der Sequenz von geschlossenen zu durchlässigen Baustrukturen.

Isometrie

Die Zeichnung auf der linken Seite der grafischen Analysen bildet die Projekte im Quartier räumlich ab und zeigt die Beziehung zwischen Fallbeispiel und Stadt. Gemeinschaftlich, als Hybrid und öffentlich genutzte Räume sind im Volumen der Wohnungsbauten dreidimensional verortet. Der Blickwinkel ist jeweils so gewählt, dass räumliche Zusammenhänge mit dem Quartier und die Lage der Gemeinschafts- und Gewerberäume im Projekt deutlich werden. Piktogramme mit Schlagwort erläutern im Uhrzeigersinn die Funktionen der Räume und Flächen.

Lageplan

Eine Erdgeschossdarstellung rechts zeigt mit ihren vielfältigen öffentlichen und gemeinschaftlichen Nutzungen im Innen- und Außenraum die Eigenart jedes Projekts. Projektspezifische Besonderheiten werden durch Farben gekennzeichnet, beiden Zeichnungen liegt die gleiche Farbkodierung zugrunde. Die Farbzuordnungen unterstützen die Unterscheidung zwischen Gebäude und Freiflächen: Erschließung-, Gemeinschafts- und Gewerberäume in den Baukörpern werden in Gelb- bis Rottönen gekennzeichnet, graue und grüne Flächen markieren die Außenbereiche, Linien die Durchwegung. Größe, Funktion und Lage der Orte der Begegnung werden damit aufgezeigt. Die Grundrisse und orientierende Schwarzplanausschnitte sind genordet.

Zwei weitere Symbole in der Legende bewerten darüber hinaus die hervorgehobene Kapazität bestimmter Orte in Bezug auf Öffnung zum Quartier und soziale Orientierung:

+ Gemeinschaft

Damit werden Räume kennzeichnet und funktional benannt, die einen Mehrwert in Bezug auf eine über die gemeinschaftliche Nutzung hinausgehende

Öffnung ins Quartier leisten. Der Solidarität über die Gruppe der Bewohner hinaus wird hier Raum geboten – das Foyer kann als Bühne genutzt werden, Gemeinschafts- oder Sitzungsräume können extern vermietet werden, Durchgänge bieten Spielraum auch für Kinder des Quartiers.

✳ Soziales

Diese Kennzeichnung lokalisiert und benennt im Erdgeschoss angesiedelte Einrichtungen und Initiativen mit sozialem Anspruch wie zum Beispiel Kindergärten, Beratungsstellen, Pflegegruppen oder Demenzwohngemeinschaften. Mit diesen zusammenfassenden Zeichnungen werden nicht nur auf die Fallbeispiele bezogene, sondern gleichzeitig auch allgemeingültige Tendenzen in Bezug auf die Gebäude, den Freiraum und die funktionale Struktur dokumentiert.

Baukörper erlauben Durchlässigkeit

Grenzen zwischen Quartier und Projekt werden in breiter Differenzierung und unterschiedlicher Maßstäblichkeit reduziert oder sogar aufgehoben: Durchgänge laden ein, Baukörper öffnen sich oder bilden eine Vorzone. Wiederholt schaffen die Fallbeispiele ein verändertes Raumbild weg von einer geschlossenen Blockrandstruktur hin zur Durchlässigkeit der Stadt. Ungewohnte Kubaturen von Baukörpern oder freie städtebauliche Konfigurationen rahmen differenzierte und qualitätvolle Freiräume, Wege und Gassen. Stadträumliche Vorgaben – zum Beispiel aus vorangegangenen städtebaulichen Wettbewerben – sollten daher zukünftig an hervorgehobenen Standorten auch verschiedene räumliche Möglichkeiten erlauben. Nicht nur den Straßenraum fassende Konzepte sollen umgesetzt, sondern auch ‚Durchlässigkeit' in Baukörper gefasst werden können.

Die Freiräume öffnen sich und vernetzen mit dem Quartier.

Die Projektakteure denken nicht in Kategorien wie „Haus mit Vorgarten", sondern in der Kategorie eines lebendigen, urbanen Quartiers. Sie öffnen projektinterne Freiflächen und ermöglichen mit differenzierten Wegführungen Querungen und Durchlässigkeit. Baufeldübergreifendes Handeln gewinnt in Bezug auf die Freiraumplanung große Bedeutung. Auch eine Tendenz zur dreidimensionalen Fortsetzung der Durchwegung im Gebäude zeichnet sich ab. Sie verknüpft Begegnungsflächen vom Quartier über den Freiraum mit den internen Begegnungsorten. Diese Erschließungssysteme integrieren öffentliche und kollektive Programmflächen in das Raumgerüst und verbinden die beiden für die Gemeinschaft neu in Besitz genommenen Räume – das Erdgeschoss und die Dachflächen.

Programme verbinden Quartier und Projekt

Die Strategie zur Nutzung des Erdgeschosses ist wesentlicher Schlüssel zur Vernetzung zum Quartier. Das Wohnen mit privaten Freiflächen im Erdgeschoss wird in vielen Projekten zugunsten frequentierter öffentlicher, kollektiver oder hybrid genutzter Funktionen stark reduziert. Das Erdgeschoss ist als transitorische Zone zum Quartier bedeutsam. Zonen und Funktionen werden standort- und entwurfsbezogen platziert, Wegeverbindungen und Freiräume werden dabei berücksichtigt. Restaurants, Cafés, Gästeapartments oder Pflegeeinrichtungen werden zu wichtigen Teilorten des Quartierslebens. Gemeinschafträume werden von ihrem Image als Resträume befreit, sie sind vielfältige und lebendige Orte der Fantasie und Aktivität. Es entstehen neue Options- oder Spielräume, Ateliers, Mädchenräume und vieles mehr. In fast allen von uns behandelten Wohnprojekten werden Teile dieser Kollektivräume der Nachbarschaft geöffnet. Auch die Sozialorientierung schlägt sich dabei räumlich nieder. Als Teil der Nachbarschaft betrachtet werden Flächen und Räumlichkeiten für Sozialinitiativen, soziale Einrichtungen, städtische Behörden und Kulturaktivitäten. Maß und Art der Mischung ist dabei an die Zielsetzungen der Trägerschaft, die Charakteristik des Standorts und des urbanen Kontextes gebunden. Es entstehen damit quartiersspezifische Mischungsprojekte in filigraner Ausdifferenzierung.

Lebensort Vielfalt – Charlottenburg, Berlin, D

Queere Gemeinschaften

Bibliothek

Fahrrad

Restaurant

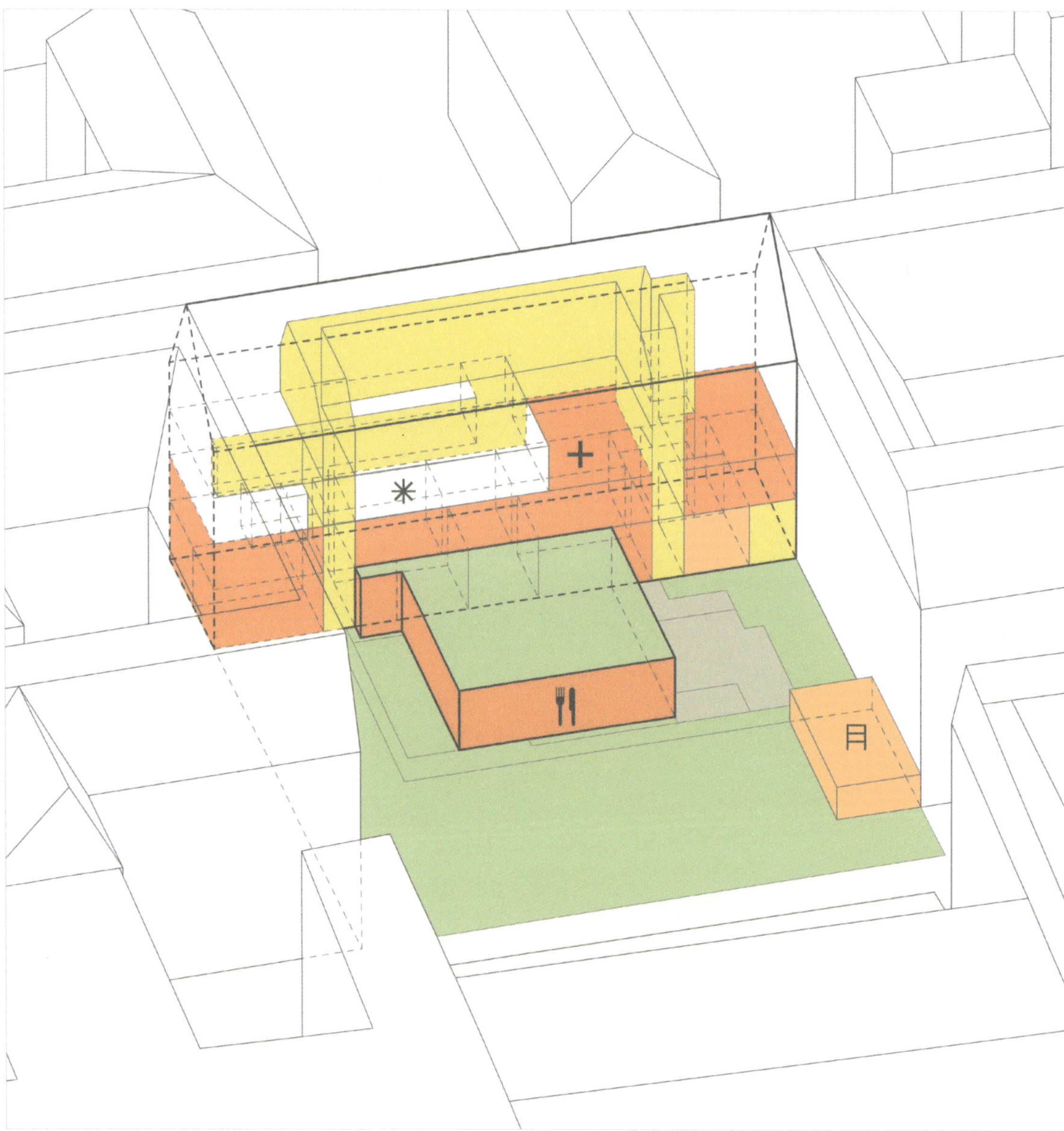

Wohnen

Erschließung

Gemeinschaft

Gewerbe

Öffentliche Fläche

Private Fläche

Gemeinschaftsfläche

.... Durchwegung

+ Gemeinschaft
Bibliothek
Concierge-Dienst

✳ Soziales
Demenz-WG

Kalkbreite, Zürich, CH

Ein neues Stück Stadt

- Kindertagesstätte
- Kinderspielplatz
- Kantine
- Bibliothek
- Waschsalon
- Pension
- Werkstatt
- Gemeinschaftsküche

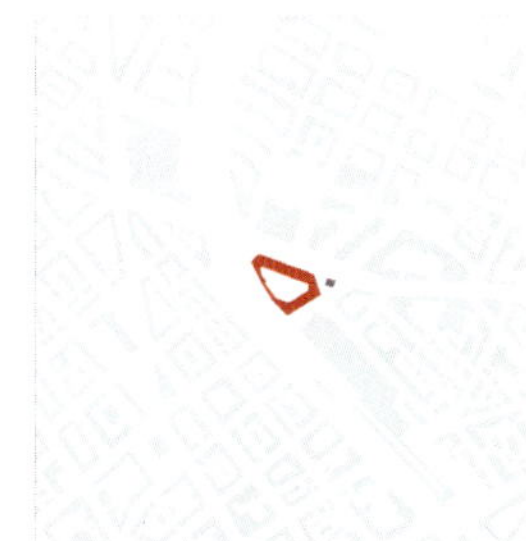

Wohnen

Erschließung

Gemeinschaft

Gewerbe

Öffentliche Fläche

Gemeinschaftsfläche

Durchwegung

Hofgeschoss

+ Gemeinschaft
Jokerräume
Gemeinschaftsbüro
Sitzungsräume
Cafeteria
Concierge-Dienst

* Soziales
Kindertagesstätte

wagnis 4 – Am Ackermannbogen, München, D

Nachbarschaftliches Genossenschaftswohnen

Gästeapartment

Dachgarten

Müll

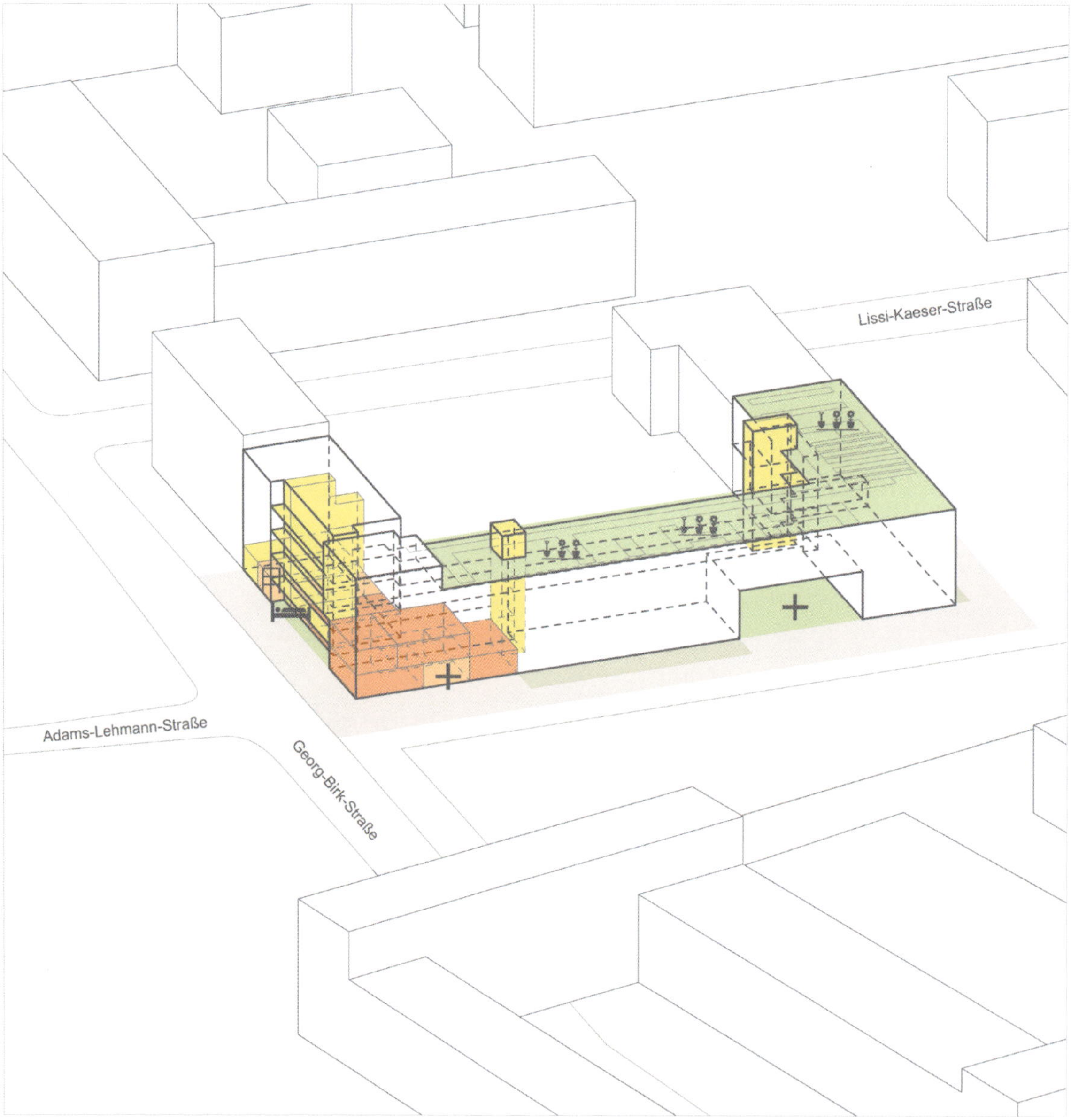

Wohnen

Erschließung

Gemeinschaft

Gewerbe

Öffentliche Fläche

Private Fläche

Gemeinschaftsfläche

Durchwegung

Gemeinschaft
Stadtplatzlounge
Seminarraum

Giesserei – Neuhegi, Winterthur, CH

Generationenwohnen in Gemeinschaft

- Werkstatt
- Restaurant
- KIWA/Fahrrad/Müll
- Bibliothek
- Waschraum
- Kinderkrippe
- Kinderspielplatz
- Schule

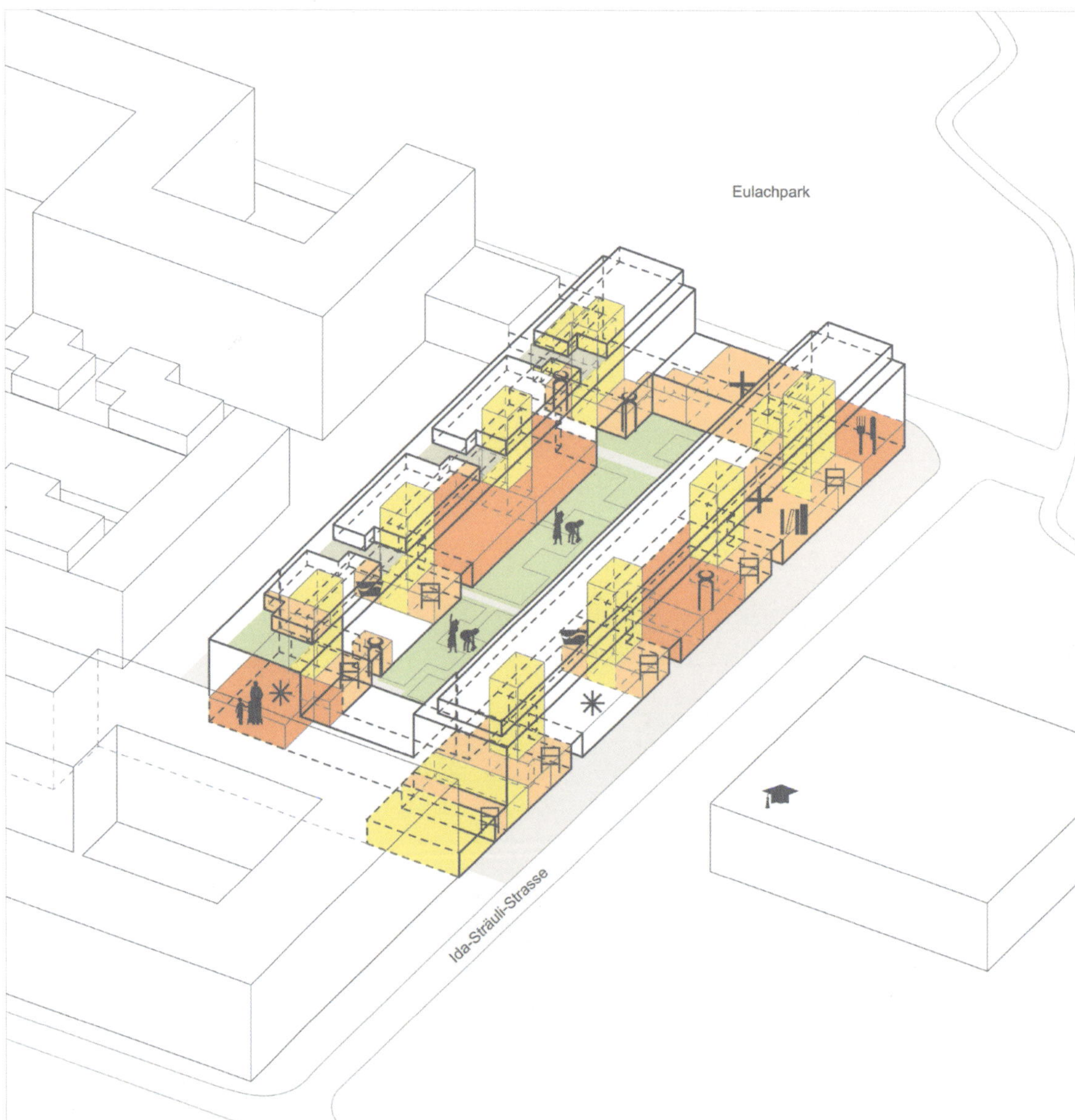

Wohnen

Erschließung

Gemeinschaft

Gewerbe

Öffentliche Fläche

Private Fläche

Gemeinschaftsfläche

Durchwegung

+ Gemeinschaft
Quartiersbibliothek
Veranstaltungssaal

✳ Soziales
Pflegewohngruppe
Kindergarten/KITA

en famille – Alte Weberei, Tübingen, D

Quartiersentwicklung mit Baugemeinschaften

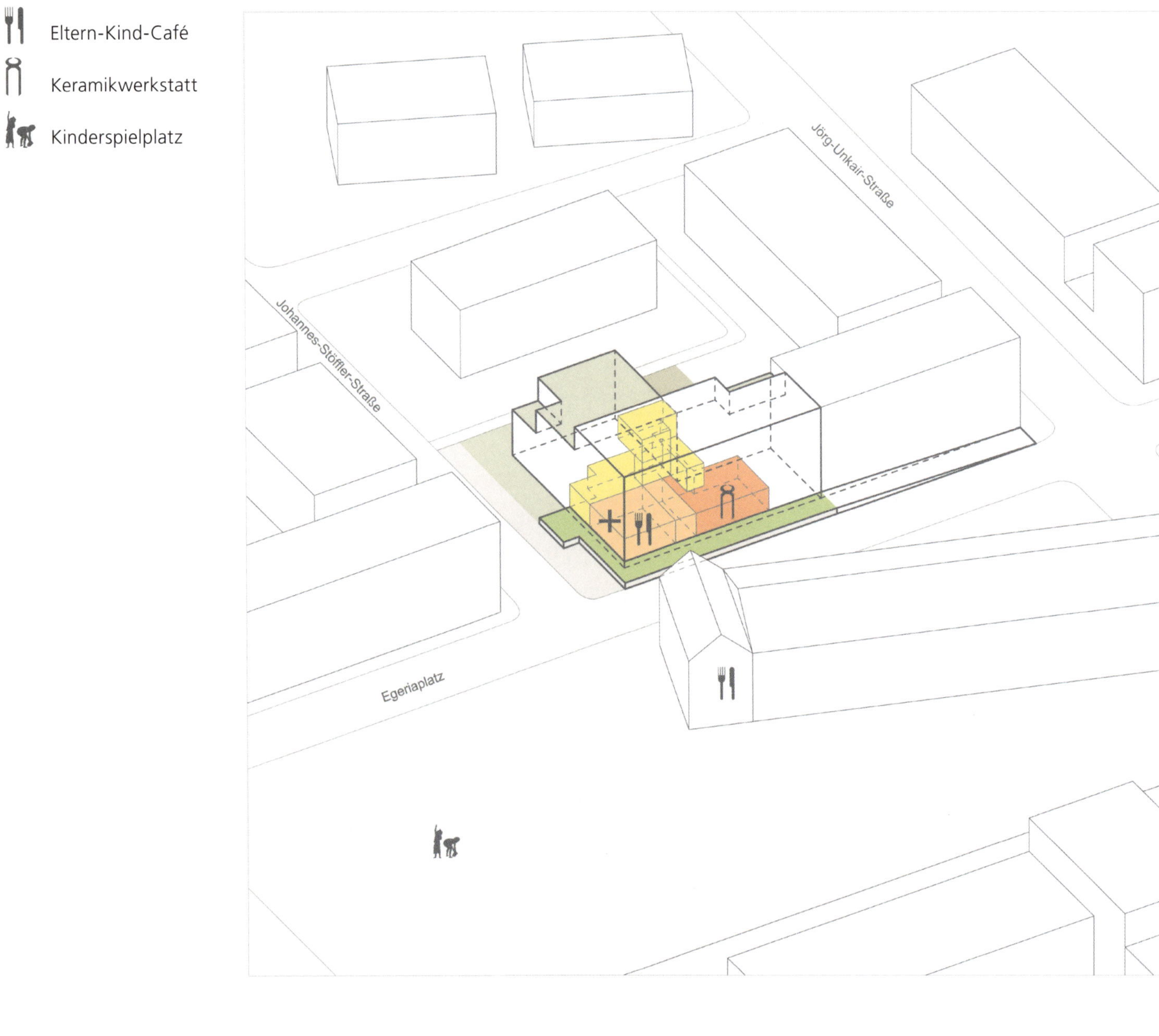

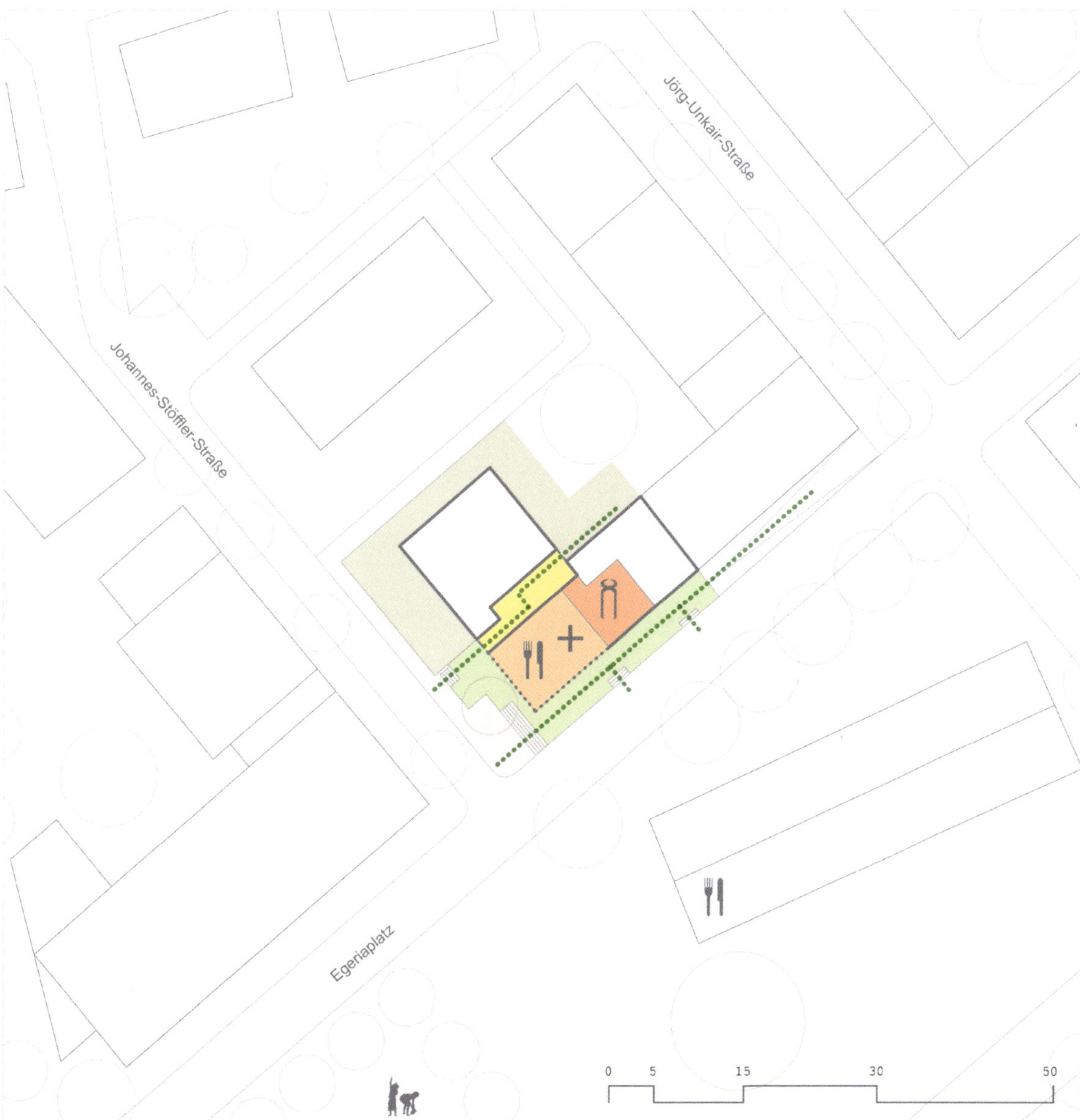

Wohnen

Erschließung

Gemeinschaft

Gewerbe

Öffentliche Fläche

Private Fläche

Gemeinschaftsfläche

.... Durchwegung

+ Gemeinschaft
Eltern-Kind-Café

Wohnen mit alles! – Nordbahnhof, Wien, A

Antipoden – *Wohnen mit alles!*

- Gästeapartment
- Bibliothek
- Café
- Gemeinschaftsküche
- Kinderspielzimmer
- Fahrrad
- Sauna
- Pflanzengarten

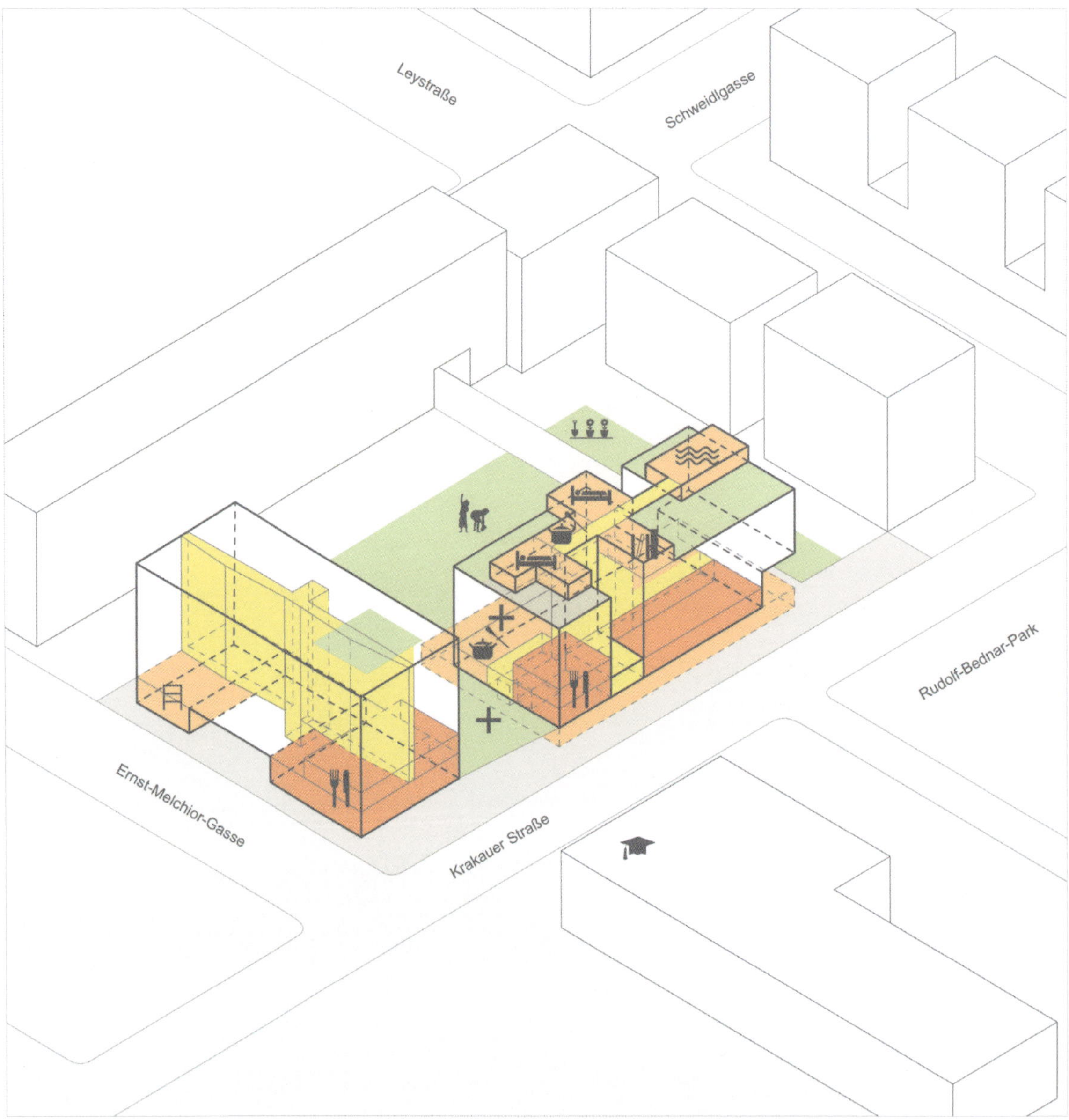

Schweidlgasse
Leystraße
Ernst-Melchior-Gasse
Rudolf-Bednar-Park
Krakauer Straße
0
5
15
30
50
Wohnen
Erschließung
Gemeinschaft
Gewerbe
Öffentliche Fläche
Private Fläche
Gemeinschaftsfläche
Durchwegung
Gemeinschaft
Mehrzwecksaal
Marktplatz

Generationenpark, Königsbrunn, D

Neue soziale nachbarschaftliche Mitte

- Kinderkrippe
- Kinderspielplatz
- Waschraum
- Gemeinschaftsküche
- KIWA/Fahrrad/Müll
- Werkstatt
- Pflanzengarten

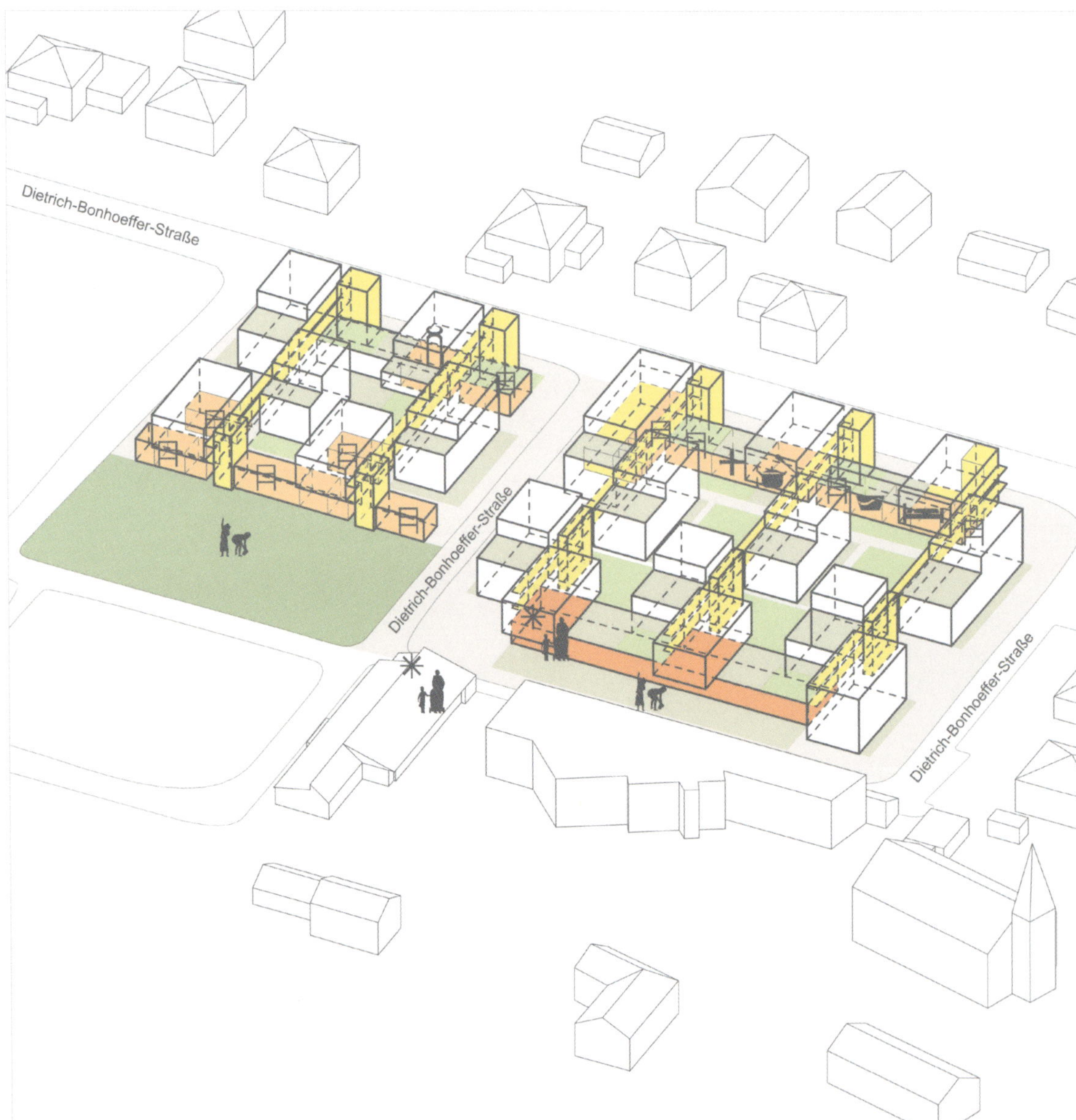

Dietrich-Bonhoeffer-Straße
Dietrich-Bonhoeffer-Straße
Dietrich-Bonhoeffer-Straße
0 5 15 30 50
Wohnen
Erschließung
Gemeinschaft
Gewerbe
Öffentliche Fläche
Private Fläche
Gemeinschaftsfläche
Öffentliches Grün
Durchwegung
Gemeinschaft
Veranstaltungsraum
Soziales
Kinderkrippe

Grünmatt – Friesenberg, Zürich, CH

Transformation einer Wohnsiedlung

Kindergarten/-hort

Kinderspielplatz

Kompost

Gästezimmer

Wohnen

Erschließung

Gemeinschaft

Gewerbe

Öffentliche Fläche

Private Fläche

Gemeinschaftsfläche

Öffentliches Grün

Durchwegung

Gemeinschaft Gemeinschaftsraum

Soziales Kindergarten/-hort

Wohn_Zimmer – Sonnwendviertel, Wien, A

Gemeinnützige Quartiersvernetzung als Akzent

Wohnen

Erschließung

Gemeinschaft

Gewerbe

Öffentliche Fläche

Private Fläche

Gemeinschaftsfläche

Öffentliches Grün

Durchwegung

Gemeinschaft
Schwimmbad
Bühne/Treppe
Marktplatz

Soziales
Kinderbetreuung

Spreefeld – Mitte, Berlin, D

Optionen und Durchlässigkeit am Spreeufer

Kindertagesstätte

Kinderspielplatz

Pflanzengarten

Wohnen

Erschließung

Gemeinschaft

Gewerbe

Öffentliche Fläche

Private Fläche

Gemeinschaftsfläche

Öffentliches Grün

Wasser

Durchwegung

+ Gemeinschaft Optionsräume Bootshaus

✳ Soziales Kindertagesstätte

wagnisART – Domagkpark, München, D

Kreativquartier

Atelier
Werkstatt
Waschcafé
Müll
Café
Kinderspielplatz
Gästeapartment

Wohnen

Erschließung

Gemeinschaft

Gewerbe

Öffentliche Fläche

Private Fläche

Gemeinschaftsfläche

•••• Durchwegung

+ Gemeinschaft
Veranstaltungssaal
Marktplatz

mehr als wohnen – Hunziker Areal, Zürich, CH

Kollektive Quartiersentwicklung

Pflanzengarten
Restaurant
Gästezimmer
Atelier
Kindergarten/ -tagesstätte
Kinderspielplatz
Schule
Musikübungsraum

Wohnen

Erschließung

Gemeinschaft

Gewerbe

Öffentliche Fläche

Private Fläche

Gemeinschaftsfläche

Öffentliches Grün

Durchwegung

Gemeinschaft
Allmendräume
Marktplatz

Soziales
Kindergarten/
-tagesstätte
Behinderten-
werkstätte

7.2 Chancen und Grenzen

Was ‚schaffen' die neuen gemeinschaftlichen Wohnprojekte über die Veränderung konkreter Räume hinaus? Welche Chancen eröffnen sie?

Sie verändern den Blick auf das Wohnen.

Sie schaffen andere Angebote und zeigen Wege auf, wie ein solidarisches Zusammenleben im Quartier möglich ist. Wohnen wird zur Lebensgestaltung. Dabei steuern Lebensentwürfe und eine qualitative Debatte weniger die Erstellung von Immobilien, als vielmehr die Gestaltung des Lebensraums. Die aktuelle Diskussion, fokussiert auf Aspekte der Wirtschaftlichkeit von gemeinschaftlichen Wohnprojekten oder gelungener Architektur, wird damit erweitert. Wohnen diffundiert zwischen Leben und Arbeiten, Intimität und Öffentlichkeit. Alle Lebensbereiche oszillieren miteinander. Auch veränderte Mobilität schafft Freiräume: Die Projekte setzen Impulse in Bezug auf Reduzierung der Automobilität – daraus resultiert finanzieller und räumlicher Spielraum, der häufig zugunsten von Gemeinschaft und Quartier eingesetzt wird.

Sie verstehen Diversität als Befreiung.

Grundlegende Gegensätze, die die Debatte über das Wohnen blockiert haben, werden aufgehoben – wie die Bedeutung des Besitzens oder auch der Dogmatismus, was gutes und falsches Wohnen sei. Indem sie Diversität als Prinzip sehen, können sie sich von festgefahrenen Diskussionen lösen. Vieles hat im Nebeneinander seine Berechtigung. Benachteiligte Gruppen werden deshalb auch selbstverständlich integriert. Man will keine inszenierten Gemeinschaften mehr, die sich durch Interessenshomogenität und Konfliktarmut auszeichnen, sondern man wagt das anregende und bereichernde Andere. Dadurch, dass Vielfalt als positiv besetzter Wert gilt, werden unterschiedliche Ebenen der Durchmischung – sozial, lebensweltlich, generativ, ethnisch, sexuelle Orientierung – als Bereicherung empfunden. Folglich treffen in diesen Projekten verschiedene Lebensentwürfe und Erfahrungen zusammen.

Sie bauen vielfältige Wohnräume.

Die Projekte setzen Diversität in Wohnraum um. Soziale und räumliche Vielfalt finden dabei ihre Entsprechung. Die soziale Diversität und neue Haushaltstypen erfordern eine große Vielfalt an Wohnungstypen. Neben traditionellen Wohngrundrissen und Kleinapartments, die ein abgeschlossenes Individualwohnen ermöglichen, werden neue gemeinschaftsorientierte Typologien entwickelt und experimentell erprobt. Da Individualität neben Gemeinschaft ermöglicht werden soll, entwickelten die gemeinschaftlichen Wohnprojekte auch hybride Wohnungstypen als Satelliten- beziehungsweise Clusterwohnungen, die privates mit kollektivem Wohnen versöhnen. Es werden zudem kollektive Wohnformen in den Großwohngemeinschaften weiterentwickelt – das Wohnen in der individuellen Wohnzelle wird hier durch kollektive Serviceangebote (z. B. Köchin) erweitert. Hallenwohnungen sollen neue Raumaneignungen und Selbstbauinitiativen in den Großwohnungen ermöglichen.

Sie sind offen für den Wohnwandel.

Wohnen bedeutet weiterhin Bleiben oder auch Verändern. Flexible Raumangebote – Jokerzimmer, Locanda-, Separat-, Flex- oder Optionsräume – erleichtern zukünftige Veränderungen. Die Wohnprojekte wollen damit Angebote für alle Lebensphasen offerieren.

Sie entwickeln eine Kultur des Teilens.

Mit dem Verlust der Dominanz des Besitzens gewinnen Formen des Teilens an Bedeutung. Diese Kultur des Teilens wird dabei als bereicherndes und befreiendes Mehr empfunden. Die Konsequenzen sind auf allen denkbaren Ebenen abzulesen: Sie reichen von Verleihstationen für Heimwerkermaschinen über neue Mobilitätskonzepte (Teilauto oder E-Bike-Sharing) bis hin zum gemeinsamen Gärtnern auf der Dachterrasse (Urban Gardening).

Sie sind Leuchttürme der Suffizienz.

Dem stetig steigenden Wohnflächenverbrauch treten sie durch Minimierung der individuellen Wohnfläche bei Maximierung der gemeinschaftlich genutzten Fläche entgegen. Überproportionale Flächennutzung wird teilweise durch erhöhte finanzielle Beiträge sanktioniert oder durch ‚Zügelfristen' strukturell begrenzt: Es wird, beispielsweise nach dem Auszug der Kinder, der Umzug in kleinere Einheiten initiiert.

Sie entwickeln Strukturen zur subsidiären Selbsthilfe.

Gemeinschaftliche Wohnprojekte stellen nicht die Daseinsvorsorge oder das Sozialstaatsprinzip in Frage, gleichen aber durch subsidiäre Hilfe soziale Defizite aus. Sie unterstützen zunächst ihre in Not geratenen Mitglieder, aber erweitern und öffnen Maßnahmen der solidarischen Hilfe neuerdings. Diese subsidiäre Hilfe stabilisiert auch die Projekte und fördert die soziale Balance.

Sie sind Labore, die neue Wege erkunden.

Als ‚freigiebige Weltverbesserer' generieren die Projekte (in unterschiedlichem Maße) neue Erfahrungen zu vielfältigen Themen. Ihre Strategien, Instrumente und Resultate kommunizieren sie als Teil ihres Selbstverständnisses sehr transparent und stellen sie der erweiterten Fachwelt oder Gruppierungen mit ähnlichen Zielsetzungen zur Verfügung. Forschung und Evaluierungen werden angestoßen, beliefert und strukturiert integriert: Dies betrifft die ‚Grundlagenforschung' (z. B. Umgang mit Energie oder Wasser), die selbstkritische Evaluierung durch Nutzer oder durch unabhängige Forschungseinrichtungen (ETH-Wohnforum oder TUM, Oberste Baubehörde) und Stiftungen (Age-Stiftung). Ihre Forschungsergebnisse sind über digitale Medien, Vorträge oder regelmäßige Führungen vielen schwellenfrei zugänglich. Sie sind damit ‚Professionalisierungsorganismen'.

Sie sind entwicklungsoffen.

Alle suchen entsprechend ihrer lokalen Kultur angemessene Konzepte. Selten geben sie sich mit herkömmlichen und erprobten Strategien zufrieden. Sie streben dabei keine perfekte Lösung an, sondern bleiben offen für Experimente, Veränderungen, Anpassungen, Reflexionen. Überwiegend setzen sie sich in konkurrierenden Verfahren um die besten Konzepte durch. Wettbewerbe schaffen so Qualitäten. Auffällig sind dabei die lokal sehr unterschiedlichen Kulturen des Wettbewerbs (Konzeptverfahren, Bauträgerwettbewerbe etc.)

Sie integrieren Kontinuität.

Viele der aktuellen Projekte stehen in Wechselwirkung zueinander. Sie erwachsen aus dem koordinierten Erfahrungsaustausch und einer hohen Lernbereitschaft der beteiligten Akteure. Die Netzwerke beginnen auf überschaubarer lokaler Ebene: In Zürich, München, Berlin, Tübingen oder Wien kennt man sich und begegnet sich auf verschiedenen Foren, um anschließend diese Netzwerke zu professionalisieren. Der Austausch wird durch Vortragstätigkeiten, Fachpublikationen und Veröffentlichungen von Forschungsergebnissen internationalisiert. Häufig besteht eine Diffusion der Erfahrungen aus anderen Projekten – inzwischen schon in der zweiten oder dritten Generation. Akteure von Pionierprojekten übernehmen quasi Patenschaften für neue Projekte. Damit knüpfen sie an Traditionen an und entwickeln diese weiter.

Sie verknüpfen Partizipation und Stadtentwicklung.

Statt einer Fortführung der tradierten Beteiligungsverfahren öffnen und erweitern sie die Baukultur der Beteiligung radikal. Es werden neue Formen der Mitbestimmung und Mitentscheidung entwickelt und diese ins Quartier und in die Stadt geöffnet. Erkenntnisse werden Grundlage der Projektausrichtung. Die Verfahren sind diskursiv und offen. Wichtig ist eine hohe Transparenz der Prozesse und Entscheidungen, alle Medien und Foren werden genutzt, um jederzeit Einblick in die Fortschritte des Planungsablaufs zu geben. Es werden auch ‚Schlaufen' und Memoranden eingebaut, um Zeit für gemeinsames Nachdenken und Diskussionen zu finden. Diese neuen Partizipationsansätze schaffen – von Regeln begleitet – Bilder und Imaginationen zu einer veränderten Lebensweise und Umweltgestaltung.

Sie greifen über.

Mit ihrer Beteiligung und Öffnung zum Quartier regen sie baufeldübergreifende Koordination mit verschiedenem Fokus an – dies kann Städtebau- und Freiraumplanung betreffen, aber auch die Abstimmung von sozialer Infrastruktur. Erste Quartiersinitiativen und -genossenschaften erweitern nun den Blick vom Wohnprojekt zum Quartier. Wege, die beispielsweise im Domagkpark in München erstmals beschritten wurden, werden jetzt in neuen städtischen Quartiersentwicklungen (*Prinz Eugen Park*) aufgegriffen und institutionalisiert.

Sie kooperieren eng mit den Kommunen.

Es bilden sich Kooperationen zwischen den Kommunen und den Wohnprojekten zum wechselseitigen Gewinn heraus. Da die gemeinschaftlichen Wohnprojekte wichtige Impulse für die Quartiersentwicklung setzen können, langfristig bezahlbaren und nichtspekulativen Wohnraum sichern, vermehrt offen für die soziale Integration benachteiligter Gruppen werden und aktive nachbarschaftliche Netzwerke aufbauen, werden sie von den Städten häufig durch eine Quotierung beziehungsweise durch eine bevorzugte Vergabe der Grundstücke (bei einem Festpreisverfahren) privilegiert.

Was erschwert die Entfaltung gemeinschaftlicher Wohnprojekte? Welche Grenzen werden erfahrbar?

Sie brauchen bezahlbare Grundstücke.

Ohne Unterstützung der Städte und Gemeinden gelangen gemeinschaftliche Wohnprojekte nur sehr schwer an Grundstücke. Da sie in der Gründungsphase in ihrer Handlungsfähigkeit eingeschränkt sind, sind sie gewerblichen Konkurrenten oftmals unterlegen. Als Ausweg aus diesem Dilemma wird vermehrt die langfristige Vergabe der Grundstücke in Erbpacht (Baurecht) diskutiert. Durch Erbpachtverträge verbleiben die Grundstücke im Besitz der Allgemeinheit und stehen zukünftigen Generationen weiterhin zur Verfügung. Für Baugemeinschaften und Genossenschaften ist die Vergabe der Grundstücke in Erbpacht allerdings (noch) unattraktiv, da die Erbpachtzinsen oftmals zu hoch sind, die Beleihung erschwert wird und die Zinsen auf dem Kapitalmarkt (noch) niedrig sind. Wichtig sind daher die Anpassung des Erbpachtzinses an heutige Marktgegebenheiten und langfristige kommunale Strategien im Flächenmanagement.

Sie brauchen flexible Fördermodelle.

In Deutschland sind Gemeinschaftsflächen in der Regel nicht oder nur sehr bedingt förderfähig. Enge und unflexible Finanzierungsmodelle orientierten sich an erstarrten Wohntraditionen des sozialen Familien-Wohnungsbaus der 1960er- und 1970er-Jahre, sind kompliziert und nicht anpassungsfähig. In Österreich sind dagegen – begünstigt durch spezifische Fördermodelle der Stadt Wien – Wohnprojekte entstanden, die über überproportional viel gemeinschaftlich genutzten Raum verfügen. Dieser ‚Luxus' an Gemeinschaftsräumen kann kaum mehr bespielt werden. Die Qualität der Räume in Lage, Belichtung, Ausstattung und Fürsorge entspricht nicht den Anforderungen, die die Gruppen an andere Entscheidungen und Prozesse im Rahmen der Projekte stellen.

Sie brauchen dauerhafte Nachweise ihrer Mehrwerte.

Die entwicklungsoffene, undogmatische Herangehensweise und die damit verbundene Offenheit für Veränderungen – grundsätzlich Stärke vieler Projekte – beinhalten auch Risiken. Beteiligung kann auch zu Umkehr führen und die vielschichtige Qualität der Modelle in Frage stellen. Damit eine öffentliche Förderung nachvollziehbar zu rechtfertigen ist, sollten Zielsetzungen, Qualitäten und die Kontinuität des Mehrwerts gesichert werden können.

Sie finden keine ideale Rechtsform.

Jedes Projekt muss abwägen, welche Rechtsform mit den eigenen Inhalten und Zielsetzungen in Einklang zu bringen ist: Im Idealfall soll die Trägerform die Umsetzung inhaltlicher Ziele unterstützen. Die Gründung einer Genossenschaft ist aufwendig, im Betrieb durch die Prüfungspflichten teuer und für kleinere Häuser kaum geeignet. Die Zielsetzung einer Genossenschaft orientiert sich, laut dem Genossenschaftsgesetz, nicht am Wohl der Allgemeinheit oder an den Quartiersbedürfnissen, sondern zunächst an Wohnbedürfnissen der eigenen Genossen. Ihre Stärke liegt wiederum in der langfristigen Sicherung angemessenen Wohnraumes. Private Baugemeinschaften hingegen können auch in kleineren Gruppen variabel agieren, vermögen aber nicht, die gemeinschaftlichen Zielsetzungen der Gründergeneration institutionell zu sichern und langfristig fortzuführen. Wertsteigerungen kommen in Baugemeinschaften den Eigentümern und nicht der Allgemeinheit zugute. Da die Grundmodelle (Genossenschaften, WEG, gGmbH etc.) selten ideal sind, versuchen einzelne Wohnprojekte die Schwächen der Rechtsformen durch Kombinationsmodelle auszugleichen.

Sie changieren zwischen verschiedenen Projektgrößen.

Die Zahl der Beteiligten steht bei Projektstart und Grundstückssuche oftmals noch nicht fest. Ist ein Projekt zu groß, so ist es meistens nur schwer finanzierbar; ist es zu klein, dann kann die angestrebte Diversität und Nutzungsvielfalt nicht erreicht werden. Eine Mindestgröße der Projekte ist allerdings erforderlich, um eine soziale und generative Durchmischung herzustellen, um ausreichend großzügige Gemeinschaftsräume zu bauen und finanzielle Belastungen in Grenzen zu halten. Wie das Projekt *Möckernkiez* zeigt, das über 400 Wohnungen mit umfangreichen Gemeinschaftsräumen und Sozialbauten bauen wollte, erfordern diese Großprojekte professionelle Akteure. Zudem sind diese Projekte stark von institutionellen Geldgebern abhängig. Kleine gemeinschaftliche Projekte können weit flexibler agieren, sind aber schnell überfordert, wenn unabhängig vom privaten Wohnraum mehr gemeinschaftliche Flächen realisiert werden sollen. Ihre Chancen liegen in neuen Kooperationsmodellen.

Sie können nicht alle Erwartungen befriedigen.

Die Ansprüche der Projektbeteiligten, aber auch der Kommunen sind vielfältig. Nicht jedes Projekt kann alle Erwartungen befriedigen, sondern sollte in Reaktion auf die Begabungen des Kontextes, des Orts und der Bewohner spezifische Bausteine liefern. Bei Konzeptvergabe sollte besonders in städtebaulichen Entwicklungsgebieten nicht nur das Einzelprojekt im Blick behalten werden, sondern auch die Kooperationsbereitschaft der Akteure und die Befähigung zur Quartiersvernetzung.

8 Anhang

8.1 Literaturverzeichnis

A

Ackermannbogen e. V. (Hg.): 25 Annahmen und Richtigstellungen. Abzurufen unter: www.ackermannbogen-ev.de/verein/25-annahmen-und-richtigstellungen.html (besucht am 13.03.2016)

Ackermannbogen e. V. (Hg.): Sachbericht zum Verwendungsnachweis 2014 der NachbarschaftsBörse am Ackermannbogen (NB). Abzurufen unter: www.ackermannbogen-ev.de/fileadmin/user_upload/pdf/nachbarschaftsboerse/Sachbericht_2014.pdf (besucht am 21.11.2015)

Aeberhard, Beat: Industrieareale als Wohnlabor. In: Tec21 35/2009, S. 18–22

Altrock, Uwe/Kunze, Ronald/Schmitt, Gisela/Schubert, Dirk (Hg.): Jahrbuch Stadterneuerung 2013: Das Ende der Behutsamkeit? Berlin 2014

André, Anouk/Kögel, Andreas: Das Quartier „Alte Weberei". Erfahrungen und Meinungen der Mieter/-innen und Eigentümer/-innen. Institut Schreier. Ergebnisbericht. Umfrage vom März 2015. Tübingen 2015

Anhang C1: Koop Ackermann. In: Wohnbaugenossenschaft wagnis eG (Hg.): München-Schwabing. Städtebauliche Entwicklungsmaßnahme Ackermannbogen 4. Bauabschnitt. Wohnbaugrundstück WA4-Nord für Genossenschaften. Angebotsunterlagen. Abzurufen unter: www.wagnis.org/assets/files/wagnis4/20110209-WA4-Angebotsunterlagen-wagnis4.pdf (besucht am 21.11.2015)

arc Consulting (Hg.): Familienheim-Genossenschaft Zürich (FGZ). Organisation zweistufiger Studienauftrag. Abzurufen unter: www.arc-consulting.ch/content/uploads/812-FGZ-A41.pdf (besucht am 17.12.2016)

B

Backes, Otto/Heitmeyer, Wilhelm/Dollase, Rainer (Hg.): Die Krise der Städte. Analysen zu den Folgen desintegrativer Stadtentwicklung für das ethnisch-kulturelle Zusammenleben. Frankfurt a. M. 1988

Ballhausen, Nils: Spreefeld. In: Bauwelt 39/2014, S. 19–23

Bau- und Wohngenossenschaft Spreefeld Berlin eG (Hg.): Spreefeld Optionsräume: Bootshaus. Abzurufen unter: sites.google.com/site/spreefeldoptionsraeume/bootshaus (besucht am 12.12.2016)

Bau- und Wohngenossenschaft Spreefeld Berlin eG (Hg.): Spreefeld Optionsräume: Optionsraum 2. Abzurufen unter: sites.google.com/site/spreefeldoptionsraeume/optionsraum-2 (besucht am 12.12.2016)

Baugenossenschaft mehr als wohnen (Hg.): Newsletter #44, 1. Oktober 2015. Abzurufen unter: www.mehralswohnen.ch/fileadmin/downloads/Newsletter/Newsletter_bg_maw_15-44.pdf (besucht am 20.04.2017)

Baugenossenschaft mehr als wohnen (Hg.): Vielfältiges Gewerbe im Hunziker Areal. Abzurufen unter: www.mehralswohnen.ch/hunziker-areal/gewerbe (besucht am 12.12.2016)

Baugenossenschaft mehr als wohnen (Hg.): Wohnungsspiegel. Abzurufen unter: www.mehralswohnen.ch/fileadmin/downloads/Wohnen/Wohnungsspiegel_1605.pdf(besucht am 20.02.2017)

Baugenossenschaft Möckernkiez eG (Hg.): Modellprojekt Möckernkiez. Ein Projekt für Jung und Alt – sozial, interkulturell, ökologisch, barrierefrei. Berlin 2013

Beck, Sylvia: Gemeinschaftliches Wohnen: zwischen gelebter Sozialutopie, pragmatischer alltäglicher Lebensführung und instrumentalisierter Vergemeinschaftung. In: Widersprüche: Zeitschrift für sozialistische Politik im Bildungs-, Gesundheits- und Sozialbereich 32/2012, S. 33–53

Beck, Ulrich: Tragische Individualisierung. Laudatio für Richard Sennett anläßlich der Verleihung des Hegel-Preises 2006. Stuttgart, März 2007. Abzurufen unter: www1.stuttgart.de/stadtbuecherei/ldh/laudatio-Beck.pdf (besucht am 11.01.2015)

Becker, Annette/Kienbaum, Laura/Ring, Kristien/Cachola Schmal, Peter (Hg.): Bauen und Wohnen in Gemeinschaft. Basel 2015

Best of Swiss Gastro (Hg.): BEBEK. Abzurufen unter: bestofswissgastro.ch/de/guide/bebek/ (besucht am 20.02.2017)

Bischoff, Ariane/Selle, Klaus/Sinning, Heidi: Informieren, Beteiligen, Kooperieren: Kommunikation in Planungsprozessen, Dortmund 1995

Bracher, Katharina: Wohnen wie die Hausbesetzer. In: NZZ am Sonntag. Erschienen am: 06.07.2014. Abzurufen unter: www.nzz.ch/nzzas/nzz-amsonntag/wohnen-wie-die-hausbesetzer-1.18337731 (besucht am 11.08.2016)

Brandl, Freya/Gruber, Ernst: Gemeinschaftliches Wohnen in Wien. Bedarf und Ausblick. Wien 2014

Buchholz, Ruth: „Wohnen, ein ganzes Leben lang" (Interview). In: Bundesamt für Wohnungswesen BWO (Hg.): mehr als wohnen. Von der Brache zum Stadtquartier. Dokumentation „Entwicklungs- und Realisierungsprozess der gemeinnützigen Wohnsiedlung Hunzikerareal in Zürich-Leutschenbach". Report 1: 2007 bis 2010. Zürich 2010, S. 64–69

Bundesamt für Bau-, Stadt- und Raumforschung (BBSR) (Hg.): Neues Wohnen – Gemeinschaftliche Wohnformen bei Genossenschaften. BBSR-Sonderveröffentlichung. Bonn, 2014

Bundesamt für Bau-, Stadt- und Raumforschung (BBSR) im Bundesamt für Bauwesen und Raumordnung (BBR) (Hg.): Wohnungsgenossenschaften als Partner der Kommunen. Bonn 2016

Bundesamt für Wohnungswesen BWO (Hg.): mehr als wohnen. Von der Brache zum Stadtquartier. Dokumentation. „Entwicklungs- und Realisierungsprozess der gemeinnützigen Wohnsiedlung Hunzikerareal in Zürich-Leutschenbach". Report 1: 2007 bis 2010. Zürich 2010

Bundesministerium für Verkehr, Bau und Stadtentwicklung (BMVBS) (Hg.): Erschließen von Genossenschaftspotentialen. Bonn 2007

Bundesministerium für Verkehr, Bau und Stadtentwicklung (BMVBS)/Bundesamt für Bauwesen und Raumordnung (BBR) (Hg.): Modelle genossenschaftlichen Wohnens. Praxisleitfaden Dachgenossenschaften in der Wohnungswirtschaft. Abzurufen unter: www.bbsr.bund.de/BBSR/DE/FP/ExWoSt/Forschungsfelder/2004und-Frueher/ErschliessenVonGenossenschaftspotenzialen/Veroeffentlichungen/DL_Sondergutachten_Praxisleitfaden_Dachgenossenschaften.pdf?__blob=publicationFile&v=3 (besucht am 18.12.2016)

Bundesverband Baugemeinschaften e. V./Landeshauptstadt Stuttgart (Hg.): Baugemeinschaften in neuen Stadtquartieren. Bau- und Wohnmodelle für Stuttgart. Tagung und Expertenhearing im Rathaus Stuttgart, 13.–14. September 2013. Stuttgart 2014

Bundesverband deutscher Wohnungsunternehmen (GdW) (Hg.): Überforderte Nachbarschaften. Zwei sozialwissenschaftliche Studien über Wohnquartiere in den alten und den neuen Bundesländern. Berlin 1998

C

Cavaleiro, Patrick: Wiener Mut. Deutsches Architektenblatt, 2/2015

Christian, Schittich (Hg.): Edition Detail. Best of Housing/Wohnen. München 2012

CoHousing|Berlin (Hg.): spree wg 1. Abzurufen unter: www.cohousing-berlin.de/de/projekte/spree-wg-1 (besucht am 12.12.2016)

D

Deutsches Institut für Urbanistik/Bergische Universität Wuppertal (Hg.): Nutzungsmischung und soziale Vielfalt im Stadtquartier – Bestandsaufnahme, Beispiele, Steuerungsbedarf. Berlin 2015

DGRV – Deutscher Genossenschafts- und Raiffeisenverband e. V. (Hg.): Rheinland-Pfalz fördert Gründung von genossenschaftlichen Wohnprojekten. Abzurufen unter: www.genossenschaften.de/rheinland-pfalz-f-rdert-gr-ndung-von-genossenschaftlichen-wohnprojekten (besucht am 18.12.2016)

Die Wellness-Oase muss auch bezahlt werden. In: Der Standard, 21.10.2015. Abzurufen unter: derstandard.at/2000024223158/Die-Wellness-Oase-muss-auchbezahlt-werden (besucht am 20.02.2017)

DomagkPark Genossenschaft eG (Hg.): Allgemeine Informationen. Abzurufen unter: www.domagkpark.de/allgemeine-informationen.html (besucht am 23.11.2016)

DomagkPark Genossenschaft eG (Hg.): Charta Quartiervernetzung Domagkpark (Funkkaserne). Abzurufen unter: www.domagkpark.de/files/domagk/dokumente/Charta-Quartiersvernetzung-DomagkPark-2015-08.pdf (besucht am 06.01.2017)

Dörner, Klaus/Drexler, Hans/Schultz-Granberg, Joachim (Hg.): Affordable Living – Bezahlbares Wohnen. Berlin 2014

Drucksache 20/13326, Bürgerschaft der Freien und Hansestadt Hamburg – 20. Wahlperiode, Anfrage vom 17.10.14. Abzurufen unter: www.gruene-fraktion-hamburg.de/sites/default/files/dokument/13326_ska_olaf_duge.pdf

Durban, Christoph (Hg.): Mehr als Wohnen. Gemeinnütziger Wohnungsbau in Zürich 1907–2007. Zürich 2007

Dürr, Susanne/Simon-Philipp, Christina: Stadterneuerung und öffentlicher Raum. Wohnraum Stadt – Strategien, Projekte. Berlin 2013

E

Ebner, Peter/Herrman, Eva/Höllbacher, Roman/Kuntscher, Markus/Wietzorrek, Ulrike: Typologie & Innovativer Wohnungsbau. Basel/Boston/Berlin 2009

Eckhardt, Frank (Hg.): Handbuch Stadtsoziologie. Wiesbaden 2012

Effern, Heiner: Stadtratsbeschluss: 870 Millionen Euro für neue Wohnungen. In: Süddeutsche Zeitung, 15.11.2016. Abzurufen unter: www.sueddeutsche.de/muenchen/muenchen-stadtratsbeschluss-millionen-euro-fuer-neue-wohnungen-1.3251092 (besucht am 24.04.2016)

Eigentümer- und Betreibergemeinschaft Gewerbe En Famille GbR (Hg.): Das viertel vor. Abzurufen unter: www.viertelvortuebingen.de/das-viertel-vor/ (besucht am 27.10.2016)

einszueins architektur (Hg.): Wohnprojekt Wien. Abzurufen unter: www.einszueins.at/project/wohnprojekt-wien (besucht am 12.12.2016)

Erfinderklub (Hg.): Offene Ideenschmiede. Abzurufen unter: erfinderklub.de (besucht am 12.12.2016)

Ess, Peter: Der Gordische Knoten. In: Genossenschaft Kalkbreite (Hg.): Kalkbreite. Ein neues Stück Stadt. Zürich 2015, S. 26–31

F

Familienheim-Genossenschaft Zürich (FGZ)/Amt für Städtebau der Stadt Zürich (Hg.): Masterplan FGZ. Kurzfassung. Zürich 2016. Abzurufen unter: www.fgzzh.ch/resources/uploads/MasterplanFGZ/Masterplan%20FGZ_2016-03-31_Kurzfassung.pdf (besucht am 08.01.2017)

Familienheim-Genossenschaft Zürich (Hg.): In der FGZ leben 5690 Menschen. In. FGZ-Info 2/2016. Abzurufen unter: www.fgzzh.ch/resources/uploads/PDFs_2015/FGZ-Info_2016-2_Web.pdf (besucht am 20.02.2017)

Fassbind, Tina: Wie geht Hallenwohnen, Frau Wolf? (Interview). Abzurufen unter: www.tagesanzeiger.ch/zuerich/stadt/Wiegeht-Hallenwohnen-Frau-Wolf/story/11669388 (besucht am 12.12.2016)

Fedrowitz, Micha: Gemeinschaftliche Wohnprojekte in Deutschland (23. September 2011). In: nationalatlas.de aktuell. Abzurufen unter: aktuell.nationalatlas.de/wohnprojekte-9_09-2011-0-html/ (besucht am: 21.04.2016)

Feuerstein, Christiane/Leeb, Franziska: Generationen-Wohnen. Neue Konzepte für Architektur und soziale Interaktion. München 2015

Fischer, Sabine von (Hg.): Galli Rudolf Architekten. Raumfassungen 1998–2014. Zürich 2014

Fragner, Ute: Sargfabrik Wien. Vortrag gehalten auf der Tagung Soziale Ausrichtung von Baugemeinschaften, Wien 21.10.2016

Frei, Sabine/Gysel, Kornelia: Kodex oder Ein Handbuch zur Qualitätssicherung im zukünftigen Wohnungsbau. Zürich 2015

G

Gaiser, Bernd: Ein ganz normales Mietshaus. In: Informationsbroschüre der Schwulenberatung. Berlin 2012, S. 38–39

GdW Bundesverband deutscher Wohnungs- und Immobilienunternehmen e. V. (Hg.): Wohntrends 2030. Studie – Kurzfassung. Berlin 2013

Gehl, Jan: Städte für Menschen. Berlin 2015

Genossenschaft Kalkbreite (Hg.): Anleitung Kalkbreite: Allgemeine Räume. Abzurufen unter: anleitung.kalkbreite.net/gemeinsam-nutzen/allgemeine-raeume (besucht am 12.12.2016)

Genossenschaft Kalkbreite (Hg.): Anleitung Kalkbreite: Betrieb. Abzurufen unter: anleitung.kalkbreite.net/betrieb (besucht am 12.12.2016)

Genossenschaft Kalkbreite (Hg.): Anleitung Kalkbreite: Gewerbevermietung. Abzurufen unter: anleitung.kalkbreite.net/gewerbe-und-kultur/gewerbevermietung (besucht am 12.12.2016)

Genossenschaft Kalkbreite (Hg.): Anleitung Kalkbreite: Reservieren und mieten. Flex 1–7. Abzurufen unter: anleitung.kalkbreite.net/gemeinsam-nutzen/reservieren-und-mieten/#flex-1-7 (besucht am 12.12.2016)

Genossenschaft Kalkbreite (Hg.): Anleitung Kalkbreite: Wohnformen. Abzurufen unter: anleitung.kalkbreite.net/wohnen/wohnformen (besucht am 12.12.2016)

Genossenschaft Kalkbreite (Hg.): Das Zollhaus. Projektdokumentation 2016. Abzurufen unter: www.kalkbreite.net/zollhaus/20161006_Zollhaus_Projektdokumentation2016 (besucht am 25.04.2017)

Genossenschaft Kalkbreite (Hg.): Die Kalkbreite ist auch ein Gewerbeprojekt. Abzurufen unter: www.kalkbreite.net/projekt/gewerbe (besucht am 12.12.2016)

Genossenschaft Kalkbreite (Hg.): Kalkbreite. Ein neues Stück Stadt. Zürich 2015

Genossenschaft Kalkbreite (Hg.): Pension Kalkbreite. Abzurufen unter: www.pension-kalkbreite.net/de/rooms (besucht am 12.12.2016)

Genossenschaft Kalkbreite (Hg.): Stubenfliege Max. Ein Tag im Zollhaus. Zürich 2014

Genossenschaft Kalkbreite (Hg.): Zollhaus: Umfrage zur sozialen und baulichen Gestaltung. Abzurufen unter: kalkbreite.net/zollhaus/20161013_Zollhaus_Umfrage_Ergebnisse_net (besucht am 22.04.2017)

Gesewo (Hg.): Flüchtlinge in der Gesewo. Abzurufen unter: www.gesewo.ch/integration.html (besucht am 25.02.2017)

Gesewo (Hg.): Handbuch Bewohner. Anhang A09: Reglement Solidaritätsfonds. Zürich 2006

Gesewo (Hg.): Restaurant in der Giesserei. Abzurufen unter: www.gesewo.ch/restaurant.html (besucht am 17.12.2016)

Giesserei – das Mehr-Generationen-Haus (Hg.): Kredo der Giesserei. Abzurufen unter: www.giesserei-gesewo.ch/siedlung/siedlungskonzept (besucht am 27.10.2016)

Gmür, Patrick: Dafür musste ich bisher nach Berlin oder New York reisen. In: Genossenschaft Kalkbreite (Hg.): Kalkbreite. Ein neues Stück Stadt. Zürich 2015, S. 41–44

Göschel, Albrecht: Gemeinschaftliches Wohnen. Eine innovative Wohn- und Lebensform. Abzurufen unter: fgw-ev.de/fileadmin/PDF/Beitraege_Vorstand_etc/Vortrag%20Dr%20A%20Goeschel%20-%20Wohnen%20hoch%20drei.pdf (besucht am 24.04.2017)

Göschel, Albrecht: Gemeinschaftliches Wohnen: (K)ein neuer Wohnungsmarkt? In: vhw FW 5/2010, S. 247–251

Gratz, Lucia: Das gebaute Wir-Gefühl. In: Genossenschaft Kalkbreite (Hg.): Kalkbreite. Ein neues Stück Stadt. Zürich 2015, S. 66–69

Groschopf, Dieter/Trojan, Michaela: Der geförderte Wiener Wohnungsneubau. In: Planerin 4/2013, S. 33–35

Grossenbacher, Jürg: „Clusterwohnungen" – Herausforderungen und Perspektiven. Masterarbeit Universität Zürich, Zürich 2015

Gunßer, Christoph/Peter, Theo: Miteinander bauen: Architektur für gute Nachbarschaften. München 2010

GWG (Hg.): Die GWG und ihre Aufgaben. Abzurufen unter: www.gwg-angebote.de/unser-auftrag (besucht am 25.02.2017)

Gysel, Kornelia/Frei, Sabine/Kaestle, Anne/Schürch, Dan (Hg.): Häuser im Dialog. Ein Quartier entsteht. Zürich 2015

H

Hamburgische Investitions- und Förderbank (IFB): Baugemeinschaften. Förderrichtlinie für Baugemeinschaften mit genossenschaftlichem Eigentum. Hamburg 2016

Hamm, Bernd: Betrifft: Nachbarschaft. Düsseldorf 1973

Hamm, Bernd: Nachbarschaft. In: Häußermann, Hartmut (Hrsg.) Großstadt. Soziologische Stichworte. Opladen 1998

Hansen, Angela: Hafen-City Hamburg, bisherige Umsetzung und neue Entwicklungen, u. a. Baakenhafen. In: Bundesverband Baugemeinschaften e. V./ Landeshauptstadt Stuttgart (Hg.): Baugemeinschaften in neuen Stadtquartieren. Bau- und Wohnmodelle für Stuttgart. Tagung und Expertenhearing im Rathaus Stuttgart, 13.–14. September 2013. Stuttgart 2014

Harlander, Tilman/Kuhn, Gerd/Wüstenrot Stiftung (Hg.): Soziale Mischung in der Stadt. Stuttgart 2012

Harlander, Tilman/Kuhn, Gerd: Gemeinschaftliches Wohnen – gestern und heute. In: Christian, Schittich (Hg.): Edition Detail. Best of Housing/Wohnen. München 2012, S. 12–15

Häußermann, Hartmut/Siebel, Walter: Soziologie des Wohnens. Weinheim/München 1996

Häußermann, Hartmut: Die Stadt und die Stadtsoziologie. Urbane Lebensweise und die Integration des Fremden. In: Berliner Journal für Soziologie 1/1995, S. 89–98

Häußermann, Hartmut: Segregation in der Stadt – Befürchtungen und Tatsachen. In: vhw FW 3/2008, S. 123–125 (abzurufen unter: www.vhw.de/fileadmin/user_upload/08_publikationen/studien/PDFs/segregation/Segregation_in_der_Stadt_FW0308 Haeussermann.pdf)

Heinzmann, Friedrich: Die freie Baugemeinschaft. Praktische Überlegungen aus juristischer Sicht und Vertragsmuster. Tübingen 2006

Heitmeyer, Wilhelm: Gruppenbezogene Menschenfeindlichkeit (GMF) in einem entsicherten Jahrzehnt. In: Heitmeyer, Wilhelm (Hg.): Deutsche Zustände. Folge 10. Berlin 2012, S. 15–40

Heitmeyer, Wilhelm: Versagt die ‚Integrationsmaschine' Stadt? In: Backes, Otto/Heitmeyer, Wilhelm/Dollase, Rainer (Hg.): Die Krise der Städte. Analysen zu den Folgen desintegrativer Stadtentwicklung für das ethnisch-kulturelle Zusammenleben. Frankfurt a. M. 1988, S. 443–467

Heye, Corinna/Fuchs, Sarah: Bewohnerschaft und Bewerbungen im Hunziker Areal. In: Hugentobler, Margrit/Hofer, Andreas/Simmendinger, Pia (Hg.): mehr als wohnen. Genossenschaftlich planen – Ein Modellfall aus Zürich. Basel 2016, S. 127–137

Hodel, Marcel: Ein Genossenschaftsprojekt als Stadtbaustein. In: archithese 1/2015, S. 22–29

Hofer, Andreas/Weidmann, Ruedi: Inspiration Grandhotel. In: TEC21 36/2013, S. 16–25

Hofer, Andreas: mehr als wohnen – Ein ABC. In: Hugentobler, Margrit/Hofer, Andreas/Simmendinger, Pia (Hg.): mehr als wohnen. Genossenschaftlich planen – Ein Modellfall aus Zürich. Basel 2016, S. 163–171

Hofer, Andreas: Teil einer vernetzten Stadt. Gespräch mit Andreas Hofer, Projektleiter Bau (Interview). In: Bundesamt für Wohnungswesen BWO (Hg.): mehr als wohnen. Von der Brache zum Stadtquartier. Dokumentation. „Entwicklungs- und Realisierungsprozess der gemeinnützigen Wohnsiedlung Hunzikerareal in Zürich-Leutschenbach". Report 1: 2007 bis 2010. Zürich 2010, S. 50–59

Hofer, Andreas: Wie kommen Geschichten in den Entwurf? Partizipatives Wohnen in der „Giesserei" Winterthur. In: werk, bauen + wohnen, 5/2013, S. 34–38

Hofmann, Rainer (bogevischs buero): wagnisART – Neubau einer genossenschaftlichen Wohnanlage. Interview mit Kaye Geipel (24.07.2013). In: Bauwelt 36/2013

Hofmann, Rainer: Wagnisse – Programm und Prozess. Vortrag gehalten in der Hochschule Karlsruhe, Karlsruhe 13.04.2016

Hubacher, Sabina: Nach fünf Tagen wählte die Jury das grüne Haus. In: Genossenschaft Kalkbreite (Hg.): Kalkbreite. Ein neues Stück Stadt. Zürich 2015, S. 64–65

Hugentobler, Margrit/Hofer, Andreas/Simmendinger, Pia (Hg.): mehr als wohnen: Genossenschaftlich planen – Ein Modellfall aus Zürich. Basel 2016

Hugentobler, Margrit: Gespräch Partizipation. Partizipation führt zu Identifikation (Interview mit Jürg Altwegg, corinna Heye, Monika Sprecher, Claudia Thiesen). In: Hugentobler, Margrit/Hofer, Andreas/Simmendinger, Pia (Hg.): mehr als wohnen. Genossenschaftlich planen – Ein Modellfall aus Zürich. Basel 2016, S. 105–114

Hugentobler, Margrit: Zürich: Verdichtung nach innen – Ersatzneubau und Weiterbau. In: ISG-Magazin 3/2014, S. 22–26

I

Id22 (Hg.): Cohousing Cultures. Handbuch für selbstorganisiertes, gemeinschaftliches und nachhaltiges Wohnen. Berlin 2012

Kraftwerk1 (Hg.): Strategie 2014–2024. So wollen wir handeln. Zürich o. J. S. 7

Informationsbroschüre der Schwulenberatung. Berlin 2012

J

Jäger, Frank Peter: Qualifiziert ersetzen. In: TEC21 41/2015, S. 20–21

Jugel, Grit: Das Ringen um die richtige Form. In: Genossenschaft Kalkbreite (Hg.): Kalkbreite. Ein neues Stück Stadt. Zürich 2015, S. 57–88

Jugendwohnen im Kiez e. V. (Hg.): Kita Spreefeld. Abzurufen unter: www.jugendwohnenberlin.de/kita-spreefeld.0.html (besucht am 12.12.2016)

K

Kaestle, Anne: Wer teilt, hat mehr. In: Bahner, Olaf/ Böttger, Matthias (Hg.): Neue Standards. Zehn Thesen zum Wohnen. Berlin 2016, S. 129

Kalkbreite-News. Newsletter Nr. 24 der Genossenschaft Kalkbreite. 27.04.2015

Kasper, Birgit: Gemeinschaftliche Wohnprojekte – der soziale Aspekt. In: Becker, Annette u. a./Dezernat für Kultur und Wissenschaft/Kulturamt der Stadt Frankfurt am Main (Hg.): Bauen und Wohnen in Gemeinschaft. Basel 2015

Knabe, Judith/von Rießen, Anne/Blandow, Rolf (Hg.): Städtische Quartiere. Kommunale Herausforderungen und Chancen im transformierten Wohlfahrtsstaat. Bielefeld 2015, S. 131–148

Konsortium Prinz Eugen Park (Hg.): Karten Wohnen. Abzurufen unter: www.prinzeugenpark.de/wohnen/karten-wohnen.html (besucht am 23.12.2016)

Kraftwerk1 (Hg.): Strategie 2014–2024. So wollen wir handeln. Zürich o. J.

Kraftwerk1 (Hg.): Reglement des Solidaritätsfonds. Abzurufen unter: www.kraftwerk1.ch/assets/downloads/reglemente/depositenkasse/1604021_Solireglement_neues_Logo.pdf (besucht am 25.02.2017)

Krämer, Stefan/Kuhn, Gerd: Städte und Baugemeinschaften. Stuttgart 2009

Krausse, Joachim: Beispiel: Wohngemeinschaften. Werte aus dem Berliner Zimmer. In: ARCH+ 218/2014, S. 68–69

Kuhn, Gerd/Harlander, Tilman: Baugemeinschaften im Südwesten Deutschlands. Hg. v. d. LBS – Stiftung Bauen und Wohnen. Stuttgart 2010

L

LaFond, Michael: Gegenseitig von unseren Wohnformen lernen: eine inspirierende Vielfalt. In: Id22 (Hg.): Cohousing Cultures. Handbuch für selbstorganisiertes, gemeinschaftliches und nachhaltiges Wohnen. Berlin 2012, S. 182–195

Landeshauptstadt München (Hg.): Bericht zur Wohnungssituation in München 2014–2015. München 2016

Lang, Susanne: Stadtentwicklungskonzepte: eine historische Hinführung und Einordnung. In: Knabe, Judith/von Rießen, Anne/Blandow, Rolf (Hg.): Städtische Quartiere. Kommunale Herausforderungen und Chancen im transformierten Wohlfahrtsstaat. Bielefeld 2015, S. 131–148

Lautmann, Rüdiger: Lebensort Vielfalt: Ghetto oder Schutzschild? In: Informationsbroschüre der Schwulenberatung. Berlin 2012, S. 42

Leeb, Franziska: Kino, Schwimmbad, Kletterwand inklusive. Das WOHN-ZIMMER Sonnwendviertel in Wien. In: Der Architekt 6/2014, S. 62–65

Lepik, Andres/Strobl, Hilde (Hg.): Keine Angst vor Partizipation! Wohnen heute. Magazin zur Ausstellung. Architekturmuseum München. München 2016

Liechtie, Richard: Mehr als Reihenhäuser. In: Wohnen 5/2014, S. 15–20

Lingg, Eva/Stiehler, Steve: Nahraum: In: Reutlinger, Christian/Fritsche, Caroline/Lingg, Eva (Hg.): Raumwissenschaftliche Basics. Eine Einführung für die Soziale Arbeit. Wiesbaden 2010, S. 169–179

Ludwig, Michael (Amtsführender Stadtrat für Wohnen, Wohnbau und Stadterneuerung und Präsident des wohnfonds-wien): Vorwort. In: wohnfonds_wien (Hg.): bauträgerwettbewerbe 2013. Wien 2014, S. 5

Lugger, Klaus/Holoubek, Michael (Hg.): Die österreichische Wohnungsgemeinnützigkeit, Wien 2008

M

M:AI (Museum für Architektur und Ingenieurkunst NRW) (Hg.): Alle wollen wohnen: Gerecht. Sozial. Bezahlbar. Katalog zur Ausstellung. Köln 2016

Maier, Marlene: Ein Wohnzimmer lädt zum „Hinauswohnen" aus den eigenen vier Wänden ein. In: MAKblog. Abzurufen unter: blog.mak.at/ein-wohnzimmer-ladt-zum-hinauswohnen-aus-den-eigenen-vier-wanden-ein/ (besucht am 24.04.2017)

May, Friedrich/Ullrich, Sven/Steiger, Karolina: Gemeinsam bauen: Baugruppen, Baugemeinschaften, Wege und Erfahrungen. Berlin 2016

mehr als wohnen (Hg.): Allmendkommission. Abzurufen unter: www.mehralswohnen.ch/genossenschaft/allmendkommission/ (besucht am 25.02.2017)

mehr als wohnen (Hg.): Das Zusammenleben mitgestalten. Abzurufen unter: www.mehralswohnen.ch/genossenschaft/mitwirken/ (besucht am 04.01.2017)

Mensch, Kirsten: Gemeinschaftliches Wohnen. Der Versuch einer Definition. In: Wohnbund-Informationen 1/2011, S. 8–11

Mietshäuser Syndikat (Hg.): Das Mietshäuser Syndikat und die Hausprojekte. Rücke vor bis zur Schlossallee. Freiburg 2013

mitbauzentrale münchen (Hg.): Die mitbauzentrale münchen. Abzurufen unter: www.mitbauzentrale-muenchen.de/angebote-der-mitbauzentrale.html (besucht am 21.12.2016)

Muhmenthaler, Walter (Hg.): Sulzer Areal Oberwinterthur – Das Hybrid Cluster Modell. Zürich 2003

Müller, Hannes: Baugemeinschaften als städtebauliches Entwicklungsinstrument. Ein möglicher Beitrag nachhaltiger Quartiersentwicklung. Wiesbaden 2015

Müller, Pascal: Neue Wohnmodelle in der Stadt. Vortrag, gehalten an der Hochschule Karlsruhe, Karlsruhe 27.04.2016

münchen.de (Hg.): Baugemeinschaften. Abzurufen unter: www.muenchen.de/rathaus/Stadtverwaltung/Referat-fuer-Stadtplanung-und-Bauordnung/Wohnungsbau/Gemeinschaftliches-Bauen/Baugemeinschaften.html (besucht am 20.02.2017)

münchen.de (Hg.): Das Programm „München Modell" für Mieter. Abzurufen unter: www.muenchen.de/rathaus/Stadtverwaltung/Referat-fuer-Stadtplanung-und-Bauordnung/Wohnungsbau/Muenchen-Modell-Mietwohnungen.html (besucht am 26.10.2016)

Mundt, Alexis/Amann, Wolfgang: Leistbares Wohnen. Bestandsaufnahme von monetären Leistungen für untere Einkommensgruppen zur Deckung des Wohnbedarfs. Wien 2015. Abzurufen unter: www.sozialministerium.at/cms/site/attachments/0/1/7/CH3434/CMS1459846309034/11_studie_leistbares_wohnen.pdf (besucht am 25.04.2017)

Muri, Gabriella: Im „Modus der Kollektivität". Gemeinschaftsräume in der Cluster-Wohnung als Third Place. Master-Seminararbeit, Universität Zürich, Zürich 2016

N

Novy-Huy, Rolf: Das Erbbaurecht in der Stiftung trias. In: Stiftung trias (Hg.): Das Erbbaurecht. Ein anderer Umgang mit Grund und Boden. Hattingen 2015, S. 20–21

Novy-Huy, Rolf: Der Umgang mit Grund und Boden, Menschen und Geld. In: Stiftung trias (Hg.): Das Erbbaurecht. Ein anderer Umgang mit Grund und Boden. Hattingen 2015, S. 18–19

O

Oswalt, Philipp: Gestalten von Situationen. In: Arch+ 222/2016, S. 126–127

Oberste Baubehörde im Bayrischen Staatsministerium des Innern, für Bau und Verkehr. Sachgebiet Technische Angelegenheiten des Wohnungsbaus, Experimenteller Wohnungsbau (Hg.): Gemeinschaftlich nachhaltig bauen. Forschungsbericht der ökologischen Untersuchung des genossenschaftlichen Wohnungsbauprojektes wagnisART. München 2017

P

Partizipation aus Sicht der Sozialraumforschung: Rießen, Anne van/Bleck, Christian: Zugänge zu ‚Möglichkeitsräumen für Partizipation' im Quartier? Abzurufen unter: www.sozialraum.de/zugaenge-zu-moeglichkeitsraeumen-fuer-partizipation-im-quartier.php (besucht am: 21.12.2016)

Plattform Genossenschaften (Hg.): Die Nutzungsmixer. Abzurufen unter: plattformgenossenschaften.ch/archiv/28-10-14-die-nutzungsmixer (besucht am 12.12.2016)

Plattform Genossenschaften (Hg.): Im Cluster wohnen. Abzurufen unter: plattformgenossenschaften.ch/archiv/20-01-2015-im-cluster-wohnen (besucht am 12.12.2016)

Plus de logements, plus grands, plus beaux et autrement: les leçons de Zurich (Dossier). D'Architectures 229/2014

R

Rastl-Kircher, Roberta/Moser, Michaela: Wohnprojekt Wien – Keimzelle für nachhaltiges urbanes Leben. In: Zoll+ 19/2011, www.wohnprojekt-wien.at/wp-content/uploads/2012/06/zoll19_urban_wohnprojekt-wien_p20ff.pdf (besucht am 04.08.2014)

Rauterberg, Hanno: Wir sind die Stadt! Urbanes Leben in der Digitalmoderne. Berlin 2013

Referat für Stadtplanung und Bauordnung, München (Hg.): München Modell-Genossenschaften – 2016. Abzurufen unter: www.muenchen.de/rathaus/dam/jcr:78af6e32-f8ab-41a0-9827-8baa0e5bb48e/MM-Genossenschaften_Infoblatt2016.pdf (besucht am 16.03.2017).

Reutlinger, Christian/Fritsche, Caroline/Lingg, Eva (Hg.): Raumwissenschaftliche Basics. Eine Einführung für die Soziale Arbeit. Wiesbaden 2010

Riessen, Anne von/Knopp, Reinhold: Partizipation von unten? In: Knabe, Judith/von Rießen, Anne/Blandow, Rolf (Hg.): Städtische Quartiere. Kommunale Herausforderungen und Chancen im transformierten Wohlfahrtsstaat. Bielefeld 2015, S. 201–222

Ring, Kristien/AA Projects/Senatsverwaltung für Stadtentwicklung und Umwelt Berlin (Hg.): Selfmade City. Stadtgestaltung und Wohnprojekte in Eigeninitiative. Berlin 2013

Ring, Kristien/Senatsverwaltung für Stadtentwicklung und Umwelt Berlin (Hg.): Urban Living: Strategien für das zukünftige Wohnen. Berlin 2015

Rohr-Zänker, Ruth/Müller, Wolfgang: Die Rolle von Nachbarschaften für die zukünftige Entwicklung von Stadtquartieren. Oldenburg 1998 (abzurufen unter: stadtregion.net/fileadmin/downloads/Rolle_von_Nachbarschaften.pdf)

Rote, Michèle: Das verstehe ich nicht. In: SZ-Magazin 46/2011, S. 8

Rudhoff, Bettina: Gemeinschaftlich Wohnen. Berlin 2013

S

Sargfabrik (Hg.): Sargfabrik – Verein für Integrative Lebensgestaltung. Abzurufen unter: www.sargfabrik.at/Home/Die-Sargfabrik/Verein (besucht am 12.12.2016)

Satzung der Bau- und Wohngenossenschaft Spreefeld Berlin eG, Fassung vom 29.06.2015. Abzurufen unter: wolke. spreefeld-berlin.de/index.php/s/hqrlU442F vEk7wG (besucht am 17.02.2017)

Schärer, Caspar: Wohn- und Gewerbeüberbauung Kalkbreite in Zürich von Müller Sigrist Architekten. In: werk, bauen + wohnen. 6/2014, S. 68–75

Schmelter-Kaiser, Antoinette: Möglichkeitsszenarien (Interview mit Rainer Hofmann/bogevischs buero). Abzurufen unter: www.muenchenarchitektur.com/news/24-architektur-stadtentwicklung/24204-freiraum-fuer-moeglichkeitszenarien (besucht am: 18.12.2016)

Schnur, Olaf (Hg.): Quartiersforschung. Zwischen Theorie und Praxis. Wiesbaden 2008

Schnur, Olaf: Nachbarschaft und Quartier. In: Eckhardt, Frank (Hg.): Handbuch Stadtsoziologie. Wiesbaden 2012, S. 449–474

Schönfeld, Annika: „Einmal Wohnen mit scharf, bitte!" In: Zement + Beton 4/2012, S. 22–25

Schöningh, Christian: Wohnetagen Steinstraße in Berlin Mitte. In: Stiftung trias (Hg.): Rechtsformen für Wohnprojekte. Hattingen 2016, S. 44–45

Schubert, Herbert: Lokale Governance – Einführung in das Konzept. In: Knabe, Judith/von Rießen, Anne/Blandow, Rolf (Hg.): Städtische Quartiere. Kommunale Herausforderungen und Chancen im transformierten Wohlfahrtsstaat. Bielefeld 2015, S. 113–130

Schultz, Brigitte: „Wir mischen sehr wild". Andreas Hofer im Gespräch mit Brigitte Schultz. In: Bauwelt 48/2012, S. 46–49

Schweingruber Zulauf Landschaftsarchitekten, Sulzer Immobilen AG (Hg.): Regelwerk Innenraum Hybrid Cluster. Zürich 2008

Schweizerischer Verband für Wohnungswesen SVW (Hg.): Mehr als wohnen. Leben in einer Genossenschaft. Ein Leitfaden der Schweizer Wohnbaugenossenschaften. Zürich o. J.

Senatsverwaltung für Stadtentwicklung und Umwelt Berlin (Hg.): IBA Berlin 2020. Sondierungspapier „Wohnungsbau und öffentliche Förderung". Aachen 2012. Abzurufen unter: www.stadtentwicklung.berlin.de/staedtebau/baukultur/iba/download/studien/IBA-Studie_Wohnungsbau.pdf (besucht am 20.02.2017)

Sennet, Richard: Verfall und Ende des öffentlichen Lebens. Die Tyrannei der Intimität. Frankfurt a. M. 1983

Siebel, Walter: Die Kultur der Stadt. Berlin 2015

Simon, Axel: Gespräch Bauen Ausbilden. „Die Architekten haben hier nicht die Schlüsselrolle gespielt". In: Hugentobler, Margrit/Hofer, Andreas/Simmendinger, Pia (Hg.): mehr als wohnen. Genossenschaftlich planen – Ein Modellfall aus Zürich. Basel 2016, S. 46–52

Simon, Axel: Ich bin eine Ökosiedlung! In: Hochparterre 3/2013, S. 32–37

Soehlke, Cord: Bürgernahes Bauen und kommunales Interesse – Tübinger Erfahrungen. In: Kuhn, Gerd/Harlander, Tilman/LBS – Stiftung Bauen und Wohnen (Hg.): Baugemeinschaften im Südwesten Deutschlands. Stuttgart 2010, S. 42–47

Sonderegger, Alfons: Wir brauchen eine Vielfalt von Bewohnern. In: Wohnen 5/2014, S. 10–13

Stadt Landau in der Pfalz: Bürgerhäuser neu gedacht – Baugemeinschaften und Wohnprojekte in Landu in der Pfalz. Landau 2015

Stadt Tübingen (Hg.): Aufsichtsratssitzung WIT, Vorlage 13/11 vom 27.07.2011

Stadt Tübingen (Hg.): Lustenau-Süd. Informationsblatt für Anwohner/-innen und Interessenten. Tübingen o. J. (nach 2010)

Stadt Tübingen/WIT (Hg.): Die Alte Weberei Lustnau. Allgemeine Informationen. Tübingen o. J. (2011)

Stadt Zürich und Schweizerischer Verband für Wohnungswesen SVW (Hg.): Wohnen morgen: Standortbestimmung und Perspektiven des gemeinnützigen Wohnungsbaus. Zürich 2008

Stadt Zürich. Amt für Hochbauten (Hg.): Neubau: Wohn- und Gewerbeüberbauung Zollhaus. Zürich – Industrie. Projektwettbewerb im offenen Verfahren. Programmauszug. Zürich 2014

Stadt Zürich. Amt für Hochbauten (Hg.): Neubau: Wohn- und Gewerbeüberbauung Zollhaus. Zürich – Industrie. Projektwettbewerb im offenen Verfahren. Bericht des Preisgerichts. Zürich 2015

Steinberg, Claudia: Wohnen im Schließfach. In: Die Zeit 50/2012. Abzurufen unter: www.zeit.de/2012/50/Mikroapartments-New-York-Wohnraum (besucht am 20.02.2017)

Stiftung trias (Hg.): Das Erbbaurecht. Ein anderer Umgang mit Grund und Boden. Hattingen 2015

Stiftung trias (Hg.): Der Verein als Rechtsform für Wohnprojekte. Hattingen 2015

Stiftung trias (Hg.): Die Genossenschaft als Rechtsform für Wohnprojekte. Hattingen 2015

Stiftung trias (Hg.): Rechtsformen für Wohnprojekte. Hattingen 2016

Sulzer Immobilien AG/Schweingruber Zulauf Landschaftsarchitekten (Hg.): Regelwerk Innenraum Hybrid Cluster. Abzurufen unter: stadt.winterthur.ch/themen/leben-in-winterthur/planen-und-bauen/gebiets-und-arealentwicklung/neuhegi-die-neue-stadt-in-winterthur/ehemaliges-sulzer-areal-oberwinterthur/ftw-simplelayout-filelistingblock/regelwerk-innenraumhybrid-cluster.pdf (besucht am 16.02.2017)

T

Tausendpfund, Doris: Sozialintegrativ – Der Gemeinschaftsgarten im Hunziker Quartier. In: Hugentobler, Margrit/Hofer, Andreas/Simmendinger, Pia (Hg.): mehr als wohnen. Genossenschaftlich planen – Ein Modellfall aus Zürich. Basel 2016, S. 155–162

Temel, Robert: Baugemeinschaften in der Wiener Seestadt Aspern. Wien 2012

Töllner, Andrea: Verein als Rechtsform für Wohnprojekte – ideell und gemeinnützig? In: Stiftung trias (Hg.): Der Verein als Rechtsform für Wohnprojekte. Hattingen 2015, S. 8–9

Tornow, Britta: Wohnungsgenossenschaften in Dänemark. Akteure in der sozialen Quartiersentwicklung. Informationen zur Raumentwicklung 2/2007, S. 263–274

V

Verein Initiative für gemeinschaftliches Bauen und Wohnen (Hg.) (2015): Gemeinsam Bauen Wohnen in der Praxis. Workshopreihe 2014 über, für und mit Baugruppen in Wien. Wien 2015. Abzurufen unter: www.aspern-seestadt.at/resources/files/2015/11/5/4026/aspernbaugruppen-gesamt-issuu.pdf (besucht am 21.12.2016)

Vogelpohl, Anne: Stadt der Quartiere? Das Place-Konzept und die Idee der sozialen Dörfer. In: Schnur, Olaf (Hg.): Quartiersforschung. Zwischen Theorie und Praxis. Wiesbaden 2008, S. 69–86

Vollenweider, Iris: Gesucht sind Autorenbetriebe. In: Genossenschaft Kalkbreite (Hg.): Kalkbreite. Ein neues Stück Stadt. Zürich 2015, S. 74–76

W

wagnis eG (Hg.): Nachhaltigkeit und Energie. Abzurufen unter: www.wagnis.org/wagnis/wohnprojekte/wagnisART/nachhaltigkeit-energie-waginsART.html (besucht am 21.03.2016)

wagnis eG (Hg.): Wir ziehen um nach Afrika. Cluster-Flyer der Wohnbaugenossenschaft wagnis eG. Abzurufen unter: www.wagnis.org/assets/files/wagnis-art/Formulare/Clusterflyer_waART.pdf (besucht am 12.02.2016)

Weber-Aich, Stefan: Auszeichnung guter Bauten der Stadt Zürich: Vier von sechs Wohnbauten von Genossenschaften. Abzurufen unter: www.wbg-zh.ch/auszeichnungguter-bauten-der-stadt-zurichvier-von-sechs-wohnbautenvon-genossenschaften (besucht am 12.12.2016)

Wien 3420 Aspern Development AG/Stadtentwicklung Wien (Hg.): Partitur des öffentlichen Raums. Planungshandbuch. Wien 2009

win4wien (Hg.): Sonnenwendviertel. Facts. Abzurufen unter: www.win4wien.at/projekte/sonnwendviertel_0Facts.aspx (besucht am 20.09.2015)

win4wien Bauträger GmbH (Hg.): Die Brücken. Abzurufen unter: wohnzimmer.wien/die-bruecken/ (besucht am 20.04.2016)

Wohnbaugenossenschaft wagnis eG (Hg.): München-Schwabing. Städtebauliche Entwicklungsmaßnahme Ackermannbogen 4. Bauabschnitt. Wohnbaugrundstück WA4-Nord für Genossenschaften. Angebotsunterlagen. Abzurufen unter: www.wagnis.org/assets/files/wagnis4/20110209-WA4-Angebotsunterlagen-wagnis4.pdf (besucht am 21.11.2015)

Wohnbaugenossenschaften Schweiz (Hg.): Eigenkapitalbeteiligung. Abzurufen unter: www.wbg-schweiz.ch/finanzierung/eigenkapitalbeteiligung.html (besucht am: 01.09.2016)

wohnfonds_wien (Hg.): bauträgerwettbewerbe 2013. Wien 2014

wohnfonds_wien (Hg.): Beurteilungsblatt 4-Säulen Modell. Stand März 2015. Abzurufen unter: www.wohnfonds.wien.at/media/file/Neubau/4-Saulen-Modell.pdf (besucht am 21.12.2016)

Wohnprojekt Wien (Hg.): Verein für nachhaltiges Leben. Abzurufen unter: www.wohnprojekt-wien.at/ (besucht am 04.08.2014)

Wohnprojekt Wien, einszueins Architektur. In: AFA Architekturmagazin 2/2015, S. 75

Wohnprojekt Wien. einszueins architektur. In: Detail 9/2015, S. 854–867

Wohnprojekt Wien/einszueins architektur. In: AFA Architekturmagazin 2/2015. Abzurufen unter: www.afa-architekturmagazin.de/wohnprojekt-wien-einszueins-architektur-afa-magazin-022015-s-5/ (besucht am 13.07.2016)

Wolf, Sabine: Ein neues Stück Stadt – der Wohn- und Gewerbekomplex Kalkbreite. In: detail 9/2015, S. 870–880

Wonneberger, Eva: Neue Wohnformen. Neue Lust am Gemeinsinn? Heidelberg 2015

Wullers, Daniela: Erbpachtrecht in den Niederlanden am Beispiel Amsterdam. In: Stiftung trias (Hg.): Das Erbbaurecht. Ein anderer Umgang mit Grund und Boden. Hattingen 2015, S. 40–43

Wüstenrot Stiftung (Hg.): Herausforderung Erdgeschoss. Ground Floor Interface. Berlin 2014

Wüstenrot Stiftung (Hg.): Städte und Baugemeinschaften. Stuttgart/Zürich 2009

Z

Zimmerli, Joëlle/Mueller Schmid, Nadja: Giesserei, das Mehr-Generationen-Haus. Begleitstudie 2014–2016. Zürich 2016

Züger, Roland: Herzblut ist kein Argument. Spaziergang durchs Wiener Sonnwendviertel. In: werk, bauen + wohnen 5/2016, S. 28–38

8.2 Abbildungsverzeichnis

8.3 Beteiligte Personen

Autoren

Susanne Dürr ist Architektin und Professorin für Städtebau und Gebäudelehre an der Hochschule Karlsruhe – Technik und Wirtschaft.

Architekturstudium an der Universität Karlsruhe und University of Bath. Mitarbeit unter anderem bei Alison und Peter Smithson in London und beim Renzo Piano Building Workshop in Genua. Von 1993 bis 1995 wissenschaftliche Mitarbeiterin am Institut für Entwerfen an der Universität Stuttgart und von 1999 bis 2005 am Institut für Städtebau an der Universität Karlsruhe. Lehraufträge an der HTWG Konstanz und an der Hochschule Darmstadt. 2006 und 2007 Projektmanagement am European Institute for Energy Research (EIFER) in Karlsruhe. Seit 2000 städtebauliche Gutachten, Preisgerichte, Gestaltungs- und Qualitätsratsaktivitäten. Seit 2007 Professorin im Studiengang Architektur der Hochschule Karlsruhe. Forschungsschwerpunkte sind Strategien zur klimagerechten, sozialen Stadt mit Fokus auf Wohnungsbau und öffentlichen Raum.

Gerd Kuhn ist Stadtforscher und Wohnsoziologe am Institut Wohnen und Entwerfen der Universität Stuttgart.

Studium der Geschichts- und Gesellschaftswissenschaften (Soziologie, Geschichte) in Frankfurt am Main. 1989 bis 1995 wiss.enschaftlicher Mitarbeiter an der TU Berlin. 1995 Promotion zur Wohnkultur und kommunalen Wohnungspolitik. Seit 1997 Akademischer Mitarbeiter am Fachgebiet Architektur- und Wohnsoziologie, Institut Wohnen und Entwerfen, Fakultät Architektur und Stadtplanung, Universität Stuttgart. Er ist Mitherausgeber der „Informationen zur Modernen Stadtgeschichte" (IMS). Forschungsschwerpunkte sind Soziale Mischung, Baugemeinschaften und partizipativer Wohnungsbau, Stadtwohnen und Öffentlicher Raum.

Workshopteilnehmer

In der Frühphase des Forschungsprojekts konnten wir mit kompetenten Kolleginnen und Kollegen in einem Workshop, der in den Gebäuden von *ExRotaprint* in Berlin im Dezember 2014 stattfand, unsere Forschungsskizze diskutieren. Uns bewegte die zentrale Frage, was neue gemeinschaftliche Wohnprojekte für die Quartiersentwicklung leisten können, welche Voraussetzungen dazu erforderlich sind und wie eine neue Sozialorientierung der Projekte ausgestaltet werden sollte. Für die kritischen Kommentare und motivierenden Anregungen danken wir allen Teilnehmern: Angela Hansen, Hamburg (Behörde für Stadtentwicklung und Umwelt, Amt für Wohnen, Stadterneuerung und Bodenordnung, Agentur für Baugemeinschaften); Dr. Daniel Kurz, Zürich („werk, bauen + wohnen"); Rolf Novy-Huy, Hattingen (Stiftung trias, Gemeinnützige Stiftung für Boden, Ökologie und Wohnen); Kristien Ring, Berlin (Architektin, AA PROJECTS); Karin Sandeck, München (Oberste Baubehörde im Bayerischen Staatsministerium des Innern, für Bau und Verkehr, Abteilung Wohnungswesen und Städtebauförderung); Robert Temel, Wien (gemeinsam-bauen-wohnen.org) und Dr. Stefan Krämer, Ludwigsburg (Wüstenrot Stiftung).

Interviewpartner

Grundlage dieser Forschung sind zwölf Wohnprojekte, die sich durch Innovation und Experimentierfreude auszeichnen und die in Bezug auf gemeinschaftlich orientiertes Leben mit Öffnung zum umgebenden Quartier Schrittmacher sind.

Vor Ort standen uns Bewohner, Architekten, Vertreter der gemeinschaftlichen Wohnprojekte sowie Repräsentanten der Kommunen und Fachverwaltungen für Gespräche zur Verfügung. Wir danken ihnen herzlich für die Zeit, die sie sich für die Interviews mit uns nahmen. Ihre wertvollen Hinweise haben unseren Blick auf die inzwischen sehr differenzierte Praxis gemeinschaftlichen Wohnens geschärft und uns befähigt, fundierter eigene Einschätzungen treffen zu können. In Zürich waren dies: Sabine Wolf (Vorstand Kalkbreite), Claudia Thiesen und Andreas Hofer (mehr als wohnen), Alfons Sonderegger (Familienheim-Genossenschaft Zürich), Alexander Huhle (Graber Pulver Architekten), Remo Montanari (Büro für Wohnbauförderung, Stadt Zürich), Dr. Daniel Kurz („werk, bauen + wohnen"), Andreas Galli und Claudio Schiess (Galli Rudolf Architekten); in Winterthur sprachen wir mit Yvonne Lenzlinger und Hans Suter (Genossenschaft Gesewo/Giesserei); in Wien trafen wir Katharina Bayer (einszueins architektur), Christoph Mörkl (SUPERBLOCK), Klaus Kada (kadawittfeldarchitektur), Bernd Vlay (STUDIOVLAY), Daniel Bammer (Riepl Kaufmann Bammer Architektur), Dieter Groschopf (wohnfonds_wien) und Daniel Glaser (Wiener Wohnbauforschung); in Königsbrunn: Sibylle Ebe (Ebe I Ausfelder I Partner Architekten), Achim Friedrich (Familienbüroleiter), Marcella Wolf (Kümmerin *Generationenpark*), Nadine Bissinger (GWG); in München: Elisabeth Hollerbach und Christoph Miller (wagnis eG), Cenk Sargut (DomagkPark Genossenschaft), Christian Stupka (WOGENO); in Tübingen: Sonja Wenzelburger (Baugemeinschaft en famille), Christoph Manderscheid (Manderscheid Architekten), Uwe Wulfrath und Karin Hopfner (WIT/Stadt Tübingen); in Berlin: Bernd Gaiser (*Lebensort Vielfalt*), Ulrich Schop (roedig. schop architekten) und Dr. Angelika Drescher (die zusammenarbeiter).

Studentische Hilfskräfte

Es ist uns ein großes Anliegen, unseren „Hiwinen" (wissenschaftlichen Hilfskräften), die das Forschungsprojekt begleitet haben, herzlich zu danken: Elena Eidemüller, Hannah Dobrinski und Susanna Stein (Recherche und grafische Bearbeitung der Zeichnungen). Für ihren unermüdlichen Einsatz gerade in der Schlussphase des Projekts und für die grafische Aufbereitung der Matrix, Lagepläne und Illustrationen haben sich Nanni Abraham und Carmen Lehr besonders verdient gemacht – herzlichen Dank hierfür!

Wohneinheiten Darstellung der Projektgrößen bezogen auf die Zahl der Wohneinheiten (WE) – kleiner Kreis 50 Wohneinheiten, großer Kreis 400 Wohneinheiten

Stadt

Städtischer Kontext Beschreibung des urbanen Kontextes der Projekte

Zentrum Gemischt genutzte, kompakte, gut erschlossene Stadt in innerstädtischer Lage mit historischer Baustruktur

Monostruktur Wohnen Monostruktur als wenig dichter Siedlungsteppich in der Peripherie mit einem hohen Anteil von Einfamilienhäusern und privaten Gärten

Industriegebiete im Wandel Peripher gelegenes, ehemaliges Industriegebiet, gekennzeichnet durch großformatige Gewerbebauten, großen Parzellenzuschnitt, fehlende Grünräume und überdimensionale Straßennetze

Infrastruktur – Stadt in der Neuerschaffung Großflächige, sowohl zentral als auch peripher gelegene Infrastrukturbrache aus dem schrumpfenden Flächenbedarf von Bahn oder Militär

---

Standort Lage in Bezug auf öffentliche Freiräume, Vernetzung und Erschließung

Am Park I Wasser Lage an öffentlichen Grünräumen wie Parkanlagen oder Flussufern

Am Platz Lage an urbanen Plätzen

Nutzungsgefüge Lage eingebunden in ein Netzwerk frequentierter, fußläufig erreichbarer, alltäglicher oder spezifischer Funktionen

Raum

Gebäudetypologie Zuordnung der Projekte in Bezug auf die sie prägende(n) Gebäudetypologie(n)

Block I Hof Block oder Teil einer Blockstruktur mit einer mehr oder weniger geschlossenen Straßenrandbebauung und/oder einer umfassenden Hofbebauung

Zeile Linearer, von der Straße entkoppelter Baukörper, der kein Außen oder Innen bildet

Solitär Allseits frei stehendes Gebäde, gestaltbar in Ausdehnung, Höhe und Grundrissgeometrie

Cluster Gruppe einzelner Baukörper in räumlicher Separierung zum Kontext

---

Begegnung Freiraum Zuordnung von Fallbeispielen nach Freiraumkategorien, die Begegnung ermöglichen, und nach öffentlich oder gemeinschaftlich nutzbaren Außenräumen als Teil der Projekte

Platz Projekte mit eher urbanen, öffentlich nutzbaren Freiräumen, die sich zum umgebenden Stadtraum öffnen und tendenziell baulich gefasst sind

Innenhof Projekte, die sich zu internen, baulich gefassten Freiräumen orientieren

Durchwegung Projekte, die über ein internes Wegenetz Durchwegung ermöglichen

---

Begegnung intern Kennzeichnung interner Erschließungssysteme und Verfügungsflächen als Möglichkeitsräume der Begegnung

Zentraler Raum Projekte mit frequentierten Verteilerräumen wie Entrée, Atrium oder zentraler Halle

Innere Straße Projekte mit linearen Erschließungssystemen zur horizontalen Verteilung, wie der Rue Intérieure, vorgestellten oder integrierten Laubengängen oder verbindenden Brücken

Dachflächen Projekte mit für die Gemeinschaft nutzbaren Begegnungsflächen auf den Dächern

Programm

Wohnen Zuordnung der Projekte nach klassischen Wohntypen, nach experimentellen, gemeinschaftsorientierten Wohnformen und nach flexiblen Raumkonzepten

Abgeschlossenes Wohnen Projekte mit abgeschlossenen privaten Wohneinheiten, mit Familien- oder komprimierten Kleinwohnungen

Gemeinschaftliches Wohnen Projekte mit gemeinschaftlich orientierten Typologien wie Wohngemeinschaften, Clusterwohnungen oder Großhaushalten

Flexible Räume Projekte mit flexibel nutzbaren Flächen oder Räumen zum Wohnen, Arbeiten oder als Gemeinschaftsangebot

---

Gemeinschaft Kennzeichnung des Angebots an gemeinschaftsoffenen Räumen wie sozialen und funktionalen Gemeinschaftsräumen oder gemeinschaftlichen Freizeit- und Beherbergungsangeboten

Gemeinschaftsraum Projekte mit „sozialen" Gemeinschafts- und/oder Veranstaltungsräumen mit Küche, Bar, Jugendraum, Kinderspielraum, Heimkino

Werkstatt Projekte mit „funktionalen" Gemeinschaftsräumen wie Fahrrad-, Holz- oder Nähwerkstatt, Malatelier, Musikprobenraum oder Waschsalon

Wellness Projekte mit wellnessorientierten Angeboten wie Schwimmbad, Sauna oder Fitnessraum

Gästewohnen Projekte mit Raumeinheiten für Gäste wie Gästezimmer, Gästeapartments, Pension, Gästehaus oder Hotel

---

Quartier Kennzeichnung des Angebots von Gewerbeeinheiten, sozialen und kulturellen Einrichtungen und Gastronomie

Gewerbe Projekte mit anmietbaren Gewerbeeinheiten

Soziale und kulturelle Einrichtung Projekte mit Räumen für soziale Einrichtungen wie Kindergarten oder -krippe und mit kulturellen Veranstaltungsorten wie Theater, Kino oder anmietbaren Veranstaltungsräumen

Gastronomie Projekte mit verschieden großen und konzeptionell unterschiedlichen gastronomischen Angeboten, wie z. B. Café, Restaurant oder Gasthaus

Organisation

Förderung Individuelle und spezifische Förderungen der Wohnprojekte und ihrer Bewohner, die dem Zusammenhalt dienen und Schwächere unterstützen

Öffentliche Förderung Spezifische öffentliche Förderungen, die eine Projektrealisierung ermöglichen, wie Erbpachtgewährung (CH Baurecht), München Modell-Genossenschaften oder Wohnfonds (Wien)

Solidaritätsfonds Freiwillige, subsidiäre Förderung der Mitglieder eines Wohnprojekts in Notlagen

Zugangsermöglichung Senkung der Zugangsbarrieren durch Bereitstellung (Darlehen) oder Stundung der Baukostenzuschüsse

---

eG **Genossenschaft** Gesellschaft, die für ihre Mitglieder primär preisgünstigen Wohnraum im kollektiven Eigentum zur Verfügung stellt und eine gemeinschaftliche Lebensform anstrebt

WEG **Baugemeinschaft** Gemeinschaft, die gemeinsam plant und baut und nach Baufertigstellung den Wohnraum im individuellen Eigentum nutzt (WEG)

GmbH **Wohnungsbaugesellschaft** Wohnungsbaugesellschaften, die in Österreich oder der Schweiz der Gemeinnützigkeit unterliegen, in Deutschland WBGs, die sich auch nach Abschaffung der Wohnungsgemeinnützigkeit weiterhin dem Gemeinwohl verpflichtet fühlen (z. B. kommunale Wohnungsbauunternehmen)

eV **Verein I gGmbH** „Verein" ist in Österreich ein Zusammenschluss von Personen mit gemeinsamen ideellen Zielen (vgl. Wien). Eine „Gemeinnützige GmbH" ist eine gemeinwohlorientierte Gesellschaft mit beschränkter Haftung (*Lebensort Vielfalt* Berlin)

Partizipation Unterschiedliche Formen der Mitsprache, Mitbeteiligung, Mitgestaltung und Mitverantwortung

Mittelbare Beteiligung Öffnung des Partizipationsprozesses in die Stadtgesellschaft

Unmittelbare Beteiligung Beschränkung des Prozesses auf die Genossenschaftsmitglieder bzw. die zukünftigen Bewohner des Wohnprojekts

Impressum

Ein Forschungsprojekt im Auftrag der
Wüstenrot Stiftung

Bearbeitet von
Prof. Susanne Dürr und **Dr. Gerd Kuhn**

Herausgeber
Wüstenrot Stiftung
Hohenzollernstraße 45
71638 Ludwigsburg

info@wuestenrot-stiftung.de
www.wuestenrot-stiftung.de

Gestaltung
Angela Aumann, Berlin
www.a-aumann.de

Korrektorat
Rotkel Textwerkstatt
www.rotkel.de

Druck und Bindung
Offizin Scheufele, Stuttgart

Um eine bessere Lesbarkeit herzustellen, haben wir die traditionelle Schreibweise gewählt. Dies schließt selbstverständlich eine Gendervielfalt ein. Nur in Zitaten haben wir die von den Autoren gewählte Schreibweise (Autor_Innen oder Autor*innen) beibehalten.

Printed in Germany

ISBN 978-3-933249-39-5